Inhaltsverzeichnis

Arbeitszeitflexibilisierung

Teilzeitmodelle

Kommunikation familienfreundlicher Maßnahmen

Vereinbarkeit als Führungsaufgabe

Elternschaft – Karenz, Wiedereinstieg und Elternteilzeit

Pflege nahestehender Menschen

Autorenverzeichnis

Mag.(FH) **Peter Rieder** ist Unternehmensberater mit den Schwerpunkten Familienfreundlichkeit im Betrieb, Diversity Management und nachhaltiges Personalmanagement. Er ist Auditor für das Audit *berufundfamilie*, Audit *hochschuleundfamilie* sowie *familienfreundlichegemeinde* und Begründer des standardisierten Diversity Management Implementierungsprozesses ZukunftVIELFALT®. Regelmäßig schreibt er Artikel zu oben genannten Themen für HR-Plattformen und Zeitschriften im deutschsprachigen Raum. Zu seinen Kunden zählen zahlreiche namhafte österreichische Unternehmen verschiedenster Branchen, die er mit seinem Know-how bei der Umsetzung familienfreundlicher Maßnahmen unterstützt.

Dr. **Anna Mertinz** ist Rechtsanwältin und Partnerin bei KWR Rechtsanwälte GmbH. Sie berät nationale und internationale Mandanten in sämtlichen arbeitsrechtlichen Fragen. In der Vergangenheit war sie als Unternehmensjuristin in einem internationalen Konzern tätig. Neben ihrer anwaltlichen Tätigkeit ist sie Lektorin an der FH des bfi Wien und publiziert in einschlägigen Fachzeitschriften. Durch ihre Erfahrung und Ausbildung vereint sie ihre klassische Anwaltstätigkeit mit Verständnis von Unternehmensstrukturen.

Mag. **Elisabeth Wenzl** ist Juristin und Geschäftsführerin der Familie & Beruf Management GmbH, die als nationale Koordinierungsstelle für Vereinbarkeitsmaßnahmen vor allem Auditprozesse mit staatlichen Zertifizierungen für Unternehmen, Gesundheits- und Pflegeinstitutionen, Hochschulen und Universitäten sowie Gemeinden anbietet. Durch Zusammenarbeit mit Experten, Fachvortragstätigkeit und Vernetzung auf nationaler und europäischer Ebene hat sie einen fundierten Einblick in die aktuelle Situation der Vereinbarkeit von Familie und Beruf in Wissenschaft, Politik und Wirtschaft.

Danksagung

Wir möchten uns bei allen Unternehmen, die uns Good Practices zur Verfügung gestellt haben, bei Mag. Ines Gherardini, Mag. Laura Hartig-Girardoni, LL.M., Mag. Jan Ledóchowski, Valentina Rieder, BEd., Ing. Julia Wallner, LL.M., Janina Korinek, Bianca Adami sowie unseren Familien für die wertvolle Unterstützung bedanken.

Die Autoren

Einleitung

Work-Life-Balance, Vereinbarkeit von Beruf und Familie, Auszeiten, Karenzmanagement, Flexibles Arbeiten – verbargen sich hinter diesen Schlagworten vor zehn bis fünfzehn Jahren in der Arbeitswelt noch vielfach exotische Ansätze, so sind sie aus dem Arbeitsleben von heute kaum mehr wegzudenken. Medien aller Art, alle möglichen Veranstaltungsformate und unterschiedlichste Publikationen widmen sich diesen Themen regelmäßig. So hat sich auch eine regelrechte Bewegung rund um das Thema „Vereinbarkeit von Beruf und Familie als Erfolgsfaktor für Unternehmen" gebildet. Dies hat uns, zusammen mit unserer persönlichen Erfahrung in der Arbeit mit Unternehmen, die als Arbeitgeber in Familienfreundlichkeit investieren oder investieren möchten, bewogen, dieses Praxishandbuch zu schreiben.

Das Besondere daran ist die parallele Betrachtung der Themen jeweils unter organisatorischen, rechtlichen und kulturellen Aspekten, kombiniert mit Good-Practice-Beispielen. Dieser Betrachtungsweise liegt unsere Autorengemeinschaft zu Grunde: Mag.(FH) Peter Rieder (Unternehmensberater im Bereich Vereinbarkeit, Diversity und Nachhaltigkeit) als Initiator und treibende Kraft des Projekts wählte gemeinsam mit Mag. Elisabeth Wenzl (Geschäftsführerin der Familie & Beruf Management GmbH) Maßnahmen aus, die auf den unternehmensorganisatorischen und -kulturellen Erfahrungen beider basieren und die durch unterschiedlichste Studien, Erhebungen sowie Good-Practice-Beispiele von durch das staatliche Gütezeichen Audit *berufundfamilie* ausgezeichneten familienfreundlichen Arbeitgebern untermauert werden. Dr. Anna Mertinz (Rechtsanwältin) konnte für die Erarbeitung der rechtlichen Rahmenbedingungen zu den einzelnen Bereichen gewonnen werden; sie beleuchtet den Themenbereich Familienfreundlichkeit im Unternehmen aus Arbeitgebersicht – kompakt und praxisorientiert, mit Hinweisen und Erklärungen.

Bei der Entwicklung und Einführung von (auch familienfreundlichen) Maßnahmen und Angeboten im Unternehmen treten immer wieder die verschiedenen Seiten zutage und bilden ein Spannungsfeld, das bedacht werden muss.

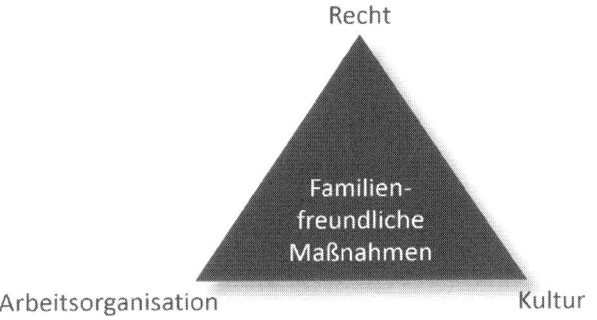

Abb. 1: Dreieck aus Recht, Kultur und Arbeitsorganisation

Insbesondere Personalverantwortliche stehen vielfach vor der Schwierigkeit, gute Ideen in umsetzbare Projekte überzuführen. Erfolgreiche Maßnahmen und Aktivitäten setzen neben guter organisatorischer Planung auch eine bestimmte Kultur im Unternehmen voraus, die ebenso einen Arbeitsschwerpunkt darstellt. Zudem müssen stets die rechtlichen Rahmenbedingungen geprüft und geklärt werden. Das dargestellte Dreieck aus Recht, Kultur und Arbeitsorganisation soll dabei als logische Leitlinie dienen.

Wo immer möglich, war es uns ein Anliegen, praktische Organisationsfragen, erfolgskritische kulturelle Faktoren und rechtliche Rahmenbedingungen durch Beispiele und Praxistipps zu veranschaulichen.

Mit diesem Ansatz möchten wir v.a. Arbeitgeber, Unternehmer, Geschäftsführer, Führungskräfte, Personal-, CSR-, und Kommunikationsverantwortliche sowie In-House-Juristen ansprechen, denen eine gute Vereinbarkeit von Beruf und Familie ein Anliegen ist bzw. die mit der Evaluierung und Umsetzung darauf ausgerichteter Maßnahmen betraut sind. Wir bieten Anregungen für mögliche Ansatzpunkte, Projekte und Aktivitäten, Unterstützung bei der Argumentation von Vor- und Nachteilen und Veranschaulichung durch Beispiele aus der Praxis. Die Schilderung der wichtigsten rechtlichen Rahmenbedingungen soll Hemmschwellen abbauen sowie Orientierung und Klarheit geben, damit in der Umsetzung unvorhergesehene Überraschungen ausbleiben.

In den folgenden Kapiteln geben wir nach einer grundsätzlichen Annäherung an die Familienfreundlichkeit im Betrieb und einem allgemeinen rechtlichen Teil einen umfassenden Überblick und Einblick zu den Themenbereichen, die Umsetzung von Familienfreundlichkeit im Unternehmen mit sich bringt. Dabei wurde nach den häufigsten Handlungsfeldern für Familienfreundlichkeit (S. 12) im Unternehmen vorgegangen und v.a. auf die praktische Anwendbarkeit der Maßnahmen, Modelle und Umsetzungsbeispiele abgestellt. Einerseits wird so ein Überblick über die Vielzahl an Möglichkeiten geboten, andererseits soll auch das Nachschlagen zu einzelnen Themenbereichen die alltägliche Umsetzung einer gelebten Vereinbarkeit im Unternehmen erleichtern. In den einzelnen Kapiteln wird mit Verweisen gearbeitet, die Wiederholungen vermeiden, aber ein Nachlesen und weiterführende Informationen ermöglichen sollen. Im Musterteil am Ende dieses Buchs bieten einige Muster Unterstützung für die hoffentlich vielfache Umsetzung von Maßnahmen im Bereich der Familienfreundlichkeit im Unternehmen.

In diesem Sinne hoffen wir, Interesse und Mut wecken sowie neue Ideen und Anregungen für die Umsetzung vermitteln zu können, und wünschen viel Vergnügen beim Lesen – v.a. aber auch eine gute persönliche Vereinbarkeit von Beruf und Familie und entsprechende Unterstützung in Ihrem Unternehmen!

Familienfreundlichkeit als Schlüsselfaktor für Unternehmen

In unserer Gesellschaft vollzieht sich ein großer demografischer Wandel. Mit zunehmender Alterung und geringerer Geburtenrate fehlen vielfach ausreichend qualifizierte Arbeitskräfte. Der Kampf um die besten Köpfe ist voll im Gange.

Hier spielt Familienfreundlichkeit für Arbeitgeber eine zentrale Rolle. Immer mehr Untersuchungen zeigen die Wichtigkeit einer guten Work-Life-Balance und damit auch der Vereinbarkeit von Beruf und Familie für die Zufriedenheit der Arbeitnehmer. Dazu kommt die gesellschaftliche und volkswirtschaftliche Relevanz des Themas.

I. Familie heute in Österreich

Das Familienbild war in den letzten Jahrzehnten einem starken Wandel unterworfen. Statistisch stellt sich Familie in Österreich heute folgendermaßen dar:

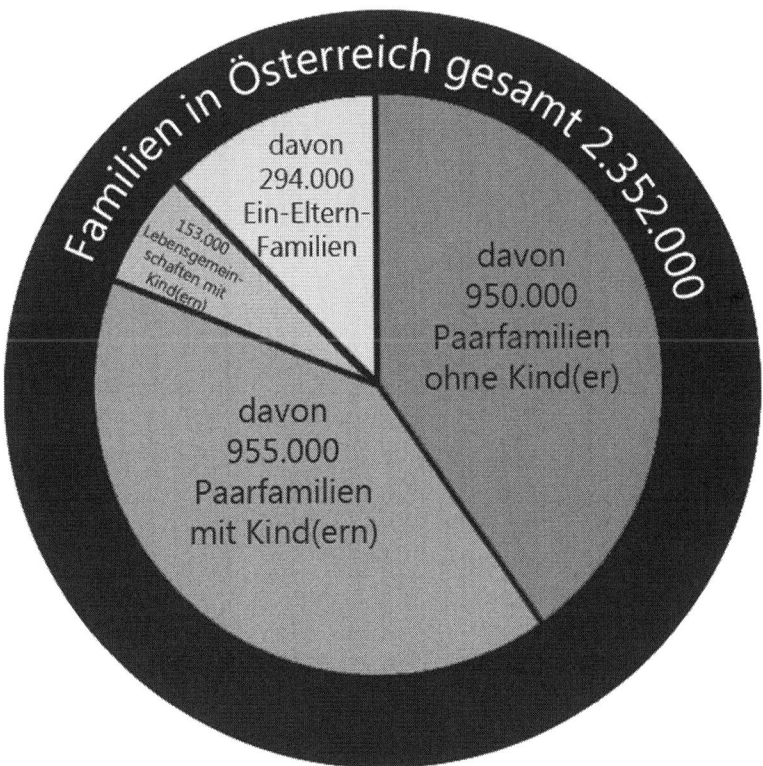

Abb. 2: Familien laut Mikrozensus Erhebung 2013 in Österreich gesamt: ca. 2.352.000

Zusammen haben alle diese Familien über 2,3 Millionen Kinder.

Etwa 7% der Familien mit Kindern weisen eine (oder mehrere) Stiefkind-Beziehungen auf, sind also sogenannte „Patchworkfamilien", in denen zumindest ein Partner Kind oder Kinder aus einer Vorbeziehung eingebracht hat.

Bei den Alleinerziehern mit Kindern aller Altersstufen leben in etwa 47.000 Familien die Kinder mit dem Vater, in 248.000 Familien bei der Mutter. Betrachtet man nur die Ein-Eltern-Familien mit Kindern unter 15 Jahren, dann beträgt die Quote Väter zu Müttern etwa 1:10 (9.000:104.000).

2013 haben rund 450.000 Menschen Pflegegeld bezogen. Aber nur rund 20% der zu pflegenden Angehörigen werden dauerhaft in Institutionen (Pflegeheimen u.ä.) gepflegt. Dem stehen etwa 4,2 Millionen Menschen gegenüber, die arbeiten.

Pro Jahr werden derzeit etwa 370 gleichgeschlechtliche Partnerschaften eingetragen und erhalten damit annähernd denselben Rechtsstatus wie verehelichte Paare.

Etwa 42% aller Kinder, die in Österreich geboren sind, werden unehelich geboren.

Zu beachten ist bei der offiziellen statistischen Auswertung, dass diese häufig auf die Haushaltszugehörigkeit als Hauptmerkmal abstellt. Familien, in denen Kinder nicht bei den Eltern wohnen, sind daher meist nicht erfasst.

„Familienfreundlichkeit" bedeutet nicht immer nur Kinderfreundlichkeit. Die Pflege naher Angehöriger wird durch die demografischen Verschiebungen und die steigende Anzahl an Menschen mit Pflegebedarf für Arbeitnehmer wie Unternehmen künftig noch fordernder sein. In Zukunft werden mehr Menschen, insbesondere Frauen, fast unmittelbar nach der Betreuung eines Kindes die Betreuung eines älteren zu pflegenden Angehörigen übernehmen („Sandwich-Generation"). Zudem bestehen 40% aller Familien aus Paaren, die (noch) keine Kinder haben oder deren Kinder bereits aus dem Haus sind. Auch diese Gruppen haben Bedürfnisse nach einer ausgewogenen Work-Life-Balance.

II. Neue Generationen, neue Technologien, neue Rahmenbedingungen

Nicht nur das Familienbild, auch die Rahmenbedingungen der Arbeitswelt haben sich geändert. Neue Technologien ermöglichen eine andere, dezentralere Art von Arbeit und führen damit zu einer fortschreitenden Verschmelzung der Lebensbereiche. Im bislang „privaten" Lebensbereich wird vielfach mobil gearbeitet, die Familie ist dafür im bislang „arbeitenden" Lebensbereich deutlich präsenter. Hinzu kommt eine wirtschaftlich instabile Zeit, die eine Generation mit einer neuen Einstellung zu Arbeit und Sicherheit hervorgebracht hat. Mobilität zwischen Unternehmen wird nicht mehr als Wankelmut, sondern Notwendigkeit zur Weiterentwicklung erlebt. Sicherheit bedeutet nicht mehr „von der Lehre bis zur Pension im selben Unternehmen" zu arbeiten, sondern im Laufe des Berufslebens in unterschiedlichen Tätigkeitsfeldern viele Erfahrungen zu sammeln. Dazu kommt, dass 2050 mehr über 60-jährige als unter 25-jährige im

Arbeitsleben stehen werden und sich der bereits heute spürbare Mangel an jungen Berufseinsteigern weiter zuspitzen wird. Der Wandel vom Arbeitgebermarkt zum Arbeitnehmermarkt hat bereits begonnen.

Befragungen unter Personalverantwortlichen zeigen deutlich, mit welchen Herausforderungen Unternehmen heute beschäftigt sind:

Top-5-Trends 2013 (extern)	Top-5-Herausforderungen 2013 (intern)
1) Demografischer Wandel	1) Mitarbeiterbindung
2) Fachkräftemangel	2) Internes Arbeitgeber-Image
3) Gesetzliche Rahmenbedingungen	3) Employer Branding
4) Mitarbeiterfluktuation	4) Neue flexible Formen der Arbeit
5) Social Media	5) Mitarbeiterempfehlungen

Abb. 3: Monster Recruiting Trends 2013 (monster.at)

Die Suche nach Arbeitskräften, der Auftritt als attraktiver Arbeitgeber und die Bindung von Talenten sind Kernherausforderungen geworden. Familienfreundlichkeit wird dabei von immer mehr Arbeitnehmern eingefordert und liegt bei jungen Menschen beispielsweise bereits vor dem Wunsch nach einer Führungsposition.

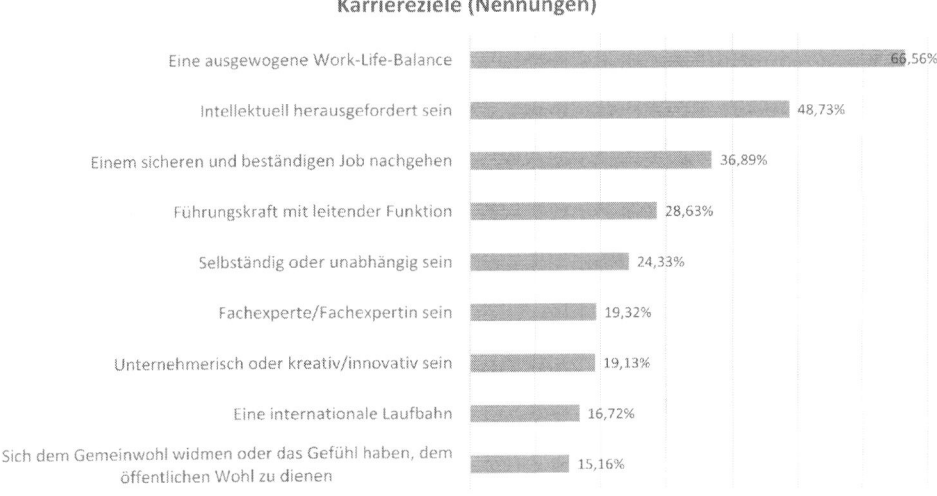

Karriereziele (Nennungen)

Eine ausgewogene Work-Life-Balance	66,56%
Intellektuell herausgefordert sein	48,73%
Einem sicheren und beständigen Job nachgehen	36,89%
Führungskraft mit leitender Funktion	28,63%
Selbständig oder unabhängig sein	24,33%
Fachexperte/Fachexpertin sein	19,32%
Unternehmerisch oder kreativ/innovativ sein	19,13%
Eine internationale Laufbahn	16,72%
Sich dem Gemeinwohl widmen oder das Gefühl haben, dem öffentlichen Wohl zu dienen	15,16%

Abb. 4: Karriereumfrage unter 1.537 Absolventen der JKU Linz, durchgeführt von der Kepler Society im Jänner 2013

Dieses Ergebnis wird auch von der 2014 von Hajek Public Opinion Strategies durchgeführten Befragung unter 1.000 Arbeitnehmern aller Branchen untermauert. Die Vereinbarkeit von Beruf und Familie ist nach einer guten Bezahlung der zweitwichtigste Faktor bei der Jobauswahl:

- Platz 1: Gute Bezahlung
- Platz 2: Vereinbarkeit von Beruf und Familie
- Platz 3: Respektvoller Umgang
- Platz 4: Nähe des Arbeitsortes
- Platz 5: Arbeitsinhalte
- Platz 6: Aufstiegs- und Karrierechancen
- Platz 7: Weniger Stressbelastung
- Platz 8: Aus-/Weiterbildungsprogramm
- Platz 9: Image des Arbeitgebers
- Platz 10: Gesundheitsvorsorge durch den Arbeitgeber

III. Familienfreundlichkeit bringt's

Angesichts dieser Entwicklungen ist es naheliegend und auf lange Sicht auch notwendig, als Arbeitgeber in Familienfreundlichkeit im Betrieb zu investieren. Aktivitäten in diese Richtung sind keine Großzügigkeit des Arbeitgebers, sondern bringen zahlreiche positive Effekte mit sich – für das Unternehmen, die Arbeitnehmer und auch die Gesellschaft. Es ist also eine Win-Win-Win-Situation für alle Beteiligten.

Das nicht unproblematische Wort „Work-Life-Balance" suggeriert eine Trennung von Arbeit und Leben, die auch noch in den Köpfen vieler Unternehmensverantwortlicher, aber auch Arbeitnehmervertreter verankert ist. Tatsächlich beeinflussen sich Arbeits- und Privatleben gegenseitig. Droht in einem Lebensbereich Überforderung, wird der andere automatisch davon beeinflusst. Unternehmen, die in eine familienfreundliche Personalpolitik investieren, profitieren nachgewiesenermaßen von den positiven Effekten.

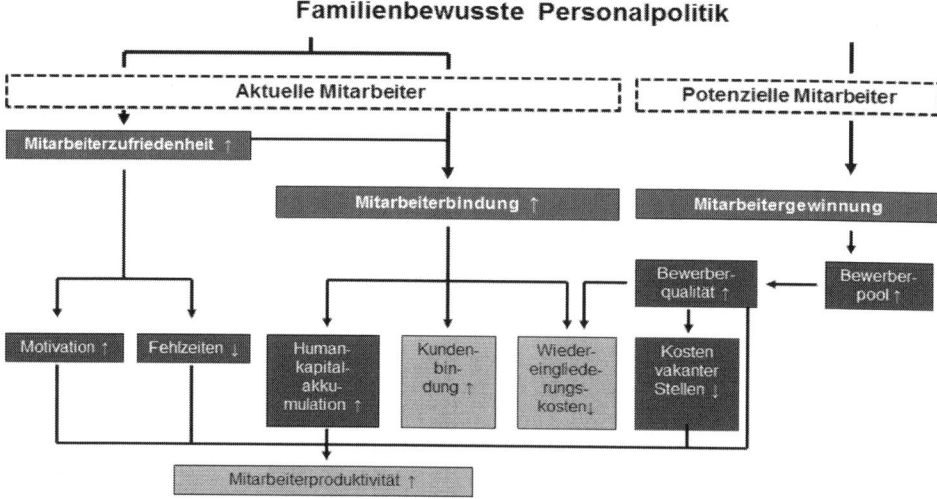

Abb. 5: Auswirkfaktoren von familienbewusster Personalpolitik
(FFP Steinbeis Hochschule Berlin, 2012)

Eine umfangreiche Untersuchung des Forschungszentrums Familienorientierte Personalpolitik (FFP) unter 411 österreichischen Unternehmen hat diese positiven Effekte im Jahr 2012 erstmals beziffert. Dabei hat sich gezeigt, dass familienfreundliche Arbeitgeber in insgesamt 15 von 19 betriebswirtschaftlichen Faktoren besser abschneiden als jene Unternehmen, die auf Familienfreundlichkeit wenig oder keinen Wert legen. So weisen besonders familienfreundliche Arbeitgeber im Vergleich zum Durchschnitt der untersuchten Betriebe

- um 23% geringere krankheitsbedingte Fehltage,
- ein um 17% besseres, familienbewusstes Image,
- eine um 10% geringere Fluktuationsrate,
- eine um 11% höhere Mitarbeitermotivation,
- eine um 12% höhere Mitarbeiterproduktivität,
- um 10% geringere Eigenkündigungen und
- eine um 9% geringere Elternkarenzdauer

auf.

Fluktuationsrate und krankheitsbedingte Fehltage lassen sich für Arbeitgeber vergleichsweise einfach auch in Geldeinheiten transformieren. Die Anzahl krankheitsbedingter Fehltage ist in besonders familienbewussten Unternehmen um 2,89 Tage pro Arbeitnehmer und Jahr geringer als in kaum familienbewussten Unternehmen. Unter der Annahme einer Bruttowertschöpfung pro Tag und Arbeitnehmer von 250 Euro ergibt sich eine Ersparnis von rund 720 Euro pro Arbeitnehmer pro Jahr (2,89*250). Die Fluktuationsrate ist in besonders familienbewussten Unternehmen um 1,05 Prozentpunkte geringer als in kaum familienbewussten Unternehmen. Auch hier ist durch reduzierte Wiederbeschaffungskosten (u.a. Kosten der unbesetzten Stelle, Auswahlkosten, Anwerbekosten, Einarbeitungskosten) pro ausgeschiedenem Arbeitnehmer ein beträchtliches Einsparungspotenzial gegeben.

Familienfreundlichkeit macht darüber hinaus aber auch krisenfester. Eine Befragung im Auftrag des damaligen Bundesministeriums für Wirtschaft, Familie und Jugend unter Unternehmen, die am Audit *berufundfamilie* teilgenommen haben, hat im Jahr 2010 gezeigt, dass fast zwei Drittel der Unternehmen nach der Wirtschaftskrise 2008/2009 angaben, familienfreundliche Maßnahmen hätten sehr viel oder viel zu einem guten Umsatz und einer positiven Ertragslage beigetragen.

Zusammengefasst lässt sich sagen, dass familienfreundliche Unternehmen Mitarbeiter mit höherer Motivation und Produktivität, weniger Fehlzeiten und längerer Betriebszugehörigkeit haben.

IV. Familienfreundlichkeit und Nachhaltigkeit

Beinahe alle Großunternehmen in Österreich – und auch immer mehr Klein- und Mittelbetriebe – versuchen ihre Nachhaltigkeit zu steigern und stellen die Ergebnisse in entsprechenden Berichten dar. International anerkannte Normen spielen für die Nachhaltigkeitsarbeit wie auch bei der Berichterstattung eine große Rolle. Auch Österreich hat seit Juli 2013 das Prinzip der Nachhaltigkeit in der Bundesverfassung verankert und bezieht sein Verständnis darüber auf das anerkannte „Drei-Säulen-Modell" aus Ökonomie (Wirtschaft), Ökologie (Umwelt) und Sozialem (Gemeinwohl). Zudem wird seit mehr als zwei Jahren an einem Nationalen Aktionsplan für Corporate Social Responsibility (CSR) gearbeitet, der Anreize für Unternehmen wie öffentliche Einrichtungen bieten soll, Nachhaltigkeit zu leben.

Dabei herrscht – wie in allen internationalen Standards – Konsens darüber, dass die Arbeitsbedingungen und Zufriedenheit der eigenen Arbeitnehmer ein wesentliches Merkmal nachhaltig agierender Unternehmen sind, zumal es sich bei der „Ressource Mensch" um die wesentlichste Ressource eines Unternehmens handelt. Diversity Management (Umgang mit sozialer Vielfalt in Unternehmen) und Vereinbarkeit von Beruf und Familie spielen dabei eine wesentliche Rolle.

So wurde z.B. die Präambel des Österreichischen Corporate Governance Kodex (ÖCGK) im Jänner 2012 um den Absatz „Unternehmen tragen Verantwortung gegenüber der Gesellschaft. Es wird daher auch empfohlen, entsprechende geeignete freiwillige Maßnahmen und Initiativen etwa zur Vereinbarkeit von Beruf und Familie umzusetzen" ergänzt. Der ÖCGK stellt den Maßstab für gute Unternehmensführung und Unternehmenskontrolle am österreichischen Kapitalmarkt dar. Bedingt durch das Unternehmensrechtsänderungsgesetz 2008 sind alle börsennotierten Unternehmen verpflichtet, einen Corporate Governance Bericht zu erstellen, der insbesondere auch eine Erklärung über allfällige Abweichungen zu einem anerkannten Corporate Governance Kodex vorsieht. Damit erhielt der Österreichische Corporate Governance Kodex eine noch größere Bedeutung. Zudem ist zu erwarten, dass Änderungen mittelfristig auch Auswirkung auf öffentliche Vergaben haben werden.

V. Umsetzung im Unternehmen

Für die Rahmenbedingungen einer guten Vereinbarkeit von Beruf und Familie und die Einführung familienfreundlicher Maßnahmen gibt es kein Patentrezept, vielmehr kommt hierbei eine Vielzahl an Faktoren zum Tragen. Branchen und Unternehmen sind sehr unterschiedlich in ihren Grundsätzen, Werten und Herangehensweisen. Arbeitsabläufe, Kundenbedürfnisse und damit die Arbeitsorganisation variieren. Welches Unternehmen familienfreundlich ist, zeigt sich v.a. im Vergleich mit seinem direkten Mitbewerber. Für Unternehmen, die sich in punkto Familienfreundlichkeit verbessern möchten, gilt es daher, alle relevanten Faktoren in die Überlegungen und Planung mit einzubeziehen und Lösungen zu definieren, die sicherstellen, dass eine Balance aus Unternehmens-, Arbeitnehmer- und Kundeninteressen gewährleistet ist.

Praktisch ergeben sich einige wesentliche Voraussetzungen, die Erfolgsfaktoren bei der Einführung und Weiterentwicklung von Familienfreundlichkeit im Unternehmen sind:

A. Bekenntnis der Unternehmensleitung

Ein klares Bekenntnis der Unternehmensleitung zu familienfreundlichen Aktivitäten und Initiativen ist in der Praxis die wesentlichste Voraussetzung, damit Familienfreundlichkeit auch bei den Mitarbeitern ankommt. Das Interesse darf aber nicht nur der oberflächlichen Imagepolitur gelten, sondern vielmehr muss ein aufrichtiges Interesse an der Weiterentwicklung des Unternehmens bestehen. Die meisten Maßnahmen entfalten nur dann ihre Wirkung, wenn sie von der obersten Leitung und den Führungskräften vorgelebt werden.

B. Klare Zielsetzungen

Am Beginn steht die Definition des Begriffs Familie durch das Unternehmen. Dies umreißt den Empfängerkreis familienfreundlicher Maßnahmen und hat einen fundamentalen Einfluss auf deren Zielsetzung. Eine Studie im Auftrag der Landesakademie Niederösterreich hat erhoben, nach welchen Methoden Unternehmen im Rahmen des Audit *berufundfamilie* ihren Familienbegriff definieren. Grundsätzlich wurden drei verschiedene Herangehensweisen gewählt:

- Wer ist mit Familie gemeint?
- Wo findet Familie statt?
- Welche Aufgaben hat die Familie?

Unabhängig von der gewählten Methode gehen die meisten Unternehmen über die Definition „Vater, Mutter, Kind" hinaus und umfassen etwa auch pflegebedürftige Angehörige oder außerhalb des gemeinsamen Haushalts lebende Kinder (Patchwork-Familien).

Die Gründe, sich mit dem Thema Vereinbarkeit von Beruf und Familie auseinanderzusetzen, können vielfältig sein. Häufig wird eine gesteigerte Arbeitgeberattraktivität als Hauptgrund genannt. Oft geht es aber auch darum, praktische organisatorische Probleme zu lösen oder eine bessere Unternehmensperformance hinsichtlich Fluktuation, Produktivität etc. zu erzielen. In jedem Fall sollten die Ziele am Beginn festgelegt werden, um einerseits die Maßnahmen darauf abzustellen und andererseits den Erfolg sichtbar machen zu können. Mögliche Ziele können sein:

- Steigerung der Zufriedenheit von Arbeitnehmern und/oder Führungskräften
- Senkung der Krankenstände und Abwesenheiten
- Steigerung der Produktivität
- Senkung der Fluktuation
- Steigerung der Arbeitgeberattraktivität und damit zusammenhängend der Bewerbungen
- Erreichen neuer Arbeitnehmer-Zielgruppen
- bessere Integration von Arbeitnehmern in Auszeiten und Karenz

- schnellere Rückkehr aus der Karenz
- Schaffung qualitativ höherwertiger Arbeitsplätze für Karenzrückkehrer
- Lösung der Vertretungsproblematik
- Bewusstseinsschaffung für Leistungen, die das Unternehmen den Arbeitnehmern zur Verfügung stellt

Parallel dazu hat sich oft das Erstellen eines (ungefähren) Business Cases, also einer Wirtschaftlichkeitsrechnung, als vorteilhaft erwiesen. Vielfach werden Maßnahmen, die in das Sozial- oder Humankapital eines Unternehmens investieren, keinerlei betriebswirtschaftlicher Betrachtung unterzogen. Besonders in wirtschaftlich engen Zeiten ist eine klare Darstellung der Wirtschaftlichkeit wesentlich, um das Fortbestehen familienfreundlicher Maßnahmen sicherzustellen. Ein Business Case für Familienfreundlichkeit im Unternehmen könnte etwa so aussehen:

Zielsetzung	Messgröße	Angestrebter Wert	Zeitraum	Effekt
Steigerung der Arbeitgeberattraktivität	Anzahl der Bewerbungen	+5%	Innerhalb von zwei Jahren	Senkung der jährlichen Suchkosten um € …
Senken der Fluktuation	Netto-Fluktuationsrate (ohne Pensionen, Karenzen etc.)	Von derzeit 9% auf 7%	Innerhalb von vier Jahren	Kostenersparnis von € … pro Jahr
Schaffung von qualitativ hochwertigen Arbeitsplätzen für Karenzrückkehrer	Anzahl der Rückkehrer, die mit höheren Stundenkontingenten retour kommen / die in Expertenpositionen eingesetzt sind / die Führungspositionen übernehmen	Steigerung der Stundenzahlen von derzeit durchschnittlich 16 Stunden auf 25 Stunden / Rückkehrquote auf ursprünglichen Job auf 70% steigern	Innerhalb von drei Jahren	Reduktion der Suchkosten und Kosten der Nachbesetzung um … %
Erhöhen der Frauenquote in Führungspositionen	Anteil der Frauen in Führungspositionen	Von derzeit 7% auf 20%	Innerhalb von drei Jahren	Senkung des Know-how-Verlusts / Reduktion der Kosten für Nachbesetzungen um …%

Abb. 6: Beispielhafte Darstellung von Zielsetzungen und Business Cases familienfreundlicher Maßnahmen (eigene Darstellung)

C. Ressourcen

Familienfreundliche Maßnahmen sollen für das Unternehmen positive Effekte erzielen, es jedoch nicht überfordern. Daher muss die Frage gestellt werden, was leistbar und möglich ist – im zeitlichen, personellen, rechtlichen und natürlich monetären Sinn. Allerdings muss an dieser Stelle auch an den Mut appelliert werden, denn gerade jene Themen, die besonders kontroversiell diskutiert werden und manchmal sogar mit einer gewissen Angst besetzt sind, erweisen sich in der Praxis häufig als besonders relevant. Zudem lassen sich viele Initiativen auch ohne große unmittelbare Geldmittel realisieren. Hier liegen die eingesetzten Ressourcen eher im Bereich der Arbeitszeit zur Informationsrecherche und Aufbereitung für die Arbeitnehmer. Jedoch auch diese zeitlichen Ressourcen bedürfen der Planung, damit das Projekt Familienfreundlichkeit nicht zu Überlastungen bei den ausführenden Mitarbeitern führt.

D. Projektablauf und Projektorganisation

Es hat sich bewährt, für Veränderungsprozesse, die langfristig im Unternehmen Wirkung zeigen sollen, den Weg eines „Kontinuierlichen Verbesserungsprozesses" zu gehen. Das verhindert Einmaleffekte und sichert die laufende Weiterentwicklung. Dementsprechend sollte auch die Beschäftigung mit möglichen Maßnahmen und Verbesserungen als dauerhafter Prozess mit immer wiederkehrenden Erhebungen und Zwischenergebnissen gestaltet sein. Vereinfacht ausgedrückt kann der Prozess so aussehen:

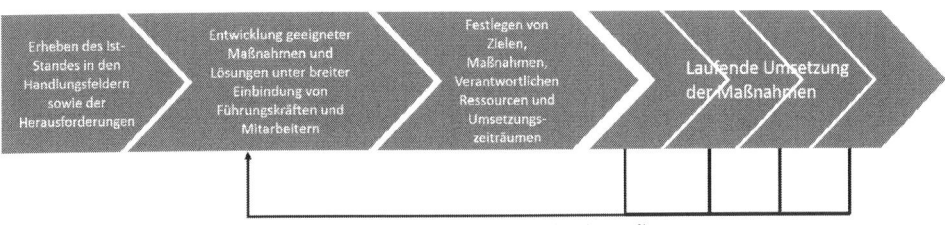

Abb. 7: Beispielhafte Darstellung des Umsetzungsprozesses familienfreundlicher Maßnahmen als kontinuierlicher Verbesserungsprozess (eigene Darstellung)

E. Ist-Erhebung

Zu Beginn des Prozesses erweist sich eine umfangreiche Ist-Erhebung als günstig. Diese sollte möglichst alle Handlungsfelder beinhalten und aufzeigen,

- welche Maßnahmen und Initiativen bislang bereits gesetzt wurden,
- wo bereits gute Lösungen vorhanden sind und
- welche Herausforderungen es in Bezug auf die einzelnen Handlungsfelder gibt.

Neben einer Auflistung möglicher Ansatzpunkte und Maßnahmen kann auch die Erhebung verschiedener Kennzahlen den Blick auf die relevanten Veränderungsnotwendigkeiten schärfen.

Beispiele für solche zu erhebenden Kennzahlen sind:

Demografische Zahlen	Anzahl/Anteil der Arbeitnehmer nach Geschlecht	Die Bedarfe sehen je nach Verteilung meist anders aus. In klassisch männlich dominierten Betrieben ergeben sich andere Bedürfnisse in Sachen Vereinbarkeit als in klassisch weiblichen.
	Anzahl/Anteil der Arbeitnehmer nach Altersgruppen	Vereinbarkeit sieht je nach Lebensphase anders aus. Auch ältere Mitarbeiter, deren Kinder z.B. bereits außer Haus sind, haben Bedarf nach Lebensbalance. Zusätzlich sind sie oft die Hauptbetroffenen der Pflege von nahen Angehörigen. Oder aber sie haben sogar eine Dreifachbelastung.
	Durchschnittsalter der Belegschaft	Auch dieses gibt oft gute Hinweise auf die Bedürfnislage.
	Durchschnittliche Betriebszugehörigkeit	Mitarbeiterbindung ist oft ein Motiv bei der Installierung familienfreundlicher Maßnahmen im Unternehmen. Daher kann die Zugehörigkeit (ggf. im Jahresvergleich) sinnvoll sein.
Arbeitszeit	Anzahl/Anteil der Teilzeitkräfte nach Geschlecht	Oft wird hier sichtbar, dass Teilzeit ein stark weibliches Phänomen ist und mit geringeren Karrierechancen einhergeht.
	Anzahl/Anteil der Führungskräfte in Teilzeit	Oft gibt es kaum Angebote für Führungskräfte in Teilzeit. Das schließt aber beispielsweise Führungskräfte, die aus der Karenz zurückkehren, aus.
	Durchschnittliche Überstunden je Vollzeitmitarbeiter / je Teilzeitmitarbeiter	Kann ein guter Indikator für Belastungen sein.
	Durchschnittskosten einer Überstunde	Zeigt rasch die finanziellen Mehrbelastungen durch Überstunden auf.
Familienverpflichtungen	Anzahl und Altersgruppen der Kinder der Mitarbeiter	Wichtige Kennzahl, wenn es um die Installierung von Kinderbetreuungsmöglichkeiten im Unternehmen geht. Genaue Analyse und Bedarfserhebung sind hier Pflicht.
	Anzahl der Mitarbeiter mit Pflegeverpflichtungen für Angehörige	Diese Zahl ist in kaum einem Unternehmen vorhanden. Und dennoch müssten – rein statistisch betrachtet – 5% bis 10% aller Erwerbstätigen in irgendeiner Form davon betroffen sein. Meist liefert eine entsprechende Analyse Überraschendes zutage.

Elternschaft, Karenz, Rückkehr	Anzahl der Beschäftigten in Elternkarenz	Diese fünf Kennzahlen liefern eine gute Basis für den Aufbau eines angemessenen, professionellen Karenzmanagements im Unternehmen.
	Anzahl der Rückkehrer aus Karenz pro Jahr	
	Anzahl der nach Karenz in Teilzeit beschäftigten Rückkehrer	
	Durchschnittliche Dauer der Elternkarenz	
	Drop Out Quote nach Karenz (Kündigungen in oder nach Karenz)	
Ein- und Austritte	Eintritte ins Unternehmen (im Jahresvergleich)	Auch im Hinblick auf den Fachkräftemangel eine spannende Kennzahl.
	Fluktuationsrate (Nettofluktuationsrate – ohne Karenzen, Pensionen)	Im Jahresvergleich sinnvoll, jedoch nur bereinigt um laufende Effekte wie Pensionen und Karenzen.
	Anteile an der Fluktuation nach Beendigungs-arten (einvernehmlich, Kündigung durch Arbeitnehmer …)	Eine Austrittsanalyse, die neben der Art der Beendigung auch nach den Gründen fragt, kann sinnvoll sein.
Fehlzeiten	Fehlzeitenquote (Anteil der Fehlzeiten an Sollstunden)	Probleme in der Vereinbarkeit resultieren oft in einer erhöhten Fehlzeitenquote. Daher ist diese Kennzahl bezogen auf das Thema wichtig.
	Krankenstandsquote (Anteil der Kranktage gemessen an Solltagen)	Ähnlich wie Fehlzeiten, nur eingeschränkt auf reine Krankenstände. Kann ein Indikator für hohe Belastungen sein.
Ausgaben für Employability	Jährliche Ausgaben (je Mitarbeiter) für Gesundheitsförderung	Diese Kennzahl liefert häufig spannende Erkenntnisse, wenn sie nach Altersgruppen ausgewertet wird. Es wird oft deutlich, dass Gesundheitsförderung hauptsächlich für ältere Mitarbeiter angeboten wird.
	Jährliche Weiter-bildungskosten je Mitarbeiter	Auch hier wird – wenn nach Altersgruppen ausgewertet – oft sichtbar, dass die Investitionen in Weiterbildung mit steigendem Alter der Mitarbeiter dramatisch sinken.

F. Systematische Herangehensweise

Die Möglichkeiten, familienfreundliche Maßnahmen im Unternehmen zu ergreifen, sind vielfältig. Nahezu jede mitarbeiterbezogene Initiative lässt sich auch unter dem Aspekt der Vereinbarkeit argumentieren. Daher ist es wichtig, in der Planung, Einführung und Weiterentwicklung systematisch vorzugehen. Das schafft Orientierung und verhindert, dass sich das Unternehmen auf Nebenschauplätzen „verzettelt".

Nachstehende Handlungsfelder beschreiben jene Bereiche, in denen das Unternehmen Hebel hat, um sich in der eigenen Familienfreundlichkeit zu verbessern:

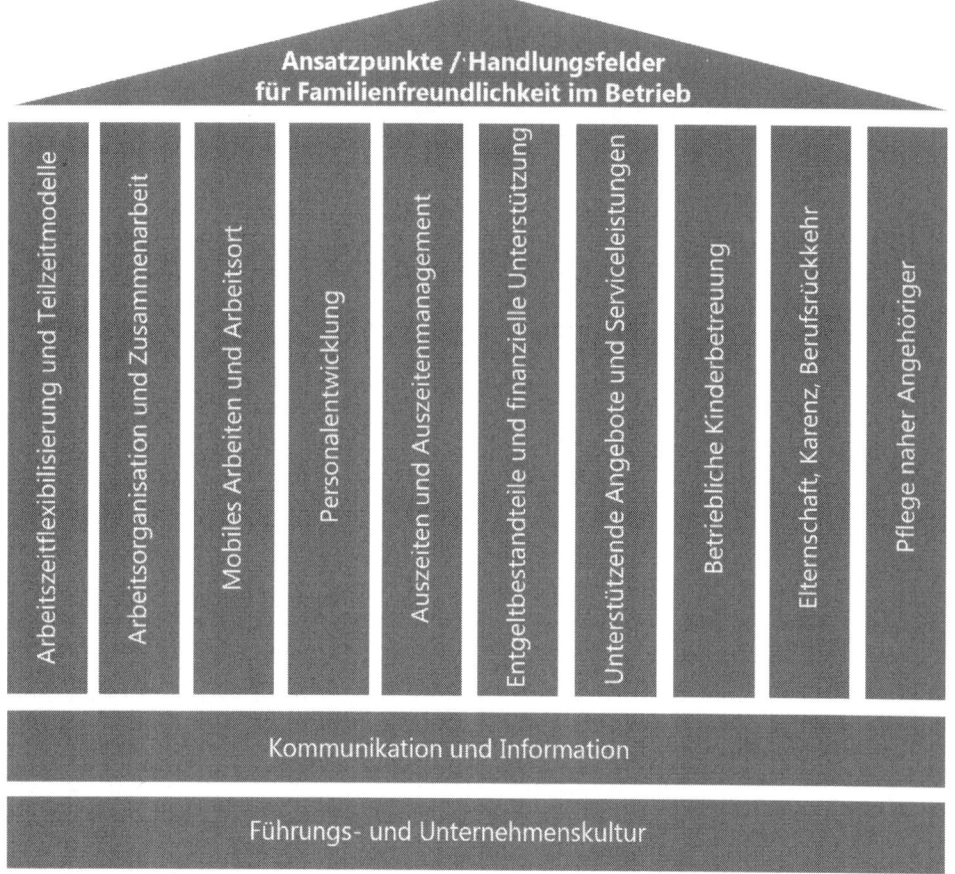

Abb. 8: Eigene Darstellung in Anlehnung an die Handlungsfelder aus dem Audit *berufundfamilie*

Fundament und wesentliche Voraussetzung für das Gelingen der Familienfreundlichkeit im Betrieb sind Führungs- und Unternehmenskultur sowie die entsprechende Kommunikation und Information der Arbeitnehmer.

G. Entwicklung geeigneter Maßnahmen

Stehen die relevanten Handlungsfelder – die „Baustellen" – fest, so kann mit der Entwicklung geeigneter Maßnahmen begonnen werden. Hierbei ist die Einbindung von Arbeitnehmern und speziell auch Führungskräften essenziell, um passgenaue Lösungen zu definieren, die auch die nötige Akzeptanz erfahren. Gemäß dem „Prinzip der Wesentlichkeit" sollten v.a. jene Maßnahmen prioritär angegangen werden, die für die Anspruchsgruppen den größten Nutzen stiften und am meisten befürwortet werden.

Es hat sich oft als günstig erwiesen, für die Entwicklung der Lösungen auf eine klassische Projektstruktur mit einem gemischten Projektteam zurückzugreifen:

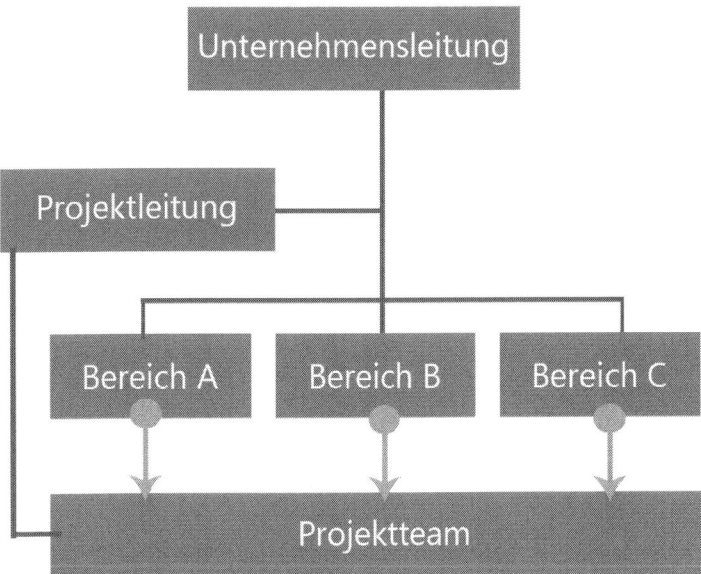

Abb. 9: Beispielhafte Projektstruktur zur Erarbeitung und Umsetzung familienfreundlicher Maßnahmen (eigene Darstellung)

Bei der Zusammensetzung des Teams sollte auf eine ausgewogene Mischung aus Mitarbeitern und Führungskräften der unterschiedlichen relevanten Bereiche geachtet werden. Zudem ist die eigene Betroffenheit oft Motor, um Ideen zu generieren. Daher sollten Arbeitnehmer – auch Führungskräfte – mit Kindern, mit zu pflegenden Angehörigen, Nachwuchsführungskräfte, Arbeitnehmer in oder knapp nach der Karenz, jüngere und ältere Arbeitnehmer etc. eingebunden werden. Gibt es zudem im Unternehmen spezifische Funktionen, etwa Gleichstellungsbeauftragte, Betriebsrat, eine Frauenbeauftragte u.a. und ist diesen das Thema ein Anliegen, sollten auch diese beigezogen werden.

Für die Entwicklung der Maßnahmen selbst haben sich konzentrierte Workshop-Formate als besonders ergebnisreich gezeigt. Die Arbeit an einer Themenstellung wie der Vereinbarkeit von Beruf und Familie in wenigen Stunden „nebenbei" machen zu wollen, ist meist nicht zielführend. In ein, zwei, manchmal drei gut strukturierten und moderierten Tagen lassen sich viele gute Ideen finden und Maßnahmen ableiten.

In diesem Zusammenhang ist es wichtig, den Begriff „Maßnahme" näher zu beleuchten. Unter Maßnahme verstehen wir nicht nur (monetär zu bewertende) Leistungen eines Unternehmens. Viel wichtiger sind gerade beim Thema Vereinbarkeit Maßnahmen, die im Bereich des Dialogs und der Kultur liegen.

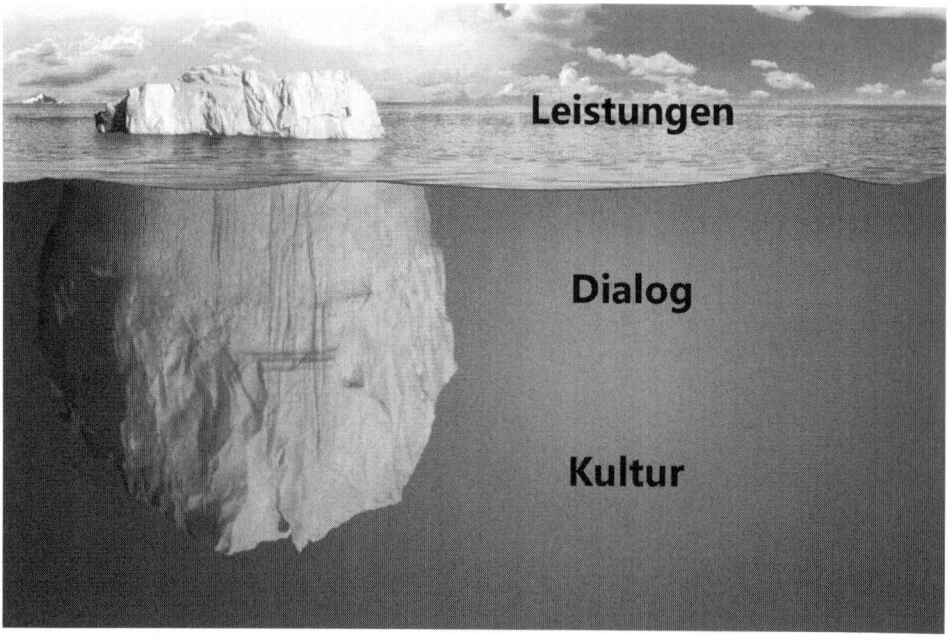

Abb. 10: Ebenen familienfreundlicher Maßnahmen (eigene Darstellung)

Für die Glaubwürdigkeit und Außenwahrnehmung von Familienfreundlichkeit bedarf es natürlich gewisser Leistungen, die ein Unternehmen erbringt. Das kann eine (punktuelle) betriebliche Kinderbetreuung ebenso sein wie ein Familientag oder die Möglichkeit von persönlichen Auszeiten.

Wesentlich für ein gemeinsames Verständnis sind aber auch Maßnahmen, die den Dialog und Austausch zu familienfreundlichen Themen- und Problemstellungen zum Inhalt haben. Ein Beispiel ist die Aufnahme des Themas Vereinbarkeit in das Mitarbeitergespräch oder aber regelmäßige Führungskräfteschulungen im Umgang mit unterschiedlichen Mitarbeiterbedürfnissen.

Und letztlich soll die gewünschte Familienfreundlichkeit fest im Unternehmen verankert werden. Dafür bieten sich Maßnahmen im Bereich Kultur an, also beispielsweise die Verankerung des Wertes Familienfreundlichkeit im Leitbild des Unternehmens.

Gleich, welchem dieser drei Bereiche eine Maßnahme zugeordnet ist, sind zu jeder Maßnahme zu definieren:

- der Umsetzungszeitraum,
- die Umsetzungsverantwortlichen,
- die benötigten Ressourcen.

Es ist vorteilhaft, diese Parameter gemeinsam mit den Zielen schriftlich festzuhalten. Zudem ist das klare Ja der Unternehmensleitung anzustreben, da sonst eine erfolgreiche Umsetzung von vornherein gefährdet ist.

Bei der Verteilung der Verantwortungen soll nicht das Projektteam für die Umsetzung aller Themen die Verantwortung tragen. Es gibt meist klare Kompetenzbereiche, etwa Marketing, Unternehmenskommunikation, Personalmanagement, Betriebsrat, Unternehmensleitung, die in der Umsetzung gefordert sind. Die regelmäßige Projektevaluierung und das Maßnahmencontrolling können und sollen aber von der Projektgruppe erbracht werden.

H. Laufende Umsetzung und Ergebniskontrolle

Nachdem alle Maßnahmen definiert sind, folgt mit deren laufender Umsetzung die eigentliche Arbeit. Kultur in Unternehmen entsteht ausschließlich über die Umsetzung von Wertvorstellungen in spürbare Aktivitäten. Erfolgskritisch für die Veränderung der Kultur ist die laufende Kommunikation an alle Arbeitnehmer ebenso wie die Änderung des Führungsverhaltens. Als unabdingbare Voraussetzungen einer gelungenen Umsetzung werden diese beiden Handlungsfelder in der Darstellung der Handlungsfelder auch allumspannend dargestellt.

In regelmäßigen Abständen sollten im Sinne eines kontinuierlichen Verbesserungsprozesses letztlich die Umsetzungsstände überprüft werden und sollte darüber Bericht an die Unternehmensleitung abgelegt werden. So kann zeitnah auf Hindernisse reagiert werden, Maßnahmen bleiben am Leben und drohen nicht im Alltag unterzugehen – und die Zufriedenheit und Motivation v.a. der Projektmitarbeiter bleibt erhalten.

I. Der Weg ist das Ziel

Familienfreundlichkeit kann nur als kontinuierlicher Verbesserungsprozess verstanden werden. Rahmenbedingungen sowie Bedürfnisse sind laufenden Änderungen unterworfen. Themenstellungen, die uns vor Jahren wichtig waren, sind es heute kaum mehr. Dafür sind neue Problemstellungen aufgetaucht, denen sich das Unternehmen widmen muss – etwa jene der Auszeiten und Sabbaticals. Eine gelungene Arbeit an Rahmenbedingungen für eine gute Vereinbarkeit von Beruf und Familie setzt voraus, dass diese laufend stattfindet und auf Veränderungen reagiert.

Die folgenden Kapitel gehen näher auf die einzelnen Handlungsfelder ein und stellen die möglichen Herangehensweisen und Maßnahmen sowohl aus rechtlicher als auch aus kultureller und arbeitsorganisatorischer Perspektive dar. Diese Ansatzpunkte sollen neue Ideen geben und Mut zur Umsetzung machen; die rechtlichen Erläuterungen darüber hinaus aber auch Bedenken mildern, Hinweise zur Risikominimierung geben und praktische Hilfestellungen bieten, damit die Umsetzung der Maßnahmen im Unternehmen fair, wirksam und nachhaltig erfolgen kann.

VI. Vereinbarkeit im Arbeitsrecht

In diesem Unterkapitel werden – ohne Anspruch auf Vollständigkeit – einige für die Umsetzung von familienfreundlicher Personalpolitik relevante arbeitsrechtliche Begriffe erklärt bzw. rechtliche Aspekte geschildert, die beim Thema Vereinbarkeit eine wichtige Rolle spielen. Die Begriffe sind der besseren Übersicht halber alphabetisch geordnet.

A. Arbeitnehmer

Das österreichische Arbeitsrecht enthält keine einheitliche Definition des Begriffs „Arbeitnehmer". Unterschiedliche Gesetze – unterschiedliche Arbeitnehmerbegriffe.

Im Rahmen dieses Buchs werden unter „Arbeitnehmer" alle Personen verstanden, die sich aufgrund eines Arbeitsvertrags einem Arbeitgeber gegenüber zur Arbeitsleistung verpflichten. Umfasst sind daher u.a. Angestellte, Arbeiter, Teilzeitkräfte, Lehrlinge, schwangere Frauen, Eltern in Karenz, Präsenzdiener, Zivildiener oder auch Arbeitnehmer in Bildungs- und Pflegezeit sowie Telearbeitnehmer.

Auch Geschäftsführer, Prokuristen, leitende Angestellte und Führungskräfte/Manager können Arbeitnehmer sein, sofern sie auf Basis eines Arbeitsvertrags tätig sind. Für sie gelten Ausnahmen vom Arbeitsrecht, da solche Personen aufgrund ihrer Befugnisse und Pflichten oft eher dem Arbeitgeber als der Arbeitnehmerschaft zugeordnet werden.

Nicht umfasst von dem in diesem Buch verwendeten Arbeitnehmer-Begriff sind Vorstände von Aktiengesellschaften, freie Dienstnehmer, arbeitnehmerähnliche Dienstnehmer, neue Selbstständige, Werkvertragsnehmer sowie – aufgrund der zahlreichen für sie geltenden Sonderregeln – Beamte und Vertragsbedienstete.

Praxistipp:
Anlässlich der Planung und Umsetzung einer Maßnahme zur besseren Vereinbarkeit muss geprüft werden, welche Mitarbeiter unter den Arbeitnehmerbegriff fallen.

B. Betrieb

Als Betrieb im Sinne des Arbeitsverfassungsgesetzes (ArbVG) gilt jede Arbeitsstätte, die eine organisatorische Einheit bildet, innerhalb der eine physische oder juristische Person oder eine Personengemeinschaft mit technischen oder immateriellen Mitteln die Erzielung bestimmter Arbeitsergebnisse fortgesetzt verfolgt, ohne Rücksicht darauf, ob Erwerbsabsicht besteht oder nicht (§ 34 ArbVG). Ob ein Betrieb vorliegt oder nicht, muss um Einzelfall anhand einer Vielzahl von Kriterien geprüft werden. Ein Unternehmen kann mehrere, verschiedene Betriebe haben.

Praxistipp:

Der Begriff „Betrieb" ist nicht mit den Begriffen „Unternehmen", „Firma", „Filiale", „Niederlassung" oder „Konzern" ident. Es muss stets geprüft werden, ob die Arbeitsstätte, in der eine Maßnahme eingeführt werden soll, ein Betrieb im Sinne des Arbeitsrechts ist oder nicht.

C. Betriebsrat

Viele in diesem Buch genannten und/oder beschriebenen Maßnahmen, Angebote und Aktivitäten unterliegen der möglichen oder zwingenden Mitwirkung des Betriebsrats (§§ 40 ff ArbVG).

Ein Betriebsrat kann – vereinfacht gesagt – auf Initiative der Arbeitnehmer in Betrieben, in denen mindestens fünf Arbeitnehmer dauernd beschäftigt sind, gebildet werden („betriebsratspflichtiger Betrieb"). Die Anzahl der Betriebsratsmitglieder ist nach der Zahl der Arbeitnehmer gestaffelt. Ist ein Betriebsrat errichtet, verfügt dieser über zahlreiche Mitwirkungs-, Informations-, Beratungs- und Zustimmungsrechte.

Bei einigen in diesem Buch beschriebenen Maßnahmen hat der Betriebsrat von Gesetzes wegen Mitwirkungsrechte, worauf an der jeweiligen Stelle hingewiesen wird. Bei wieder anderen empfiehlt sich eine Abstimmung und Kooperation mit dem Betriebsrat auch ohne gesetzliche Verpflichtung, um ein gutes Ergebnis für alle Beteiligten zu erzielen.

Das Gesetz räumt dem Betriebsrat hinsichtlich Maßnahmen der Vereinbarkeit von Betreuungspflichten und Beruf ein besonderes Beratungsrecht ein. Der Betriebsrat hat das Recht, Vorschläge in diesen Angelegenheiten zu machen, Maßnahmen zu beantragen und eine Beratung zu verlangen. Über solche Maßnahmen kann auch eine Betriebsvereinbarung abgeschlossen werden (§ 92b ArbVG).

Praxistipp:

Ein allenfalls bestehender Betriebsrat ist bei der Planung und Umsetzung von Projekten zur Schaffung oder Verbesserung der Vereinbarkeit von Beruf und Familie miteinzubeziehen. Es muss außerdem überprüft werden, ob zwingende Informations-, Beratungs- und/oder Mitbestimmungsrechte des Betriebsrats bestehen.

D. Betriebsvereinbarungen

Betriebsvereinbarungen (BV) sind schriftliche Vereinbarungen zwischen Arbeitgeber und Betriebsrat. Sie können bzw. müssen in Angelegenheiten abgeschlossen werden, deren Regelung durch Gesetz oder Kollektivvertrag (KV) einer BV vorbehalten ist. Bei manchen Maßnahmen ist zwingend eine Zustimmung des Betriebsrats in Form einer BV erforderlich (zwingende bzw. erzwingbare BV), über andere Maßnahmen kann eine BV abgeschlossen werden (freiwillige BV).

- **Freiwillige Betriebsvereinbarungen**

  Grundsatz: Betriebsrat oder Arbeitgeber können den Abschluss einer BV initiieren. Kommt keine Einigung zustande, können die entsprechenden Angelegenheiten auch – soweit vertraglich zulässig – durch Weisung des Arbeitgebers bzw. im Rahmen einer Einzelvereinbarung mit dem Arbeitnehmer festgelegt und umgesetzt werden.

  Beispielsweise Maßnahmen zur besseren Vereinbarkeit, die Gegenstand einer freiwilligen BV sein können:

  - Maßnahmen der betrieblichen Frauenförderung (Frauenförderpläne) sowie Maßnahmen zur besseren Vereinbarkeit von Betreuungspflichten und Beruf (§ 97 Abs. 1 Z 25 ArbVG) / (**Modelle betrieblicher Kinderbetreuung** siehe S. 174 ff, **Elternteilzeit** in Betrieben mit bis zu 20 Arbeitnehmern siehe S. 204 ff)
  - Maßnahmen und Einrichtungen zur Verhütung von Unfällen und Berufskrankheiten sowie Maßnahmen zum Schutz der Gesundheit der Arbeitnehmer (§ 97 Abs. 1 Z 8 ArbVG) / (**Impfaktionen** siehe S. 167, **Betriebspsychologen** siehe S. 171, **Employee Assistance Programm** siehe S. 171 f)
  - Grundsätze des Urlaubsverbrauchs (§ 97 Abs. 1 Z 10 ArbVG) / (**Familienfreundliche Urlaubsplanung** siehe S. 76 f)
  - Sofern der anwendbare KV dies vorsieht: **Sabbatical** siehe S. 139 ff

- **Erzwingbare Betriebsvereinbarung**

  Grundsatz: Betriebsrat oder Arbeitgeber können den Abschluss einer BV initiieren. Kommt keine Einigung zustande, entscheidet auf Antrag einer der Streitteile eine speziell dafür eingerichtete Schlichtungsstelle.

  Beispielsweise Maßnahmen zur besseren Vereinbarkeit, die Gegenstand einer erzwingbaren BV sein können:

  - generelle Festsetzung des Beginns und Endes der täglichen Arbeitszeit, der Dauer und Lage der Arbeitspausen und der Verteilung der Arbeitszeit auf die einzelnen Wochentage (§ 97 Abs. 1 Z 2 ArbVG) / (**Gleitzeit** siehe S. 39 ff; **Einarbeiten von Fenstertagen** zur Erreichung einer längeren Freizeit in Verbindung mit Feiertagen siehe S. 34, **Telearbeit und mobiles Arbeiten** siehe S. 85 ff, **4-Tage-Woche** siehe S. 35, **Flexibilisierungen bei Schichtarbeit** siehe S. 50 ff)

– Maßnahmen zur zweckentsprechenden Benützung von Betriebseinrichtungen und Betriebsmitteln (§ 97 Abs. 1 Z 6 ArbVG) / (**Nutzung firmeneigener Infrastruktur** siehe S. 159)

- **Zwingende Betriebsvereinbarung**

   Grundsatz: Bestimmte Maßnahmen dürfen ohne Zustimmung des Betriebsrats nicht umgesetzt werden. Die Anrufung einer Schlichtungsstelle ist nicht möglich. Wenn keine Einigung zustande kommt, darf die Maßnahme durch den Arbeitgeber nicht umgesetzt werden.

   Beispielsweise Maßnahmen zur besseren Vereinbarkeit, die Gegenstand einer zwingenden BV sein können:

   – Einführung von Personalfragebögen, sofern in diesen nicht bloß die allgemeinen Angaben zur Person und Angaben über die fachlichen Voraussetzungen für die beabsichtigte Verwendung des Arbeitnehmers enthalten sind (§ 96 Abs. 1 Z 2 ArbVG) / (**Mitarbeiterbefragung** siehe S. 128 ff)

- **„Freie" Betriebsvereinbarung**

   Werden zwischen Betriebsrat und Arbeitgeber Vereinbarungen über Angelegenheiten, in denen weder durch Gesetz noch durch KV der Abschluss einer BV zugelassen ist, abgeschlossen, spricht man von „freien BV". Diese sind an sich nicht zulässig. Für Arbeitgeber sind freie BV riskant, da Arbeitnehmer auf darin enthaltenen, für sie günstigen Regelungen einen Anspruch erwerben können, der nicht einfach einseitig widerrufen oder geändert werden kann.

Praxistipp:

Anlässlich der Planung und Umsetzung einer Maßnahme zur besseren Vereinbarkeit muss geprüft werden, ob und welche Art einer BV notwendig, zulässig oder sinnvoll ist. BV unterliegen Formvorschriften und müssen sorgfältig gestaltet werden.

E. Diskriminierungsverbot/Gleichbehandlungsgebot

Das arbeitsrechtliche Diskriminierungsverbot bedeutet, dass der Arbeitgeber verpflichtet ist, bei der Gewährung oder Einstellung von Leistungen einzelne Arbeitnehmer nicht willkürlich schlechter zu stellen als die Mehrheit der Arbeitnehmer. Die Minderheit darf gegenüber der Mehrheit nicht ohne sachlichen Grund benachteiligt werden. Die Bevorzugung einzelner Arbeitnehmer gegenüber der Mehrheit ist jedoch grundsätzlich zulässig.

Praxistipp:

Das Diskriminierungsverbot bzw. der Gleichbehandlungsgrundsatz ist generell bei allen in diesem Buch geschilderten Maßnahmen zu beachten. Vereinfacht gesagt gilt: gleiche Behandlung bei gleicher Sachlage.

Nach dem Gleichbehandlungsgesetz (GlBG) darf niemand aufgrund von Geschlecht, Alter, ethnischer Zugehörigkeit, Religion, Weltanschauung oder sexueller Orientierung im Zusammenhang mit einem Arbeitsverhältnis ohne sachliche Rechtfertigung benachteiligt werden. Im Zusammenhang mit Vereinbarkeit von Beruf und Familie interessiert v.a. der Diskriminierungstatbestand „Geschlecht, insbesondere unter Bezugnahme auf den Ehe- oder Familienstand", und zwar insbesondere bei der Einstellung, Entgeltvereinbarung, Gewährung freiwilliger Sozialleistungen, Aus- und Weiterbildung und Umschulung, bei beruflichem Aufstieg, sonstigen Arbeitsbedingungen und bei der Beendigung des Arbeitsverhältnisses. Das Diskriminierungsverbot des GlBG gilt während des ganzen Lebenszyklus eines Arbeitsverhältnisses. Verboten ist sowohl die unmittelbare als auch die mittelbare Diskriminierung.

> Beispiel unmittelbare Diskriminierung: Es wird ein junger Mann und nicht eine ältere Frau eingestellt, obgleich die Frau die gleichen oder bessere Qualifikationen aufweist und dies glaubhaft machen kann.
>
> Beispiel mittelbare Diskriminierung: Ein Unternehmen schließt Teilzeitkräfte von internen Weiterbildungsmaßnahmen aus. Die meisten Teilzeitkräfte in diesem Unternehmen sind Frauen.

Bei Verstoß gegen das Diskriminierungsverbot drohen dem Arbeitgeber u.a. Geldstrafen, Verpflichtung zum Ersatz des Vermögensschadens und der erlittenen persönlichen Beeinträchtigung sowie Kündigungsanfechtungen.

Praxistipp:

Maßnahmen zur besseren Vereinbarkeit dürfen keine mittelbare oder unmittelbare Diskriminierung aufgrund von Geschlecht, Alter, ethnischer Zugehörigkeit, Religion oder Weltanschauung oder sexueller Orientierung sein. Bei Maßnahmen, die den Anschein einer Diskriminierung erwecken könnten, ist Vorsicht geboten und zu dokumentieren, dass keine Diskriminierung vorliegt bzw. welche sachlichen Gründe eine Diskriminierung rechtfertigen.

F. Entgelt

Der Entgeltbegriff ist besonders für die im Kapitel „Entgeltbestandteile und finanzielle Unterstützung" sowie im Kapitel „Unterstützende Angebote und Serviceleistungen" beschriebenen Maßnahmen relevant. Es gibt im Arbeitsrecht keine allgemeine Definition des Entgeltbegriffs. Entgelt umfasst grundsätzlich jede Art von Gegenleistung, die der Arbeitnehmer vom Arbeitgeber dafür erhält, dass er ihm seine Arbeitskraft zur Verfügung stellt. Das Entgelt umfasst daher nicht nur das monatliche Gehalt/den monatlichen Lohn, sondern auch sonstige Zuwendungen wie kollektivvertraglich vorgesehene Sonderzahlungen, Provisionen, Prämien, Zulagen oder Vorteile wie Privatnutzung des Dienstwagens oder Gratisparkplätze. Kein Entgelt stellen Leistungen dar, die in keinem ursächlichen Zusammenhang mit der Arbeitspflicht stehen, wie etwa Aufwandsentschädigungen oder Wohlfahrtseinrichtungen. Der arbeitsrechtliche Entgeltbegriff ist ein anderer als der sozialversicherungsrechtliche bzw. der lohnsteuerrechtliche Entgeltbegriff.

Entgelt ist in der Regel lohnsteuer- und beitragspflichtig. Von der Beitragspflicht zur Sozialversicherung (nicht aber unbedingt auch der Lohnsteuer) ausgenommen sind aber z.B. folgende, in diesem Buch erwähnten Leistungen:

- freiwillige soziale Zuwendungen des Arbeitgebers an bestimmte Arbeitnehmer-Gruppen oder an den Betriebsratsfonds (§ 49 Abs. 3 Z 11 ASVG), wie etwa Geburtsbeihilfen, Heiratsbeihilfen, Beihilfen zur Begründung einer eingetragenen Partnerschaft, nicht jedoch freiwillige Zuschüsse des Arbeitgebers für die Betreuung von Kindern oder kollektivvertraglich vorgesehene Zuschüsse;
- freie oder verbilligte Mahlzeiten am Arbeitsplatz (§ 49 Abs. 3 Z 12 ASVG);
- Zinsersparnisse bei zinsverbilligten oder unverzinslichen Dienstgeber-Darlehen bis zu einer bestimmten Darlehenssumme (§ 49 Abs. 3 Z 19 ASVG);
- Aus- und Fortbildungskosten im betrieblichen Interesse (§ 49 Abs. 3 Z 23 ASVG);
- Prämien für Verbesserungsvorschläge im Betrieb (§ 49 Abs. 3 Z 24 ASVG).

Praxistipp:

Vor Gewährung einer freiwilligen Leistung an die Arbeitnehmer ist zu prüfen, ob es sich dabei um einen entgeltwerten, beitragspflichtigen Vorteil aus dem Dienstverhältnis handelt. Sofern eine freiwillige Leistung nicht Entgeltbestandteil werden soll, muss dies entsprechend kommuniziert werden.

G. Formvorschriften

Im Arbeitsrecht gilt grundsätzlich Formfreiheit. Für bestimmte Maßnahmen ist allerdings Schriftform zwingend vorgesehen, z.B. für einvernehmliche Auflösungen des Arbeitsverhältnisses mit Schwangeren oder Eltern in Karenz/Teilzeit und Abänderungen des Arbeitszeitausmaßes bei Teilzeitbeschäftigten (S. 56). Auch KV oder BV können Formvorschriften enthalten. Abgesehen davon können Arbeitgeber und Arbeitnehmer vereinbaren, dass der Abschluss, die Änderung und/oder Zusätze zum Arbeitsvertrag schriftlich zu erfolgen haben (gewillkürte Schriftform).

Praxistipp:

Auch wenn Schriftform nicht immer zwingend erforderlich ist, ist für alle in diesem Buch beschriebenen Maßnahmen der Abschluss einer schriftlichen Vereinbarung zur Beweissicherung und Risikominimierung ratsam.

H. Geringfügige Beschäftigung

Eine geringfügige Beschäftigung ist ein Beschäftigungsverhältnis, bei dem das Entgelt die Geringfügigkeitsgrenze nicht übersteigt. Der Begriff entstammt nicht dem Arbeits-, sondern dem Sozialversicherungsrecht. Die Geringfügigkeitsgrenze 2014 beträgt € 395,31 monatlich bzw. € 30,35 täglich und erhöht sich jährlich. Die Geringfügigkeit liegt dabei nicht im Beschäftigungsausmaß, sondern im Entgelt. Arbeitsrechtlich handelt es sich um eine Sonderform der Teilzeitbeschäftigung (S. 56 ff).

Geringfügig Beschäftigte sind unfallversichert und unterliegen der Abfertigung Neu. Sie sind jedoch nicht kranken- und pensionsversichert und auch nicht arbeitslosenversichert.

Praxistipp:

Für geringfügig Beschäftigte gelten, mit einigen Ausnahmen, dieselben arbeitsrechtlichen Bestimmungen wie für sonstige Arbeitnehmer. Auch geringfügig Beschäftigte haben daher etwa Anspruch auf Urlaub, Pflegefreistellung und Abfertigung unter denselben Voraussetzungen wie alle übrigen Arbeitnehmer.

Ausnahmen gelten z.B. im Hinblick auf folgende, in diesem Buch beschriebene Angelegenheiten:

- Geringfügig Beschäftigte sind nicht nach dem ASVG versichert und haben daher auch keinen Anspruch auf Wochengeld im Zusammenhang mit der Geburt eines Kindes.
- Für die Inanspruchnahme einer geförderten Bildungskarenz (S. 149 ff) zählen Zeiten geringfügiger Beschäftigung nicht für die erforderliche Mindestbeschäftigungsdauer vor Antritt der Bildungskarenz. Bei einem vor einer Bildungskarenz ausgeübten geringfügigen Dienstverhältnis besteht kein Anspruch auf Weiterbildungsgeld.
- Geringfügig Beschäftigte können keine geförderte Bildungsteilzeit (S. 149 ff) in Anspruch nehmen und haben keinen Anspruch auf Bildungsteilzeitgeld.

I. Kollektivvertrag

Kollektivverträge (KV) sind schriftliche Vereinbarungen zwischen kollektivvertragsfähigen Körperschaften der Arbeitgeber und der Arbeitnehmer. Welcher KV für die Arbeitnehmer eines Betriebs anwendbar ist, richtet sich im Wesentlichen danach, welcher Fachgruppe der Wirtschaftskammer der Arbeitgeber angehört. Dies wiederum richtet sich nach dem ausgeübten Gewerbe.

Viele in diesem Buch beschriebene Maßnahmen sind Regelungsgegenstände von KV. So enthalten etwa zahlreiche KV Regelungen zu Arbeitszeit und Arbeitszeitflexibilisierung (S. 28 ff), Teilzeit (S. 56 ff), Arbeitsort (S. 85 ff), Telearbeit (S. 85 ff), Sabbaticals (S. 139 ff) oder Bildungskarenz (S. 149 ff).

Praxistipp:

Vor Planung und Umsetzung einer Maßnahme ist abzuklären, welche Möglichkeiten und Grenzen der anwendbare KV vorsieht. Durch Betriebs- oder Einzelvereinbarungen dürfen Arbeitnehmer gegenüber KV nur besser, nicht aber schlechter gestellt werden.

J. Kündigung und Kündigungsschutz

Manchmal wird es – auch wenn die in diesem Buch geschilderten Maßnahmen eine gute und lange Zusammenarbeit ermöglichen wollen – nötig, dass sich Arbeitnehmer und Arbeitgeber voneinander trennen. Eine ordentliche Kündigung unbefristeter Verträge durch den Arbeitgeber oder den Arbeitnehmer ist unter Einhaltung bestimmter Fristen und Termine grundsätzlich ohne Vorliegen eines wichtigen Grundes möglich. In Betrieben mit Betriebsrat gilt ein betriebsverfassungsrechtliches Vorverfahren.

Praxistipp:

Eine Arbeitgeber-Kündigung muss grundsätzlich das letzte Mittel sein. Vor Ausspruch einer Kündigung müssen alternative Einsatzmöglichkeiten wie Teilzeit (S. 53 ff) oder Versetzung geprüft werden. Einige der in diesem Buch geschilderten Maßnahmen könnten als solche Alternativen überlegt werden.

1. Allgemeiner Kündigungsschutz

Ein gekündigter Arbeitnehmer kann unter Umständen gerichtliche Schritte gegen eine arbeitgeberseitige Kündigung ergreifen. Im Überblick:

- in betriebsratspflichtigen Betrieben und bei Vorliegen gewisser Voraussetzungen: Anfechtung wegen Sozialwidrigkeit oder Anfechtung wegen verpönten Motivs (Frist: zwei Wochen ab Zugang);
- Anfechtung wegen Verstoßes gegen das GlBG bei einer unzulässigen Diskriminierung nach dem GlBG (Frist: zwei Wochen ab Zugang);
- Anfechtung wegen Sittenwidrigkeit (keine fixe Frist);
- Anfechtung wegen Unwirksamkeit aufgrund von Formalfehlern bei der Beendigung (keine fixe Frist).

Praxistipp:

Eine Kündigung darf nicht wegen oder in Zusammenhang mit dem Ersuchen um bzw. Inanspruchnahme von Elternteilzeit (S. 204 ff), Verlängerung der Karenz über das gesetzliche Ausmaß hinaus (S. 197 ff), Sabbatical (S. 139 ff), Bildungskarenz (S. 149 ff) oder in diskriminierender Weise ausgesprochen werden.

2. Besonderer Kündigungsschutz

Bestimmte Arbeitnehmergruppen genießen besonderen Kündigungsschutz, insbesondere Schwangere, Eltern in Karenz (S. 197 ff) und Eltern in Elternteilzeit (S. 204 ff). Hier ist die Kündigung durch den Arbeitgeber erst nach Einholung einer gerichtlichen Zustimmung möglich. Die gerichtliche Zustimmung wird nur in bestimmten Fällen erteilt.

Praxistipp:

Ist eine Einigung zwischen Arbeitgeber und Arbeitnehmer über die Zukunft des Arbeitsverhältnisses anlässlich von Betreuungspflichten oder Vereinbarkeitsthemen nicht möglich, muss vor Ausspruch einer Kündigung geprüft werden, ob der Arbeitnehmer allgemeinen oder besonderen Kündigungsschutz genießt. Alternativ kommt eine einvernehmliche Auflösungsvereinbarung in Frage.

3. Spezieller Kündigungsschutz

Das Arbeitsvertragsrechts-Anpassungsgesetz (AVRAG) sieht in § 15 einen speziellen Kündigungsschutz im Zusammenhang mit folgenden Maßnahmen vor: Bildungskarenz (S. 149 ff), Bildungsteilzeit (S. 149 ff), Altersteilzeit, Pflegekarenz (S. 215 ff) und Pflegeteilzeit (S. 215 ff). Keinen speziellen Kündigungsschutz gibt es im Zusammenhang mit der Inanspruchnahme von Familienhospizkarenz (S. 218 ff). Das Besondere an dem verstärkten Kündigungsschutz nach AVRAG ist, dass der Arbeitnehmer ein Wahlrecht hat: Er kann eine zeit- oder formwidrig ausgesprochene Kündigung anfechten oder aber die Kündigung gegen sich gelten lassen und Kündigungsentschädigung fordern. Für die Berechnung dieser Kündigungsentschädigung ist das ungeschmälerte Entgelt zugrunde zu legen, das zum Beendigungszeitpunkt ohne die vereinbarte Maßnahme zugestanden wäre.

K. Leiharbeitskräfte

Leiharbeitskräfte (auch: überlassene Arbeitskräfte, Leiharbeiter, Leasingpersonal) nehmen unter den Arbeitnehmern eine gewisse Sonderstellung ein. Arbeitgeber von Leiharbeitskräften bleibt grundsätzlich der Überlasser (= wer Arbeitskräfte zur Arbeitsleistung an Dritte vertraglich verpflichtet; auch: Verleiher, Leiharbeitsfirma, Leasingfirma). Aber auch der Beschäftiger (= Inhaber des Betriebs, in dem die Leiharbeitskräfte zur Arbeitsleistung für betriebseigene Aufgaben eingesetzt werden; auch: Entleiher) hat zahlreiche Pflichten in Bezug auf die bei ihm beschäftigten Leiharbeitskräfte. Die diesbezüglichen Vorschriften finden sich im Arbeitskräfteüberlassungsgesetz (AÜG).

Für die Dauer der Beschäftigung im Betrieb des Beschäftigers gilt beispielsweise der Beschäftiger als Arbeitgeber im Sinne der Arbeitnehmerschutzvorschriften, der Gleichbehandlungsvorschriften und des Diskriminierungsverbots. Arbeitgeber müssen daher bei familienfreundlichen Maßnahmen und Erfüllung ihrer gesetzlichen Pflichten jeweils prüfen, ob auch Leiharbeitskräfte miteinbezogen werden müssen bzw. sollen. Für Leiharbeitskräfte zwingend gelten etwa unternehmensweite Bestimmungen betreffend Arbeitszeit und Urlaub genauso wie für die Stammbelegschaft des Beschäftigers. Darüber hinaus haben Leiharbeitskräfte unter den gleichen Bedingungen wie die Stammbelegschaft Anspruch auf Zugang zu Wohlfahrtseinrichtungen und -maßnahmen des Beschäftigers, außer, es sprechen sachliche Gründe dagegen.

Nachstehende Maßnahmen und Leistungen sind nach Ansicht der Autoren beispielsweise auch Leiharbeitskräften zu gewähren, und zwar grundsätzlich unabhängig von der geplanten oder konkreten Einsatzdauer, es sei denn, es sprechen objektivierbare sachliche Gründe dagegen:

- flexible Arbeitszeitmodelle, die für den gesamten Betrieb gelten (S. 34 ff);
- familienfreundliche Urlaubsplanung, soweit diese durch BV oder sonst allgemein verbindlich geregelt ist (S. 76 ff);
- Mobilität und Anfahrt zur Arbeitsstätte, soweit dies allgemein verbindlich geregelt ist, mit Ausnahme finanzieller Unterstützungen (S. 94 ff);
- Modelle betrieblicher Kinderbetreuung (S. 174 ff), nicht aber Zuschüsse zu externen Einrichtungen;
- Sonderurlaube, soweit diese durch KV vorgeschrieben sind (S. 81 ff), nicht aber freiwillige Zuschüsse und Zulagen zu besonderen Anlässen (S. 156);
- Gesundheitsangebote (S. 167 ff), nicht aber Gutscheine, die bei externen Dienstleistern eingelöst werden können;
- Betriebsarzt, Betriebspsychologe, Employee Assistance Programm (S. 170 ff);
- Fitnessraum und Kinderecke (S. 167).

Praxistipp:

Vor der Umsetzung der in diesem Buch beschriebenen Maßnahmen muss geprüft werden, ob Leiharbeitskräften der Zugang gewährt werden muss bzw. freiwillig gewährt oder nicht gewährt wird. Es sollte mit der Überlasserfirma abgeklärt werden, welche Maßnahmen es gibt. Neben finanziellen Aspekten sind auch die organisatorische und administrative Umsetzung zu klären. Sollen Leiharbeitskräften auf freiwilliger Basis vom Beschäftiger Zugang zu Maßnahmen erhalten, muss klargestellt werden, dass es sich um freiwillige, unverbindliche Leistungen handelt oder die Kosten hierfür dem Überlasser in Rechnung gestellt werden. Sonst besteht das Risiko, dass ein faktisches Arbeitsverhältnis zwischen Leiharbeitskraft und Beschäftiger begründet wird.

L. Nahe Angehörige

Als nahe Angehörige sind Ehegatten, Lebensgefährten, eingetragene Partner und solche Personen anzusehen, die mit dem Arbeitnehmer in gerader Linie verwandt sind, leibliche Kinder, Enkelkinder, Adoptiv-, Pflegekinder oder im gemeinsamen Haushalt lebende leibliche Kinder des anderen Ehegatten, des eingetragenen Partners oder Lebensgefährten, Geschwister, Eltern, Großeltern, Schwiegereltern, Schwiegerkinder, Adoptiv- und Pflegeeltern (§ 16 UrlG).

M. Urlaub

Arbeitnehmer haben nach dem Urlaubsgesetz (UrlG) Anspruch auf bezahlten Urlaub im Ausmaß von 30 Werktagen pro Dienstjahr (Achtung: nicht pro Kalenderjahr).

Unter Werktagen werden dabei die Tage von Montag bis einschließlich Samstag verstanden. Nach 25 Dienstjahren steigt der Anspruch auf 36 Werktage. Spezialgesetze können Abweichungen vorsehen. KV sehen oft Sonderurlaube vor.

Der Urlaub soll der Erholung der Arbeitnehmer dienen. Vor diesen Hintergrund sind Zeitpunkt des Urlaubsantritts sowie Ausmaß des Urlaubsteils zwischen Arbeitgeber und Arbeitnehmer unter Rücksichtnahme auf die Erfordernisse des Betriebs und die Erholungsmöglichkeiten des Arbeitnehmers zu vereinbaren. Den in der Praxis geläufigen Begriff „Betriebsurlaub" kennt das UrlG nicht. Ein Betriebsurlaub kann daher nicht vom Arbeitgeber angeordnet, sondern ebenfalls nur vereinbart werden (z.B. bereits im Arbeitsvertrag) und kann auch nicht den gesamten Urlaubsanspruch umfassen. Ein ausreichender Teil (mindestens die Hälfte des Urlaubsanspruchs) muss grundsätzlich zur freien Vereinbarung verbleiben.

Erkrankt ein Arbeitnehmer während des Urlaubs länger als drei Kalendertage, ohne dies vorsätzlich oder grob fahrlässig herbeigeführt zu haben, kommt es bei ordnungsgemäßer Meldung zu einer Urlaubsunterbrechung.

N. Versetzung

Eine Versetzung ist eine Einreihung eines Arbeitnehmers auf einen anderen Arbeitsplatz. Eine Versetzung ist nicht nur die Änderung des Arbeitsorts, sondern kann z.B. auch die Änderung von Tätigkeitsbereich, Lage bzw. Verteilung der Arbeitszeit oder Anreisebedingungen sein. Eine Versetzung durch den Arbeitgeber ist nur möglich, wenn dies vom Arbeitsvertrag gedeckt ist. Bei einer verschlechternden Versetzung von voraussichtlich mindestens 13 Wochen muss zusätzlich zum betroffenen Arbeitnehmer auch der Betriebsrat zustimmen (§ 101 ArbVG).

Folgende in diesem Buch beschriebene Maßnahmen können eine (zustimmungspflichtige) Versetzung darstellen:

- Einführung von Telearbeit (S. 85 ff);
- Änderungen von Arbeitsort und/oder Arbeitszeit und/oder Tätigkeit bei Wechsel zu Teilzeit (S. 53 ff).

Praxistipp:

Es muss geprüft werden, ob eine geplante Maßnahme vom Arbeitsvertrag der betroffenen Arbeitnehmer gedeckt ist und ob die Zustimmung des Arbeitnehmers bzw. des Betriebsrats erforderlich ist.

Arbeitszeitflexibilisierung

Nähert man sich dem Thema der Familienfreundlichkeit im Unternehmen, beginnt der Weg oft bei Überlegungen zum komplexen Themenbereich der Arbeitszeit. Im Kontext von Vereinbarkeit und Familienfreundlichkeit ist die Arbeitszeit ein zentrales Steuerungselement, das es Arbeitnehmern und Führungskräften ermöglichen kann, berufliche mit privaten und familiären Interessen besser unter einen Hut zu bringen.

Arbeitszeit ist eine vielschichtige Materie mit zahlreichen Varianten, Anforderungen und rechtlichen Vorgaben. In zahlreichen Arbeitnehmerbefragungen ist das Thema Arbeitszeit unter den wichtigsten Voraussetzungen einer guten Vereinbarkeit genannt, was die Bedeutung dieses Bereichs für familienfreundliche Personalpolitik deutlich macht.

I. Arbeitszeit als Schlüssel für Flexibilität

Vorangestellt werden soll, dass die Flexibilisierung von Arbeitszeit nicht automatisch zu einer besseren Vereinbarkeit führen muss. Das gewählte Arbeitszeitmodell muss vielmehr zur jeweiligen Unternehmenskultur, den betrieblichen Gegebenheiten und den einzelnen Arbeitnehmern mit ihren jeweiligen Bedürfnissen passen.

In Bezug auf eine gute Vereinbarkeit geht es im Bereich der Arbeitszeit nicht immer nur rein darum, Arbeitszeit zu reduzieren: familienfreundliche Arbeitszeiten bedeuten nicht automatisch verringerte Arbeitszeiten. Der selbstbestimmte Umgang mit der eigenen Arbeitszeit spielt ebenfalls eine große Rolle. Flexibilität kann daher insbesondere erreicht werden durch

- Gewährung von Arbeitszeitautonomie und
- Flexibilisierung beim Arbeitszeitausmaß.

Arbeitszeitautonomie meint in diesem Zusammenhang, wie sehr Arbeitnehmer und Führungskräfte ihre Arbeitszeit selbst steuern können; sie korrespondiert stark mit der Art der Tätigkeit sowie den daraus resultierenden Rahmenbedingungen. Eine Person, die in einem produzierenden Schichtbetrieb arbeitet, verfügt über eine andere Autonomie als jemand, der im Kundenverkehr mit fixen Öffnungszeiten oder in einem Büro beschäftigt ist.

Arbeitszeitausmaß meint in dem oben dargestellten Zusammenhang, dass es unterschiedliche Lebenssituationen notwendig oder wünschenswert machen, auch das Ausmaß der Arbeitszeit zu verändern, also etwa das Stundenausmaß zu reduzieren und später wieder zu erhöhen. Dabei unterschiedliche Lebensphasen mit den damit zusammenhängenden Arbeitszeiten einzubeziehen, nimmt stetig an Bedeutung zu.

A. Rechtlicher Rahmen

Das Arbeitszeitrecht regelt u.a., wann und wie lange ein Arbeitgeber seine Arbeitnehmer beschäftigen darf bzw. wann er sie nicht beschäftigen darf. Die Einhaltung und Kontrolle der Arbeitszeitgrenzen sind Grundpflichten eines Arbeitgebers. Die vom Arbeitszeitrecht gesetzten Grenzen sollen insbesondere vor Überforderungen und Abnützung der geistigen und körperlichen Kräfte der Arbeitnehmer schützen.

Das Arbeitszeitrecht hat zivilrechtliche und öffentlich-rechtliche Aspekte. Beispielsweise sind Fragen der Einhaltung von Höchstarbeitszeitgrenzen öffentlich-rechtlicher Natur und werden vom Arbeitsinspektorat überprüft. Ansprüche von Arbeitnehmern gegenüber dem Arbeitgeber auf Überstundenentgelt hingegen sind zivilrechtlicher Natur. Der Arbeitgeber muss stets beide Aspekte beachten – so schützt das beste Einvernehmen mit dem Arbeitnehmer über ein Arbeitszeitmodell, das gegen das Arbeitszeitrecht verstößt, nicht vor (teils hohen) Strafen der Behörden oder Nachforderungen des Arbeitnehmers im Fall einer späteren Auseinandersetzung, etwa anlässlich einer Kündigung.

1. Grundbegriffe im Arbeitszeitrecht

Nachstehend werden einige Begriffe des Arbeitszeitrechts, die in diesem Buch an verschiedenen Stellen Verwendung finden, in ihren Grundsätzen kurz erklärt.

Arbeitszeit: Zeit von Beginn bis Ende der Arbeit ohne Ruhepausen. Nicht zur Arbeitszeit zählen gesetzliche Ruhepausen und Wegzeiten vom und zum Betrieb.

Höchstarbeitszeitgrenzen: Die Tagesarbeitszeit darf grundsätzlich zehn Stunden und die Wochenarbeitszeit 50 Stunden nicht überschreiten, sofern nicht Gesetz oder KV anderes bestimmen. Abweichungen, die einen höheres Stundenausmaß zulassen, sind beispielsweise Rufbereitschaft, Arbeitsbereitschaft (kollektivvertragliche Ermächtigung vorausgesetzt), 4-Tage-Woche und vorübergehende Sonderüberstunden bei besonderem Arbeitsbedarf.

Leitende Angestellte: Leitende Angestellte im Sinne des Arbeitszeitrechts sind Arbeitnehmer, denen maßgebliche Führungsaufgaben selbstverantwortlich übertragen sind. Auf leitende Angestellte finden das AZG und das Arbeitsruhegesetz (ARG) keine Anwendung. Ein leitender Angestellter muss sich aufgrund seiner einflussreichen Position aus der gesamten Arbeitnehmerschaft herausheben. Die österreichischen Arbeitsgerichte sind eher zurückhaltend mit der Feststellung, dass es sich bei einem Arbeitnehmer um einen leitenden Angestellten handelt. Ein leitender Angestellter muss typischerweise Personal- und/oder Budgetverantwortung haben. Ob ein Arbeitnehmer leitender Angestellter ist oder nicht, muss im Einzelfall anhand der faktischen und rechtlichen Stellung, Aufgaben und Befugnisse beurteilt werden.

Praxistipp:

Während Geschäftsführer vom AZG ausgenommen sind, sind das Prokuristen und Führungskräfte nicht automatisch. Die Prokuristen-Eigenschaft und Führungsaufgaben sind (nur) einzelne von mehreren Indizien für die Beurteilung, ob ein Arbeitnehmer leitender Angestellter ist oder nicht.

Praxistipp:

Leitende Angestellte im Sinne des AZG sind nicht automatisch auch vom Geltungsbereich des jeweils anwendbaren KV ausgenommen. Es muss im Einzelfall geprüft werden, ob leitende Angestellte vom KV erfasst sind, und in der Folge, ob der KV auf das AZG und das ARG (bzw. Teile davon) verweist oder gar für Arbeitnehmer günstigere als die gesetzlichen Regelungen vorsieht.

In einem Beispiel veranschaulicht, kann der Personalchef eines internationalen Konzerns, der umfassende Personalbefugnisse und selbständige Budgetverantwortung hat, leitender Angestellter im Sinne des AZG sein, aber dennoch Arbeitszeitgrenzen unterliegen, wenn leitende Angestellte vom Anwendungsbereich des anwendbaren KV umfasst sind und der KV Regelungen zur Arbeitszeit vorsieht. **Hinweis:** Der in diesem Buch verwendete Begriff „**Führungskraft**" ist ein unternehmensindividuell und kulturell definierter Begriff und nicht gleichzusetzen mit dem rechtlichen Begriff des leitenden Angestellten.

Mehrarbeit: Differenzstunden zwischen kollektivvertraglicher Normalarbeitszeit (NAZ; z.B. 38,5 Wochenstunden) und gesetzlicher NAZ (40 Wochenstunden). Für Mehrarbeit gebührt ein Zuschlag, sofern der entsprechende KV einen solchen vorsieht. Der Zuschlag ist je nach KV unterschiedlich hoch. Besondere Regelungen gelten für Mehrarbeit bei Teilzeit (S. 57).

Normalarbeitszeit: Die NAZ laut AZG beträgt acht Stunden pro Tag bzw. 40 Stunden pro Woche. Manche KV sehen ein geringeres Ausmaß der wöchentlichen NAZ vor (häufig 38,5 Stunden). Es bestehen zahlreiche Sonderregeln über zulässige Ausdehnungen der täglichen oder wöchentlichen NAZ, z.B. für Personal von Verkaufsstellen und Arbeitnehmer im Handel.

Ruhepause: Beträgt die Gesamtdauer der Tagesarbeitszeit mehr als sechs Stunden, ist eine Ruhepause von mindestens 30 Minuten zu gewähren. Unter gewissen Voraussetzungen können auch zwei Ruhepausen zu je 15 Minuten oder drei Ruhepausen zu je zehn Minuten gewährt werden. Eine andere Teilung der Ruhepause kann durch BV geregelt werden (S. 18).

Ruhezeit: Nach Ende der Tagesarbeitszeit ist eine ununterbrochene Ruhezeit von mindestens elf Stunden zu gewähren. Der KV kann Abweichungen vorsehen. Zusätzlich muss wöchentlich eine ununterbrochene Wochenruhe von mindestens 36 Stunden gewährt werden.

Tagesarbeitszeit: Arbeitszeit innerhalb eines ununterbrochenen Zeitraums von 24 Stunden.

Teilzeitarbeit: Teilzeitarbeit liegt vor, wenn die vereinbarte Wochenarbeitszeit die gesetzliche NAZ oder die durch KV oder BV festgelegte kürzere NAZ im Durchschnitt unterschreitet (siehe im Detail S. 56 ff).

Überstundenarbeit: Überstundenarbeit liegt vereinfacht gesagt vor, wenn die zulässige wöchentliche NAZ oder die zulässige tägliche NAZ überschritten wird. Für Überstunden gebührt dem Arbeitnehmer ein Zuschlag zum Entgelt in Höhe von 50 %

oder es wird Abgeltung durch Zeitausgleich vereinbart. Der anwendbare KV kann höhere Zuschläge vorsehen. Die Anordnung von Überstunden durch den Arbeitgeber setzt voraus, dass der Arbeitnehmer aufgrund des Arbeitsvertrags zur Leistung von Überstunden verpflichtet ist. Oft wird auch einzelvertraglich vereinbart, dass der Arbeitnehmer Überstunden (nur) auf ausdrückliche Anordnung durch den Arbeitgeber zu erbringen hat. Die Abgeltungs- und Zuschlagspflicht des Arbeitgebers entsteht jedoch in der Regel auch dann, wenn es keine ausdrückliche Anordnung gab, aber die Mehrleistungen durch den Arbeitgeber geduldet und angenommen wurden.

Werktage: Die Begriffe „Werktag" und „Arbeitstag" müssen auseinandergehalten werden, da sie sich nicht immer decken. Es fehlt eine gesetzlich einheitliche Definition der beiden Begriffe im Arbeitsrecht. Unter „Werktage" werden üblicherweise die Tage von Montag bis inklusive Samstag verstanden (als Gegensatz zu Sonn- und Feiertagen). „Arbeitstage" sind in der Regel jene Tage, an denen typischerweise im jeweiligen Betrieb gearbeitet wird (klassisch: Montag bis Freitag, bei Schichtbetrieb auch andere Tage).

Wochenarbeitszeit: Arbeitszeit von Montag bis einschließlich Sonntag.

2. Vereinbarung über die Arbeitszeit

Arbeitszeitmodelle sind – **innerhalb der gesetzlichen Grenzen – Vereinbarungssache.** Auch wenn Schriftform durch das Gesetz nur in einigen Fällen verlangt wird (etwa bei Vereinbarung einer 4-Tage-Woche oder Gleitzeit), empfiehlt sich bei jeder Form der Vereinbarung eines (flexiblen) Arbeitszeitmodells die **Schriftform.** Eine transparente und umfassende schriftliche Vereinbarung hat Beweiskraft und kann helfen, im Fall von Differenzen Klarheit zu schaffen. Es sind auch stillschweigende Arbeitszeitvereinbarungen denkbar, jedoch insbesondere aufgrund fehlender Beweisbarkeit riskant.

Arbeitnehmer und Arbeitgeber müssen das **Ausmaß** (Stundenanzahl) und die **Lage** (Verteilung der Arbeitszeit auf die einzelnen Tage sowie deren Beginn und Ende) **der Arbeitszeit** vereinbaren. Das bedeutet, dass konkrete Aussagen erforderlich sind, zu welcher Zeit und an welchen Tagen der Arbeitnehmer seine Arbeit verrichten soll. Eine Vereinbarung, dass der Arbeitgeber die Lage der Arbeitszeit pro Tag einseitig bestimmen kann, ist gesetzlich nicht zulässig. Ein einseitiger Eingriff in die Lage der Arbeitszeit ist grundsätzlich nur zulässig, wenn dies aus objektiven Gründen gerechtfertigt ist, mindestens zwei Wochen im Voraus mitgeteilt wird und berücksichtigungswürdige Interessen des Arbeitnehmers nicht entgegenstehen.

Praxistipp:

Die Vereinbarung über Ausmaß und Lage der Arbeitszeit sowie jede Änderung sollten schriftlich (also samt Unterschrift des Arbeitnehmers und des Arbeitgebers) erfolgen. Es sind die Arbeitszeitgrenzen gemäß Gesetz, KV und BV zu beachten. Weiters ist zu prüfen, ob der Betriebsrat involviert werden muss. Einseitige Änderungen von Ausmaß und Lage der Arbeitszeit sind nur sehr eingeschränkt möglich.

3. Arbeitszeitaufzeichnungen

Wer?

Jeder **Arbeitgeber** ist gesetzlich verpflichtet, Aufzeichnungen über die geleisteten Arbeitsstunden seiner Arbeitnehmer zu führen.

Von der Pflicht zum Führen korrekter und vollständiger Arbeitszeitaufzeichnungen gibt es nur wenige Ausnahmen.

Praxistipp:

Die Vereinbarung von Home Office (S. 93), eines flexiblen Arbeitszeitmodells oder eines All-Inclusive-Gehalts bedeutet für sich alleine keine Ausnahme von der Pflicht zum Führen von Arbeitszeitaufzeichnungen oder eine wirksame Übertragung der Pflicht zur Führung von Arbeitsaufzeichnungen an den Arbeitnehmer. Die Übertragung der Pflicht zur Führung von Aufzeichnungen durch den Arbeitnehmer sollte schriftlich vereinbart werden.

Für leitende Angestellte (S. 28 f) müssen keine Arbeitszeitaufzeichnungen geführt werden. Auch hier empfiehlt sich aber das gemeinsame Führen von Arbeitszeitaufzeichnungen zum Schutz vor möglichen Nachforderungen.

Praxistipp:

Der Arbeitgeber muss die Aufzeichnungen nicht selbst führen, er kann mit dem Arbeitnehmer vertraglich vereinbaren, dass dieser sie führt. Der Arbeitgeber muss den Arbeitnehmer anleiten, unterstützen und kontrollieren. Auch bei „Auslagerung" der Aufzeichnungspflicht auf den Arbeitnehmer bleibt aber die Letztverantwortung beim Arbeitgeber.

Worüber?

Die Aufzeichnungen müssen für jeden Arbeitstag grundsätzlich enthalten:

- Dauer der Arbeitszeit
- Beginn und Ende der Arbeitszeit
- Ruhepausen

Für Arbeitnehmer, die ihre Arbeitszeit überwiegend außerhalb der Arbeitsstätte verbringen und die Lage ihrer Arbeitszeit weitgehend selbst bestimmen können (z.B. klassische Außendienstmitarbeiter), müssen nur Aufzeichnungen über die Dauer der Tagesarbeitszeit (nicht jedoch über Beginn und Ende und die Ruhepausen) geführt werden. Zudem gibt es verschiedene Ausnahmen von der Pflicht zur Führung von Aufzeichnungen über Ruhepausen.

Und wenn nicht?

Arbeitgeber können bei Verstößen gegen die Arbeitszeitaufzeichnungspflicht im Wesentlichen mit Forderungen aus drei Richtungen konfrontiert sein:

- Verwaltungsstrafen von Verwaltungsbehörden;
- Forderungen von Arbeitnehmern (z.B. Überstundenentgelt), während eines aufrechten Arbeitsverhältnisses oder aber nach Beendigung des Arbeitsverhältnisses;
- Nachforderungen der Sozialversicherung, insbesondere betreffend Beitragsleistungen.

4. Arbeitszeit und KV

Neben dem AZG, dem ARG und damit zusammenhängenden Verordnungen kommt dem anwendbaren KV im Arbeitszeitrecht eine bedeutende Rolle zu. Arbeitszeit ist einer der Hauptregelungsbereiche des KV. Eine Darstellung der in den jeweils anwendbaren KV enthaltenen Arbeitszeitregelungen ist im Rahmen dieses Buchs nicht möglich.

Praxistipp:

Vor der Planung und Umsetzung von Maßnahmen, die die Arbeitszeit betreffen, ist eine Durchsicht und Prüfung des KV auf darin enthaltene Regelungen zur Arbeitszeit sehr wichtig.

II. Modelle zur Arbeitszeitflexibilisierung

Im Folgenden werden einige Modelle von flexibler Arbeitszeitgestaltung dargestellt. Sie dienen v.a. dem Zweck, Arbeitnehmern wie Führungskräften ein möglichst hohes Maß an Autonomie über ihre Arbeitszeit und damit eine gute Vereinbarkeit zu ermöglichen.

Der Wunsch nach flexiblen Arbeitszeiten ist in der Regel groß. Und zwar auf beiden Seiten. Arbeitgeber wollen leichter auf Schwankungen reagieren können; Arbeitnehmer wünschen sich, private Bedürfnisse und Arbeitsleben gut vereinbaren zu können.

So hat z.B. eine Befragung der Beratergruppe Neuwaldegg unter 387 Führungskräften (Oktober 2013) ergeben, dass flexible Arbeitsformen und -zeiten mit 68,2 % als Herausforderung Nr. 1 für Unternehmen genannt wurden, und in der Studie „Flexible Working 2012" von Deloitte Human Capital befanden 77% der 137 Befragten Arbeitszeitflexibilisierung als zentralen Hebel für „flexible working".

Nebst der bereits eingangs dargestellten betriebswirtschaftlichen Vorteile einer familienfreundlichen Personalpolitik (S. 4 f) hat die Möglichkeit flexibler Arbeitszeiten auch besondere Relevanz für Arbeitnehmer. Eine Online-Befragung von Hajek Public Opinion Strategies unter 1.000 Arbeitnehmern in Österreich im März/April 2014 ergab z.B., dass für 62 % der Befragten flexible Arbeitszeiten besonders wichtig für die Vereinbarkeit sind. Damit landete diese Maßnahme auf dem ersten Platz von 18 abgefragten Maßnahmen, und zwar noch vor dem Verständnis von Arbeitgebern und Führungskräften (56 %) und der Kinderbetreuung bei Notfällen und an Feiertagen (45 %).

Auch Auswertungen der Suchbegriffe, die etwa auf Arbeitgeber-Bewertungsplatt-
formen eingegeben werden, zeigen, dass „flexible Arbeitszeiten" hohe Bedeutung für
Jobsuchende haben.

A. Vorteile flexibler Arbeitszeiten

Flexible Arbeitszeiten können eine Fülle an Vorteilen für beide Seiten – Arbeitgeber wie Arbeitnehmer – bringen. Hier einige Beispiele:

Vorteile aus Arbeitgebersicht	Vorteile aus Arbeitnehmersicht
Reduktion von Fehlzeiten Mehr Eigenverantwortung im Umgang mit der eigenen Arbeitszeit kann durch die bessere Planbarkeit für jeden Einzelnen Fehlzeiten reduzieren; z.B. durch Arztbesuche, Behördenwege etc. außerhalb der Dienstzeit.	**Zeitautonomie** Selbstbestimmte, flexiblere Einteilung der eigenen Arbeitszeit wird den individuell unterschiedlichen Lebenssituationen besser gerecht.
Besseres Arbeitgeberimage Flexible Arbeitszeiten sind insbesondere für kommende Generationen auf dem Arbeitsmarkt eine der wesentlichsten Voraussetzungen (Stichwort: „Generation Y"/ „Millenials"/„Generation Z").	**Höhere Leistungsfähigkeit** Mitarbeiter wissen, wann sie besonders leistungsfähig sind und wann nicht. Findet sich dies im Zeitmodell wieder, trägt es auch zum persönlichen Wohlbefinden und zu einer besseren Work-Life-Balance bei.
Kostenreduktion Betriebe können über korrekt gestaltete, flexible Zeitmodelle auch Kosten senken, etwa durch Reduktion von zuschlagspflichtigen Überstunden.	**Bessere Kommunikation im Team** Flexible Arbeitszeiten machen mehr Abstimmung nötig, die aber vielfach auch zu einer besseren internen Kommunikation und Zusammenarbeit insgesamt führt.

B. Voraussetzungen für flexible Arbeitszeitmodelle

Grundvoraussetzung ist die Bereitschaft der Unternehmensleitung, Arbeitnehmern Eigenverantwortung und damit einhergehend Wahlmöglichkeiten bei der Gestaltung ihrer Arbeitszeit zuzugestehen. Arbeitszeit ist nicht nur ein rechtliches, sondern
auch ein kulturelles Thema. Eine ergebnisorientierte Arbeitsform, bei der übergebühr-
lich oft kontrolliert wird, funktioniert wahrscheinlich ebenso wenig wie eine Telearbeitsvereinbarung bei starrer Anwesenheitskultur. Besonders Führungskräfte sind gefordert, eine solche Kultur zu gestalten und zu unterstützen.

Vorsicht ist bei kurz gedachten Flexibilisierungen geboten. Wie Christian Scholz in seinem Standardwerk „Personalmanagement" näher behandelt, können diese auch Ineffizienz hervorrufen, höheren bürokratischen Aufwand verursachen und dazu führen, dass Ziele von Unternehmen und Arbeitnehmern in Konflikt geraten.

Des Weiteren muss das gewählte Arbeitszeitsystem v.a. zu den betrieblichen Anforderungen passen und diese berücksichtigen. Das bedingt, dass das Modell ein hohes Maß an Flexibilität für die Arbeitnehmer zulässt und trotzdem noch ausreichend Eingriffsmöglichkeiten der Führungskräfte bestehen, wenn es darum geht, auf außergewöhnlich hohen Arbeitsbedarf zu reagieren oder aber organisatorische Veränderungen vorzunehmen.

C. Rechtlicher Rahmen

Das österreichische Arbeitsrecht definiert den Begriff „flexible Arbeitszeit" nicht. Es geht im Grundsatz von einer gleichbleibenden und relativ fixen Arbeitszeitgestaltung aus.

Nach allgemein herrschendem Verständnis liegt flexible Arbeitszeit vor, wenn mindestens einer der folgenden Faktoren dauerhaft veränderbar ist:

- Dauer der Arbeitszeit
- Verteilung der Arbeitszeit
- räumliche oder zeitliche Lage der Arbeitszeit

Seit 2008 sieht das AZG Möglichkeiten zur Arbeitszeitflexibilisierung vor, die auch zur Erreichung einer besseren Vereinbarkeit von Beruf und Familie eingesetzt werden können. Nachstehend ein Grobüberblick:

- **Wochendurchrechnung** (§ 4 Abs. 2 AZG)
  Zur Erreichung einer längeren Freizeit kann die NAZ innerhalb einer Kalenderwoche an einzelnen Tagen regelmäßig gekürzt und die ausfallende NAZ auf die übrigen Tage der Woche verteilt werden. Die tägliche NAZ darf in diesem Modell neun Stunden nicht überschreiten.
  Beispiel: NAZ laut KV: 40 Stunden, Vereinbarung von Wochendurchrechnung: Montag bis Donnerstag je neun Stunden (darüberhinausgehende Stunden zählen als Überstunden – tägliche Höchstarbeitszeit 10 Stunden), Freitag vier Stunden.

- **Einarbeiten von Fenstertagen** (§ 4 Abs. 3 AZG)
  Sind ganze Tage vor oder nach einem Feiertag arbeitsfrei, kann vereinbart werden, dass an diesen Tagen die Arbeitszeit ausfällt und diese Zeit an anderen Tagen eingearbeitet wird. Die Einarbeitung der ausfallenden NAZ erfolgt dabei 1:1 innerhalb von höchstens 13 Wochen. Zum Zwecke der Einarbeitung kann die NAZ am Tag auf bis zu zehn Stunden ausgeweitet werden. Der KV kann den Einarbeitungszeitraum von maximal 13 Wochen verlängern (auf maximal 52 Wochen). In diesem Fall darf die tägliche NAZ neun Stunden nicht überschreiten.

- **Durchrechnung** (§ 4 Abs. 4 bis 7 AZG)

  Durchrechnung der NAZ bedeutet, dass für die Überprüfung der Einhaltung gesetzlicher Arbeitszeitgrenzen nicht der einzelne Tag oder die einzelne Woche herangezogen wird, sondern der sich über einen Zeitraum ergebende Durchschnitt. Im Wege von Durchrechnungsmodellen können bei korrekter Gestaltung und Umsetzung Überstundenzuschläge vermieden und Mehrstunden in Zeiten von geringerem Arbeitsanfall abgebaut werden.

  Voraussetzung für eine Durchrechnung ist, dass der anwendbare KV dies zulässt. Der KV kann zulassen, dass in einzelnen Wochen eines Durchrechnungszeitraums von bis zu einem Jahr die NAZ erhöht wird, wenn sie innerhalb dieses Zeitraums im Durchschnitt 40 Stunden bzw. die durch KV festgelegte NAZ nicht überschreitet. Der KV kann eine Übertragung von Zeitguthaben in den nächsten Durchrechnungszeitraum zulassen.

- **4-Tage-Woche** (§ 4 Abs. 8 AZG)

  Eine 4-Tage-Woche ist durch BV bzw. in Betrieben ohne Betriebsrat durch schriftliche Einzelvereinbarung zu regeln. Wird die Wochenarbeitszeit kontinuierlich und regelmäßig auf vier Tage verteilt, kann die tägliche NAZ auf bis zu zehn Stunden ausgedehnt werden. Mittels Überstunden kann die Arbeitszeit auf bis zu zwölf Stunden ausgedehnt werden. Die vier Tage müssen nicht durchgehend sein, sie können auch rotierend eingeteilt werden.

- **Schichtarbeit** (§ 4a AZG)

  Siehe S. 50 ff.

- **Gleitzeit** (§ 4b AZG)

  Siehe S. 39 ff.

Praxistipp:

Die einzelnen Arbeitszeitmodelle können – sofern alle rechtlichen Rahmenbedingungen eingehalten werden – auch miteinander kombiniert werden. Eine häufige Kombinationsform ist die Kombination von Gleitzeit mit (Wochen-)Durchrechnung.

Good Practice:

Bei der **Oesterreichischen Kontrollbank AG** erfolgt die Arbeitszeiterfassung mittels „hotkey": Händische Korrekturen können von den Mitarbeitern selbst am PC vorgenommen werden. Monatlich erhält jeder Mitarbeiter ein Zeitprotokoll, das sowohl er als auch seine Führungskraft unterschreiben und somit freigeben müssen. Für die Richtigkeit und Vollständigkeit ist jeder Mitarbeiter selbst verantwortlich, die Kontrolle erfolgt durch den Vorgesetzten. Bei Unklarheiten (z.B. Arztbesuche, Behördenwege, andere Dienstverhinderungen) kann jederzeit die Personalabteilung befragt werden – dies führt auch zu einer gerechten und einheitlichen Handhabung von gesetzlich nicht klar geregelten Fällen, wie etwa bei Dienstverhinderungen im Haus. Die Kontrolle der maximalen täglichen und wöchentlichen Arbeitszeit erfolgt zunächst durch den Mitarbeiter und dann durch die Führungskraft. Wie oft die Führungskraft tatsächlich überprüft, liegt in deren Verantwortung, mindestens aber einmal monatlich bei Abzeichnung des Zeitprotokolls. Die Personalabteilung erstellt quartalsweise bis halbjährlich Auswertungen für alle Abteilungsleiter und zeigt Problemfälle auf. Falls wiederholte Arbeitszeitüberschreitungen oder Probleme auftreten, werden auch die Vorstände informiert.

III. Vertrauensarbeitszeit

Die Vertrauensarbeitszeit ist ein gesetzlich nicht geregeltes Arbeitszeitmodell, das sich in der Praxis entwickelt hat. Grundgedanke dieses Modells ist, dass nicht die Lage und das Ausmaß der Arbeitszeit im Vordergrund stehen, sondern der Zeitraum oder der Zeitpunkt, an dem eine bestimmte Arbeitsaufgabe erledigt sein soll. Der Arbeitnehmer soll eigenverantwortlich entscheiden, wann er die Aufgaben erfüllt und wie viel Zeit er dafür verwendet. Nicht die Zeit der Anwesenheit, sondern die Erbringung gewisser Arbeitsergebnisse ist maßgeblich.

Merkmale des Modells der Vertrauensarbeitszeit sind:

- Verzicht auf automatisierte Zeiterfassung und Zeitkontrolle durch den Arbeitgeber und Vertrauen auf verantwortungsvollen Umgang mit der Zeit durch die Arbeitnehmer
- erweiterter Entscheidungsspielraum der Arbeitnehmer
- Wegfall personenbezogener Anwesenheitsvorgaben
- Existenz von Zielvereinbarung und Ergebnisorientierung

Die Einführung von Vertrauensarbeitszeit entbindet nach derzeitiger Rechtslage nicht von der Verpflichtung einer Zeitaufzeichnung und setzt auch die Höchstarbeitsgrenzen nicht außer Kraft. Abgesehen von rechtlichen Risiken (siehe unten) muss Vertrauensarbeitszeit mit den betrieblichen Interessen vereinbar sein, sodass in der Regel eine grenzenlose Selbstbestimmung der Arbeitnehmer in der Zeiteinteilung nicht möglich sein wird.

A. Vor- und Nachteile

Die Vorteile sind ähnlich jenen der Gleitzeit ohne Kernzeit (S. 39 ff). Häufig zeigt sich, dass Arbeitnehmer, denen in punkto Einteilung der Arbeitszeit Vertrauen entgegen gebracht wird, auch verantwortungsvoll damit umgehen, loyaler und motivierter sind und weniger Fehlzeiten haben.

Allerdings kann es auch zu Interessenskonflikten und Auseinandersetzungen kommen, etwa dann, wenn die verzeichnete Zeit angezweifelt wird oder ein gekündigter Arbeitnehmer Überstunden geltend macht. Vertrauensarbeit ist ein fragiles Instrument und verlangt von allen Beteiligten ein hohes Maß an sozialer Verantwortung und Fingerspitzengefühl. Ist das Vertrauen einmal angekratzt, schädigt es die Zusammenarbeit möglicherweise dauerhaft. Arbeitgeber, in deren Kultur – aus berechtigten Gründen – der Grundsatz „Vertrauen ist gut, Kontrolle ist besser" gilt, sollten sich dem Thema Vertrauensarbeitszeit langsam nähern.

B. Kultureller Rahmen

Vertrauensarbeitszeit setzt – vielleicht noch mehr als andere in diesem Buch beschriebene Maßnahmen – eine entsprechende Führungskultur voraus. Bei der Vertrauensarbeitszeit handelt es sich genau genommen weniger um ein eigenes Arbeitszeitmodell als vielmehr um eine Frage genau dieser Arbeits- und Führungskultur. Vertrauensarbeitszeit ist insofern auch eine der Voraussetzungen für flexible Modelle wie Gleitzeit ohne Kernzeit (S. 39 ff).

Für Führungskräfte bedeutet sie, dass sie anhand von Zielen zu führen und dafür entsprechend realistische Zeiten für eine zu erbringende Leistung zu veranschlagen haben. Vertrauensarbeitszeit, in der die zu leistenden Aufgaben in der zur Verfügung stehenden Zeit nicht zu schaffen oder aber Ziele zu leicht erreichbar sind, funktioniert in der Regel nicht. Die Beurteilung der Leistung setzt bei den Führungskräften auch eine entsprechende soziale Kompetenz voraus sowie die Fähigkeit, konstruktiv und klar Leistungsfeedback zu geben.

C. Rechtlicher Rahmen

Das Konzept der vollständigen Übertragung der Zeitsouveränität auf den Arbeitnehmer ist dem österreichischen Arbeitsrecht fremd. Die Einführung und Umsetzung von Vertrauensarbeitszeit ist für Arbeitgeber nach der derzeitigen Rechtslage mit Risiken verbunden. Da die Vertrauensarbeitszeit ein gesetzlich ungeregeltes Arbeitszeitmodell ist, kommen die Sonderbestimmungen für gesetzlich geregelte Formen der Arbeitszeitflexibilisierung (S. 34 ff) nicht zur Anwendung. Vertrauensarbeitszeitmodelle sind auch nicht mit Gleitzeit zu verwechseln (S. 39 ff).

Bedacht werden sollte insbesondere folgendes:

● **Arbeitszeitgrenzen gelten auch bei Vertrauensarbeitszeit**
Durch das Modell der Vertrauensarbeitszeit können die Arbeitszeitgrenzen nicht ausgedehnt oder außer Kraft gesetzt werden. Die gesetzlichen Möglichkeiten zur Ausdehnung der Normalarbeitszeit und der privilegierte Zeitausgleich der Gleitzeit gelten für die Vertrauensarbeitszeit nicht. Alle Arbeitsstunden ab der neunten Arbeitsstunde pro Tag und ab der 41. Arbeitsstunde pro Woche sind grundsätzlich Überstunden. Bei erhöhtem Arbeitsaufwand kann es

ohne Vereinbarung einer Durchrechnung und/oder Gleitzeit schnell zu Unterdeckung hinsichtlich der Bezahlung von Überstunden und zu Überschreitungen der zulässigen Höchstarbeitszeitgrenzen kommen. Diese Problematik kann sich aufgrund fehlender Arbeitszeitaufzeichnungen und Nachweisproblemen noch erhöhen. Davor schützt auch eine Vereinbarung von All-Inclusive-Gehältern oder Überstundenpauschalen nur bedingt.

Praxistipp:

In der Praxis geht man häufig so vor, dass der Arbeitsvertrag weiterhin eine Vereinbarung der wöchentlichen Arbeitszeit enthält, die Aufzeichnung und Kontrolle der geleisteten Arbeitszeit jedoch unterbleiben oder auf ein Minimum reduziert werden. Besonders wichtig ist es dann, den Arbeitnehmer zur Beachtung der Arbeitszeitgrenzen nachweislich anzuhalten. Der Arbeitgeber muss die entsprechenden vertraglichen Vorkehrungen treffen und auch die diesbezüglichen Weisungen erteilen. Darüber hinaus muss er jedoch durch geeignete Maßnahmen und laufende Kontrollen zumindest die Einhaltung der arbeitszeitrechtlichen Regelungen sicherstellen. Zeigen sich dabei Verstöße oder Überschreitungen, hat der Arbeitgeber alles Mögliche zu unternehmen, damit in Zukunft die Arbeitszeitgrenzen und Ruhepausen eingehalten werden – oder zu überlegen, vom Modell der Vertrauensarbeitszeit wieder abzugehen.

- **Arbeitszeitaufzeichnungen sind auch bei Vertrauensarbeitszeit zu führen**

Wenn und soweit Vertrauensarbeitszeit davon ausgeht, dass der Arbeitgeber auf die Kontrolle der Einhaltung der Arbeitszeit verzichtet, verletzt der Arbeitgeber damit seine Pflichten zur Arbeitszeitaufzeichnung gegenüber den Behörden und setzt sich andererseits Nachforderungen der Arbeitnehmer aufgrund von Überstunden aus. Ein gänzlicher Verzicht des Arbeitgebers auf die Kontrolle der Arbeitszeiten ist eine Verletzung der Aufzeichnungspflichten (S. 31 f), sofern keine Ausnahme von der Aufzeichnungspflicht gegeben ist. Darüber hinaus fallen bei einem Vertrauensarbeitszeitmodell, das nicht die Anforderungen einer zulässigen Gleitzeit- oder Zeitausgleichsvereinbarung erfüllt (S. 39 ff), bei Überschreiten der gesetzlichen NAZ „sofort" zuschlagspflichtige Überstunden an (S. 29 f). Indem der Arbeitgeber die Vertrauensarbeitszeit einführt, akzeptiert er also gewissermaßen, dass der Arbeitnehmer Überstunden leistet und setzt voraus, dass diese auch selbständig durch den Arbeitnehmer ausgeglichen werden. Nicht selten kommt es jedoch vor, dass ein Arbeitnehmer, mit dem grundsätzlich Vertrauensarbeitszeit vereinbart wurde, in einem Rechtsstreit lückenlos dokumentierte Arbeitszeitaufzeichnungen vorlegt und Überstundenentgelt bei Gericht einklagt. Der Arbeitgeber kann dann keinen Gegenbeweis erbringen.

Praxistipp:

Vertrauensarbeitszeit sollte nur bei ausreichend hohen All-In-Gehältern sowie in Kombination mit einem gesetzlich zulässigen Flexibilisierungsmodell (Gleitzeit, Zeitausgleich, Durchrechnung etc.) eingesetzt werden. Die Einführung von Vertrauensarbeitszeit alleine ist – da gesetzlich ungeregelt und rein auf dem Vertrauen in einen fairen Umgang der Arbeitnehmer basierend – rechtlich riskant. Darüber hinaus sollte eine zulässige, aber möglichst kurze Verfalls- und Verjährungsfrist für die Geltendmachung von Überstundenforderungen vereinbart werden. Diese darf nicht kürzer als die im anwendbaren KV vorgesehene Frist sein. Arbeitnehmer sind zur Beachtung der Arbeitszeitgrenzen nachweislich anzuweisen und die Einhaltung der Höchstarbeitszeitgrenzen und Ruhezeiten auch zumindest stichprobenartig zu kontrollieren. Fällt der Führungskraft bei Kontrollen der vom Arbeitnehmer geführten Aufzeichnungen auf, dass Höchstgrenzen der Arbeitszeit überschritten, Ruhepausen verkürzt oder sonstige Verstöße gegen das AZG vorliegen, ist der Arbeitgeber verpflichtet, alles zu unternehmen, dass die gesetzlichen Vorgaben in Zukunft eingehalten werden.

Good Practice:

Hohe Flexibilität in der Arbeitszeitgestaltung und die richtige Balance zwischen Beruf und Familie gehören für **Microsoft Österreich** zu den wichtigsten Themen einer modernen Arbeitswelt. Nach dem Motto „My office is where I am" werden unterschiedliche flexible Arbeitszeitmodelle geboten. Durch den Einsatz innovativer Technologie besteht die Möglichkeit, ortsunabhängig zu arbeiten und die individuell unterschiedlichen Aufgaben im Homeoffice oder von unterwegs zu erledigen. Basis dafür ist die für alle Mitarbeiter geltende Vertrauensarbeitszeit unter Berücksichtigung des österreichischen Arbeitszeitgesetzes. Die Leistung wird demnach nicht nach erbrachten Stunden gemessen, sondern an der Qualität der erfüllten Ziele.

IV. Gleitzeit

Gleitzeit ist ein Arbeitszeitmodell, das Arbeitnehmern ein hohes Maß an Gestaltungsspielraum gibt. In der Praxis wird unterschieden zwischen:

- **Gleitzeit ohne Kernzeit** (auch amorphe Arbeitszeit oder qualifizierte Gleitzeit genannt)
- **Gleitzeit mit Kernzeit**

Gesetzlich wird nur das Modell Gleitzeit ohne Kernzeit näher geregelt.

Bei einem Gleitzeit-Modell können Arbeitnehmer Beginn und Ende ihrer täglichen Arbeitszeit innerhalb eines Zeitrahmens frei wählen. Kombiniert man Gleitzeit mit Arbeitszeitdurchrechnung, dann erbringen Arbeitnehmer über einen definierten Durchrechnungszeitraum die vertraglich vereinbarten Soll-Stunden losgelöst von einer fixen Tagesstundenanzahl. Sowohl täglich als auch in einzelnen Wochen oder Monaten kann – sofern und soweit es der Durchrechnungszeitraum erlaubt – die NAZ unter- oder überschritten werden.

Das schließt weder die Vereinbarung „üblicher" Arbeitszeiten oder einer Kernzeit noch organisatorische Abstimmungen zwischen Führungskräften und Arbeitnehmern oder die Einflussmöglichkeiten von Führungskräften aus.

Bei der Gleitzeit mit Kernzeit können Arbeitnehmer Beginn und Ende der täglichen Arbeitszeit in einem bestimmten Rahmen wählen. Es gibt aber im Unterschied zur Gleitzeit ohne Kernzeit pro Tag einen vorher definierten Zeitraum, in dem die Arbeitnehmer jedenfalls ihren Dienstpflichten nachzukommen haben (= Kernzeit).

Beispiel Gleitzeit ohne Kernzeit:

Das Unternehmen legt z.B. einen Zeitrahmen innerhalb des Tages von 6 bis 19 Uhr (oder auch länger, wenn dieser nicht in die zuschlagspflichtige Nachtarbeit fällt) fest, in der die Arbeit erbracht werden kann. Die Mitarbeiter können dann entscheiden, ob sie eher früher oder später kommen wollen bzw. wann sie (in Absprache mit dem Team und/oder Vorgesetzten) wieder gehen möchten.

Im Hintergrund bedarf es der Festlegung einer „fiktiven Arbeitszeit". Diese ist u.a. für Urlaub, Fehlzeiten und Mehrstunden relevant.

NAZ laut KV: 38,5 Wochenstunden; Gleitzeitrahmen: 6 bis 19 Uhr. Fiktive Arbeitszeiten: Mo–Do von 8 bis 16:30 Uhr (= 8,5 h inkl. 30 Min. Mittagspause) und Fr von 8 bis 15:00 Uhr (= 6,5 h inkl. 30 Min. Pause).

Vereinfacht könnte die Arbeitszeitaufzeichnung eines gleitenden Arbeitnehmers in einer Beispielwoche wie folgt aussehen:

Tag	Beginn	Ende	Ist Stunden	Pause	Soll Stunden	Tagessaldo	Gesamtsaldo
Mo, 1.12.	8:23	17:13	8:20	0:30	8,0	+ 0:20	+ 0:20
Di, 2.12.	7:58	15:46	7:18	0:30	8,0	− 0:42	− 0:22
Mi, 3.12.	8:33	18:16	9:13	0:30	8,0	+ 1:13	+ 0:51
Do, 4.12.	URLAUB		8:00	0:30	8,0	+ 0:00	+ 0:51
Fr, 5.12.	8:15	14:10	5:55		6,5	− 0:35	+ 0:16

Beispiel Gleitzeit mit Kernzeit:

Das Unternehmen legt einen Gleitzeitrahmen von 6 bis 19 Uhr (oder auch länger, wenn dieser nicht in die zuschlagspflichtige Nachtarbeit fällt) fest, wobei z.B. die Zeit von 10 bis 14 Uhr als Kernzeit gilt. Den Mitarbeitern ist es also möglich, variabel zwischen 6 und 10 Uhr mit der Arbeit zu beginnen und nach 14 Uhr variabel nach Hause zu gehen. Zwischen 10 und 14 Uhr arbeiten aber alle Mitarbeiter. Die Arbeitszeitgrenzen, die Ruhepausen und die vorgegebenen Soll-Stunden sind dabei einzuhalten.

Je nach Modell können die zu leistenden Stunden auch fixiert sein und über den reinen Gleitzeitrahmen hinausgehen. So wird etwa bei der „Funktionsgleitzeit" festgelegt, wann welche Bereiche im Unternehmen „funktiontüchtig" sein müssen. Es gibt aber nicht unbedingt eine fixe Kernzeit für die einzelnen Arbeitnehmer. Die Einsatzplanung richtet sich v.a. danach, wann Bereiche besetzt sein müssen.

A. Vor- und Nachteile

Gleitzeit benötigt ob der großen Flexibilität einen guten kulturellen Umgang mit dieser. Die Modelle setzen stark auf Eigenverantwortung, brauchen aber auch Kontrollmaßnahmen, wenn die Freiheit von Arbeitnehmern nicht oder falsch eingesetzt wird. Nachstehend einige mögliche Vor- und Nachteile:

Vorteile	Nachteile
Hohes Maß an Eigenverantwortung Zu den bereits erwähnten Vorteilen flexibler Arbeitszeiten werden Arbeitnehmer besonders dazu angehalten, ihre Zeit eigenverantwortlich zu managen und damit verantwortungsbewusst umzugehen.	**Hohe Anforderung an Führungskräfte/Team** Die Modelle stellen eine hohe Anforderung an Abstimmungen im Team (z.B. Wer ist zu welchem Zeitpunkt da?) und verlangen von Führungskräften, den notwendigen Spielraum einzuräumen.
Besonders hohe Flexibilität Verbesserte Möglichkeit, berufliche und private Erfordernisse zu vereinbaren, z.B. durch erhöhte Arbeitszeit an vier Tagen und reduzierte Arbeitszeit am fünften Tag einer Arbeitswoche.	**Gefahr des Missbrauchs** Eigenverantwortung darf nicht missbraucht werden, wie z.B. durch einen überbordenden Aufbau von nicht erforderlichen Mehrstunden, welche dann zu gewünschter Zeit wieder abgebaut werden wollen.
Leichterer Auf- und Abbau von Überstunden Vereinfachter Auf- und Abbau von Mehr-/ Überstunden, z.B. durch erhöhte Arbeitszeit in einem Monat und Abbau der Mehrstunden im nächsten Monat, oder auch wochen- und tageweise umsetzbar.	**Konflikte bei direktivem Eingriff** Trotz gewohnt hoher Flexibilität beim Arbeitnehmer muss bei unerwartet erhöhtem Arbeitsanfall oder veränderter wirtschaftlicher Situation eine Bestimmung der Arbeitszeit durch die Führungskraft akzeptiert werden.
Vereinfachte Reaktion auf Auftragsschwankungen Je nach Auslastung arbeiten die Arbeitnehmer einmal mehr und dann wieder weniger. Allerdings kann das dem Wunsch nach individueller Flexibilität widersprechen.	**Ausnahmen und erschwerte Kontrolle** Der Umgang mit notwendigen Ausnahmen von allenfalls vorgegebenen Kernzeiten und die Kontrolle der Einhaltung sind nicht ganz einfach.

B. Kultureller Rahmen

Gleitzeit setzt eine Vertrauenskultur voraus. Zwar müssen Arbeitszeitaufzeichnungen aus rechtlichen Gründen geführt werden, jedoch sollte gerade bei diesem Modell von zu starrer Kontrolle abgesehen werden. Dieses Modell lässt sich auch gut mit Arbeitszeitdurchrechnung und anderen flexiblen Arbeitsformen kombinieren (S. 34 f). Führungskräften kommt bei diesem Modell große Verantwortung zu, weil sie einerseits die rechtlichen Rahmenbedingungen beachten, andererseits eine gelebte Flexibilität spürbar machen müssen.

Vielfach wird Kernzeit mit der Notwendigkeit physischer Anwesenheit am Arbeitsplatz gleichgesetzt – ein Ansatz, der auch angesichts der technologischen Möglichkeiten zunehmend seine Berechtigung verliert. Gleitzeitmodelle können daher auch mit Telearbeit (S. 85 ff) kombiniert werden. Aber auch in Bereichen, die eine fixe Anwesenheit unbedingt notwendig machen (etwa in Kundenbereichen mit Öffnungszeiten), kann eine Funktionsgleitzeit einer individuellen Kernzeit vorgezogen werden, um die Flexibilität zu erhöhen.

C. Rechtlicher Rahmen

Gleitende Arbeitszeit (§ 4b AZG) liegt vor, wenn der Arbeitnehmer innerhalb eines vereinbarten zeitlichen Rahmens Beginn und Ende seiner täglichen NAZ selbst bestimmen kann. Die Vereinbarung von Gleitzeit bedarf keiner kollektivvertraglichen Ermächtigung. Daher ist sie grundsätzlich in jeder Branche umsetzbar.

Gleitzeit muss durch BV (S. 18), in Betrieben ohne Betriebsrat durch schriftliche Einzelvereinbarung geregelt werden.

Praxistipp:

Da Gleitzeit-BV nicht gekündigt werden können, empfiehlt es sich, diese für ein Jahr oder mehrere Jahre befristet abzuschließen, sodass sie, wenn sie nicht verlängert werden sollen, mit Ablauf der Befristung enden können.

Zwingende Mindestbestandteile einer Gleitzeitvereinbarung (BV oder Einzelvereinbarung) sind:

• Dauer der Gleitzeitperiode

siehe Musterteil

Für die Dauer der Gleitzeitperiode gibt es keine gesetzlichen Vorgaben. Sie kann einige Wochen bis Jahre umfassen. Die Gleitzeitperiode darf nicht extrem kurz sein (etwa nur zwei Wochen), da sonst keine realistische Möglichkeit zur Selbstbestimmung besteht. Zu lange Gleitzeitperioden (etwa mehr als zwei Jahre) erweisen sich als administrativ schwer umsetzbar und können daher riskant sein. Die Meinungen über die Maximaldauer gehen in der Lehre auseinander. Teilweise wird vertreten, dass eine Gleitzeitperiode maximal fünf Jahre betragen soll.

Praxistipp:

Je länger der Durchrechnungszeitraum, desto wichtiger sind eine regelmäßige Kontrolle und eine gute Steuerung der tatsächlich gelebten Arbeitszeiten.

- **Gleitzeitrahmen**

Bei Festlegung des Gleitzeitrahmens muss auf alle gesetzlichen Arbeitsverbote geachtet werden. Zwischen dem Arbeitsende des einen Tages und dem Arbeitsbeginn des nächsten Tages müssen daher die Ruhezeiten bzw. die Wochenruhe (S. 29) eingehalten werden. Zeiten, in denen ein qualifizierter Zuschlag (100 % – wie beispielsweise Feiertagsarbeit) zu zahlen ist, sollten von vornherein aus dem Gleitzeitrahmen ausgeklammert werden, weil sich die Zeitguthaben am Zeitkonto vermischen und sich die „Wertigkeit" der Stunden zwischen einfachen Überstunden und qualifizierten Überstunden im Nachhinein nicht mehr feststellen lässt.

Praxistipp:

Der Gleitzeitrahmen sollte mindestens 125 % der fiktiven NAZ betragen (Beispiel: fiktive NAZ: acht Stunden, Gleitzeitrahmen mind. zehn Stunden), da sonst ein Gleiten faktisch kaum möglich ist.

- **Höchstausmaß allfälliger Übertragungsmöglichkeiten von Zeitguthaben und Zeitschulden in die nächste Gleitzeitperiode**

Die Vereinbarung der Übertragung von Zeitguthaben und Zeitschulden erhöht den Gestaltungsspielraum des Arbeitnehmers und verhindert das Anhäufen von Überstunden. Geregelt werden sollte auch, was mit nicht übertragbaren Zeitguthaben und Zeitschulden geschieht.

Nach herrschender Meinung sind am Ende der Gleitzeitperiode nicht übertragbare Zeitguthaben, die die gesetzliche NAZ von 40 Stunden im Durchschnitt überschreiten, jedenfalls Überstunden und zuschlagspflichtig auszuzahlen (Ausnahme: fristlose Entlassung, unberechtigter Austritt). Sofern der KV eine geringere NAZ vorsieht, kann argumentiert werden, dass Zeitguthaben im Ausmaß der Differenz zwischen der kollektivvertraglichen und der gesetzlichen NAZ im Durchschnitt mit keinem bzw. dem niedrigeren kollektivvertraglichen Zuschlag für Mehrstunden zu qualifizieren sind. Die Praxis steht hier meist vor dem Problem, dass nicht mehr feststellbar ist, in welchen Wochen der Gleitzeitperiode Mehrstunden und in welchen Überstunden geleistet wurden. Es wird grundsätzlich als zulässig erachtet, nicht übertragbare Zeitguthaben, die Mehrstunden darstellen, nur mit dem dafür anwendbaren Zuschlag auszuzahlen. Hinsichtlich Zeitschulden kann nach herrschender Meinung vereinbart werden, dass offene Zeitschulden von der Gehaltsabrechnung abgezogen werden.

- **Dauer und Lage der fiktiven Normalarbeitszeit**

  Die fiktive NAZ hinterlegt die Gleitzeit mit einem starren Arbeitszeitplan. Sie umschreibt die jeweils pro Tag geltende Soll-Arbeitszeit. Abweichungen von der fiktiven Normalarbeitszeit werden am Zeitkonto als Zeitguthaben oder Zeitschulden verbucht.

Fehlt einer dieser zwingenden Mindestinhalte, ist die Vereinbarung unwirksam und es gilt weiterhin die gesetzliche bzw. eine niedrigere kollektivvertragliche NAZ ohne Flexibilisierung.

Bei **Gleitzeit mit Kernzeit** wird zusätzlich eine Kernzeit vereinbart: Kernzeit definiert den Zeitraum, in dem der Arbeitnehmer in jedem Fall arbeiten muss. In diesem Zeitraum besteht kein Selbstbestimmungsrecht des Arbeitnehmers. Kernzeit und Gleitzeitrahmen dürfen nicht ident sein. Die Kernzeit sollte maximal 75 % der fiktiven NAZ betragen (Beispiel: fiktive NAZ: acht Stunden, Kernzeit max. sechs Stunden).

Praxistipp:

Der Führungskraft kommt im Rahmen von Gleitzeitvereinbarungen wesentliche Bedeutung zu. Die Zeitsouveränität der Arbeitnehmer im Rahmen der Gleitzeit darf nicht bedeuten, dass der Arbeitnehmer nach Belieben und unkontrolliert Zeitguthaben aufbaut. Andererseits darf durch Weisungen und ständige zeitkritische Aufträge das Wesen der Gleitzeitvereinbarung nicht ausgehebelt werden. Vorgesetzte dürfen dem gleitenden Arbeitnehmer nicht durchgehend starre Arbeitszeiten vorgeben oder die Ausübung der Zeitsouveränität durch unangekündigte Weisungen unmöglich machen.

Praxistipp:

Kombination von Gleitzeit und Zeitausgleich: Das AZG geht davon aus, dass Überstunden mit Zuschlägen auszubezahlen sind. Stattdessen kann aber im Einvernehmen zwischen Arbeitgeber und Arbeitnehmer Zeitausgleich vereinbart werden, wobei der entsprechende Zuschlag zu berücksichtigen ist. Zusätzlich zu einer Gleitzeitvereinbarung könnte daher auch vereinbart werden, dass nicht übertragbare Überstunden am Ende einer Gleitzeitperiode durch Zeitausgleich zu konsumieren und nicht auszubezahlen sind.

Praxistipp:

Die Ermittlung von Überstunden und Mehrstunden ist im Rahmen von Gleitzeitmodellen schwierig. Stunden tragen kein „Mascherl". Aufgrund der Zuschlagspflicht von Überstunden ist es bei einer Kombination von Gleitzeit mit Zeitausgleich wichtig, für Überstunden und Gleitzeit getrennte Zeitkonten zu führen und entsprechende Kontrollen durchzuführen.

Good Practice:

Die **Raiffeisenlandesbank NÖ-Wien AG** bietet ein variables Arbeitszeitsystem (Gleitzeit ohne Kernzeit) sowohl in der Filiale als auch in der Zentrale an. Zeit ist v.a. Vereinbarungssache, wenngleich natürlich in den Filialen die Öffnungszeiten maßgeblich die Personaleinsatzplanung beeinflussen. Trotzdem können auch hier Mitarbeiter in Absprache mit ihren Führungskräften bei Bedarf später zur Arbeit kommen, früher gehen oder den Tag unterbrechen. Die Hauptverantwortung der Steuerung liegt hier bei den Führungskräften. In Summe macht sich das System für das Unternehmen bezahlt, da die Mitarbeiter die Flexibilität schätzen, was sich in guten Mitarbeiterbefragungsergebnissen widerspiegelt.

Good Practice:

Die **Flughafen Graz Betriebs GmbH** wünscht sich von ihren Mitarbeitern Flexibilität und versucht, diese in Übereinstimmung mit dem Arbeitsbedarf der jeweiligen Tätigkeitsbereiche zurückzugeben. Die Führungskräfte stehen hinter diesem Konzept und es wird versucht, auf private Bedürfnisse bestmöglich einzugehen.

Durch die Einführung einer Gleitzeit (mit Kernzeit) für alle Mitarbeiter inklusive Führungskräfte außerhalb des Schichtbetriebs ist es auf unkomplizierte Art möglich, die tägliche Arbeitszeit auf die individuellen Bedürfnisse abzustimmen. Auch Mitarbeiter in Elternteilzeit oder Teilzeit arbeiten in Gleitzeit mit kurzen Kernzeiten. Das Ausmaß der Beschäftigung reicht in diesem Bereich von einer 2-Tage- bis zu einer 5-Tage-Woche. Die Arbeitszeit ist somit auf die Betreuungsmöglichkeiten für Kinder oder auch pflegebedürftige Angehörige zugeschnitten. Wenn erforderlich, können Veränderungen in Abstimmung mit den Führungskräften vorgenommen werden.

V. Arbeitszeitkonten und Arbeitszeitdurchrechnung

Bei Arbeitszeitkonten handelt es sich um ein Modell, das es ermöglicht, Arbeitszeiten über einen längeren Zeitraum (z.B. ein Jahr, kann aber auch kürzer sein) flexibler zu gestalten. Oft wird dieses Modell auch „Jahresarbeitszeit" genannt.

Mehr- und Überstunden können angesammelt und wieder abgebaut werden. Dies ermöglicht es z. B., auf Spitzenauslastungen, aber auch auf familiäre Bedürfnisse zu reagieren. Das Modell kann bei Vollzeitbeschäftigung und Teilzeitbeschäftigung angewandt werden.

Ein Jahr könnte also z.B. so aussehen:

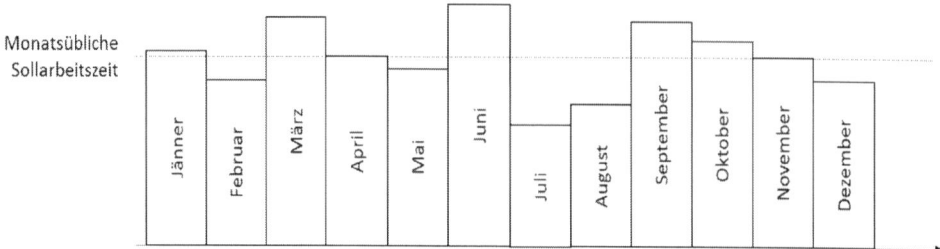

Abb. 11: Schwankende monatliche Arbeitszeiten im Rahmen der Jahresdurchrechnung (eigene Darstellung)

Häufig findet man das beschriebene Modell etwa im Bereich der Hochschulen, wo die unterrichtsfreie Zeit dafür genutzt werden kann, Mehr- und Überstunden abzubauen, die während des Semesters entstanden sind.

Arbeitszeitkonten und Durchrechnung bedürfen klarer Regelungen unter Einhaltung der rechtlichen Rahmenbedingungen. Die Einhaltung dieser Regeln muss auch nachweislich überprüft werden.

Zudem soll ein Arbeitszeitkontenmodell nicht so verstanden werden, dass der Abbau von Stunden nur im Ausnahmefall möglich ist. Vielmehr muss es zur gelebten Kultur werden, dass nach Phasen hohen Arbeitsanfalls auch Möglichkeiten des Abbaus gegeben sind.

A. Vor- und Nachteile

Bei diesem Modell können sich die folgenden Vor- und Nachteile ergeben:

Vorteile	Nachteile
Erhöhung der Flexibilität Sowohl Arbeitgeber als auch Arbeitnehmer erhalten mehr Flexibilität, um einerseits auf Spitzenzeiten zu reagieren, andererseits Freizeitbedürfnisse und Betreuungsaufgaben gut unterzubringen.	**Vollzeitarbeitende sind aufgrund der Höchstarbeitsgrenzen benachteiligt** Je näher die Soll-Arbeitszeit an der zulässigen Höchstarbeitszeitgrenze liegt, desto weniger Spielraum gibt es zum Auf- und Abbau. Das betrifft v.a. die Vollzeitkräfte (siehe auch rechtlicher Teil).
Kostenersparnis und effiziente Zeitnutzung Gearbeitet wird nur bei Arbeitsanfall. Dadurch erspart sich das Unternehmen Kosten für Überstunden und die Zeit wird effizient genutzt (Stichwort: Sommerloch).	**Höherer Abstimmungsaufwand** Erhöhter Abstimmungsaufwand für Arbeitseinteilung. Konfliktpotenzial ist bei unterschiedlichen Auffassungen über Arbeitsanfall gegeben.

Schutz vor saisonalen Schwankungen und Unsicherheit	Komplexe Rechnung
Ein gutes Jahresarbeitszeitsystem bietet hier Schutz.	Die Rechnung der zu leistenden Stunden wird komplex, wenn sich die Rahmenbedingungen ändern, etwa das Gehalt, die Soll-Arbeitsstunden oder aber auch Ein- oder Austritt von Arbeitnehmern während des Jahres-/Durchrechnungszeitraums.

B. Organisatorischer Rahmen

Damit ein solches Modell erfolgreich eingesetzt werden kann, bedarf es einige organisatorischer Schritte und Voraussetzungen:

- **Vereinbarungen hinsichtlich der „üblichen" Arbeitszeit**

  Es muss geregelt werden, wann in etwa wie viel Arbeit zu leisten ist und wie mit Auf- und Abbau generell umzugehen ist.

- **Vertrauenskultur**

  Arbeitgeber müssen ihren Arbeitnehmern einen Freiraum einräumen, der es ihnen ermöglicht, ihre Bedürfnisse und betriebliche Notwendigkeiten in Einklang zu bringen. Den Führungskräften kommt dabei eine wichtige Rolle zu.

- **Definition von Durchrechnungszeiträumen**

  Der maßgebliche Durchrechnungszeitraum muss in Übereinstimmung mit dem KV definiert werden. Längere Durchrechnungszeiträume bieten mehr Flexibilität, bergen aber auch das Risiko teurer Nachzahlungen, etwa wenn Arbeitnehmer nach einer Phase der Mehrarbeit vor Ende des Durchrechnungszeitraums ausscheiden.

- **Ampelkonten**

  Zur Überprüfung und Umsetzung werden in der Praxis häufig Ampelkonten eingerichtet. Diese minimieren die Gefahr der Anhäufung von Mehrstunden, aber auch einer eventuellen Untererfüllung. Dabei kann eine Mindeststundenanzahl, die nicht unterschritten werden darf, und auch eine Maximalanzahl festgesetzt werden. Mit einem korrekt gestalteten Ampelsystem können auch die Arbeitszeitaufzeichnungen verbunden werden, sodass durch die Einrichtung eines Ampelkontos auch die Pflicht zu Arbeitszeitaufzeichnungen abgedeckt werden kann.

  Beim Ampelkonto können Arbeitnehmer in einem gewissen Rahmen frei über ihre Arbeitszeit entscheiden. Die Stundensalden werden berechnet und (händisch oder elektronisch) in ein System eingetragen. Sobald gewisse Grenzen überschritten werden, muss vor der Leistung von weiteren Stunden mit dem Vorgesetzten Rücksprache gehalten werden. So haben sowohl Arbeitnehmer als auch Arbeitgeber eine Übersicht und Kontrolle über die Plus- und Minusstunden. Ein Ampelkonto hat dabei typischerweise drei Phasen:

- Grüne Phase: Im Rahmen dieses Zeitkorridors können die Arbeitnehmer frei ihre Arbeitszeit einteilen.
- Gelbe Phase: Wird eine definierte Stundengrenze überschritten, sind Rücksprache mit dem Vorgesetzten sowie eine gemeinsame Planung erforderlich.
- Rote Phase: Bei Überschreiten eines bereits „gelben" Stundenkontingents wird festgelegt, dass entweder mit der nächst höheren Führungskraft Rücksprache zu halten oder eine Änderung im Bereich der Arbeitsorganisation erforderlich ist.

C. Rechtlicher Rahmen

Durchrechnungsmodelle bieten die Möglichkeit, die Grenzen der Normalarbeitszeit für eine bestimmte Zeit auszuweiten, wenn im Durchschnitt innerhalb dieses vorher definierten Durchrechnungszeitraums die gesetzliche bzw. kollektivvertragliche NAZ nicht überschritten wird. Möglich ist beispielsweise eine Wochendurchrechnung, eine 4-Tage-Woche, das Einarbeiten in Verbindung mit Fenstertagen. Darüber hinaus lassen KV oft spezielle Durchrechnungsmodelle zu. Ein Blick in den anwendbaren KV ist daher vor Einführung unbedingt erforderlich.

Bei Einführung von Arbeitszeitkonten müssen alle geltenden Höchstgrenzen der Arbeitszeit sowie die zustehenden Arbeits- und Ruhepausen eingehalten werden. Arbeitszeitkonten sind als Arbeitszeitdurchrechnungsmodelle anzusehen, sodass die Regeln des § 4 Abs. 4 bis 7 AZG anzuwenden sind (S. 34 f).

Good Practice:

PwC Österreich bietet Mitarbeitern die Möglichkeit, ihre Arbeitszeit in Abstimmung mit der Führungskraft flexibel zu gestalten. Neben Gleitzeit und verschiedenen Teilzeitmodellen dient v.a. das Jahresarbeitszeitmodell dazu, die Arbeitszeit auf die Tätigkeiten und Kundenbedürfnisse sowie die individuellen Ziele (z.B. Weiterbildung) abzustimmen. So werden insbesondere in der Wirtschaftsprüfung in der Vor- und Hauptprüfungszeit, der arbeitsintensivsten Phase des Jahres, Stunden aufgebaut und die Sommermonate dann zum Ausgleich genutzt. Abgesehen von der besseren Vereinbarkeit von Beruf und Privatleben wird v.a. in der Motivation und Zufriedenheit der Mitarbeiter ein großer Vorteil in dieser Handhabung gesehen. Bei Mitarbeitern, die aufgrund einer Vollpauschalierung kein Jahresarbeitszeitmodell haben, wird ebenfalls ein möglichst hohes Maß an gegenseitiger Flexibilität angestrebt, beispielsweise durch die Umwandlung von Prämienansprüchen in zusätzliche Urlaubstage.

VI. Lebensphasenorientierte Arbeitszeit

Auch unter dem Aspekt der demografischen Entwicklung ist künftig von einer längeren Lebensarbeitszeit auszugehen. Umso wichtiger ist die Erhaltung der Arbeitsfähigkeit. In diesem Zusammenhang gewinnt das Modell der lebensphasenorientierten Arbeitszeit zunehmend an Bedeutung.

Unternehmen, die lebensphasenorientierte Arbeitszeitgestaltung ermöglichen, nehmen Rücksicht auf die Bedürfnisse ihrer Arbeitnehmer in deren verschiedenen Lebensphasen und versuchen sie bestmöglich zu unterstützen. Solche Arbeitszeitmodelle werden häufig bereits in Unternehmen gelebt, jedoch nur selten als lebensphasenorientierte Arbeitszeit gekennzeichnet.

Dabei werden die Arbeitszeitmodelle an die jeweiligen Lebensphasen und die damit zusammenhängenden Bedürfnisse angepasst. Primär geht es darum, Arbeitnehmern zu ermöglichen, je nach Lebensphase mehr oder weniger zu arbeiten, und Arbeitgebern zu ermöglichen, langfristiger zu planen.

Ein Beispiel dafür soll diese Grafik geben:

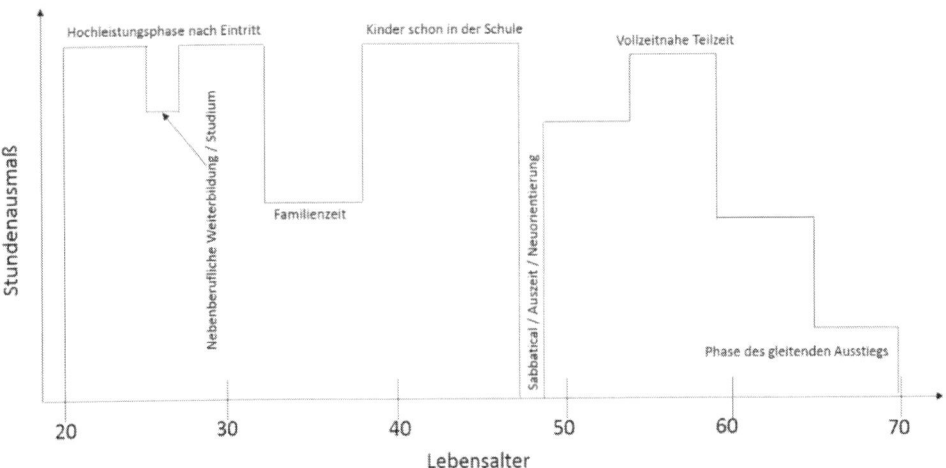

Abb. 12: Beispielhafte Darstellung der lebensphasenorientierten Arbeitszeit eines Arbeitnehmers (eigene Darstellung)

Realisiert werden kann ein solcher beispielhaft dargestellter Ablauf durch einen mehrmaligen Wechsel der Arbeitszeit und/oder -modelle. Auch Regelungen wie Elternteilzeit, Bildungsteilzeit oder -karenz, Sabbaticals, Pflegeteilzeit oder -karenz oder Altersteilzeit können Elemente einer solchen lebensphasenorientierten Arbeitszeit sein.

Eine dem Modell zugrundeliegende längere Betrachtung und Planung geht von einer langen Zugehörigkeitsdauer der Arbeitnehmer aus, die in der Realität nicht immer gegeben ist. Lebensphasenorientierung kann aber die Arbeitgeberattraktivität erhöhen und dazu beitragen, Arbeitnehmer länger zu binden.

A. Rechtlicher Rahmen

Die rechtlich korrekte Gestaltung von lebensphasenorientierten Arbeitszeitmodellen erfordert eine sorgfältige Vereinbarung mit dem Arbeitnehmer im Einzelfall. Es sind die allgemeinen Regelungen und Grenzen einzuhalten. Besonders wichtig ist, dass die Arbeitszeit in den einzelnen Phasen klar geregelt ist und auch Möglichkeiten der Abänderbarkeit enthalten sind. Auch Fragen des Entgelts und der Konsequenz bei vorzeitigem Ausscheiden sind zu regeln. Die jeweiligen Vereinbarungen über die Änderung des Ausmaßes (und der Lage) der regelmäßigen Arbeitszeit sind schriftlich zu treffen.

Hinzuweisen ist darauf, dass das Wissen des Arbeitgebers über die Lebensplanung des Arbeitnehmers im Fall einer Arbeitgeberkündigung gegen diesen ausgelegt werden könnte. Es ist daher bei einer Kündigung eines Arbeitnehmers, mit dem ein lebensphasenorientiertes Arbeitszeitmodell vereinbart wurde, darauf zu achten, dass die Kündigung nicht wegen der bevorstehenden Familienzeit, eines längerfristig geplanten Sabbaticals etc. erfolgen darf.

VII. Flexible Arbeitszeiten im Schichtbetrieb

Entgegen der weit verbreiteten Meinung, dass sich flexible Arbeitszeiten nur dort umsetzen lassen, wo unabhängig von Ort und Zeit, Kundenkontakt oder Maschinenlaufzeiten gearbeitet werden kann, gibt es gute Beispiele, wie Arbeitszeiten auch in schichtbetriebenen Unternehmen flexibilisiert werden können.

Natürlich sind hier die Rahmenbedingungen andere. Üblicherweise werden Arbeiten im Schichtbetrieb erledigt, die voraussetzen, dass laufend eine (oder mehrere) kundige Person(en) anwesend ist (sind), etwa, um eine Maschine zu bedienen. Es ist dabei Arbeitnehmern aufgrund der betrieblichen Gegebenheiten weniger leicht möglich, die Arbeitszeit individuell und flexibel zu gestalten. Vielmehr gilt es, organisatorische Rahmenbedingungen zu schaffen, die eine Berücksichtigung der einzelnen Lebenssituationen zulassen. Einige Beispiele dazu:

- **Bedarfskalender**

  Sowohl Arbeitgeber als auch Arbeitnehmer möchten aus unterschiedlichen Motiven oft eine fixe Dienstplanung etwa für ein ganzes Jahr festlegen. Gleichzeitig bedarf es aber der Möglichkeiten für beide Seiten, auch kurzfristig auftretende Bedürfnisse berücksichtigen zu können.

  Dies kann durch den Bedarfskalender erreicht werden. Handelsfilialen etwa organisieren ihre Dienste häufig nach diesem Modell. Dabei tragen die Arbeitnehmer ihre Wünsche für freie Tage bis zu einem gewissen Stichtag in einen Kalender ein. Danach erfolgt die tatsächliche Dienstplanung für die Periode. Falls es Überschneidungen gibt, muss mit den Betroffenen eine Lösung gefunden werden.

- **Urlaubsrad**

  Das Konfliktpotenzial durch Überschneidungen bei der Urlaubsplanung kann durch eine organisatorische Spielregel in Form eines „Urlaubsrads" abgeschwächt werden. Bei der Einteilung der Urlaube wird die Belegschaft zwei oder mehreren „Urlaubstöpfe" zugeteilt. Dabei werden Arbeitnehmer, die dieselben Tätigkeiten ausführen, in verschiedene Töpfe aufgeteilt. Bei der Urlaubsplanung tragen zuerst die Arbeitnehmer des ersten Urlaubstopfes ihre Wünsche ein, danach die Arbeitnehmer der weiteren Töpfe. Im folgenden Jahr verändert sich die Reihenfolge der Töpfe zugunsten der Arbeitnehmer aus dem letzten Topf, welche dann als erste ihre Wünsche bekanntgeben können.

Beispiel:

	Jahr 1			Jahr 2			Jahr 3		
Urlaubstopf	1	2	3	1	2	3	1	2	3
Plant als	Erste	Zweite	Dritte	Zweite	Dritte	Erste	Dritte	Erste	Zweite

- **Diensttauschbörse**

  Kurzfristige Bedarfe können über eine Tauschbörse gelöst werden. Arbeitnehmer, die einen Dienst tauschen wollen, bieten diesen über eine Plattform oder Pinnwand an. Kollegen können diesen übernehmen bzw. tauschen. Sicherzustellen ist, dass der Arbeitgeber rechtzeitig darüber informiert wird und Höchstarbeitszeitgrenzen sowie Ruhezeiten eingehalten werden.

- **Selbststeuernde Dienstplanung im Team**

  Eine besondere Form der Dienstplanung in Schichtbetrieben sind selbststeuernde Dienstplanungen. Diese basieren auf dem Prinzip, dass einem Team die Möglichkeit gegeben wird, seinen Dienstplan autonom, aber gemeinsam, ohne Vorgaben einer Führungskraft, zu planen.

  Dies funktioniert in der Regel gut bei kleinen Teams, die über sich selbst den Überblick bewahren können und dort, wo die Teammitglieder von ihrem hierarchischen Rang sowie von ihrer Tätigkeit her gleichgestellt sind.

  Wichtig bei der selbststeuernden Planung ist, dass den Arbeitnehmern die Spielregeln zwar vorgegeben werden, ein Eingriff aber nur dann erfolgt, wenn es zu keiner selbstständigen Einigung unter den Teammitgliedern kommt. Es ist zu beobachten, dass sogar Krankenstandsvertretungen komplett ohne Zutun der Führungskraft gelöst werden. Arbeitszeitgrenzen und Ruhezeiten (S. 29) müssen natürlich auch hier eingehalten und die Arbeitnehmer diesbezüglich angeleitet werden.

  Für Konflikte unter den Teammitgliedern muss es einen klaren Deeskalationsmechanismus geben. Die Genehmigung eines Dienstplans sowie ein Eingreifen bei dringendem Bedarf obliegen weiterhin der Führungskraft.

- **Schichtdienst in Teilzeit**

  Eine Möglichkeit, Teilzeitwünschen gerecht zu werden, ist das Teilen von Schichten – ähnlich dem klassischen Job Sharing (S. 59 ff). So wird etwa eine Acht-Stunden-Schicht auf zwei Schichten zu je vier Stunden geteilt.

  Ebenso ist es möglich, dass Arbeitnehmer in Teilzeit nur eine kleine Anzahl an Schichten pro Woche übernehmen, etwa nur eine oder zwei Schichten an immer denselben Tagen oder aber am Wochenende.

A. Rechtlicher Rahmen

Die flexible Gestaltung von Schichtarbeit (§ 4a AZG) ist ein komplexes Spezialgebiet. Oft enthält der anwendbare KV dazu spezielle Vorschriften und Flexibilisierungsmöglichkeiten. Wichtig ist daher, anhand des anwendbaren KV zu prüfen, ob dieser etwa ein Durchrechnungsmodell für Schichtarbeit zulässt und welche Bedingungen hierfür eingehalten werden müssen. Im Schichtmodell sind zudem unter gewissen Voraussetzungen Ausdehnungen der täglichen NAZ auf bis zu zwölf Stunden, Ausdehnungen der wöchentlichen Arbeitszeit sowie Ausnahmen von Zeiten der Arbeitsruhe vorgesehen. Der Schichtplan muss auf betrieblicher Ebene erstellt oder mit dem jeweiligen Arbeitnehmer vereinbart werden. Flexibilisierungen bei Schichtarbeit können im Einzelvertrag oder durch BV (S. 18) vorgenommen werden. Wichtig ist auch bei diesen Maßnahmen, dass die Arbeitszeitgrenzen (S. 29 f) eingehalten werden und sichergestellt ist, dass korrekte Aufzeichnungen (S. 31 f) geführt werden.

Good Practice:

Bei der **Flughafen Graz Betriebs GmbH** haben Mitarbeiter im Schichtdienst die Möglichkeit, Mehrleistungen in Zeitguthaben abgegolten zu bekommen. Diese Stunden in Zeiten geringeren Arbeitsanfalls trotz eines relativ starren Dienstplans konsumieren zu können, bringt auch in diesen Organisationseinheiten Flexibilität und Zufriedenheit und stärkt die Leistungsbereitschaft der Arbeitnehmer. Das Zeitguthaben kann dabei allenfalls auch tageweise konsumiert werden.

Teilzeitmodelle

Seit mehreren Jahren steigt der Anteil der Teilzeitbeschäftigten in Österreich laufend an.

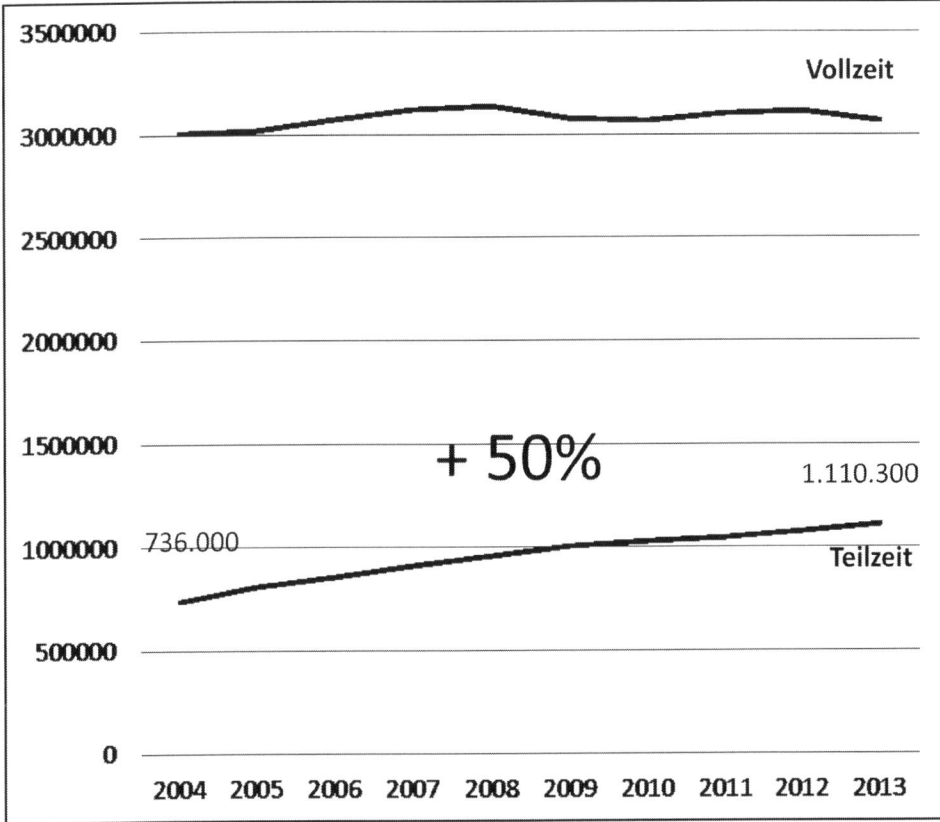

Abb. 13: Entwicklung der Teilzeitstellen seit 2004 (alle Erwerbstätigen) (Statistik Austria)

Die Erwerbstätigenquote der 15- bis 64- jährigen Frauen ist laut Statistik Austria zwischen 2005 und 2012 von 59,5% auf 64,7% gestiegen, während die Erwerbsquote der Männer im Vergleichszeitraum mit einem Anstieg von 75,3% auf 77,8% relativ konstant blieb. Mit der steigenden Erwerbsbeteiligung ging auch einen Erhöhung der Teilzeitquote einher. Die Teilzeitquote der Frauen erhöhte sich von 39,1 % (2005) auf 44,7 % (2012). Auch bei Männern hat die Teilzeitbeschäftigung von 5,6 % im Jahr 2005 auf 7,8 % im Jahr 2012 zugenommen.

Insgesamt waren 2012 rund 81% der Teilzeitbeschäftigten weiblich.

Auf Arbeitgeberseite existieren verschiedene Motive für die Einführung oder Er-möglichung von Teilzeitbeschäftigung. Einerseits wird in Betrieben Teilzeitbeschäfti-gung oft als Reaktion auf Arbeitnehmerwünsche eingeführt, um damit ein attraktiverer Arbeitgeber zu sein. Andererseits kann Teilzeitbeschäftigung auch aufgrund der damit verbundenen innerbetrieblichen Gestaltungsmöglichkeiten, etwa Job Sharing und ein Gewinn an Flexibilität in der Einsatzplanung, sinnvoll sein und dazu beitragen, die Po-tenziale von Arbeitnehmern mit Betreuungspflichten betrieblich nutzen zu können.

Die Wünsche nach Teilzeit auf Arbeitnehmerseite sind vielfältig und betreffen nicht zwangsläufig nur Arbeitnehmer mit Kindern. Die Mikrozensus-Erhebung der Statistik Austria fragte nach den Gründen, warum Menschen in Teilzeit arbeiten möchten:

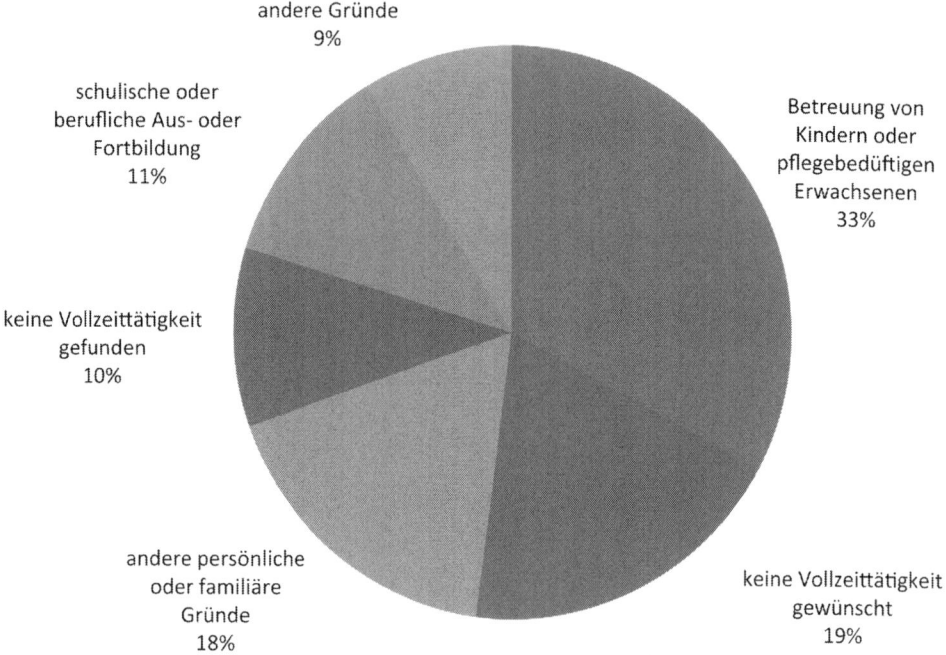

Abb. 14: Teilzeitwünsche der Arbeitnehmer zwischen 25 und 49 Jahren
(Statistik Austria, Mikrozensus Erhebung 2012)

Auffallend ist, dass sich das Verhältnis je nach Geschlecht und Alter anders dar-stellt. So beträgt laut Statistik Austria der Anteil der Frauen, die wegen der Betreuung von Kindern oder pflegebedürftigen Erwachsenen Teilzeit arbeiten „will", 39 %, bei Männern hingegen gerade einmal 4,5 %. Betrachtet man nur die Ergebnisse von Ar-beitnehmern mit Kindern unter 15 Jahren, dann äußern vier von fünf Frauen und auch fast 25 % der Männer einen „Teilzeitwunsch" aufgrund der Kinderbetreuung.

Auch bei dem Wunsch nach Teilzeit aufgrund einer Aus- oder Fortbildung wird der Geschlechterunterschied deutlich. Fast 30% der Männer nennen eine Aus- oder Fortbildung als Grund für einen Teilzeitwunsch, aber nur knapp unter 8% der Frauen.

A. Vor- und Nachteile

Zu den Vor- und Nachteilen von Teilzeitarbeit zählen u.a.:

Vorteile	Nachteile
Höhere Produktivität Höhere Effizienz – geringere Kosten, bessere Auslastung durch flexibleren Einsatz der Mitarbeiter und höhere Motivation.	**Höherer organisatorischer Aufwand** Höherer Verwaltungs- und Koordinationsaufwand, möglicher Ausbau von betrieblicher Infrastruktur und höhere Sozialabgaben.
Höhere Flexibilität bei Schwankungen oder verändertem Personalbedarf Bei kurzfristigen Spitzen können Teilzeitkräfte (in Absprache mit diesen) leichter weitere Zeitressourcen frei machen als Arbeitnehmer, die ohnedies bereits mehr als die NAZ arbeiten. Auch temporäre Stundenerhöhungen sind in Absprache möglich und erhöhen somit auch die Flexibilität der Arbeitgeber.	**Höhere Kosten für Mehrstunden** Wenn Teilzeitkräfte Mehrstunden (Stunden über ihre vereinbarte Zeit hinausgehend bis zum Erreichen der NAZ) leisten, dann sind diese in Österreich mit einem Faktor von 1,25 zu bezahlen. Zeichnen sich längere Mehrstunden ab, ist also eine grundsätzliche Erhöhung der Arbeitsstunden ratsam.
Höhere Eigenorganisation Für Arbeitnehmer bietet sich ein höheres Ausmaß an Koordinationsmöglichkeiten, insbesondere auch unter dem Aspekt der Vereinbarkeit von Beruf und Familie.	**Höhere Risiken** Weniger soziale Sicherheit durch geringere Ansprüche bei Krankheit, Pensionierung und Arbeitslosigkeit können einen Nachteil darstellen.

B. Organisatorischer und kultureller Rahmen

Arbeitnehmer in Teilzeit zu beschäftigen, wird von Führungskräften häufig als höherer Organisationsaufwand empfunden. Dazu kommt, dass in der unternehmerischen Praxis die Personalsteuerung häufig an „Headcounts", also der Kopfanzahl, festgemacht wird, wodurch Teilzeitarbeitende problematisch erlebt werden, da sie einen „vollen Kopf" zählen, aber nur einen Teil davon arbeiten. Damit Teilzeitarbeit von Führungskräften und Arbeitgebern nicht als Belastung empfunden wird und die Vorteile genutzt werden können, bedarf es klarer Rahmenbedingungen. Teilzeit funktioniert dort gut, wo die Arbeitsplätze bezüglich der Räume und Ressourcen (wie PCs etc.) darauf angepasst sind und die Führungskräfte die nötige Sensibilität an den Tag legen.

Insbesondere folgende Fragen sollten im Vorfeld geklärt werden:

- Welche Tätigkeiten können jedenfalls, welche können keinesfalls in Teilzeit erledigt werden?
- Welche Bedürfnisse ergeben sich aus betrieblichen Notwendigkeiten (z.B. Kundenwünsche)?

- Wie kann auf Spitzen beim Arbeitsanfall reagiert werden?

- Wie können Ressourcen an den vermehrten Einsatz von Teilzeitkräften angepasst werden, sodass sich eine Kostenersparnis ergibt?

- Welche Aufgaben sind in welcher Zeit zu erledigen bzw. können wie geteilt werden?

- Wie kann der Informationsfluss gewährleistet bleiben (z.B. Besprechungen, Vertretungen)?

C. Rechtlicher Rahmen

Rechtlich gesehen wird unter Teilzeit jede Form der Beschäftigung unter der gesetzlichen bzw. kollektivvertraglichen NAZ verstanden (§ 19d AZG). Es gelten (mit wenigen Ausnahmen) die gleichen rechtlichen Rahmenbedingungen wie für eine Vollzeitbeschäftigung.

Der Gesetzgeber hat sich zum Thema Teilzeit nur spärlich geäußert und nur für einzelne Aspekte Sonderregelungen vorgesehen (z.B. Mehrarbeit). Manche KV sehen Sonderregelungen vor, wobei hier zu beachten ist, dass diese nicht zum Nachteil der Arbeitnehmer abgeändert werden dürfen.

Praxistipp:

Eine Beschäftigung in Teilzeit muss klar vereinbart werden. Schriftlichkeit ist für die erstmalige Vereinbarung zwar grundsätzlich nicht zwingend erforderlich, aber anzuraten. Wird das Ausmaß der Arbeitszeit während des laufenden Arbeitsverhältnisses geändert, muss dies jedenfalls schriftlich vereinbart werden (gesetzliches Schriftformgebot für Änderungen des Arbeitszeitausmaßes).

Jede Ungleichbehandlung oder Schlechterstellung von Teilzeitbeschäftigten ohne objektivierbare, sachliche Rechtfertigung ist unzulässig (Gleichbehandlungspflicht oder negativ formuliert: **Benachteiligungsverbot**). Dies betrifft etwa folgende Aspekte:

- Entlohnung: Soweit die Arbeitsleistung lediglich quantitativ geringer ist als bei der Vollzeitarbeit, wird das Entgelt von Teilzeitbeschäftigten regelmäßig anteilig nach dem Verhältnis der vereinbarten Arbeitszeit zur Vollarbeitszeit bemessen. Das anteilige kollektivvertragliche Mindestgehalt darf jedenfalls nicht unterschritten werden.

- Teilnahme an Schulungen oder Events ist auch Teilzeitbeschäftigten zu ermöglichen.

- Freiwillige Sozialleistungen und unternehmensinterne Zulagen sind auch Teilzeitbeschäftigten zu gewähren.

Der **Urlaubsanspruch** von Teilzeitarbeitskräften wird aus dem Urlaubsanspruch für Vollzeitbeschäftigte abgeleitet. Der Urlaub von Teilzeitkräften ist nach herrschender Rechtsprechung in Werktagen oder Arbeitstagen (S. 30) zu berechnen. Eine Berechnung des Urlaubsausmaßes nach Stunden ist im Gesetz nicht vorgesehen, kann aber vereinbart werden, wenn sie den Arbeitnehmer nicht schlechter stellt. Bei Wechsel zwischen Teilzeit und Vollzeit sind jeweils Umrechnungen vorzunehmen. So gilt etwa, dass beim Wechsel von Vollzeit zu Teilzeit noch offener Urlaubsanspruch aus der Vollzeitphase voll erhalten bleiben muss, beim Verbrauch aber auch in vollen Tagen abzuziehen ist. Beim Wechsel von Teilzeit zu Vollzeit muss nicht verbrauchter Urlaub grundsätzlich aufgewertet werden.

Für Teilzeitbeschäftigte gilt eine eingeschränkte Verpflichtung zur Leistung von **Mehrarbeit**. Sie besteht nur, falls gesetzliche Bestimmungen, BV, KV oder Arbeitsvertrag dies vorsehen, ein erhöhter Arbeitsbedarf vorliegt und berücksichtigungswürdigende Interessen des Arbeitnehmers nicht entgegenstehen.

Wird Mehrarbeit geleistet, gebührt für die Stunden bis zur kollektivvertraglichen NAZ ein **Mehrarbeitszuschlag** von 25 %. Dieser Mehrarbeitszuschlag entfällt jedoch, wenn

- innerhalb eines Quartals oder eines anderen (vereinbarten) Zeitraums von drei Monaten ab Anfall der Mehrarbeit Zeitausgleich im Verhältnis 1:1 gewährt wird oder
- bei gleitender Arbeitszeit die vereinbarte Arbeitszeit innerhalb der Gleitzeitperiode im Durchschnitt nicht überschritten wird.

Der anwendbare KV kann Abweichungen von diesen Mehrarbeitszuschlagsregelungen vorsehen.

Praxistipp:

Auch bei Teilzeit kann Gleitzeit vereinbart werden (S. 39 ff). So kann – wirksame Vereinbarung vorgesetzt – der zuschlagsfreie Ausgleichszeitraum von einem Quartal auf eine längere Gleitzeitperiode ausgedehnt werden. Eine auf Vollzeitbeschäftigung ausgelegte Gleitzeitvereinbarung muss für Teilzeitarbeitnehmer entsprechend angepasst werden (z.B. hinsichtlich der fiktiven NAZ).

Good Practice:

In der **Energie AG** gibt es keine festgelegte Anzahl standardisierter Teilzeitmodelle. Führungskraft und Mitarbeiter können individuell Lage und Ausmaß der Arbeitszeit unter Berücksichtigung der wechselseitigen Interessen vereinbaren und so die bestmögliche Lösung für alle Beteiligten finden. Zusätzlich besteht auch bei Teilzeit die Möglichkeit der gleitenden Arbeitszeit.

I. Sondervariante: Vollzeitnahe Teilzeit

Teilzeit wird häufig mit Stundenausmaßen von z.B. 20, 25 oder 30 Stunden pro Woche assoziiert. Nach einem Working Paper des Österreichischen Instituts für Familienforschung zum Trend zur Teilzeit liegt die Untergrenze zur Vollzeit bei 30 Wochenstunden bzw. die Obergrenze für Teilzeit bei 36 Wochenstunden.

Im Hinblick auf eine gute Vereinbarkeit und damit zusammenhängende Familienfreundlichkeit im Betrieb ist aber auch die sogenannte vollzeitnahe Teilzeitbeschäftigung ein interessantes Modell.

A. 35 Stunden und nicht mehr – Vorteile der vollzeitnahen Teilzeitbeschäftigung

Die Idee hinter der vollzeitnahen Teilzeitbeschäftigung ist – wie der Name schon sagt – eine Beschäftigung, die nahe an der gesetzlichen oder kollektivvertraglichen vollen NAZ liegt, also nahe 38,5 bis 40 Wochenstunden.

Die vollzeitnahe Teilzeitbeschäftigung bietet eine Reihe von Vorteilen, etwa:

- **Anspruchsvolle Tätigkeiten und Führungspositionen im fast vollen Ausmaß:** Vollzeitnahe Teilzeit ermöglicht es, Arbeitnehmer in denselben anspruchsvollen Tätigkeiten zu platzieren wie normale Vollzeitarbeitskräfte; sie stellt auch eine Möglichkeit dar, Führungskräfte auf Teilzeitbasis einzusetzen.
- **Bessere Gesundheit und höhere Motivation:** Arbeitnehmer, die regelmäßig Überstunden leisten (müssen), haben nachweislich oft schlechtere Gesundheitswerte und leiden oft unter schwindender Motivation.
- **Mögliche Kostenersparnis durch weniger zuschlagspflichtige Mehrstunden:** Bei vollzeitnahen Teilzeitbeschäftigten gibt es weniger Mehrstunden, da diese nahe der Vollzeit agieren.
- **Möglichkeit des Blockens der Arbeitszeit** (z.B. 4 Tage zu je 8,5 Stunden)
- **Vollzeitnahe Teilzeit als temporäre Lösung** (z.B. zur Überbrückung von vorübergehenden Bedürfnissen, denen durch eine geringe Reduktion der Arbeitszeit entgegengekommen werden kann, etwa der Pflege naher Angehöriger in einem geringen Maß)
- **Altersgerechtes Arbeiten** (z.B. als sanften Ausstieg für ältere, langjährige Arbeitnehmer)
- **Kultureller Aspekt:** Befürchtung der Verpflichtung zur Leistung von Mehr- und Überstunden ist tendenziell geringer als bei Vollzeitbeschäftigung.

B. Rechtlicher Rahmen

Vollzeitnahe Teilzeit ist eine Form der Teilzeit. Es sind daher die diesbezüglich geltenden Regelungen einzuhalten (S. 56 f).

Praxistipp:

Auch im Rahmen der Elternteilzeit (S. 203 ff) könnte – sofern von beiden Seiten gewünscht – eine vollzeitnahe Beschäftigung vereinbart werden.

II. Job Sharing

Das Konzept des Job Sharing stammt aus den USA, wo bereits in den 1960er Jahren das Modell der Arbeitsplatteilung angewandt wurde. Bezeichnenderweise ging die Initiative von jungen Frauen aus, die im Sinne einer besseren Vereinbarkeit von Beruf und Familie an ihre Arbeitgeber den Vorschlag machten, einen Vollarbeitsplatz zu teilen und gemeinsam zu übernehmen. Aber auch kinderlose Paare nützen die Chance von Job Sharing, wenn sie den gleichen Beruf ausüben und Beruf und Freizeitinteressen besser unter einen Hut bekommen wollen. Mit der Zeit ging man dann auch dazu über, fremde Job-Sharing-Partner zu einem Job-Sharing-Team zusammenzuführen.

Unter Job Sharing wird allgemein das Aufteilen eines Arbeitsplatzes auf zwei oder mehrere Arbeitnehmer verstanden. Es teilen sich also z.B. zwei Teilzeitkräfte einen Arbeitsplatz.

Z.B. deckt im Rahmen des Job Sharings eine Person Montag bis Mittwoch und eine andere Donnerstag und Freitag ab. Es ist aber auch denkbar, dass sich mehrere Arbeitskräfte mehrere Stellen teilen, etwa fünf Personen, jeweils zu 80 % beschäftigt, teilen sich im gleichen Ausmaß vier Arbeitsplätze. So wird erreicht, dass jede Person jeweils einen Arbeitstag pro Woche frei hat.

	Mo	Di	Mi	Do	Fr
Person A					frei
Person B	frei				
Person C		frei			
Person D			frei		
Person E				frei	

Abb. 15: Job Sharing unter mehreren in Teilzeit beschäftigten Personen (eigene Darstellung)

Gut umsetzbar ist Job Sharing bei Routinetätigkeiten, homogenen Tätigkeiten bzw. bei Tätigkeiten, die nicht von einem bestimmten Arbeitnehmer höchstpersönlich durchgeführt werden müssen.

A. Vor- und Nachteile

Vorteile	Nachteile
Attraktive Jobmöglichkeiten für Teilzeitkräfte Durch gezieltes Anbieten von Job Sharing können auch attraktivere Jobs, die sonst nur in Vollzeit möglich sind, für Teilzeitkräfte angeboten werden.	**Arbeitszeitthematiken** Häufig besteht bei Arbeitnehmern mit Kindern der Wunsch, vormittags zu arbeiten. Nachmittagsarbeitskräfte zu finden, ist eher schwer. Aus zwei Vormittagskräften lässt sich aber kein gutes Job-Sharing-Modell ableiten.
Erhöhung der Flexibilität auch für Teilzeitkräfte Erledigen mehrere Personen den gleichen Job, können diese auch flexibler auf Ausfälle eines anderen reagieren. Erledigt eine Teilzeitkraft eine Tätigkeit alleine, fällt diese Option weg.	**Konfliktpotenziale** Arbeiten mehrere Arbeitnehmer mit Betreuungsverpflichtungen und damit ähnlichen Bedürfnissen zusammen, können sich Konflikte etwa bei der Planung freier Tage (z.B. Schulbeginn) oder beim Urlaub ergeben.

B. Organisatorischer Rahmen

Insbesondere folgende Fragen und Themen müssen überlegt und geregelt werden:

- **Welche** Tätigkeit wird „geshared"? Die Tätigkeit muss teilbar sein, ohne dass es zu Qualitätsverlusten kommt. Komplexer, aber deswegen keineswegs ausgeschlossen ist Job Sharing in Expertenorganisationen und -tätigkeiten, sowie wenn Übergaben zwischen den Arbeitskräften notwendig sind. Ein intelligentes Desk- und Ressourcensharing hilft, Kosten geringer zu halten.

- **Wer** sind die Job-Sharing-Partner? Die Chemie zwischen den Job Sharing Partnern muss stimmen. Machterhalt über das Zurückhalten von Informationen ist ebenso schädlich wie Konkurrenzdenken.

- **Wie** wird die Tätigkeit „geshared"? Sind zwei Personen für ein Ergebnis verantwortlich, dann sollte von Beginn an klar sein, wie der Anteil am Ergebnis gemessen oder bewertet wird.

- Welche Regeln der **Kommunikation** gibt es? In Job-Sharing-Teams und mit der Führungskraft müssen klare Regeln der Kommunikation existieren. So ist klarzulegen, was wie weitergegeben/übergeben werden muss, wie gegenüber internen und externen Kunden agiert wird und wie sichergestellt ist, dass immer alle die relevanten Informationen haben, die sie zum Arbeiten brauchen.

- Wie sind **Erreichbarkeiten** der einzelnen Job-Sharing-Partner geregelt?

- Wie wird die **Vertretung** für Fälle, dass einer der Partner ausfällt oder Urlaub konsumiert, geregelt?

Seit März 2014 gibt es eine neue Plattform für Österreich, Deutschland und die Schweiz, die Jobsharing-Arbeitsplätze vermittelt. Unter www.tandemploy.com können zum einen Unternehmen Stellen in Job Sharing ausschreiben und zum anderen potenzielle Interessenten sich für Job Sharing Stellen bewerben. Tandemploy versucht auf diese Weise, Job Sharing nicht nur bekannter zu machen, sondern auch herbeizuführen, dass mehr Unternehmen Stellen tatsächlich als geteilte Stellen ausschreiben.

C. Rechtlicher Rahmen

Job Sharing ist eine nicht gesondert geregelte Form der Teilzeitbeschäftigung. Es sind jedenfalls die bezüglich Teilzeit geltenden Regelungen einzuhalten (S. 56 f).

Anders als das österreichische Recht sieht beispielsweise das „Gesetz über Teilzeitarbeit und befristete Arbeitsverträge" in Deutschland eine Sonderbestimmung zur Arbeitsplatzteilung und deren Rahmenbedingungen vor.

Im österreichischen Recht ist Job Sharing zwischen der Teilzeitarbeit und dem Gruppenarbeitsverhältnis (eine Gruppe von Arbeitnehmern verpflichtet sich gemeinsam zur Erbringung von Arbeitsleitungen gegenüber dem Arbeitgeber) einzuordnen. Da beim Job Sharing unabhängig von der jeweils gewählten Vertragsgestaltung immer mehrere Arbeitnehmer einen Vollzeitarbeitsplatz teilen, liegen mehrere Teilzeitarbeitsverhältnisse vor. Zwischen den einzelnen Partnern gibt es in der Regel (anders als beim Job Pairing, S. 64 ff) keine unmittelbaren rechtlichen Beziehungen.

Die Vereinbarung mit jedem Job-Sharing-Partner ist ein für sich abgeschlossenes und von den Verträgen mit den anderen Job-Sharing-Partnern rechtlich getrenntes Teilzeitarbeitsverhältnis. Die jeweiligen Einzelvereinbarungen müssen natürlich „zusammenpassen". Dabei ist es nicht zwingend erforderlich, dass ein Arbeitsplatz genau in der Mitte geteilt wird und dass beispielsweise jeder Job Sharing Partner die Hälfte der wöchentlichen NAZ leistet. Es ist durchaus auch eine Teilung des Vollzeitarbeitsplatzes in anderen Verhältnissen (z.B. 2:1) möglich.

Beabsichtigt ein Arbeitgeber, eine bisher vollzeitbeschäftigte Person künftig in einem Job-Sharing-Team zu beschäftigen, setzt dies grundsätzlich die Zustimmung des Arbeitnehmers und eine entsprechende Vereinbarung voraus.

Besondere Bedeutung kommt beim Job Sharing den Vertretungsregelungen zu: Bei der Vereinbarung von Vertretungsregeln sind die allgemeinen Regelungen zur Teilzeitbeschäftigung zu berücksichtigen. Eine Vereinbarung, die eine automatische Vertretungspflicht eines Partners vorsieht, ist in dieser Allgemeinheit nicht zulässig. Dies würde nämlich im Extremfall bedeuten, dass ein Partner trotz Vorliegens einer Teilzeitvereinbarung gezwungen wäre, auf jegliche sonstige Tätigkeit auch außerhalb der mit ihm vereinbarten Arbeitszeit zu verzichten, um jederzeit die Vertretung eines Kollegen annehmen zu können. Eine automatische Vertretungspflicht würde daher eine Überwälzung des Ausfallsrisikos auf die anderen Partner mit sich bringen. Möglich ist je-

siehe Musterteil

doch, eine Vertretung auf freiwilliger Basis in den Vertrag aufzunehmen und die Modalitäten entsprechend zu regeln. Wenn berücksichtigungswürdige Interessen des Partners der Übernahme der Vertretung entgegenstehen, muss es dem Partner möglich sein (ohne negative Konsequenzen zu befürchten), die Übernahme der Vertretung abzulehnen. Für die Übernahme der Vertretung und die dabei erbrachte Mehrarbeit bzw. Überstundenarbeit gebührt dem Partner Entgelt (gegebenenfalls damit Zuschlag) bzw. Abgeltung in Form von Zeitausgleich.

Die mit jedem Job-Sharing-Partner abzuschließende Vereinbarung sollte folgende Fragen regeln:

- Umfang der von jedem Partner wöchentlich oder monatlich zu erbringenden Arbeitszeit sowie der Zeitraum, innerhalb dessen der vereinbarte Arbeitszeitanteil erbracht werden muss.

- Festlegung betriebsüblicher Arbeitszeiten, um sicherzustellen, dass der Arbeitsplatz zu gewissen Zeiten jedenfalls besetzt ist.

- Regelungen, wie die Arbeitszeit unter den Partnern abgestimmt und dem Arbeitgeber kommuniziert wird.

- Prozedere für den Fall, dass sich die Partner nicht über die Aufteilung ihrer individuellen Arbeitszeit einigen können.

- Vertretungsregelungen für den Verhinderungsfall eines Partners: gegenseitige Vertretungspflicht, wie diese funktioniert und wie die diesbezügliche Entlohnung aussieht. Es ist insbesondere zu regeln, was bei vorübergehender Verhinderung eines Partners zu geschehen hat (sowohl in vorhersehbaren Fällen wie Urlaub oder Karenz als auch in unvorhersehbaren Fällen wie Krankheit).

- Regelung für den Fall, dass ein oder mehrere Job-Sharing-Partner langfristig ausfällt/ausfallen oder das Arbeitsverhältnis mit einem Partner endet. Dabei ist beispielsweise auch zu regeln, ob die übrigen Partner beim „Auffüllen" des Teams ein Mitspracherecht haben.

- Modalitäten und Umfang rund um den Urlaub, etwa Regelungen über die Bekanntgabe und Organisation von Urlaubswünschen.

Good Practice:

Bei der **Bausparkasse der Österreichischen Sparkassen AG** teilen sich zwei Teilzeitkräfte einen Job, jedoch zielt das Job Sharing nicht prinzipiell darauf ab, dass beide Partner die exakt gleichen Tätigkeiten ausüben. Idealerweise gestaltet sich dieses Modell so, dass sich zwei Mitarbeiter ergänzen und sich aus den jeweiligen Teilbereichen ein ausgewogenes und bestens abgestimmtes Ganzes ergibt; durchaus mit jeweils eigenständigen Aufgabengebieten. Besonders wichtige Voraussetzungen für das Gelingen des Job Sharing sind die Bereitschaft zur Absprache, Kollegialität sowie eine gute Kommunikationsfähigkeit.

III. Job Splitting

Eine besondere Form der Arbeitsteilung bzw. des Job Sharings ist das sogenannte Job Splitting. Dies bedeutet nach allgemeinem Verständnis eine Teilung eines Vollzeitarbeitsplatzes in zwei voneinander unabhängige Teilzeitstellen ohne freies Einteilungsrecht zwischen den Job Splitting Partnern. Hier steht weniger der Gedanke des Zusammenarbeitens im Vordergrund als der des Aufteilens von Aufgaben. Ein Arbeitsplatz wird so geteilt, dass keine oder nur geringe Abstimmung zwischen den Personen, die sich den Arbeitsplatz teilen, nötig ist. Dadurch wird die Übergabeproblematik verringert. Scheidet einer der Teilzeitkräfte aus, hat das grundsätzlich keine direkten Auswirkungen auf die andere Person.

A. Vor- und Nachteile

Beim Job Splitting ergeben sich einige andere Aspekte als beim Job Sharing, beispielsweise:

Vorteile	Nachteile
Neues Denken der Aufgaben Job Splitting regt dazu an, nachzudenken, welche Arbeiten wirklich in Vollzeit erfolgen müssen. So können neue Jobprofile entstehen.	**Nimmt Flexibilität** Besteht eine Beziehung zwischen den Teilzeitarbeitnehmern, bringt das eine gewisse Flexibilität, z.B. unter dem Aspekt der Vertretung. Diese geht mit dem strikten Aufsplitten der Aufgaben verloren.
Parallele Aufgabenerledigung am Vormittag möglich Hängen Tätigkeiten nicht mehr zusammen, können sie auch parallel erledigt werden, was Arbeitnehmern mit Betreuungsaufgaben sehr entgegenkommen kann und betrieblich keine Nachteile hat.	**Mehrkosten** Wenn Tätigkeiten zwar getrennt voneinander, aber parallel erfolgen, kann das Mehrkosten für Raumressourcen, PCs etc. mit sich bringen.

Dem Job Splitting liegt v.a. die Überlegung zugrunde, tatsächlich autonome Teilzeitarbeitsplätze zu schaffen. Viele Arbeitgeber agieren zögerlich, wenn es darum geht, Stellen bereits in der Ausschreibung als Teilzeitstelle auszuschreiben. Familienfreundliche Arbeitgeber aber denken das Thema Teilzeit breiter und schreiben bewusst Teilzeitstellen aus, sei es für Arbeitnehmer mit Betreuungs- oder Pflegeverpflichtungen, ältere Arbeitnehmer oder solche, die nach einer längeren Pause wieder in den Beruf einsteigen wollen.

B. Organisatorischer Rahmen

Beim Job Splitting können einige Vorteile des klassischen Job Sharings, etwa Desk Sharing, nicht genutzt werden. So werden unter Umständen mehrere physische Arbeitsplätze benötigt, wenn die Job Splitting Partner gleichzeitig arbeiten.

Es muss bei Teilung eines Vollzeitarbeitsplatzes besonders darauf geachtet werden, dass die Aufgaben auch sinnvoll geteilt und umsetzbar sind. Ansonsten gilt es, dieselben organisatorischen Überlegungen anzustellen wie bei der Teilzeitarbeit generell (S. 56 f).

C. Rechtlicher Rahmen

Es gibt im österreichischen Arbeitsrecht keine Spezialregeln zum Job Splitting. Es ist, wie auch das Job Sharing, als eine Form der Teilzeitbeschäftigung anzusehen. Mit den einzelnen Job Splitting Partnern sind daher Teilzeitarbeitsverträge zu schließen und die diesbezüglich geltenden Regelungen einzuhalten (S. 56 f).

Beim Job Splitting besteht in der Regel keine Rechtsbeziehung zwischen dem Arbeitgeber und dem gesamten Team als solchem. Es bestehen auch meist keine direkten Rechtsbeziehungen zwischen den einzelnen Job-Splitting-Partnern. Vielmehr liegen einzelne selbständige Arbeitsverträge mit den jeweiligen Job-Splitting-Partnern vor.

Für die Gestaltung der Vereinbarungen mit den Job-Splitting-Partnern gilt grundsätzlich das zum Job Sharing Ausgeführte (S. 59 ff).

IV. Job Pairing

Eine weitere besondere Art des Job Sharings ist das sogenannte Job Pairing. Dieses bedeutet nach allgemeinem Verständnis die zeitliche und funktionale Aufteilung eines Vollzeitarbeitsplatzes bei freiem Einteilungsrecht der Job-Pairing-Partner. Die Partner teilen sich nicht nur den Arbeitsplatz, sondern auch die Verantwortung. Das bedeutet, dass die Partner gemeinsam für die Aufgabenerledigung verantwortlich sind, in der Ausgestaltung der Aufgabenerledigung aber weitgehende Freiheiten haben. So können sich die Partner die Lage der Arbeitszeit selbst einteilen, sich abstimmen und gemeinsam Entscheidungen treffen.

Besonders ist auch, dass bei diesem Modell der Arbeitsvertrag mit beiden Partnern gemeinsam geschlossen wird und an sich auch nur gemeinsam aufgelöst werden kann. Beim Job Pairing wird auch häufig eine Vertretungspflicht mitvereinbart, wobei jedoch gesetzliche Schranken zu beachten sind (S. 61 f).

A. Vor- und Nachteile

Job Pairing ist eine vergleichsweise selten gewählte Form des Job Sharings, wenngleich sie aus Sicht einer guten Vereinbarkeit auch einige Vorteile bietet, beispielsweise:

Vorteile	Nachteile
Eigenverantwortung Dem Job Pairing liegt ein hohes Maß an Eigenverantwortung zugrunde. Diese wird in der Regel von Arbeitnehmern sehr geschätzt und trägt zur Zufriedenheit bei.	**Konfliktpotenzial** Wichtig ist, dass die Partner gut miteinander arbeiten können. Die laufende Abstimmung setzt voraus, dass die Partner offen miteinander umgehen und Bedürfnisse Berücksichtigung finden.
Flexibilität Da die Partner gemeinsam verantwortlich sind, gewinnen sie Flexibilität. Dies ermöglicht eigenständige Absprachen über abwechselnden Einsatz, Vertretung oder im Notfall auch gleichzeitige Anwesenheit.	**Fehlerkultur** Da beide Partner verantwortlich sind, sind grundsätzlich auch beide bei Fehlern heranzuziehen. Für Führungskräfte kann es eine Herausforderung darstellen, Klarheit zu bekommen, bei wem Fehler tatsächlich liegen.
Lückenlose Anwesenheit Durch die gleiche Verantwortung und Selbstorganisation mehrerer Partner ist eine lückenlosere Anwesenheit über das gesamte Arbeitszeitausmaß der Tätigkeit möglich.	

B. Organisatorischer Rahmen

Zusätzlich zu den unter Job Sharing geschilderten Aspekten ist insbesondere Folgendes zu beachten:

- **passende Partner:** Besonders bei diesem Modell sollten Partner menschlich gut zusammenpassen, sich untereinander gut abstimmen, ein offenes Arbeitsklima und Fehlerkultur haben.
- **Zeitkonten oder Ampelkonten:** Da die Partner ihre Zeiten autonom festlegen, ist die Vereinbarung von flexiblen Zeitkonten oder Ampelkonten (S. 47 f) mit längeren Durchrechnungszeiträumen ratsam. So können Vertretungen, bei denen ein Partner mehr arbeitet, später gut wieder ausgeglichen werden.
- **Eskalationsmechanismus:** Bei Konflikten (z.B. beide Partner beanspruchen zur gleichen Zeit Urlaub) muss es die Möglichkeit der geordneten Eskalation geben, etwa durch einen neutralen Vermittler oder die Führungskraft.
- **klare Kompetenzverteilung im Team:** Es sollte geregelt werden, wer welche Entscheidungen treffen kann und muss.

C. Rechtlicher Rahmen

Job Pairing unterscheidet sich vom Job Sharing (S. 59 ff) und Job Splitting (S. 63 f) im Wesentlichen darin, dass beim Job Pairing der Arbeitsplatz in zeitlicher und funktionaler Hinsicht geteilt wird. Rechtlich liegt ein sogenanntes **Gruppenarbeitsverhältnis** vor.

Beim Gruppenarbeitsvertrag verpflichten sich mehrere Arbeitnehmer einem Arbeitgeber gegenüber zur gemeinsamen Erbringung der Arbeitsleistung. Es sind alle Partner des Job-Pairing-Teams gemeinsam vertraglich zur Erbringung einer Leistung verpflichtet. Gruppenarbeitsverträge gibt es typischerweise im künstlerischen Bereich. Anders als bei der herkömmlichen Form des Gruppenarbeitsverhältnisses werden die Job-Pairing-Partner jedoch nicht zeitgleich tätig, sondern besetzen den Arbeitsplatz alternierend.

Beim Job Pairing ist denkbar, dass mehrere Arbeitnehmer sich zu einer Gruppe zusammenschließen und als solche dem Auftraggeber als Vertragspartner gegenübertreten. In diesem Fall liegt nach herrschender Meinung ein **Dienstverschaffungsvertrag** vor. Dies bedeutet, dass der Auftraggeber keinen unmittelbaren direkten Anspruch auf Erbringung einer Arbeitsleistung gegen einen einzelnen Job-Pairing-Partner hat, sondern nur einen Anspruch auf die Zurverfügungstellung der Arbeitskräfte in ihrer Gesamtheit. Die Aufteilung der Arbeitspflicht erfolgt durch das Innenverhältnis zwischen den einzelnen Partnern. In diesem Fall kommt das Arbeitsrecht nicht zur Anwendung. Im Innenverhältnis liegt meist eine Gesellschaft Bürgerlichen Rechts vor. Die Schlecht- oder Minderleistung eines Partners wirkt sich auf die ganze Gruppe aus.

Beim Gruppenarbeitsverhältnis berechtigt ein Auflösungsgrund, der auch nur in der Person eines Partners vorliegt, den Arbeitgeber grundsätzlich zur Auflösung des Gruppenarbeitsverhältnisses mit allen Arbeitnehmern der Gruppe. Beim klassischen Gruppenarbeitsverhältnis kann der Arbeitgeber grundsätzlich nur die gesamte Gruppe, nicht aber einzelne Gruppenmitglieder kündigen. Gleichermaßen führt der Austritt eines Job-Pairing-Partners mangels anderer Regelung zum Ende der gesamten Job-Pairing-Vereinbarung. Durch eine Einzelvereinbarung können (und sollten) abweichende Regelungen getroffen werden.

In der betrieblichen Praxis wird es sich bei dem Job Pairing jedoch weniger um einen Dienstverschaffungsvertrag als vielmehr um mehrere (Teilzeit-)Vereinbarungen zwischen den jeweiligen Partnern und dem Arbeitgeber und Sondervereinbarungen zwischen den einzelnen Partnern handeln. Aufgrund der gemeinsamen Verantwortung und Pflicht zur Leistungserbringung ist Job Pairing rechtlich komplexer als das klassische Job Sharing, bietet jedoch viel Flexibilität für beide Seiten und kann bei korrekter Gestaltung der Vereinbarungen ein attraktives Modell sein.

V. Führung in Teilzeit

Im Zentrum steht hier die Frage: Kann eine Führungsposition in Teilzeit überhaupt ausgeübt werden? Besonders angesichts des Umstands, dass Führungskräfte häufig Mehr- und Überstundenleistungen erbringen (müssen), wird diese Frage oft mit „Nein" beantwortet. Immer mehr Unternehmen, die Führung in Teilzeit anbieten, signalisieren hingegen ein klares „Ja".

Führung in Teilzeit ist eine der Antworten, die Unternehmen geben können, um die Chancen für Menschen mit Betreuungspflichten zu erhöhen.

Nach einer Studie des Wirtschaftsforums der Führungskräfte (WdF) aus dem Jahr 2010 wünschen sich in der zweiten Ebene knapp 25 % der Führungskräfte mehr Flexibilität, ebenso viele wünschen sich weniger Arbeitsbelastung. Mehr als drei Viertel der Befragten sehen in Teilzeitvereinbarungen für Führungskräfte Vorteile für das Familienleben und die Lebensqualität. Trotzdem gaben genauso viele der Führungskräfte an, dass solche Modelle eine „Karrierebremse" darstellen würden.

Ob Führung in Teilzeit Chancengerechtigkeit und Vereinbarkeit ermöglicht oder Karrierebremse ist, ist eine unternehmenskulturelle Frage und kann nur über den (positiven) Zugang des Unternehmens zum Thema beantwortet werden.

Good Practice:

Teilzeitbeschäftigung stellt in der **Bausparkasse der Österreichischen Sparkassen AG** kein Hindernis für die Übernahme gewisser Führungsfunktionen oder Beförderungen dar. Eine weibliche Führungskraft etwa führt ihr Team schon seit der Übernahme ihrer Funktion in Teilzeit. Mobiles Arbeiten fördert zusätzlich die Flexibilität der Arbeitszeitmodelle.

A. Organisatorischer Rahmen

Insbesondere folgende Überlegungen sollten angestellt werden:

- Welche Aufgaben sind die jeweils essenziellen „Führungsaufgaben" und was ist operatives Tagesgeschäft? Wie kann die Teilzeit-Führungskraft im operativen Geschäft entlastet werden (Stichwort: Führungskraft als höchster Experte)?
- Wie werden Erreichbarkeiten und Meetingkultur gestaltet? (Wann und wofür muss eine Führungskraft laufend erreichbar sein? Wie werden Meetings im Wissen geplant, dass nicht immer alle Führungskräfte verfügbar sind?)
- Wie wird in der Zeit, in der die Führungskraft nicht am Arbeitsplatz ist, verfahren? (Über Stellvertretungen, Tandemmodelle oder eben bewusst nichts von alledem?)
- Bei welchen Entscheidungen ist das Beisein der Führungskraft essenziell? (Was muss von der Teilzeitführungskraft entschieden werden?)
- Wie wird innerhalb und außerhalb des Teams kommuniziert? (Das betrifft sowohl die laufende Kommunikation als auch die Kommunikation der An- und Abwesenheit z.B. gegenüber Kunden?)
- Kann im Rahmen des eingesparten Einkommens der Führungskraft eine Assistenzkraft angestellt werden („Kadermodell")?
- Können die Zeiträume der Abwesenheit der Führungskraft produktiv genutzt werden, etwa zur Entwicklung von Nachwuchsführungskräften?

Führung in Teilzeit kann eine wertvolle Möglichkeit darstellen, Nachwuchsführungskräfte zu fördern. Denn in der Zeit der Abwesenheit haben diese ein „Versuchsfeld", sich als „interimistische Führungskraft" zu profilieren. Natürlich müssen dabei die relevanten Entscheidungen abgesprochen sein, laufende operative Führungsentscheidungen können auch von „Führungskräften in Ausbildung" getroffen werden.

Eine Herangehensweise kann etwa so aussehen:

vereinbarte wöchentliche NAZ der Führungskraft	Führungsposition möglich?
Mehr als 32 Wochenstunden (etwa verteilt auf 4 Tage)	Alleinige Führung, Behandlung wie Vollzeitführungskraft
20 bis 31 Wochenstunden	Führung im Tandem: Die Führungskraft bildet ein Team mit einer Nachwuchsführungskraft. Diese leitet operativ in der Zeit, in der die Teilzeitführungskraft abwesend ist. Relevante Entscheidungen und Prozesse (z.B. Mitarbeitergespräch, Bonifikation etc.) können nur von der „Haupt-Führungskraft" getroffen werden, laufende Entscheidungen (z.B. Dienstplaneinteilungen) auch vom Tandempartner. Parallel dazu gibt es laufende, strukturierte Entwicklungsgespräche für die Nachwuchsführungskraft.
Unter 20 Stunden	Wird keine Führungsposition angeboten

Neben der Option der in der Tabelle beschriebenen Führung im Tandem bietet sich auch das sogenannte Top Sharing an:

B. Top Sharing

Als Top Sharing wird nach herrschendem Verständnis Job Sharing in Führungspositionen mit einem klar definierten Anteil gemeinsam getragener Verantwortung verstanden. Dieses partnerschaftliche Führungsmodell geht u.a. zurück auf die Schweizer Organisationsberaterin Julia K. Kuark, die diesen Begriff bereits 1998 prägte.

Beim Top Sharing teilen sich zwei oder mehrere Teilzeit-Führungskräfte die Führungsverantwortung bzw. Teile davon. Je nachdem, wie viel der Führungsverantwortung gemeinsam getragen wird, kommt das Modell eher dem Job Pairing (volle Verantwortungsteilung auf die Partner) oder dem Job Splitting (Aufteilung auf klare Bereiche) näher.

Eckpfeiler des Modells sind der Arbeitsinhalt, die Arbeitsorganisation sowie die gemeinsame Verantwortung. Wesentlich sind die Aufteilung der Inhalte nach Interessen und Kompetenzen der Top-Sharing-Partner, die zeitliche und räumliche Aufteilung und Kommunikationsregeln. Damit dies gut funktioniert, bedarf es einer gemeinsamen Verantwortung, die für die Stabilität des Konstrukts Top Sharing entscheidend ist.

Zusätzlich zu den bereits beim Job Sharing behandelten Aspekten ist v.a. auch eine klare Abstimmung unter den Top-Sharing-Partnern, aber auch mit den von ihnen geführten Arbeitnehmern, wesentlich. Wichtig sind zudem eine prozesshafte Einführung und das Einholen von Feedback aus der Organisation, sodass das Top-Sharing-Team auch Chancen bekommt, zu lernen, wo es mehr Klarheit oder kürzerer Wege bedarf.

1. Vor- und Nachteile

Zusätzlich zu den bei Job Sharing erwähnten Vor- und Nachteilen lassen sich beim Top Sharing folgende feststellen:

Vorteile	Nachteile
Erhöhung der Chancen für Führungskräfte mit Betreuungsverpflichtungen Top Sharing schafft Chancen für Arbeitnehmer, die aufgrund einer z.B. familiären Verpflichtung ansonsten eine solche Position nicht ausüben könnten oder wollten.	**Höherer Abstimmungsaufwand** Entsteht sowohl im Führungsteam untereinander (laufend und z.B. auch bei der Urlaubsplanung) als auch mit den Arbeitnehmern (Wann ist wer da? Wen kann ich was fragen? Wie wird nach außen gegenüber Kunden und Kollegen kommuniziert?). Es bedarf also einer guten Sensibilisierung der gesamten Organisation.
Bessere Vertretungsmöglichkeiten Top Sharing erhöht die Flexibilität: Wenn z.B. ein Partner ausfällt, kann dieser vom anderen vertreten werden. Entscheidungen werden so nicht verschoben.	**Risiko der Unzufriedenheit bei Einstellungsunterschieden** Sowohl innerhalb des Teams als auch bei den Arbeitnehmern besteht das Risiko steigender Unzufriedenheit, die sich meist bei verzögerten Entscheidungen oder Uneinigkeit unter den Partnern zeigt.
Zusätzliches Reservepotenzial bei Spitzenzeiten In Zeiten besonders hohen Arbeitsvolumens besteht die Möglichkeit, beide Partner einzusetzen und so Spitzenauslastungen zu überwinden.	**Gefahr des Abschiebens unangenehmer Entscheidungen** Das Modell birgt das Risiko, unangenehme Entscheidungen dem anderen Partner zuzuschanzen. Dies lässt sich mit einer klaren Regelung aber eindämmen.
Nutzung auch für gleitende Ausstiege oder Aufbau neuer Führungskräfte Auch der Einsatz eines solchen Modells in Übergangsphasen, z.B. mit einer älteren, ausscheidenden Führungskraft und einer ihr nachfolgenden, ist möglich und sinnvoll.	**Potenzial für Konflikte unter den Führungskräften** Dort, wo Einzelkämpfer in einem solchen Modell aufeinander treffen, sind Konflikte vorprogrammiert. Es bedarf also auch der Fähigkeit der Partner, gemeinschaftlich zu agieren.

Förderung der sozialen Kompetenz der Führungskräfte	
Führungskräfte leiden oft darunter, zu wenig Anschluss zu haben und zu wenig Feedback zu erhalten. Top Sharing bietet die Möglichkeit, soziale Kompetenz durch Zusammenarbeit und gemeinsame Entscheidungen zu stärken sowie einen Austausch auf Augenhöhe zu ermöglichen.	

2. Organisatorischer Rahmen

Um Top Sharing möglichst effektiv nutzen zu können, sollten unter dem Aspekt der Führungsrolle klare Vereinbarungen insbesondere zu folgenden Bereichen getroffen werden:

- Entscheidungsbefugnisse: Wer trifft welche Führungsentscheidungen alleine und was kann nur gemeinsam entschieden werden (z.B. Entscheidungen zum Gehalt von Arbeitnehmern)?
- Problembewältigung: Wie wird mit Konflikten bzw. mit Situationen, in denen unterschiedliche Auffassungen über mögliche Entscheidungen herrschen, umgegangen?
- Vertretung: Wie wird die Abwesenheit eines Top-Sharing-Partners geregelt? Wer vertritt ihn?
- Kommunikation untereinander und im Team: Wann können Absprachen stattfinden und was muss regelmäßig abgesprochen werden?

C. Rechtlicher Rahmen

Top Sharing und Führung in Teilzeit sind Formen der Teilzeit. Es sind daher die diesbezüglich geltenden Regelungen einzuhalten (S. 56 f). Ausnahmen kann es geben, sofern die Top-Sharing-Partner bzw. die Führungskräfte leitende Angestellte im Sinne des AZG sind (S. 28 f). In diesem Fall wären die strikten Grenzen betreffend Mehrarbeit und Überstunden für Teilzeitkräfte (S. 57) nicht zwingend einzuhalten. Der anwendbare KV kann anderes regeln.

Good Practice:

Kind & Karriere sind bei **IKEA Austria GmbH** kein Widerspruch: IKEA unterstützt Frauen, die nach der Karenz wieder ins Berufsleben zurückkehren – auch im Top Management. Beispielsweise teilen sich in einem IKEA Einrichtungshaus zwei Store Managerinnen die Geschäftsführung. Sie wollen damit auch auf höchster Ebene vorleben, was im Unternehmen schon in anderen Positionen gelebt wird: dass man Top-Jobs auch in Teilzeit und in geteilten Jobs perfekt machen kann.

Good Practice:

Die dem Kundenbedürfnis geschuldeten langen Öffnungszeiten in den Filialen sind auch bei der **BILLA AG** eine große Herausforderung für alle Mitarbeiter – v.a. für jene mit Betreuungspflichten. Dies führte u.a. zur Evaluierung von Job Sharing und Teilzeitmodellen – besonders auch für Führungskräfte (Top Sharing) – sowie verschiedener Auszeitmodelle für familiäre Sondersituationen. Knapp 60% der Mitarbeiter arbeiten in Teilzeit. Die individuelle Arbeitszeiteinteilung erfolgt in Absprache mit der Führungskraft, die bei familiären Herausforderungen spontan reagieren kann und soll. Hier werden die Führungskräfte, für die auch eine eigene Infobroschüre zu diesen Themen gestaltet wurde, laufend sensibilisiert. Im Rahmen eines besonderen Projekts entwickelten die Marktmanager bei der BILLA AG ihr neues Teilzeit-Arbeitszeitenmodell selbst mit. Zusätzlich zur persönlichen Entlastung bietet dieses Modell eine Aufwertung des Jobimages und eine erhöhte Attraktivität des Marktmanager-Postens für qualifizierte Nachwuchsführungskräfte. In der Zentrale wurden Anfang 2013 für mehr individuelle Gestaltungsmöglichkeiten neue Arbeitszeitmodelle eingeführt: Gleitzeit und Vertrauensarbeitszeit mit der Möglichkeit von Home Office.

VI. Elternteilzeit

Zu den Teilzeitmodellen gehört auch die Elternteilzeit. Thematisch wird dieses Teilzeitmodell im Kapitel „Elternschaft – Karenz, Wiedereinstieg und Elternteilzeit" behandelt (S. 193 ff).

Arbeitsorganisation und Zusammenarbeit

Die Umsetzung familienfreundlicher Maßnahmen stellt Unternehmen häufig vor organisatorische Herausforderungen. Im Zentrum steht dabei die Frage: Wie müssen wir uns als Unternehmen organisieren, um Familienfreundlichkeit leben zu können?

Das Thema Arbeitsorganisation ist somit, neben kulturellen und rechtlichen Aspekten, ein weiterer Schlüsselfaktor für die erfolgreiche Umsetzung von Familienfreundlichkeit im Betrieb.

Arbeitsorganisatorische Aspekte betreffen v.a.:

- Arbeitsinhalt
- Arbeitsabläufe
- Arbeitsunterbrechungen (Urlaube, Pausen, Auszeiten ...)
- Zusammenarbeit

Je nach Branche, Größe und Organisation sehen Herausforderungen und Lösungen anders aus. In einigen Unternehmen herrschen Rahmenbedingungen, die die Umsetzung von familienfreundlichen Angeboten erschweren können. Dazu zählen beispielsweise Öffnungszeiten, 24-Stunden-Schichtbetrieb oder hochspezialisierte Tätigkeiten, die die Anwesenheit eines bestimmten Arbeitnehmers zu fixen, möglicherweise gerade nicht familienfreundlichen Zeiten notwendig machen.

Die Handlungsfelder „Arbeitszeit" und „Arbeitsorganisation" sind eng miteinander verknüpft. Ein gutes Arbeitszeitmanagement geht Hand in Hand mit einer funktionierenden Arbeitsorganisation.

Im Folgenden werden einzelne organisatorische Maßnahmen vorgestellt, die sich für eine familienfreundliche Personalpolitik als fördernd erwiesen haben.

I. Meetingkultur und Meeting Policy

Die familienfreundliche Gestaltung von Arbeitszeit hängt nicht alleine an den Möglichkeiten der Arbeitnehmer zur Selbststeuerung ihrer Arbeitszeit, sondern auch an den Rahmenbedingungen der Zusammenarbeit im Unternehmen bzw. im Team.

Im Zusammenhang mit der Work-Life-Balance stellt sich u.a. die Frage, zu welchen Zeiten Meetings in einem Unternehmen bzw. Team stattfinden. Die Frage ist umso brisanter, je mehr Teilzeitkräfte beschäftigt sind, da dann die Koordination von Besprechungen und Terminen organisatorisch noch herausfordernder wird.

Problematisch sind beispielsweise Meetings an Tagesrandzeiten – also zeitig in der Früh oder später am Nachmittag/Abend bzw. außerhalb der normalen Arbeitszeiten der Teilzeitkräfte. Familienfreundliche Arbeitgeber sind sich dieses Umstandes bewusst und definieren klare Regeln, wann Meetings angesetzt werden sollen. Solche Regeln können in einer Meeting Policy festgelegt werden. Eine solche bietet den Vorteil, dass sie Klarheit für alle Beteiligten – Führungskräfte, Arbeitnehmer und Team – schafft und zu einer höheren Verlässlichkeit beiträgt.

A. Organisatorischer Rahmen

Eine Meeting Policy kann beispielsweise festhalten, dass Zusammenkünfte, an denen die Anwesenheit aller Mitarbeiter eines Teams oder Bereiches erwünscht ist, nur zwischen 9 Uhr und 16 Uhr angesetzt werden sollen. Weiters sollte vorgesehen sein, dass die Dauer und Agenda des jeweiligen Meetings im Vorfeld festzulegen, zu kommunizieren und einzuhalten ist.

Wesentliche Voraussetzung dafür, dass eine solche Regelung im Unternehmen zur spürbaren Kultur wird, ist die Einhaltung durch die Führungskräfte v.a. der obersten Ebenen. Etabliert sich in Unternehmen eine „Abrufkultur", die es zulässt, dass Arbeitnehmer und Führungskräfte zu jeder Tageszeit zur Verfügung stehen müssen, hilft auch die perfekt formulierte Meeting Policy nicht viel. Wichtig ist eine praxisnahe und klar kommunizierte Meeting Policy, die dann auch von allen gelebt wird.

B. Rechtlicher Rahmen

Der Arbeitgeber kann einseitig im Rahmen seines Weisungsrechts eine Meeting Policy erlassen. Eine solche Policy sollte auch einen Änderungs- und Widerrufsvorbehalt beinhalten. Der Arbeitgeber sollte sich auch entscheiden, ob die Nichteinhaltung einer Meeting Policy tatsächlich sanktioniert wird oder es sich mehr um Vorschläge des Arbeitgebers an seine Arbeitnehmer als um eine Weisung handelt. Damit eine solche Policy verbindlich ist, muss sie allen Arbeitnehmern zur Kenntnis gelangen und von diesen akzeptiert werden. Sind auch Sanktionen für den Fall eines Verstoßes enthalten, hat der Betriebsrat ein Mitspracherecht.

Praxistipp:

Muster
siehe Musterteil

Es muss sichergestellt werden, dass die Meeting Policy von allen Arbeitnehmern zur Kenntnis genommen und auch akzeptiert wird. Rechtlich kann die Akzeptanz durch einen Verweis auf die Policy im Arbeitsvertrag oder durch Bestätigung der Übernahme und Akzeptanz in Form eines Zusatzes zum Arbeitsvertrag erfolgen. Werden Änderungen vorgenommen, sind diese den Arbeitnehmern jeweils ebenfalls nachweislich zur Kenntnis zu bringen.

Good Practice:

Das Ziel von **IKEA Austria GmbH** als Arbeitgeber ist es, ein „Great Place to Work" zu sein und sowohl bei den Mitarbeitern als auch am Markt als ehrlicher, vertrauensvoller, moderner und inklusiver Arbeitgeber mit guten Arbeitsbedingungen wahrgenommen zu werden. Daher wird auch die Vereinbarkeit von Beruf und Familie u.a. durch eine familienbewusste Meetingkultur gefördert. Die Festlegung von Meetings wird in Abstimmung mit den Teilnehmern und unter Berücksichtigung der jeweiligen zeitlichen Bedürfnisse vorgenommen. Wenn Kollegen beispielsweise Mo.-Do. von 9:00 bis 15:00 Uhr arbeiten, finden Meetings nur in dieser Zeit statt. Sollte es einmal nicht anders möglich sein, ist es selbstverständlich, dass der/die Betroffene das Meeting früher verlässt und anschließend alle wesentlichen Informationen nachgeliefert bekommt.

II. Regelungen für Arbeitsbereitschaft und E-Mail-Nutzung außerhalb der Arbeitszeit

Die technischen Möglichkeiten, mittels mobiler Endgeräte praktisch überall und ständig verfügbar zu sein, bringen viele Vorteile und Erleichterungen im Arbeitsleben. Sie bergen allerdings auch die Gefahr, dass sich eine „Always-Online-Mentalität", also eine „Rundumverfügbarkeit", etabliert. Dabei muss es gar nicht sein, dass ständige Erreichbarkeit vom Arbeitgeber ausdrücklich verlangt wird.

Einerseits soll Flexibilisierung zu einer besseren Vereinbarkeit beitragen, andererseits sind Arbeitgeber verpflichtet, Überbelastungen zu verhindern. Die besondere Herausforderung liegt darin, zwischen dem Wunsch nach freier Einteilung bzw. dem Grad der persönlichen Motivation und den möglichen negativen Auswirkungen zu großer Flexibilisierung gepaart mit Rundumverfügbarkeit mit Augenmaß abzuwägen. Nicht alle Arbeitnehmer können mit der ihnen gewährten Flexibilität und den technischen Möglichkeiten umgehen. Bei wieder anderen führt zu viel Flexibilität gerade nicht zu einer guten Vereinbarkeit, weil sie – tatsächlich und bildlich gesprochen – nicht „abschalten" können.

Eine Möglichkeit für Unternehmen, einer solchen Entwicklung entgegen zu steuern, besteht darin, interne Regelungen bzw. Anweisungen zu formulieren und zu kommunizieren, die klarstellen, dass ein Arbeiten oder Verfügbarsein außerhalb definierter regulärer Arbeitszeiten oder beispielsweise am Wochenende nicht erwünscht ist.

A. Organisatorischer Rahmen

Wesentliche Voraussetzung für die Vermeidung oder Reduktion einer Rundumverfügbarkeit ist, dass Führungskräfte mit gutem Beispiel vorangehen. Zusätzlich braucht es klar festgelegte und gelebte Vorgaben.

Eine Arbeitszeit-Policy zu diesem Thema regelt beispielsweise:

- dass außerhalb der NAZ (v.a. an Wochenenden und Feiertagen) ein (mobiles) Arbeiten nicht erwünscht ist,
- wie mit der Erreichbarkeit außerhalb der NAZ umzugehen ist und
- welche Situationen Ausnahmen rechtfertigen.

Eine Maßnahme gegen eine ständige Verfügbarkeit der Arbeitnehmer ist das faktische, also technische Unterbinden eines Bearbeitens oder Lesens von Nachrichten, wie etwa durch ein Abstellen der Weiterleitung von E-Mails oder durch Zugriffssperren außerhalb der NAZ. Eine noch deutlichere Botschaft wäre, dass Arbeitsleistungen, die außerhalb der festgelegten Arbeitszeit-Policy erbracht werden, nicht vergütet werden. Ob solch drastische Maßnahmen rechtlich auch so durchgesetzt werden können, ist eine andere Frage. Sie sind jedoch jedenfalls ein deutliches Warnsignal und können zur Einleitung eines Kulturwandels und zum Schutz vor Überlastung beitragen.

B. Rechtlicher Rahmen

Regelungen für die Nutzung bzw. Nichtnutzung von Arbeitsmitteln außerhalb der Arbeitszeit sind aus dem Blickwinkel der Fürsorgepflicht des Arbeitgebers sinnvoll. Durch die technischen Gegebenheiten und die Kommunikationsmöglichkeiten hat auch der Begriff der Rufbereitschaft eine neue Dimension erlangt.

Speziell bei flexiblen Arbeitszeitmodellen und All-In-Lösungen können daher Regelungen betreffend die Verfügbarkeit und/oder Arbeitsleistungen außerhalb definierter Zeiten eine effektive Maßnahme sein. Arbeitszeit-Policies können abgesehen vom Vereinbarkeitsgedanken Arbeitgebern auch helfen, das Überschreiten der Arbeitszeitgrenzen (S. 29 f) und somit Verwaltungsstrafen und Überstundenentgeltforderungen zu vermeiden bzw. zu verringern.

Voraussetzung dafür ist aber, dass die Regeln klar formuliert und kommuniziert sind und die Einhaltung auch kontrolliert wird. Soll eine Nutzung bzw. ein Arbeiten außerhalb der Arbeitszeit sanktioniert werden, ist dies rechtlich genau zu prüfen und unter Umständen der Betriebsrat miteinzubeziehen.

Nimmt der Arbeitgeber im Wissen, dass die Regelungen zur Nichtnutzung von Arbeitsmitteln oder Rufbereitschaft außerhalb der Arbeitszeit nicht eingehalten werden, die Arbeitsleistung aber faktisch entgegen, schützt ihn eine Policy (alleine) nicht vor Strafen wegen Überschreitens der Arbeitszeitgrenzen oder vor Nachforderungen der Arbeitnehmer.

Good Practice:

Bei der **Oesterreichischen Kontrollbank AG** gibt es eine durch Betriebsvereinbarung geregelte Bereitschaftsdienstordnung. Sie betrifft v.a. Mitarbeiter im Facility Management und in Informatik-Bereichen. Das Arbeiten am Wochenende und in der Nacht ist grundsätzlich untersagt, es sei denn, es müssen unverschiebbare Leistungen erbracht werden, die bei laufendem Betrieb tagsüber nicht möglich sind (teilweise in

Abteilungen der Informatik) oder die zur Gewährleistung der Sicherheit des Gebäudes erforderlich sind (Überprüfung von Fehlalarmen, Notstromaggregaten etc.). Falls diese Leistungen nicht verschiebbar waren, werden für die geleisteten Stunden Überstunden/Zuschläge ausbezahlt bzw. Ersatzruhezeiten veranlasst.

III. Familienfreundliche Urlaubsplanung

Neben der familienfreundlichen Dienstplanung (S. 50 ff) kann Familienfreundlichkeit auch in der Urlaubsplanung ein möglicher Aspekt sein, um eine bessere Vereinbarkeit zu erreichen. Familienfreundliche Urlaubsplanung betrifft die Frage, ob und welche Arbeitnehmer (speziell in Ferienzeiten oder an schulfreien Tagen) bevorzugt Urlaub nehmen können.

Die Bevorzugung einzelner Arbeitnehmer oder Arbeitnehmergruppen – beispielsweise von Arbeitnehmern mit Kindern – kann nicht uneingeschränkt empfohlen werden. Denn dieses Vorgehen birgt auch Konfliktpotenzial: Es gibt auch Arbeitnehmer(gruppen), die aus anderen legitimen Gründen den Anspruch erheben, zur selben Zeit Urlaub konsumieren oder zuerst fixieren zu können.

A. Vor- und Nachteile

Es gilt im Unternehmen bzw. im Team die Vor- und Nachteile genau abzuwägen. Einige sind:

Vorteile	Nachteile
Unterstützung von Eltern Eltern haben oft Schwierigkeiten damit, Ferienzeiten zu überbrücken. Die Möglichkeit, hier bevorzugt Urlaub nehmen zu können, kann eine Unterstützung sein.	**Konfliktpotenzial** Auch andere Arbeitnehmergruppen möchten möglicherweise in Ferienzeiten Urlaub nehmen, um Interessen nachzugehen. Eine Bevorzugung von Eltern kann zu Konflikten im Team führen.
Transparentes Vorgehen Eine bevorzugte Urlaubsvergabe regelt das Verfahren klar und schafft damit Orientierung für alle Beteiligten.	**Attraktivitätsverlust** Was auf der einen Seite als deutliches Signal für Familienfreundlichkeit gilt, kann auf der anderen Seite das Gegenteil bewirken. Arbeitnehmer ohne Kinder, aber mit anderen privaten Interessen, fühlen sich möglicherweise benachteiligt.
Klares Zeichen für Familienfreundlichkeit Die bevorzugte Urlaubsvergabe an Eltern ist ein Zeichen, dass es das Unternehmen mit der Familienfreundlichkeit ernst meint.	

B. Organisatorischer Rahmen

Eine gute Sensibilität für die Bedürfnisse unterschiedlicher Arbeitnehmergruppen ist besonders wichtig. Um möglichen Konflikten entgegenzutreten und eine faire Verteilung zu erreichen, bietet sich etwa an:

- Urlaubsvergabe im Rad (S. 50 f), wobei jeweils eine Gruppe Vorrang vor den anderen hat und sich die Vorrangregeln im folgenden Jahr drehen, sodass auch die anderen Gruppen vorgereiht werden;
- Bedarfskalender (S. 50), in den Urlaubswünsche eingetragen werden und eine Regelung für Fälle von Überschneidungen;
- Angebot einer Kinderbetreuung in Ferienzeiten (S. 187 ff).

C. Rechtlicher Rahmen

Die Bevorzugung von Arbeitnehmern mit Betreuungspflichten (z.B. für Kinder) bei der Urlaubsverbgabe ist – soweit sie nicht willkürlich und unsachlich erfolgt – grundsätzlich zulässig. Umstände wie Ferienzeiten der Kinder, die Erwerbstätigkeit des Partners sowie Betreuungspflichten für Eltern können legitime Gründe sein, auf die im Rahmen der Urlaubsvergabe Rücksicht genommen wird.

Regelungen zu einer familienfreundlichen Urlaubsplanung können durch eine Policy oder eine BV getroffen werden. In einer solchen Policy oder BV können Richtlinien für die Vereinbarung von Urlauben, Vertretungen sowie das Verfahren für die Urlaubsvereinbarung samt Vorrechten für Arbeitnehmer mit familiären Betreuungsaufgaben festgelegt werden.

Im Sinne der Vereinbarkeit von Beruf und Familie könnte auch angeboten werden, dass nicht nur die eigene, sondern auch eine (länger als drei Tage dauernde) Erkrankung von Kindern oder anderen Angehörigen bei entsprechendem Nachweis zu einer teilweisen oder gänzlichen Urlaubsunterbrechung führt, ohne dass Pflegefreistellung konsumiert werden muss. Die Rahmenbedingungen und Änderungs- bzw. Widerrufsmöglichkeiten sind dann transparent zu regeln.

Sowohl bei der bevorzugten Urlaubsvergabe als auch bei Sonderregelungen zur Urlaubsunterbrechung muss aber gleichzeitig darauf geachtet werden, dass nicht andere Arbeitnehmergruppen, die in der Minderheit sind, dadurch in unzulässiger Weise diskriminiert werden. Maßnahmen der positiven Diskriminierung von Arbeitnehmern mit Betreuungspflichten sind daher nicht unumstritten.

IV. Überprüfen der Arbeitsinhalte und -abläufe auf Familienfreundlichkeit

Bestimmte Aufgaben und Tätigkeiten erweisen sich per se als wenig „familienfreundlich", etwa wenn hohe zeitliche oder örtliche Flexibilität verlangt wird und sich die Rahmenbedingungen schlecht mit Betreuungspflichten vereinbaren lassen.

Oft wird argumentiert, der Job bringe das eben mit sich und man könne nichts dagegen tun. Dabei handelt es sich bei genauerem Hinsehen nur um eine Scheinbegründung, die häufig als Ausrede verwendet wird. Durch familienfreundliche Gestaltung von Arbeitsinhalten und -abläufen kann jedoch die Arbeitgeberattraktivität ohne großen finanziellen Mehraufwand gesteigert werden.

Als Vorbereitung für eine Anpassung der Arbeitsinhalte mit Blick auf Familienfreundlichkeit sollten folgende Fragen geklärt werden:

- Welche Faktoren benachteiligen Menschen mit familiären Verpflichtungen?
- Welche Bedürfnisse äußern die Stelleninhaber?
- Wie lässt sich die Tätigkeit oder Position gestalten, um familienfreundlicher zu sein?
- Wo sind unternehmensseitig die Grenzen aufgrund äußerer Faktoren (z.B. Kundenwünsche, Qualitätssicherung)?

A. Organisatorischer Rahmen

Eine Betrachtung der Arbeitsinhalte und -abläufe aus Sicht der Familienfreundlichkeit kann anlassbezogen stattfinden, idealerweise aber erfolgt die Überprüfung und Umgestaltung systematisch, wie z.B. durch:

- **Einrichten eines Qualitätszirkels zum Thema Familienfreundlichkeit**
  Ein Kreis aus Personalverantwortlichen, Führungskräften und Arbeitnehmervertretern kommt in regelmäßigen Abständen zusammen, um Vorschläge für Verbesserungen der Familienfreundlichkeit in den einzelnen Tätigkeiten zu erarbeiten.

- **Familienfreundlichkeit als Fokus bei Veränderungen im Unternehmen**
  Besonders Veränderungen oder Umstrukturierungen im Unternehmen werden selten aus dem Blickwinkel der Vereinbarkeit betrachtet. Familienfreundliche Unternehmen sollten im Sinne eines integrativen Managementansatzes diesen Aspekt bei Veränderungen miteinfließen lassen.

- **Mitsprachemöglichkeiten der betroffenen Arbeitnehmer**
  Wird Arbeitnehmern die Möglichkeit der Mitgestaltung gegeben, ist die Gefahr, am Bedarf vorbei zu agieren, geringer, und es können wertvolle Erkenntnisse über mögliche Verbesserungen gewonnen werden.

B. Rechtlicher Rahmen

Die Teilnahme bei den oben beschriebenen, möglichen Maßnahmen zur Überprüfung von Arbeitsinhalten und -abläufen sollte freiwillig sein. Weiters ist auf die Grenzen von zulässigen Mitarbeiterbefragungen und mögliche Mitbestimmungsrechte des Betriebsrats zu verweisen (S. 129 f). Wo die rechtlichen Grenzen der Zulässigkeit liegen und welche Mitbestimmungsrechte bestehen, ist von Maßnahme zu Maßnahme unterschiedlich und muss im Einzelfall überprüft werden.

V. Sonderurlaube und Freistellungen aus familiären Anlässen

Familiäre Verpflichtungen und Aufgaben gehen oft einher mit dem Bedarf, flexibel und kurzfristig auf unerwartete Situationen und Anforderungen reagieren zu können. Die Möglichkeit von längeren Arbeitsunterbrechungen, Sonderurlauben, Freistellungen zu gewissen Anlässen oder aber auch verlängerte Pausen können Arbeitnehmer entlasten.

Gesetzlich und kollektivvertraglich bestehen bereits Möglichkeiten der Freistellung aus familiären Gründen. Darüber hinaus können auf freiwilliger Basis im Unternehmen zusätzliche Freistellungen und Sonderurlaube gewährt werden.

A. Pflegefreistellung

Das Urlaubsgesetz sieht einen Anspruch auf Pflegefreistellung vor (§ 6 UrlG). Pflegefreistellung bedeutet Freistellung von der Arbeitsleistung zur Pflege eines erkrankten nahen Angehörigen oder zur vorübergehenden Betreuung eines Kindes bei Ausfall der ständigen Betreuungsperson.

Der Anspruch entsteht mit Beginn des Arbeitsverhältnisses (keine Wartezeit). Insgesamt besteht ein Anspruch auf Pflegefreistellung für maximal zwei Wochen jeweils bis zum Höchstausmaß der konkret vereinbarten wöchentlichen NAZ pro Arbeitsjahr (nicht pro Kalenderjahr), wobei jeweils bestimmte Voraussetzungen erfüllt sein müssen. Regelmäßig geleistete Überstunden oder Mehrstunden sind als Durchschnittswerte in die Bemessungsgrundlage miteinzubeziehen. Darüber hinaus gibt es die Möglichkeit eines einseitigen Urlaubsantritts. Im Einzelnen:

- **Freistellungsanspruch Woche 1**: Nachweisliche Verhinderung an der Arbeitsleistung wegen (i) der notwendigen Pflege eines im gemeinsamen Haushalt lebenden erkrankten nahen Angehörigen (S. 25) (Ausnahme: wenn es um die Pflege des eigenen Kindes, Wahl- oder Pflegekindes geht, ist der gemeinsame Haushalt keine Voraussetzung) oder wegen (ii) der notwendigen Betreuung eines Kindes (Wahl- oder Pflegekindes) infolge Ausfalls der Person, die das Kind ständig betreut hat oder wegen (iii) der Begleitung eines erkrankten Kindes (Wahl- oder Pflegekindes) oder eines im gemeinsamen Haushalt lebenden leiblichen Kindes des Partners bei einem stationären Aufenthalt in einer Heil- und Pflegeanstalt, sofern das Kind das zehnte Lebensjahr noch nicht vollendet hat.

- **Freistellungsanspruch Woche 2**: Nach Verbrauch der Woche 1 und wenn kein sonstiger Freistellungsanspruch besteht, bei nachweislicher neuerlicher Verhinderung an der Arbeitsleistung innerhalb eines Arbeitsjahrs wegen der notwendigen Pflege eines im gemeinsamen Haushalt lebenden erkrankten Kindes (Wahl- oder Pflegekindes), welches das zwölfte Lebensjahr noch nicht überschritten hat.

- **Einseitiger Urlaubsantritt**: Sind der Anspruch für Woche 1 und Woche 2 und allfällige sonstige Ansprüche auf Entgeltfortzahlung ausgeschöpft, besteht jedoch weiterhin Pflegebedarf für sein unter zwölf Jahre altes Kind, kann der Arbeitnehmer ohne vorherige Vereinbarung mit dem Arbeitgeber, also quasi eigenmächtig, Urlaub antreten (soweit noch ein offener Urlaubsanspruch besteht). Ein solcher Urlaub kann jedoch nur für den Zeitraum der notwendigen Pflege in Anspruch genommen werden. Die Konsumation eines über diesen Zeitraum hinausgehenden Urlaubs bedarf einer normalen Urlaubsvereinbarung (S. 25 f).

- **Unbezahlte Freistellung**: Ist der Urlaub zur Gänze verbraucht, besteht grundsätzlich die Möglichkeit, unbezahlte Freistellung in Anspruch zu nehmen, solange der Angehörige Pflege oder Betreuung des Arbeitnehmers braucht.

siehe Musterteil

Ob die Pflegefreistellung auf einmal oder in Teilen (bei Bedarf auch stundenweise) konsumiert wird, ist Vereinbarungssache. Eine Schwangerschaft oder Entbindung stellt keine Krankheit im Sinne der Pflegefreistellung dar.

Praxistipp:

Der Arbeitgeber kann (und sollte im Zweifelsfall) den Arbeitnehmer auffordern, Nachweise über die Anspruchsvoraussetzungen zu erbringen. Eine bestimmte Form des Nachweises (z.B. ärztliche Bestätigung oder Fehlen einer möglichen anderweitigen Versorgung) kann nur verlangt werden, wenn dies zumutbar ist und wenn der Arbeitgeber die Kosten hierfür übernimmt.

B. Kurzzeitige Freistellungen vom Dienst aus wichtigem Grund

Sonderurlaube im Zusammenhang mit besonderen Ereignissen wie Geburt eines Kindes, Tod des Partners, eines Kindes oder Elternteiles, Eheschließung/Eintragung einer Partnerschaft oder Wohnortswechsel, sind nicht einzeln und explizit gesetzlich geregelt. Viele KV (sowohl für Arbeiter als auch für Angestellte) sehen Freistellungsansprüche bei bestimmten Anlässen vor.

Für Angestellte gibt es darüber hinaus eine gesetzliche Regelung: § 8 Abs. 3 Angestelltengesetz (AngG) gewährt Angestellten einen Anspruch auf Entgeltfortzahlung, wenn und solange sie durch wichtige, ihre Person betreffende Gründe, ohne ihr Verschulden, während einer verhältnismäßig kurzen Zeit an der Leistung ihrer Dienste verhindert werden. Diese Regel soll allgemeine, unvorhergesehene Umstände erfassen, die die Erbringung der Arbeitsleistung im Einzelfall unzumutbar erscheinen lassen.

Als wichtige Gründe im Sinne dieser Regelung hat die Rechtsprechung etwa anerkannt:

- Arztbesuche oder Vorsorgeuntersuchung
- Pflege eines kranken Ehegatten
- seelischer Beistand bei Unglücksfällen oder Todesfällen in der Familie

- Besuch naher schwer erkrankter Angehöriger im Krankenhaus
- Zeit für eine notwendige Wohnungssuche
- Zeit für eine Übersiedelung
- Teilnahme an der Taufe oder Firmung von Familienmitgliedern
- dringender Transport eines nahen Angehörigen ins Krankenhaus
- Betreuung eines Kindes wegen plötzlicher Schließung von Kindergarten oder Schule, etwa wegen einer Grippewelle und mangelnder anderer Betreuungsmöglichkeiten
- unter Umständen auch seltene Familienfeste im Kreise der nächsten Verwandtschaft, wie Sponsion oder Jubiläen

Ob ein Ereignis einen wichtigen Dienstverhinderungsgrund darstellt, der ein Fernbleiben gegen Entgeltfortzahlung rechtfertigt, hängt von den jeweiligen Umständen des Einzelfalls ab. Es ist v.a. zu prüfen, ob die Erledigung auch außerhalb der Arbeitszeit möglich und zumutbar wäre.

Für Arbeiter gibt es keine vergleichbare gesetzliche Regelung. Freistellungsansprüche gegen Lohnfortzahlung können sich jedoch aus dem anwendbaren KV ergeben. Anders als Angestellte haben daher Arbeiter Anspruch auf Freizeit für eine Dienstverhinderung nur in dem durch KV vorgesehenen Ausmaß und nur für die im KV vorgesehenen Gründe.

C. Kollektivvertragliche Sonderurlaube

Viele KV sehen Regelungen zu Entgeltfortzahlungsansprüchen bei bestimmten Anlässen vor. Ein Blick in den jeweils anwendbaren KV ist in diesem Zusammenhang unerlässlich, da die dort genannten Entgeltfortzahlungsansprüche zwingend sind.

Typische Anlässe, bei denen der KV Freistellungsansprüche im Ausmaß von ein bis drei Tagen vorsieht, sind Eheschließung, Eintragung einer gleichgeschlechtlichen Partnerschaft, Tod eines Ehegatten bzw. Lebensgefährten, Teilnahme an der Beerdigung des Ehegatten (bzw. von Lebensgefährten, Eltern, Schwiegereltern, Kindern, Geschwistern oder Großeltern), Tod der Eltern, Schwiegereltern oder der Kinder, Niederkunft der Ehegattin bzw. Lebensgefährtin, Wohnungswechsel, notwendige ärztliche Behandlung.

Praxistipp:

Der gesetzliche Anspruch auf Pflegefreistellung (S. 79 f) ist von kollektivvertraglichen Sonderurlaubsansprüchen unabhängig.

D. Freiwillig gewährte Freistellungen und Sonderurlaube

Über die Ansprüche nach Gesetz oder KV hinaus können familienfreundliche Unternehmen ihre Arbeitnehmer beispielsweise auch unterstützen durch:

- Gewährung einer Freistellung zu Schulbeginn bzw. am letzten Schultag
- Gewährung eines zusätzlichen Urlaubstags am eigenen Geburtstag oder Geburtstag des Kindes
- Möglichkeit, die Tagesarbeitszeit für eine längere Pause zu unterbrechen, um familiären Verpflichtungen nachzukommen
- zusätzlicher Urlaub, etwa zwischen Weihnachten und Neujahr
- (längerer) unbezahlter Sonderurlaub für die Verwirklichung privater Interessen oder die Erfüllung familiärer Verpflichtungen

1. Organisatorischer Rahmen

Über die gesetzlichen oder kollektivvertraglichen Möglichkeiten hinaus sind Unternehmen frei in der Ausgestaltung von unterstützenden Freistellungen. Um Unklarheiten und damit eventuelle spätere Konflikte zu vermeiden, ist eine schriftliche Regelung und eine Sensibilisierung der Führungskräfte sehr wichtig.

Dabei sollten (z.B. im Rahmen einer Policy) jedenfalls folgende Punkte geklärt werden:

- Ziel der Maßnahme (Wer soll unterstützt werden? Welchen Nutzen hat auch das Unternehmen daraus?)
- Art und Umfang der Freistellungsansprüche (Zu welchen Anlässen? Wie lange? Wie oft?)
- Voraussetzungen der Inanspruchnahme und Kontrolle der Voraussetzungen (Wer kann die Freistellung in Anspruch nehmen? Wie und durch wen wird das Vorliegen der Voraussetzungen kontrolliert? Welche Nachweise werden verlangt?)
- Melde- und Genehmigungsprozess (Wie, wo und wann ist eine solche Freistellung zu beantragen? Wer entscheidet über die Genehmigung?)

2. Rechtlicher Rahmen

Zusätzlich zu Sonderurlauben laut KV und Dienstfreistellungsansprüchen können allgemein verbindliche Freistellungsansprüche und Sonderurlaube auf betrieblicher Basis z.B. durch eine Policy geregelt werden.

Praxistipp:

Sollen Sonderurlaube nur in berücksichtigungswürdigen und außergewöhnlichen Einzelfällen gewährt werden, ohne dass ein Rechtsanspruch begründet wird, muss entsprechend klar und nachweislich darauf hingewiesen werden, dass es sich um eine einmalige Leistung ohne Rechtsanspruch für die Zukunft handelt (S. 155). Es muss also darauf geachtet werden, dass durch vorbehaltsloses, wiederholtes Gewähren von Sonderurlauben keine betriebliche Übung (S. 154) entsteht und die Arbeitnehmer so mit der Zeit keinen Anspruch auf Sonderurlaube außerhalb der gesetzlichen und kollektivvertraglichen Vorgaben erwerben.

Bei der individuellen Gewährung von Sonderurlauben in unterschiedlichem Ausmaß oder dem Ausschluss bestimmter Arbeitnehmergruppen von freiwillig gewährten Sonderurlauben ist Vorsicht geboten (vgl. Gleichbehandlungsgrundsatz, S. 19 f).

Praxistipp:

Im Zusammenhang mit unbezahlten Freistellungen und Urlauben müssen die sozialversicherungsrechtlichen Konsequenzen im Einzelfall geprüft werden. Im Fall eines unbezahlten Urlaubs von länger als einem Monat muss der Arbeitnehmer grundsätzlich mit Beginn des unbezahlten Urlaubs von der Sozialversicherung abgemeldet werden.

Good Practice:

Der Verein „**Verantwortung und Kompetenz für besondere Kinder und Jugendliche**" (VKKJ) gewährt Mitarbeitern mit Kindern am ersten Schultag einen zusätzlichen Urlaubstag. Außerdem können die Mitarbeiter zwischen Weihnachten und Neujahr Urlaub nehmen, wobei nur die Hälfte der Tage vom Urlaubssaldo abgezogen wird, die zweite Hälfte „schenkt" der Arbeitgeber seinen Mitarbeitern. Damit unterstützt VKKJ die Interessen von Mitarbeitern mit Familie, erhält dadurch aber ebenfalls einen Vorteil, da die Auslastung an diesen Tagen ohnehin keinen vollen Mitarbeitereinsatz rechtfertigt.

VI. Vertretungsregelungen

Die Möglichkeit, kurzfristig auf familiär bedingte Ausnahmesituationen zu reagieren, setzt auch voraus, dass bei Abwesenheit die Vertretung geregelt ist. Es besteht zwar häufig eine formelle Vertretungsregelung „am Papier", diese beschränkt sich aber oft auf die reine Nennung einer Ansprechperson. Auf eine inhaltliche Abstimmung zur Verhinderung von Qualitäts- und Reibungsverlusten in der Aufgabenerledigung wird dabei oft vergessen.

Eine klare, durchdachte Vertretungsregelung ist schon allein zur Risikovorsorge und aus kaufmännischer Vernunft unbedingt anzuraten. Daneben hilft sie auch, Arbeitnehmer vom schlechten Gewissen, dass ihre Arbeit liegen bleibt oder mangelhaft erledigt wird, zu befreien, was wiederum motivationsfördernd wirken kann.

A. Organisatorischer Rahmen

Durchdachte Vertretungsregelungen berücksichtigen eine Vielzahl von Aspekten, unter anderem:

- Wer übernimmt die konkrete Vertretung im Anlassfall? Was passiert, wenn die Vertretung nicht verfügbar ist (Eskalationsmechanismus)?
- Welche Aufgaben und Tätigkeiten sind erfolgs- oder risikokritisch und müssen jedenfalls weitergeführt werden?

- Wie ist die Kommunikation gegenüber internen und externen Partnern und Kunden geregelt?

- Gibt es im Notfall die Möglichkeit einer Kontaktaufnahme mit der abwesenden Person?

- Wie wird der Austausch über Neuerungen, Abläufe und Zusammenhänge zwischen zu Vertretendem und Vertreter sichergestellt?

Darüber hinaus gibt es unabdingbare Grundvoraussetzungen für ein gutes Funktionieren von Vertretungsregelungen, so etwa das Bestehen freier und verfügbarer Kapazitäten (z.B. durch einen Springerpool oder das Vermeiden von dauerhaften Überstundenleistungen), die regelmäßige Überprüfung und Aktualisierung von Vertretungsregelungen sowie deren dauerhafte Implementierung. Zudem ist es bei aller Klarheit einer Regelung wichtig, dass Führungskräfte die einzelnen Vertretungsfälle im Auge haben, um Ungleichverteilungen und Überforderungen zu vermeiden.

B. Rechtlicher Rahmen

Bei der Schaffung und Umsetzung von Vertretungsregelungen müssen Führungskräfte und Arbeitgeber besonders darauf achten, dass die Grenzen der zulässigen Arbeitszeit (S. 29 f) und das Gleichbehandlungsgebot (S. 19 f) eingehalten werden. Vertretungsregelungen dürfen – rechtlich wie praktisch – nicht dazu führen, dass einzelne Arbeitnehmer ständig Überstunden leisten und/oder die Höchstgrenzen der Arbeitszeit überschreiten.

Weiters ist zu beachten, dass die Lage der mit dem jeweiligen Arbeitnehmer vereinbarten NAZ im – zumeist spontan eintretenden – Vertretungsfall nicht ohne Zustimmung geändert werden kann. Eine einseitige Anordnung durch den Arbeitgeber ist grundsätzlich nur unter den engen Voraussetzungen des § 19c AZG möglich (Rechtfertigung aus objektiven, in der Art der Arbeitsleistung gelegenen Gründen, Mitteilung mindestens zwei Wochen im Vorhinein und keine entgegenstehenden berücksichtigungswürdigen Interessen des Arbeitnehmers). Daher ist es wichtig, faire und rechtlich korrekte Vertretungsregelungen festzulegen, die von den Arbeitnehmern mitgetragen und akzeptiert werden.

Mobiles Arbeiten und Arbeitsort

Neben Flexibilisierung der Arbeitszeit (S. 27 ff) und familienfreundlichen Maßnahmen im Bereich Arbeitsorganisation und Zusammenarbeit (S. 72 ff) sind auch der Arbeitsort bzw. die Möglichkeit, an unterschiedlichen Arbeitsorten tätig zu sein, wichtige Faktoren eines familienfreundlichen Personalmanagements. Moderne Technologien vereinfachen eine (zumindest teilweise) Abkehr von der Präsenzkultur und ermöglichen die Erbringung der Arbeitsleistung ohne (ständige) Bindung an einen fixen Arbeitsort.

Besonders im Kontext der Familienfreundlichkeit gibt es viele Möglichkeiten, durch Flexibilisierung beim Arbeitsort eine bessere Vereinbarkeit zu fördern und Arbeitnehmer zu entlasten, wie z.B. durch eine Optimierung des Arbeitswegs. Zudem können dabei auch Kosten gespart bzw. die Effizienz erhöht werden.

I. Telearbeit und mobiles Arbeiten

„Telearbeit", „mobiles Arbeiten" und „Home Office" liegen bei Arbeitnehmern im Trend. Diesen Umstand belegt eine repräsentative Umfrage des Meinungsforschungsinstituts Spectra aus 2009. 68% der befragten Österreicher beurteilten Telearbeit damals als „gute Sache", nur 24% waren gegenteiliger Meinung. Die grundsätzliche Akzeptanz dieser Art von Beschäftigung ist also gegeben, dennoch wird Telearbeit immer noch sehr kontrovers diskutiert.

Österreichs Personalverantwortliche sind skeptisch

Einerseits wird mobiles Arbeiten von Arbeitnehmern gefordert und gewünscht, andererseits sind viele Unternehmen skeptisch, wie nachstehende Studie zeigt:

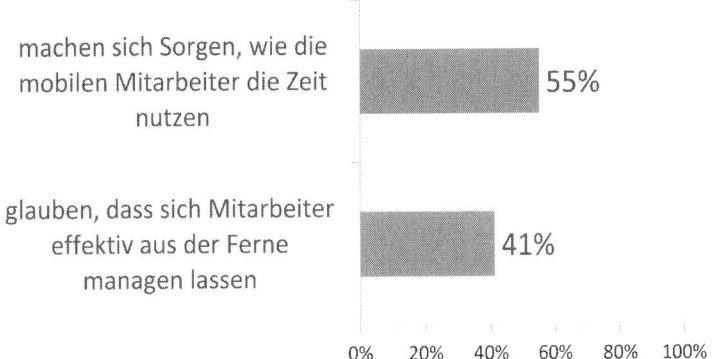

Abb. 16: Führungskräftebefragung des Bürodienstleisters Regus, Österreich Werte, Oktober 2013

Wie diese Studie zeigt, ist Telearbeit v.a. eine Kulturfrage im Unternehmen. Mehr als die Hälfte der befragten Führungskräfte haben Bedenken, wie die Arbeitnehmer die Zeit zu Hause nutzen, ob sie Internet surfen oder doch wirklich arbeiten, und fast sechs von zehn glauben nicht daran, dass sich Arbeitnehmer aus der Ferne führen lassen. Dies zeugt von einem tiefen Misstrauen gegenüber den Arbeitnehmern, das der Einführung von Telearbeit entgegensteht. In derselben Befragung zeigten sich Führungskräfte in anderen Ländern (z.B. einige südamerikanische Länder und Indien) wesentlich optimistischer.

Diese Diskrepanz zwischen einem deutlichen Wunsch in der Arbeitnehmerschaft und großer Skepsis auf Arbeitgeberseite könnte darauf zurückzuführen sein, dass die Vor- und Nachteile, Formen und Rahmenbedingungen von Telearbeit noch nicht ausreichend bekannt und bewusst sind.

A. Arten von Telearbeit – Telearbeit ist nicht gleich Telearbeit

Telearbeit wird als Überbegriff für nach herrschendem Verständnis disloziertes Arbeiten verwendet und kennt verschiedene Ausformungen. Nachstehende Darstellung zeigt einige Ausformungen:

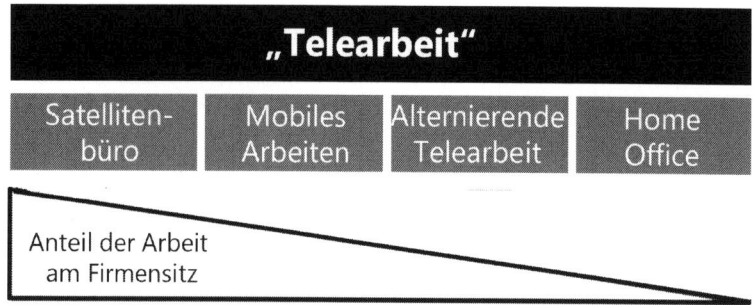

Abb. 17: Die vielen Gesichter der Telearbeit (eigene Darstellung)

1. Satellitenbüro

Satellitenbüros sind typischerweise dezentrale Bürostandorte, die es gewissen oder allen Arbeitnehmern ermöglichen, einen Teil oder auch ihre gesamte Arbeitszeit dort zu verbringen. Bei Versicherungen oder Finanzdienstleistern sind solche Formen häufig anzutreffen. Arbeitnehmer können solche Büros flexibel nutzen. Durch die Wahl eines oder mehrerer solcher Bürostandorte werden auch Wegzeiten verkürzt.

2. Mobiles Arbeiten

Mobiles Arbeiten meint das Arbeiten an wechselnden Orten. Mobiles Arbeiten bedeutet nicht automatisch Arbeiten von zu Hause aus. Typischerweise kommt diese

Form der Telearbeit bei Außendienstmitarbeitern oder Projektleitern vor, die teilweise zu Hause oder unterwegs im Zug, teilweise beim Kunden oder Auftraggeber arbeiten.

3. Alternierende Telearbeit

Alternierende Telearbeit ist die derzeit vorherrschende Form von Telearbeit. Bei dieser Art der Telearbeit wird abwechselnd gearbeitet, und zwar zum Teil am Betriebsstandort und zum Teil zu Hause oder von einem anderen Ort. Die Aufteilung der Arbeitszeit an den einzelnen Standorten kann starr geregelt sein (z.B. Montag und Freitag zu Hause, Dienstag bis Donnerstag am Betriebsstandort) oder aber flexibler, z.B. indem nur ein Mindest- oder Maximalausmaß der Telearbeit pro Woche oder Monat vereinbart wird.

4. Home Office

Das klassische Home Office meint das überwiegende oder vollständige Arbeiten von zu Hause aus. Bei dieser Spielart des mobilen Arbeitens ist das Home Office der einzige oder zumindest ein weiterer Arbeitsort. Diese Form wird typischerweise dort eingesetzt, wo wenig oder keine Präsenz zur Erfüllung der Arbeitsleistung am Betriebsstandort erforderlich ist.

Praxistipp:

Home Office darf nicht mit Heimarbeit nach dem Heimarbeitsgesetz verwechselt werden. Heimarbeiter sind Personen, die über keinen Gewerbeschein verfügen, jedoch in der eigenen Wohnung oder in einer selbst gewählten Arbeitsstätte im Auftrag und für Rechnung eines anderen eine Ware herstellen, bearbeiten, verarbeiten oder verpacken. Typische Heimarbeiten sind Handarbeiten, Einkuvertieren oder Stempeln. Keine Heimarbeit sind Dienstleistungen wie Übersetzungen, Schreibarbeiten, Telefonmarketing oder Programmiertätigkeiten.

Good Practice:

Teleworking ist in **der Bausparkasse der Österreichischen Sparkassen AG** prinzipiell für alle Mitarbeiter möglich, abhängig von der Zustimmung durch die Führungskraft, der Eignung der Mitarbeiter und der Eignung der Aufgabengebiete. Teleworking bietet den Mitarbeitern eine freiere Entfaltung in der Arbeitsgestaltung, eine höhere Flexibilität, mehr Zeitgewinn und dadurch auch eine bessere Vereinbarkeit von Privat- und Berufsleben. Natürlich verlangt Teleworking von den Mitarbeitern auch mehr Eigenverantwortung, ein gutes Selbstmanagement sowie viel Disziplin. Auch das Führungsverhalten passt sich dieser Umstellung an, etwa durch das Umdenken vom zeit- zum ergebnisorientierten Arbeiten oder ein angepasstes Kommunikationsverhalten, durch das der Informationsfluss gewährleistet wird, auch wenn Teams nicht vollständig an einem Ort zusammenkommen.

Good Practice:

Auch bei der **Energie AG** haben Mitarbeiter in Elternteilzeit und solche, die längere Wegstrecken zwischen Wohnsitz und Arbeitsort zurücklegen müssen, im Einvernehmen mit ihren Vorgesetzten die Möglichkeit, ein Home-Office-Modell (alternierende Telearbeit) zu nutzen. Dabei wird ein Teil der Normalarbeitszeit im Büro und ein Teil zu Hause geleistet, wobei maximal 50 % der Normalarbeitszeit und maximal ein Tag in der Woche von zu Hause aus gearbeitet werden können. Eine geeignete Arbeitsplatzausstattung und eine Kinderbetreuung während der Arbeit im „Home Office" sind vom Mitarbeiter zu gewährleisten.

B. Telearbeit aus dem Blickwinkel der Vereinbarkeit

Telearbeit wird im ersten Moment oft als besonders vereinbarkeitsförderlich wahrgenommen. In der Tat bestehen vielfältige Möglichkeiten für einen familienfreundlichen Einsatz von Telearbeit. Hier einige Beispiele:

- **Höheres Stundenausmaß durch Telearbeit bei Teilzeit**

    Möglichkeit, über zusätzliche Telearbeit mehr Stunden arbeiten zu können, beispielsweise durch Erhöhung der NAZ von 20 auf 30 Stunden pro Woche in Form von 20 Stunden am Betriebsstandort und zusätzlichen zehn Stunden durch Telearbeit. So können Arbeitnehmer einerseits flexibel ihren Bedürfnissen nachkommen und andererseits ein höheres Einkommen generieren. Unternehmen ersparen sich unter Umständen Rekrutierungskosten und -aufwand und können Arbeitnehmer länger binden.

- **Telearbeit in besonderen Situationen**

    Temporäre, kurzfristige Telearbeit z.B. bei akuten, vorübergehenden Betreuungsengpässen, um Wegstrecken zu sparen.

- **Telearbeit, um „angebrochene" Tage aufzufüllen**

    Wenn Arbeitnehmer z.B. mit ihren Kindern zum Arzt müssen oder einen Behördenweg mit einem zu pflegenden Angehörigen haben, kann es sinnvoll sein, keine Rückkehr zum Betriebsstandort zu fordern, sondern den restlichen Arbeitstag von zu Hause zu arbeiten.

    (**Hinweis:** Dies kann nicht angewendet werden, wenn Pflegefreistellung [S. 79 f] in Anspruch genommen wird)

Bei Arbeitnehmern mit Betreuungspflichten kann Telearbeit eine gute Sache sein, jedoch muss genau überlegt, besprochen und geregelt werden, wie dies aussehen soll. Dabei darf nicht vergessen werden, dass auch bei Telearbeit für eine Betreuung der Kinder oder des pflegebedürftigen nahen Angehörigen gesorgt sein muss, während der Arbeitnehmer zu Hause arbeitet.

C. Voraussetzungen für eine gelungene Einführung von Telearbeit

Für eine gelungene Umsetzung bedarf es einer genauen Planung und durchdachten Gestaltung der organisatorischen, kulturellen und rechtlichen Rahmenbedingungen. Denn Telearbeit ist mehr als die reine Bereitstellung eines Laptop und Handys und damit keine reine Frage der Technik. Die technische Ebene wird hier bewusst ausgeklammert. Kulturell, organisatorisch und rechtlich gibt es eine Vielzahl an Möglichkeiten und Herausforderungen, die betrachtet werden sollen:

Abb. 18: Telearbeit im Spannungsfeld (eigene Darstellung)

1. Zielsetzung und Business Case

Erste Voraussetzung für die gelungene und systematische Umsetzung von Telearbeit ist es, aktiv an einer Zielsetzung zu arbeiten und eine Wirtschaftlichkeitsrechnung (Business Case) anzustellen. Telearbeit sollte nicht schleichend anhand von Einzelfällen eingeführt werden. Zielsetzungen und Business Case intelligent durchzudenken und zu definieren, ermöglicht ein Steuern in eine klare Richtung, führt zu Synergieeffekten und erspart Diskussionen im Nachhinein. Nachstehend einige Beispiele von Zielsetzungen und dazugehörige Business Cases für die Einführung von Telearbeit:

Zielsetzungen	Business Case
Unterstützung von pendelnden Arbeitnehmern	Reduktion von Reisekosten, Parkplatzkosten etc.
Unterstützung von Arbeitnehmern mit Betreuungsverpflichtungen	Steigerung der Produktivität und Motivation
Unterstützung von Arbeitnehmern im Außendienst	Reduktion des CO_2-Ausstoßes
Größere Flexibilität beim Kunden	Gewinn an time-to-market
Ermöglichung höherer Stundenausmaße für Karenzrückkehrer oder Teilzeitkräfte	Reduktion von Fluktuation und Rekrutierungs-/Personalkosten
Arbeitgeber-Attraktivität	Erreichen von mehr potenziellen Arbeitskräften (z.B. in entlegenen Gebieten)

2. Telearbeitskultur

Telearbeit einzuführen setzt eine Vertrauenskultur voraus. Führungskräfte müssen diese Vertrauenskultur aktiv leben und ihren Arbeitnehmern das nötige Vertrauen entgegenbringen, auch wenn diese nicht am Betriebsstandort anwesend sind. Ein wesentlicher Punkt der Telearbeitskultur ist ein ergebnisorientiertes Führungsverständnis, die dahingehende Sensibilisierung der Führungskräfte und deren Fähigkeit, realistische und klare Erwartungen vorzugeben.

Gleichzeitig funktioniert Telearbeit nur dort, wo Arbeitnehmer verantwortungsvoll mit ihrer Flexibilität und ihren Ressourcen umgehen, in der Lage sind, ergebnisorientiert zu arbeiten und ihre Zeit gesetzeskonform und loyal managen.

3. Organisatorischer Rahmen

Neben den Zielen und der Kultur sind die organisatorischen Rahmenbedingungen eine weitere wesentliche Voraussetzung für die gelungene Einführung von Telearbeitsmodellen. Dabei ist besonders folgendes zu beachten:

- Regeln der Zusammenarbeit zwischen den Arbeitnehmern untereinander und den Führungskräften: Wie wird sichergestellt, dass alle Beteiligten den gleichen Informationsstand haben? Wer ist wofür verantwortlich? Welche inhaltlichen und organisatorischen Berichts- und Meldepflichten bestehen?

- Erreichbarkeiten und Kommunikation nach außen: Wann und wie sind Telearbeitnehmer erreichbar und wann nicht? Wie wird die Abwesenheit vom Betriebsstandort gegenüber Dritten, wie etwa Kunden, kommuniziert?

- Meetingkultur: Gibt es beispielsweise einen fixen „telearbeitsfreien Tag", an dem alle Arbeitnehmer anwesend sein müssen? Welche technischen Möglichkeiten für Meetings ohne physische Anwesenheit können genutzt werden (z.B. Video- oder Telefonkonferenzen)?

- Infrastruktur: Welche Arbeitsmittel stehen zur Verfügung? Welche Räumlichkeiten stehen zur Verfügung?

Good Practice:

Microsoft Österreich hat schon vor Jahren damit begonnen, sich intensiv mit der Zukunft der Arbeit auseinanderzusetzen. Dementsprechend wurde ein komplett neues Arbeitsplatz- und Raumkonzept unter dem Titel „People, Place & Technology" konzipiert und gemeinsam mit den Mitarbeitern am Standort Wien umgesetzt. Durch innovative Microsoft-Technologien haben alle Mitarbeiter die Möglichkeit, mobil und flexibel tätig zu sein und so den Arbeitsrhythmus ihren individuellen Bedürfnisse anzupassen. Parallel zum Umbau wurden Regeln der Zusammenarbeit – sogenannte „Rules of engagement" – definiert: Meetingräume vor Benützung zu buchen und aufgeräumt zu hinterlassen, offizielle Meetings per Videostreaming bzw. im Nachhinein on demand verfügbar zu machen, Besprechungen familienfreundlich und nicht an Randzeiten anzusetzen, „My office is where I am" – mobiles Arbeiten von beliebigen Orten zu ermöglichen oder sich Wissen über verschiedenste Tools (Yammer, Lync, Videokonferenzen etc.) anzueignen. Dies sind nur einige der Regeln, die definiert, aber auch laufend evaluiert werden, um aus Erfahrungen zu lernen und das Konzept der Neuen Welt der Arbeit kontinuierlich weiterzuentwickeln.

D. Rechtlicher Rahmen

Telearbeit ist (derzeit) in Österreich gesetzlich nicht gesondert geregelt. Für Telearbeitnehmer gelten daher grundsätzlich die gleichen gesetzlichen und kollektivvertraglichen Bestimmungen wie für sonstige Arbeitnehmer (insbesondere Arbeitszeitgrenzen, Ruhezeiten etc.).

Manche KV sehen Rahmenbedingungen für Telearbeit vor. Sie betonen typischerweise die Freiwilligkeit der Telearbeit und regeln den Ersatz der Kosten im Zusammenhang mit dem Telearbeitsplatz, wobei meist entweder ein Aufwandersatz gegen Nachweis oder eine Pauschalerstattung vereinbart werden kann.

Praxistipp:

Im Zusammenhang mit der Einführung von Telearbeit muss überprüft werden, ob der anwendbare KV Regelungen vorsieht.

Allgemein beruht Telearbeit auf dem Grundsatz der Freiwilligkeit. Soll der Arbeitnehmer an einem dislozierten Arbeitsplatz beschäftigt werden, ist seine Zustimmung erforderlich. Eine Kündigung darf nicht alleine deswegen ausgesprochen werden, weil sich der Arbeitnehmer weigert, einem Wechsel vom Arbeitsort am Betriebssitz zum Arbeitsort am Wohnort zuzustimmen. Der Arbeitnehmer kann andererseits auch nicht einseitig beschließen, ab sofort von zu Hause aus zu arbeiten.

Telearbeit kann bereits bei Beginn des Arbeitsverhältnisses oder erst später vereinbart werden.

Für Telearbeitnehmer gilt das Diskriminierungsverbot bzw. das Gleichbehandlungsgebot (S. 19 f). So ist Telearbeitnehmern z.B. der gleiche Zugang zu Aus- und Weiterbildungen sowie Aufstiegsmöglichkeiten zu geben.

Auch Fragen zu Datenschutz und -sicherheit müssen geklärt werden. Der Arbeitgeber muss sicherstellen, dass einerseits betriebliche Daten und andererseits die Privatsphäre des Arbeitnehmers geschützt werden.

Der Arbeitgeber ist für den Gesundheitsschutz und die Sicherheit des Telearbeitnehmers verantwortlich.

Der Versicherungsschutz der gesetzlichen Unfallversicherung umfasst grundsätzlich nur Unfälle, die der Versicherte in Ausübung seiner beruflichen Tätigkeit erleidet. Nicht immer ist klar, ob und wann ein Unfall, den ein Telearbeitnehmer zu Hause erleidet, ein Arbeitsunfall ist. Es kommt bei dieser Beurteilung u.a. darauf an, ob sich der Unfall in den Privaträumen des Arbeitnehmers oder im Home Office Bereich ereignet und eine Abgrenzung überhaupt möglich ist. Die Anerkennung eines Unfalles als Arbeitsunfall im Rahmen einer Home-Office-Vereinbarung kann zu Problemen führen. Es ist daher empfehlenswert, eine zusätzliche Versicherung für Telearbeitnehmer abzuschließen.

Im Zusammenhang mit Telearbeit sind auch steuerliche Spezialfragen zu klären. Diese betreffen v.a. die Steuerpflicht für Aufwandersatz des Arbeitgebers an den Arbeitnehmer sowie die Absetzbarkeit im Rahmen von Arbeitnehmerveranlagungen. So stellen etwa pauschale Spesensätze oder die erlaubte Privatnutzung von Betriebsmitteln in der Regel einen steuerpflichtigen Entgeltbestandteil dar und sind sozialversicherungs- und lohnsteuerpflichtig.

1. Telearbeitsvereinbarung

siehe Musterteil

Für alle (hier beschriebenen) Formen der Telearbeit gilt: Die Rahmenbedingungen sollten in einer Vereinbarung schriftlich geregelt werden. Eine Telearbeitsvereinbarung kann in Form einer BV (S. 18), in einer Richtlinie als Bestandteil des Arbeitsvertrags oder in einer Einzelvereinbarung getroffen werden.

Nachstehende Checkliste erhebt keinen Anspruch auf Vollständigkeit. Sie soll durch beispielhafte Fragen Anregungen und Hilfestellung geben, welche Themen für den jeweiligen Betrieb bzw. das Team wichtig sein könnten und daher geregelt werden müssen:

- **Form der Telearbeit sowie Definition** (Welche Formen von mobilem Arbeiten sind möglich? Was versteht das konkrete Unternehmen unter Telearbeit?)
- **Ausmaß und Umfang der Telearbeit** (Wird die Arbeitsleistung nur per Telearbeit verrichtet? Wie viele Tage wird im Home Office/Satellitenbüro gearbeitet? Wo wird sonst gearbeitet? Gibt es zwingende Anwesenheitszeiten in der Be-

triebsstätte? Wo finden Meetings statt? Wann ist bekanntzugeben, wo die Arbeitsleistung erbracht wird? Gibt es Zustimmungspflichten des Vorgesetzten? Vorbehalte, zu welchen Zeiten seitens Arbeitgeber oder Arbeitnehmer eine Änderung des Arbeitsorts möglich ist? Umfang und Modalitäten der Bereitschaft des Telearbeitnehmers, kurzfristig an den betrieblichen Arbeitsort oder einen anderen Ort zu kommen?)

- **Ort des Telearbeitsplatzes** (Wohnung des Arbeitnehmers, Ort des mobilen Büros oder Satellitenbüros? Wahlmöglichkeiten des Arbeitnehmers? Gibt es einen weiteren Arbeitsort neben dem Telearbeitsplatz? Verfahren bei Wechsel des Telearbeitsplatzes? Sind die Räumlichkeiten rechtlich in Ordnung, z.B. sind sie im rechtmäßigen Besitz des Telearbeitnehmers, entsprechen sie den baulichen Vorschriften? Wann hat der Arbeitgeber das Recht, den Telearbeitsplatz zu betreten? Ist der Telearbeitsplatz versichert? Welches Inventar steht zur Verfügung? Wer trägt die Kosten für Strom, Heizung, Wasser etc.?)

- **Arbeitsmittel/Betriebsmittel und Kostentragung** (Wer stellt welche Arbeitsmittel zur Verfügung? Wer trägt die Kosten? Erfolgt ein pauschaler Aufwandsersatz oder eine Abrechnung laut Rechnung? Wer ist für Wartungen und Reparaturen verantwortlich? Wer haftet bei Schäden oder Verlust? Ist die Privatnutzung der Arbeitsmittel erlaubt? Dürfen die Arbeitsmittel auch von Familienmitgliedern genutzt werden? Welche Regeln gelten für Wartung und Nutzung der Arbeitsmittel? Was passiert mit den Arbeitsmitteln bei Beendigung der Telearbeitsvereinbarung/des Dienstverhältnisses? Wer ist für die Internetverbindung zuständig?)

- **Arbeitszeit und Arbeitszeitaufzeichnungen** (Wie ist die NAZ aufgeteilt zwischen Telearbeitsplatz, betrieblichem Arbeitsplatz und Außendiensttätigkeiten? Gibt es gewisse Zeiten, wo jedenfalls/keinesfalls Telearbeit geleistet wird? Wie werden Arbeitspausen geregelt? Gelten Fahrten zwischen Telearbeitsplatz und betrieblichem Arbeitsort bzw. Kunden als Arbeitszeit? Besteht eine Verpflichtung zur Leistung von Mehr- und Überstunden? Besteht freie Zeiteinteilung oder ist die Lage der Telearbeitszeit fix vereinbart? Wer führt Arbeitszeitaufzeichnungen? Wie werden die Einhaltung der Arbeitszeit und die Richtigkeit der Aufzeichnungen kontrolliert? **Hinweis:** Die Letztverantwortung liegt beim Arbeitgeber [S. 31 f])

- **Kontakt zum Betrieb** (Wie wird sichergestellt, dass Telearbeitnehmer nicht benachteiligt sind? Wie erhalten sie Informationen über betriebliche Ereignisse? Gibt es Jour Fixe oder ähnliche Termine, an denen Informationen weitergegeben werden?)

- **Dauer und Beendigungsmöglichkeiten der Telearbeitsvereinbarung sowie Änderungsvorbehalte des Arbeitgebers** (Wird die Telearbeitsvereinbarung befristet abgeschlossen? Welche Fristen und Termine sind für eine Kündigung einzuhalten? Unter welchen Umständen ist eine sofortige Beendigung möglich? Welche Auswirkungen hat die Beendigung der Telearbeitsvereinbarung auf das zugrundeliegende Dienstverhältnis?)

Good Practice:

Beim **ÖAMTC** wurde eine Betriebsvereinbarung abgeschlossen, um die notwendige Rechtsgrundlage zu schaffen. In einigen Bereichen wird bereits regelmäßig von zu Hause gearbeitet, was sowohl für die Mitarbeiter als auch den Betrieb Vorteile mit sich bringt.

II. Mobilität und Anfahrt zur Arbeitsstätte

Neben dem dezentralen Arbeiten bzw. dem Arbeiten von zu Hause aus, das Arbeitnehmern mit Betreuungspflichten unter dem Aspekt einer besseren Vereinbarkeit Unterstützung bieten kann, gibt es noch weitere Ansätze, um Arbeitnehmer in Bezug auf ihren Arbeitsort zu unterstützen.

Mehr als die Hälfte der Erwerbstätigen in Österreich arbeitet laut Statistik Austria aus 2011 nicht in ihrer Wohngemeinde und legt durchschnittlich 36 km zu ihrem Arbeitsplatz zurück.

Arbeitnehmer mit Betreuungspflichten sind hier oft noch zusätzlich gefordert, da sie beispielsweise Kinder in den Kindergarten oder zur Schule bringen und von dort abholen oder pflegebedürftige Eltern, die wieder anderswo leben, mitbetreuen müssen.

Faktoren wie Abfahrtszeiten, lange Fahrtwege, überfüllte Verkehrsmittel, Staus etc. haben starken Einfluss auf das Wohlbefinden und können im extremen Fall zu Erkrankungen und damit zu Ausfällen sowie Mehrkosten für den Arbeitgeber führen. Einige Untersuchungen zeigen sogar auf, dass Pendeln einen Einfluss auf die Familiengründung hat: Frauen, die pendeln, bekommen später Kinder.

Unternehmen, die pendelnde Arbeitnehmer unter diesem Aspekt unterstützen möchten, stehen u.a. die folgenden Möglichkeiten offen:

A. Unterstützung bei der Bildung von Fahrgemeinschaften

Geteiltes Leid ist halbes Leid. Fahrgemeinschaften haben nicht nur positive Umweltauswirkungen, sondern können Arbeitnehmer psychisch und physisch entlasten. Möglichkeiten sind das Einrichten einer Fahrgemeinschaftsbörse, sodass sich Arbeitnehmer aus derselben Region koordinieren können, oder das Bereitstellen eines eigenen Werksverkehrs.

Rechtlich steht bei Fahrgemeinschaften das Thema Unfallschutz im Zentrum. Unfälle im Zusammenhang mit Fahrgemeinschaften sind vom gesetzlichen Unfallversicherungsschutz gedeckt, wenn es sich um Fahrten zwischen dem (jeweiligen) Wohnort und dem (jeweiligen) Arbeitsort handelt. Der gesetzliche Unfallversicherungsschutz gilt also auch für Fahrten, die zur Abholung und Bringung der Mitglieder einer Fahrgemeinschaft erforderlich sind. Dies gilt auch für spontane Fahrgemeinschaften. Es ist nicht erforderlich, dass alle Teilnehmer der Fahrgemeinschaft an ein und demselben Arbeitsort (also im selben Betrieb) tätig sind. Heikel wird es, wenn Umwege gemacht werden. Umwege des Fahrers sind gedeckt, wenn ein anderer Versicherter abgeholt wird, um ihn zu seinem Arbeitsort mitzunehmen oder an seinen Wohnort zurückzubringen.

Praxistipp:

Bei einer Fahrgemeinschaft liegt ein versicherungsrechtlich geschützter Wegunfall (nur) dann vor, wenn sich der Unfall auf einem Weg ereignet, der sich aus unterschiedlichen Wohnorten von Mitgliedern der Fahrgemeinschaft ergibt. Im Einzelfall können sich im Zusammenhang mit einem Unfall einer Fahrgemeinschaft zahlreiche Sonderfragen ergeben. Es ist daher ratsam, genaue Regelungen für Fahrgemeinschaften aufzustellen und von den Arbeitnehmern unterzeichnen zu lassen sowie allenfalls zusätzlich einen privaten Versicherungsschutz für Fahrgemeinschaften einzukaufen.

B. Arbeitszeiten blocken

Um Arbeitnehmern Wegzeiten zu ersparen, ist ein Blocken der Arbeitszeit auf beispielsweise vier Tage in der Woche (S. 35) möglich. Besonders Teilzeitkräfte mit langem Arbeitsweg können davon profitieren. Die Vereinbarung über geblockte Arbeitszeit muss den gesetzlichen Vorgaben entsprechen.

C. Finanzielle Unterstützungen

Finanzielle Unterstützungen reduzieren zwar nicht direkt die psychische Belastung, sind aber ein Zeichen der Wertschätzung. Solche Unterstützungen können sein:

- **Übernahme der Kosten für einen Parkplatz am Firmengelände**
  Zu den rechtlichen und steuerlichen Rahmenbedingungen siehe S. 159 zur Nutzung firmeneigener Infrastruktur.

- **(Teilweise) Übernahme von Kosten für die Anreise mit dem eigenen Fahrzeug**
  Zu beachten ist, dass solche Kosten, wenn sie vom Arbeitgeber geleistet werden, einen entgeltwerten Vorteil aus dem Dienstverhältnis darstellen (S. 153 ff).

- **(Teilweise) Übernahme der Kosten für öffentliche Verkehrsmittel (wie z.B. über das Jobticket)**
  Das Einkommensteuergesetz (EStG) sieht vor, dass Arbeitnehmern ein „Werkverkehr mit Massenbeförderungsmitteln" steuerfrei zur Verfügung gestellt werden kann. Die Praxis bezeichnet dies als „Jobticket". Arbeitnehmer haben keinen Anspruch auf ein sogenanntes Jobticket. Es handelt sich um eine freiwillige Leistung des Arbeitgebers. Es kann vereinbart werden, dass alle oder einzelne Arbeitnehmer als Zusatzleistung zum Entgelt ein solches Jobticket erhalten. Dieses ist unter bestimmten Voraussetzungen für den Arbeitnehmer steuerfrei (kein Sachbezug) und beim Arbeitgeber als Betriebsausgaben anzusetzen. Die Steuerfreiheit muss im Einzelfall geprüft werden.

Jobtickets sind im Wesentlichen unter den folgenden Voraussetzungen steuerfrei:

– Steuerfrei sind grundsätzlich nur die Kosten für öffentliche Verkehrsmittel für die Strecke zwischen Wohnung und Arbeitsstätte. Daher sind eigentlich nur Streckenkarten steuerfrei. Gibt es keine Streckenkarten oder sind diese nicht günstiger als eine Netzkarte, kann auch eine Netzkarte zur Verfügung gestellt werden (z.B. in Wien: Jahres- oder Monatskarte der Wiener Linien).

– Steuerfreiheit setzt voraus, dass die Kosten des Jobtickets direkt vom Arbeitgeber an das Verkehrsunternehmen bezahlt werden. Der Arbeitgeber muss eine entsprechende, an ihn ausgestellte, gesetzeskonforme Rechnung vorweisen können. Erhält der Arbeitnehmer die Kosten überwiesen (Kostenzuschuss oder Kostenersatz), liegt steuerpflichtiges Entgelt vor.

– Das Jobticket darf nicht mit einem (steuerpflichtigen) Fahrtkostenzuschuss verwechselt werden. Steuerfreiheit ist auch dann nicht gegeben, wenn anstatt einer kollektivvertraglichen Gehaltserhöhung ein Jobticket gewährt wird oder das Jobticket auf das Gehalt angerechnet werden soll. Für eine Strecke, für die ein Jobticket bezahlt wird, steht grundsätzlich auch kein Pendlerpauschale zu.

Praxistipp:

Bei Beendigung oder Karenzierung des Arbeitsverhältnisses vor Ablauf der Gültigkeit des Jobtickets muss dieses dem Arbeitgeber zurückgegeben oder bei diesem hinterlegt werden. Andernfalls liegt für diesen Zeitraum ein steuerpflichtiger Sachbezug vor.

D. Wegzeiten teilweise als Arbeitszeit gewertet

Unternehmen steht es frei, (Teile der) Wegzeiten ihrer Arbeitnehmer als Arbeitszeit zu werten. Dies könnte etwa vereinbart werden, wenn die Zeit der Anreise von zu Hause in den Betrieb, besonders von Pendlern, mit öffentlichen Verkehrsmitteln tatsächlich auch zur Arbeitsleistung verwendet wird (z.B. zum Einlesen in Aufgabenstellungen oder zur Vorbereitung von Meetings).

Rechtlich gesehen sind Wegzeiten keine Arbeitszeit. Bei einer freiwilligen Wertung von Wegzeit als Arbeitszeit ist insbesondere Folgendes zu beachten:

• Die Voraussetzungen, unter denen Wegzeiten freiwillig als Arbeitszeit gewertet werden, sollten schriftlich festgehalten werden.

• Es ist sicherzustellen, dass durch das Miteinbeziehen der Wegzeiten als Arbeitszeiten die Grenzen der zulässigen Arbeitszeit (S. 29 f) nicht überschritten werden.

• Es könnte geregelt werden, dass Wegzeiten zwar Arbeitszeit sind, aber als passive Reisezeiten gelten. Für passive Reisezeiten kann eine geringere Entlohnung vereinbart und können die Höchstgrenzen der täglichen Arbeitszeit überschritten werden.

- Zählen Wegzeiten als Arbeitszeiten, sind darüber Aufzeichnungen (S. 31 f) zu führen.
- Es ist auf das Diskriminierungsverbot (S. 19 f) Bedacht zu nehmen. Werden nur für Teile der Belegschaft Wegzeiten als Arbeitszeit gewertet, fühlen sich andere rasch benachteiligt und es kann zu Konflikten kommen.
- Sofern die Wegzeiten-Regelung – aus objektivierbaren und zulässigen Gründen – nur für eine bestimmte Zeiträume oder Arbeitnehmergruppen (z.B. während der Elternteilzeit) oder nur unter bestimmten Voraussetzungen gelten soll, muss dies ausdrücklich und klar geregelt werden.
- Es muss auch überlegt und geregelt werden, wie ein allfälliger Anspruch wieder geändert werden kann. Von einer vorbehaltslosen, unsystematischen Wertung mancher Wegzeiten mancher Arbeitnehmer als Arbeitszeit ist abzuraten.

Kommunikation familienfreundlicher Maßnahmen

Besonders bei Veränderungs- und Entwicklungsprozessen in Organisationen kommt der Kommunikation eine wesentliche Bedeutung zu. Sie ist Voraussetzung, dass getroffene Maßnahmen von den Führungskräften aktiv transportiert sowie Angebote an die Arbeitnehmer weitergegeben und von diesen auch angenommen werden. Durch Kommunikation wird das Angebot nach außen sichtbar gemacht. Werden etwa das Thema der Väterkarenz im Unternehmen von den Führungspersonen und Beispiele von karenzierten Arbeitnehmern offen kommuniziert, schafft das Vertrauen bei den anderen Arbeitnehmern und regt zur Nachahmung an. Sehr wichtig ist auch, familienfreundliche Angebote nicht nur den jeweils betroffenen Arbeitnehmern, sondern der gesamten Belegschaft und auch potenziellen Arbeitnehmern mitzuteilen, damit eine nachhaltige Meinungsbildung zum gesamten Angebot möglich wird.

Jüngere Generationen setzen bei der Arbeitgebersuche stark auf ein sogenanntes „Peer-Wissen". Dieses setzt sich beispielsweise aus Postings, Bewertungen und Erfahrungsberichten anderer User im Internet zusammen. Das Engagement eines Unternehmens wird also nur dann als authentisch wahrgenommen, wenn die Arbeitnehmer und die externe Kommunikation des Unternehmens die Maßnahmen, Initiativen und Informationen gleichlautend transportieren.

I. Interne Kommunikation: Tue Gutes und sprich darüber!

Eine laufende interne Kommunikation der Initiativen und Aktivitäten ist ein wichtiges Standbein für die nachhaltige und effiziente Umsetzung familienfreundlicher Maßnahmen. Die Arbeitnehmer eines Unternehmens sind ein wichtiges Sprachrohr nach außen. Besonders unter dem Aspekt von Online-Portalen zur Bewertung von Arbeitgebern und des Austauschs in sozialen Netzwerken muss die Kommunikation und positive Einstellung zum Thema Familienfreundlichkeit direkt im Unternehmen ansetzen und somit von innen nach außen getragen werden.

A. Mitarbeiterzeitung – Intranet – Mailings

Vor allem größere Unternehmen informieren ihre Arbeitnehmer durch unternehmensinterne Zeitschriften, das hausinterne Intranet und/oder spezielle Mailings/ Newsletter regelmäßig über Neuigkeiten im Unternehmen oder aus der Branche. Diese Kommunikationsmittel eignen sich gut, um familienfreundliche Maßnahmen des Unternehmens vorzustellen und themenrelevante Fachartikel oder Praxisberichte z.B. von anderen Arbeitnehmern abzubilden. Empfehlenswert ist, diese Beiträge immer wieder durch Statements von Führungskräften bzw. der Geschäftsführung zu ergänzen. So wird den Arbeitnehmern gezeigt, dass sich auch die Führungsebene dem

Thema widmet und hinter den familienfreundlichen Maßnahmen steht. Das vermittelt Sicherheit, Vertrauen und ein dauerhaft positives Gefühl gegenüber dem Arbeitgeber.

Nicht nur die Darstellung der Maßnahmen ist in diesem Zusammenhang sinnvoll, sondern vielmehr auch die Information zur Abwicklung und Umsetzung. Arbeitnehmern kann mittels strukturierter Informationen Schritt für Schritt erklärt werden, was z.B. bei der Planung und Beantragung eines Sabbaticals berücksichtigt werden sollte, welche Formulare auszufüllen und wo diese zu finden sind. Auch zur Würdigung privater Anlässe, wie etwa die Geburt eines Kindes oder die Absolvierung einer Weiterbildung, eignen sich interne Druckwerke und Plattformen gut.

Das unternehmensinterne Intranet spielt v.a. bezüglich der dauerhaften Bereitstellung von Informationen eine wichtige Rolle. Daher ist es empfehlenswert, dort einen eigenen Bereich zum Thema Familienfreundlichkeit mit Informationen zu Maßnahmen des Unternehmens einzurichten. Arbeitnehmer können dort bei Bedarf immer wieder nachlesen und sich relevante Informationen, Formulare und Kontakte direkt herunterladen (S. 172 f).

Regelmäßig erscheinende Mailings bzw. Newsletter sind ebenfalls gute Kommunikationsmittel für den unternehmensinternen Austausch.

1. Rechtlicher Rahmen

Bei allen in diesem Kapitel dargestellten Maßnahmen ist besonders das Recht der Arbeitnehmer auf Privatsphäre und auf den Schutz ihrer persönlichen Daten zu achten. Sensible Daten, Informationen, Fotos und sonstige personenbezogene Daten von Arbeitnehmern dürfen nicht ohne Zustimmung des Betroffenen verwendet oder veröffentlicht werden. Dabei kommt es grundsätzlich nicht darauf an, ob die Daten im Internet, Intranet oder in anderen Medien bzw. in schriftlicher oder sonstiger Form verwendet werden.

§ 16 ABGB und die allgemeine Fürsorgepflicht des Arbeitgebers verbieten Verletzungen der Persönlichkeits- und Datenschutzrechte des Arbeitnehmers. Ob eine solche Verletzung vorliegt, ist nicht immer leicht zu beurteilen.

Die Darstellung der persönlichen Erfahrung eines Arbeitnehmers mit dem unternehmensinternen Karenzmanagement im Intranet könnte etwa private und schutzwürdige Daten betreffen. Ebenso ist die Schilderung auf der Unternehmens-Website darüber, wie ein Arbeitnehmer Beruf und Familie vereinbart und das Unternehmen ihn dabei unterstützt, ohne Zustimmung des Arbeitnehmers heikel. Auch die nett gemeinte Beglückwünschung zur Geburt eines Kindes im Intranet oder Genesungswünsche für ein schwer krankes Kind können sensible Daten betreffen.

Ohne Zustimmung des betroffenen Arbeitnehmers könnten solche Maßnahmen einen unzulässigen Eingriff in dessen Privatsphäre bedeuten.

Im Überblick:

- **Verwendung und Veröffentlichung personenbezogener Daten**

  Die Verwendung und Veröffentlichung personenbezogener Informationen (wie Name, Kontaktdaten, Aufgabenbereich, Qualifikation, v.a. familiäre Details) ist arbeits- und datenschutzrechtlich heikel. Die Veröffentlichung von Informationen, die nicht direkt mit der betrieblichen Tätigkeit verbunden sind, bedarf daher im Einzelfall generell einer Zustimmung des betroffenen Arbeitnehmers.

- **Verwendung von Fotos**

  Bildnisse von Personen dürfen weder öffentlich ausgestellt noch auf eine andere Art, wodurch sie der Öffentlichkeit zugänglich gemacht werden, verbreitet werden, wenn dadurch berechtigte Interessen des Abgebildeten verletzt werden. Es handelt sich um ein Persönlichkeitsrecht, das vor Missbrauch der Abbildung in der Öffentlichkeit schützen soll. Durch die Veröffentlichung eines Fotos des Arbeitnehmers oder seiner Angehörigen im Internet oder Intranet wird in dieses Recht eingegriffen. Dabei macht es grundsätzlich keinen Unterschied, ob die Abbildung unternehmensintern im Intranet, extern im Internet oder in einer Zeitschrift, Broschüre etc. erfolgt. Auch Kollegen, Vorgesetzte und Kunden sind als „Dritte" Teil der „Öffentlichkeit".

- **Zustimmung einholen**

  Um als Arbeitgeber keinen unzulässigen Eingriff in die Persönlichkeitsrechte des Arbeitnehmers zu riskieren, ist es wichtig, vorab die Zustimmung des Arbeitnehmers einzuholen. Die Zustimmung kann auch schlüssig erfolgen, etwa wenn der Arbeitnehmer dem Arbeitgeber aus freien Stücken ein Bild zwecks Veröffentlichung im Internet oder Intranet schickt. Dennoch sollte auch in solchen Fällen die ausdrückliche Zustimmung des Arbeitnehmers zur Veröffentlichung der Fotos und Daten eingeholt und dem Arbeitnehmer bei der Auswahl des Fotos und der Daten ein Mitspracherecht eingeräumt werden.

Muster
siehe Musterteil

Praxistipp:

Veröffentlichungen von Fotos von Arbeitnehmern oder deren Angehörigen sowie die Verwendung persönlicher Daten ohne ausdrückliche schriftliche Zustimmung sollten vermieden werden. Die Einholung der Zustimmung zur Verwendung ist einerseits rechtlich erforderlich, andererseits ein Zeichen von Wertschätzung und Respekt.

Good Practice:

Bei der **MERKUR Warenhandels AG** wird die Vereinbarkeit in internen Medien dauerhaft verankert, z.B. in Form von Radio Max, dem unternehmenseigenen Radiosender. Dadurch werden die Mitarbeiter in den Filialen erreicht und informiert.

7. CFO-FORUM 2010

Treffpunkt für Finanzmanager

Perspektiven für die finanzielle Unternehmensführung im Jahr 2010 bietet das 7. CFO-Forum, u. a. mit Fallstudien von Böhler-Uddeholm AG, Brau Union Österreich AG, Energie AG Oberösterreich, Fraport AG, GREENoneTEC, Porsche Holding GmbH, Wienerberger AG, OeKB AG. Das

Forum findet vom 22. bis 23. April 2010 im Balance Resort Stegersbach statt. Anmeldung per Fax +43 1 522 58 20-18 oder per E-Mail an anmeldung@businesscircle.at. OeKB-Kunden erhalten einen Rabatt von 100,– Euro. Mehr Infos: **www.businesscircle.at**

Ausgezeichnete Familienfreundlichkeit

Die OeKB ist ein besonders familienfreundlicher Arbeitgeber – seit kurzem sogar mit offiziellem Zertifikat. Bereits seit Sommer 2005 hatten 15 MitarbeiterInnen Vorschläge zur Verbesserung der Work-Life Balance erarbeitet, 2006 erhielt die OeKB dafür das Grundzertifikat „Audit berufundfamilie". Während der vergangenen drei Jahre wurden die Vorschläge umgesetzt und damit die Voraussetzung für das Vollzertifikat erfüllt. Unter anderem führte die OeKB Telearbeit sowie das Employee Assistance Program ein, das kostenlose Beratungsleistungen für Mitarbeiter beinhaltet. Bundesminister Reinhold Mitterlehner verlieh das Gütezeichen „berufundfamilie" im November 2009 an OeKB-Personalchef Josef Feldhofer und seine Stellvertreterin Martina Ganzera-Veraszto. „Motivierte und engagierte MitarbeiterInnen sind die Voraussetzung für den nachhaltigen Erfolg eines Unternehmens", begründet Josef Feldhofer das OeKB-Engagement.

ERSTER ÖSTERREICHISCHER CRADLE TO CRADLE-KONGRESS IN WIEN

Das Ziel: Endlose Kreisläufe

Das Prinzip „Cradle to Cradle" (von der Wiege bis zur Wiege), kurz C2C, steht für eine öko-effektive Produktionsweise und ein ökologisch intelligentes Produktdesign. Im Gegensatz zu klassischen Recyclingverfahren, in denen die Materialien ein „downcycling" erfahren, werden dabei C2C-Abfälle wiederverwendet und endlose Kreisläufe angestrebt. Am 12. Mai 2010 findet der erste

österreichische C2C-Kongress statt: Von 12.30 bis 17.00 Uhr gibt es eine Einführung durch den Begründer des C2C-Prinzips, Prof. Michael Braungart, sowie Vorträge nationaler ExpertInnen, Praxisbeispiele und Diskussionen. Die Teilnahme an der Konferenz, die im Palais Eschenbach in Wien stattfindet, ist kostenlos. Mehr Infos unter **www.gewerbeverein.at** sowie **www.oegut.at**

Abb. 19: Bericht in der Unternehmenszeitschrift der OeKB zur Auszeichnung mit dem staatlichen Gütezeichen *berufundfamilie*

Die **Oesterreichische Kontrollbank AG** hat ihre Mitarbeiter auch über die Unternehmenszeitung über die Auszeichnung mit dem staatlichen Gütezeichen *beruf undfamilie* informiert. Nicht nur der Ablauf des Prozesses und der Weg zum Gütezeichen, sondern auch einige zentrale Maßnahmen wurden angeführt. So wird den Mitarbeitern ein kurzer Überblick über das Erreichte geboten.

B. Broschüren und Infoboxen

Die Geburt eines Kindes oder ein Pflegefall in der Familie sind oft neue bzw. auch unerwartete Situationen. Zahlreiche Unternehmen stellen daher für ihre Arbeitnehmer wichtige Informationen in Broschüren und/oder Infoboxen zusammen. Die Broschüren können beispielsweise in der Personalabteilung/beim Personalbeauftragten, gegebenenfalls bei der Ansprechperson für Vereinbarkeitsfragen, aber auch direkt im Eingangsbereich oder der Teeküche aufliegen, damit sie für Arbeitnehmer leicht zugänglich sind. Die Broschüren sollten auch online, z.B. im Intranet, bereitstehen, sodass die Beschäftigten diese auch einsehen können, sobald Bedarf besteht.

Häufig sind in den Broschüren neben rechtlichen Hinweisen auch praktische Muster bzw. Vorlagen (z.B. Schwangerschafts- oder Karenzmeldung) abgedruckt, die den Arbeitnehmern die Handhabe erleichtern und für das Unternehmen sicherstellen, dass alle benötigten Informationen übermittelt werden. Broschüren könnten zu folgenden Themenbereichen bereitgestellt werden:

- Unterstützungsangebote und Vergünstigungen für Arbeitnehmer / Services für Familien
- Schwangerschaft, Karenz und Wiedereinstieg
- Auszeiten und Auszeitenmanagement
- Flexible Arbeitszeit und Teilzeit
- sonstige arbeitsrechtliche Informationen

Praxistipp:

Wichtig ist dabei, nicht auf die eigenen Führungskräfte zu vergessen. Auch diesen müssen Informationen zur Verfügung stehen, wie in den verschiedenen Situationen vorzugehen ist und welche Schritte für eine systematische Umsetzung sinnvoll sind.

1. Rechtlicher Rahmen

Broschüren und Informationsmaterial, in denen/dem rechtliche Informationen enthalten sind, sollten sorgfältig geprüft und stets auf dem aktuellen Stand sein. Es ist darauf zu achten, dass Arbeitnehmer aus solchen Informationen nicht „stillschweigend" einen Anspruch auf Zusatzleistungen erwerben. Es sollte ein Ausschluss der Haftung des Arbeitgebers für die Informationen aufgenommen und klargestellt werden, dass den Arbeitnehmern aus dem Informationsmaterial kein Rechtsanspruch erwächst.

Good Practice:

Abb. 20: BILLA Informationsbroschüren rund um das Thema Familie und Beruf

Bei der **BILLA AG** gibt es für jedes „BILLA Baby", das ab dem 1. Jänner 2014 geboren wird, die BILLA Baby Box. Außerdem hat BILLA ein umfangreiches Informationspaket für seine Mitarbeiter rund um Schwangerschaft, Karenz und Wiedereinstieg geschnürt.

C. Mitarbeiterforum & Jour Fixe

Das Thema der Vereinbarkeit von Beruf und Familie als „Dauerbrenner" eignet sich gut, um Arbeitnehmer und Führungskräfte zu regelmäßigem Austausch einzuladen. Im Rahmen eines Mitarbeiterforums oder eines Jour Fixes können aktuelle Themen, die beiden Seiten am Herzen liegen, besprochen und zusammen Lösungen dafür gefunden werden. Auch Beispiele anderer Arbeitnehmer, die etwa schon in Väterkarenz waren, können präsentiert und Fragen dazu direkt beantwortet werden. So wird die Idee der Väterkarenz weitergetragen und zudem das familienfreundliche Image des Unternehmens intern gestärkt.

Für das Unternehmen bieten solche Veranstaltungen den Vorteil, über den direkten Dialog leichter Zugang zu den Bedürfnissen und Problemen der Arbeitnehmer zu finden, wodurch passgenauere Lösungen entwickelt werden können. Im CSR-Bereich sind sogenannte „Stakeholder Dialoge" ein zentrales Element, um Informationen über die Bedürfnisse und Wünsche der Anspruchsgruppen zu erhalten und Lösungen dafür zu entwickeln.

Vereinbarkeit als einen fixen Tagesordnungspunkt im Rahmen eines bereits vorhandenen Jour Fixes einzuführen, zeigt die Wichtigkeit des Themas deutlich. Zu beachten ist, dass von Beginn an immer klargestellt werden sollte, wie die Erkenntnisse und Ergebnisse aus solchen Beteiligungsprozessen im Nachgang verarbeitet werden. Eine entsprechende Information davor und danach über umgesetzte und nicht aufgegriffene Vorschläge erhöht die Zufriedenheit der Beteiligten.

D. Familientage – Angehörige miteinbinden

Ein deutliches Zeichen nach innen ist die Veranstaltung sogenannter „Familientage" oder „Family Days". Bei diesen Tagen können Arbeitnehmer ihre Kinder an den Arbeitsplatz mitbringen, wodurch im Unternehmen Familie sichtbar gemacht wird.

Häufig werden solche Tage im Rahmen von Initiativen, wie etwa dem „Töchtertag" veranstaltet, was darüber hinaus die Zielsetzung verfolgt, dass die Kinder den Arbeitsplatz der Eltern und mögliche Berufswege kennenlernen. Abgerundet werden die Familientage durch ein Rahmenprogramm bzw. Kinderbetreuungsangebote.

Good Practice:

Abb. 21: Familientag bei der **Mondelez Österreich Production GmbH** – die Kinder lernen den Arbeitsplatz der Eltern kennen.

1. Rechtlicher Rahmen

Bei der Planung und Durchführung solcher Veranstaltungen ist v.a. das Gleichbehandlungsgebot zu beachten (S. 19 f). Einladungen sind diskriminierungsfrei zu gestalten. Dies bedeutet etwa, dass bei Einladungen nicht nur „Ehegatten" erwähnt werden, sondern auch „Partner" willkommen sind.

Bei Familientagen oder sonstigen Veranstaltungen am Firmengelände, an denen Angehörige oder Freunde von Arbeitnehmern teilnehmen können, sollte für entsprechenden Versicherungsschutz gesorgt werden. Personen, die das Firmengelände betreten, sind die erforderlichen Sicherheitsunterweisungen zu erteilen. Weiters sollte ein Haftungsausschluss unterzeichnet werden.

 Ein solcher Haftungsausschluss kann die Haftung des Unternehmens für Unfälle nicht gänzlich verhindern, jedoch das Haftungsrisiko erheblich reduzieren. Gerade bei Familientagen und Veranstaltungen kann es leicht zu Unfällen kommen, weshalb die entsprechenden Vorkehrungen zu treffen sind.

siehe Musterteil

Good Practice:

Abb. 22: BIPA Kids Days

Bewerbung der **BIPA Kids Days** über Facebook – Mitarbeiter zeigen den Kindern, wie ein normaler Arbeitstag bei Mama oder Papa aussieht

II. Externe Kommunikation – Erfolgreiches Employer Branding

Besonders in Zeiten des Fachkräftemangels sowie einer sich verändernden demografischen Struktur ist es für Arbeitgeber wichtiger denn je, ihr Unternehmen im sogenannten „war for talents" so gut wie möglich zu positionieren. Eine glaubwürdige externe Kommunikation des freiwilligen Engagements für soziale Themen sowie für spezielle Arbeitnehmerangebote ist daher unabdingbar.

Basis für eine nachhaltig überzeugende Kommunikation ist die gelebte interne Unternehmenskultur. Durch das Internet und besonders durch Social-Media-Netzwerke werden positive wie negative Aktivitäten von Unternehmen immer leichter kommunizierbar und somit nach außen hin schneller sichtbar. Eine negative Entwicklung kann sich allerdings ebenso schnell verbreiten und ist dann oft nur schwer wieder rückgängig zu machen. Daher empfiehlt es sich für Arbeitgeber, die Familienfreundlichkeit intern im Unternehmen wirklich zu fixieren und ehrlich zu leben, auf dass die eigenen Arbeitnehmer die beste Werbung nach außen sind.

A. Familienfreundlichkeit in PR und Werbung

Im Rahmen eines erfolgreichen Employer Brandings bewerben Unternehmen nicht mehr nur ihre Produkte über PR-Kanäle und Werbung, sondern positionieren darin auch sich selbst als Arbeitgeber. Fernsehspots, Anzeigen in Zeitschriften, Plakate und In-Store-Konzepte/-Brandings, die die Arbeitgeberattraktivität im Fokus haben, sind keine Seltenheit mehr.

Good Practice:

Abb. 23: MERKUR Warenhandels AG

MERKUR Warenhandels AG bewirbt die Familienfreundlichkeit im Unternehmen in Anzeigen sowie in den eigenen Werbe- bzw. Flugblättern, aber auch durch Türkleber an alle Märkten, die MERKUR als familienfreundlichen Arbeitgeber ausweisen.

Nicht nur die bestehenden, sondern auch potenzielle Arbeitnehmer werden so auf die Vorteile im Unternehmen hingewiesen. Kunden wird mit der Positionierung als familienfreundlicher Arbeitgeber ebenfalls ein positives Image vermittelt und dadurch eine stärkere Kundenbindung erzeugt.

In den Werbemaßnahmen eines Unternehmens kann die Familienfreundlichkeit der zentrale Inhalt sein, es kann aber auch z.B. in der Schaltung nur darauf hingewiesen werden. Diverse Auszeichnungen und Gütezeichen, beispielsweise von „Great Place To Work", das Audit *berufundfamilie*, „Career's Best Recuiters" oder „Investors in People", eignen sich besonders gut, um einen Hinweis auf das Erreichte zu geben und die Glaubwürdigkeit als attraktiver Arbeitgeber zu steigern.

Auch kurze Videos im Internet bieten einen ersten Einblick ins Unternehmen. Einerseits können dies Arbeitgebervideos sein, in denen sich das Unternehmen als attraktiver Arbeitgeber präsentiert. Häufig werden hierzu kurze Statements von Führungspersonen und Szenen des Arbeitsalltags abgespielt. Andererseits werden sogenannte Job-Videos produziert, die Arbeitnehmer des Unternehmens zu Wort kommen lassen. Die Arbeitnehmer schildern darin, wie sie z.B. die Vereinbarkeit von Familie und Beruf regeln und beschreiben ihren Tätigkeitsbereich. Durch das Erzählen der persönlichen Geschichte werden ein Bezug zum Arbeitgeber sowie ein positives Arbeitgeberimage geschaffen.

In **rechtlicher Hinsicht** ist besonders das weiter vorne in diesem Kapitel zu internen Kommunikationsmitteln Ausgeführte zu beachten.

B. Internet- und Social-Media-Auftritt

Der Online-Auftritt von Unternehmen wird nicht nur zur Bewerbung von Produkten immer wichtiger, sondern auch zur Präsentation des Unternehmens selbst. Vor allem jüngere Generationen holen sich die Informationen vermehrt aus dem Netz und hier v.a. aus sozialen Netzwerken. Unternehmen sollten daher bei der Kommunikation ihrer Stärken und Leistungen für die Arbeitnehmer auch verstärkt auf Kommunikationskanäle wie die eigene Internetseite, Facebook, Twitter, YouTube, XING etc. setzen.

Wenn Informationen auf der Webseite dargestellt werden, sollten diese auch in dem entsprechenden Bereich zu finden sein. Es ist daher empfehlenswert, einen Karriere-Bereich einzurichten, in dem nicht nur aktuelle Jobs angeboten werden, sondern auch über Möglichkeiten berichtet wird, die das Unternehmen seinen Arbeitnehmern zur Verfügung stellt. Untersuchungen zum Bewerberverhalten bestätigen immer wieder die hohe Relevanz der Karriereseiten von Unternehmen für die Wahrnehmung der Bewerber. Sie sind mittlerweile Informationsmedium Nr. 1 für Jobinteressenten. Das Abbilden von Arbeitnehmerbeispielen und -statements sowie die laufende Aktualität und Wartung dieser Seiten sind daher für einen erfolgreichen Webauftritt wichtig.

Bei der Einbindung in den Social-Media-Auftritt des Unternehmens ist darauf zu achten, dass dieser Bereich auch laufend aktualisiert und gut betreut wird. Lange Abstände zwischen den Postings sowie keine Reaktion auf User-Postings werden schnell als Desinteresse gewertet. Auch in diesem Bereich sind Good-Practice-Beispiele von Arbeitnehmern, die beispielsweise bereits in Karenz waren und aus dieser wieder in den Job zurückgekehrt sind, sehr eindrucksvoll.

Good Practice:

Abb. 24: BIPA Parfümerien GmbH

Die **BIPA Parfümerien GmbH** zeigt mittels eines Testimonials über die eigene Facebook-Seite, welche familienfreundlichen Lösungen im Unternehmen möglich sind. Das erzeugt Nähe und Glaubhaftigkeit. Die User können sich auf der Facebook-Seite zudem nicht nur das Testimonial ansehen, sondern dieses auch liken, teilen oder kommentieren. Durch die Kommentare hat das Unternehmen wiederum einen guten Einblick, wie die Maßnahmen und das Testimonial ankommen, und kann direkt darauf reagieren.

Good Practice:

Microsoft Österreich hat auf der Unternehmenswebseite einen eigenen Bereich zum Thema Väterkarenz und hier speziell zu den vom Unternehmen zur Verfügung gestellten „Papawochen" eingerichtet. Dieser Bereich bietet nicht nur Mitarbeitern einen Einblick, wie ihre Kollegen die Väterkarenz umgesetzt und erlebt haben, sondern zeigt auch unternehmensexternen Personen, dass Microsoft die „Papawochen" lebt und damit als Vorreiter am österreichischen Markt ein Zeichen setzen will. Die Erfahrungen damit werden von Testimonials dargelegt, die mittels Foto und Statement abgebildet sind.

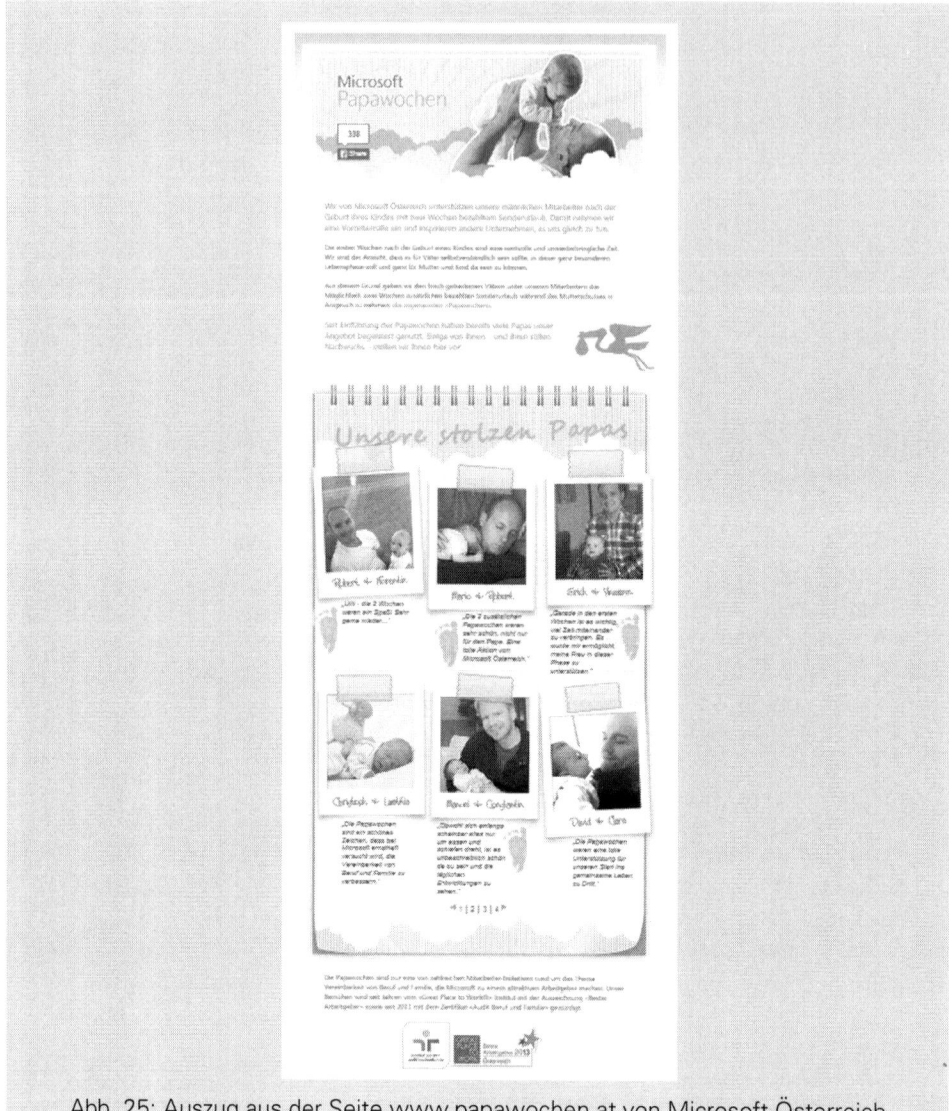

Abb. 25: Auszug aus der Seite www.papawochen.at von Microsoft Österreich

C. Mitarbeiterfindung: Bewerbermessen – Stellenanzeigen – Tage der offenen Tür – Externe Veranstaltungen

Stellenanzeigen sind ein idealer Weg, um potenzielle Arbeitnehmer auf die Familienfreundlichkeit des Unternehmens hinzuweisen. Dies kann durch die Abbildung einer erlangten Auszeichnung, wie z.B. des staatlichen Gütezeichens *berufundfamilie*, erfolgen.

Good Practice:

Abb. 26: Stellenanzeige der **Allianz Versicherungs AG** mit der Abbildung der staatlichen Auszeichnung für Familienfreundlichkeit.

Andererseits können Services und Angebote, die den Arbeitnehmern im Unternehmen zur Verfügung gestellt werden, auch textlich, z.B. im Bereich „Was wir Ihnen bieten", dargelegt werden. Bei dieser Variante können z.B. auch einzelne Maßnahmen angeführt werden.

Der erste Eindruck zählt, und so sind Bewerbermessen oder auch ein „Tag der offenen Tür" für Unternehmen wichtige Präsentationsmöglichkeiten, bei denen ein einheitliches Bild vermittelt werden sollte. Besonders bei solchen Veranstaltungen ist es wichtig, dass transportiert wird, dass sich die Arbeitnehmer im Unternehmen wohl fühlen. Dies ist nur durch eine vorausgegangene glaubhafte Umsetzung familienfreundlicher Maßnahmen sowie eine gute interne Kommunikation zu realisieren. Zudem sollte die Gestaltung des Messestands auch auf Auszeichnungen im Betrieb sowie das Engagement des Arbeitgebers hinweisen.

Die Teilnahme an externen Veranstaltungen zu Familienthemen bietet ebenso eine gute Plattform, um sich ohne großen organisatorischen Aufwand Interessenten sowie oft auch einem Fachpublikum als familienfreundliches Unternehmen zu präsentieren. Beispiele hierfür sind etwa Fachvorträge, Tagungen, Messen oder auch Vernetzungsveranstaltungen zum Austausch mit anderen familienfreundlichen Unternehmen.

Auch die Präsentation unternehmensinterner Maßnahmen in Form von Good-Practice-Beispielen in Publikationen unterschiedlicher Art stärkt den Auftritt als familienfreundlicher Arbeitgeber.

Good Practice:

Mit der Teilnahme am Audit *berufundfamilie* 2013 wollte die **Österreichische Post AG** in erster Linie auf bereits vorhandene Angebote aufmerksam machen und nachhaltige Maßnahmen zur Verbesserung der Familienfreundlichkeit sicherstellen. Die Zufriedenheit der Mitarbeiter sollte auch in Zukunft gestärkt werden, damit diese ihre vielfältigen Fähigkeiten optimal entfalten können.

Damit die geplanten Maßnahmen nachhaltig umgesetzt werden können, wurde ein Teil der definierten Ziele in der CSR-Strategie verankert:

Es werden alle zur Verfügung stehenden Kanäle, wie z.B. Führungskräfte-Newsletter, Einbindung von karenzierten Mitarbeitern in das interne Informationsnetz oder die Organisation von Netzwerkveranstaltungen genutzt, um die Bemühungen sowohl intern als auch extern zu kommunizieren. Dabei versendet die Post nicht nur intern Newsletter, gestaltet Einträge im Intranet und informiert die Mitarbeiter in der Unternehmenszentrale über Infoscreens, sondern hebt die Zertifizierung als besonders wichtiges Thema im Geschäftsbericht hervor. Auch in Nachhaltigkeitsberichten wird das Thema Beruf und Familie aufgegriffen.

Vereinbarkeit als Führungsaufgabe

Eine aufgeschlossene Grundhaltung, ein klares Bekenntnis des Managements und der Führungskräfte zur Familienfreundlichkeit sowie das Vorleben von Familienbewusstsein durch eben diese Personen sind zentrale Voraussetzungen für eine gelungene Umsetzung einer familienfreundlichen Personalpolitik. Das Verständnis des Arbeitgebers bzw. der Führungskräfte für die Notwendigkeit einer guten Vereinbarkeit ist laut einer Onlinebefragung aus 2014 von Hajek Public Opinion Strategies für 56% der 1.000 befragten Arbeitnehmer in Österreich sehr wichtig und damit auf Platz 2 der besonders wichtigen Maßnahmen für die Vereinbarkeit.

I. Familienbewusste Führung – Arbeit auf vielen Ebenen

Familienfreundlichkeit im Unternehmen entsteht in den seltensten Fällen von selbst. Sie setzt Überzeugungsarbeit und Sensibilisierung auf mehreren Ebenen voraus. Stakeholder müssen gewonnen werden und überzeugt hinter einer familienfreundlichen Personalpolitik stehen. „Familienfreundlichkeit auf Zwang" wird in der Regel keinen dauerhaften Erfolg bringen. Eine wichtige Rolle spielen dabei Führungskräfte, deren Umgang mit dem Thema Familienfreundlichkeit eine familienfreundliche Personalpolitik erst erlebbar macht. Die Sensibilisierung, aber auch die Qualifizierung für Herausforderungen und Bedürfnisse in diesem Bereich ist daher unabdingbar.

Ein Modell der „Ebenen der Führung" verdeutlicht diesen Zusammenhang:

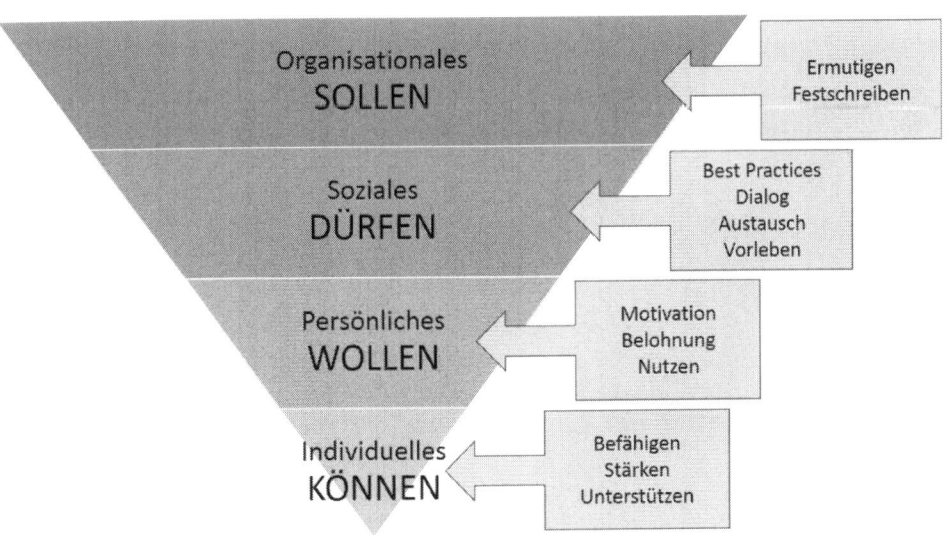

Abb. 27: Die Ebenen familienbewusster Führung (eigene Darstellung nach Rosenstiel, 2000)

A. Ermutigen zu familienbewusster Führung – Die Ebene des Sollens

Am Anfang steht und zentral für die wirksame Umsetzung von Familienfreundlichkeit ist die von der Unternehmensleitung mitgetragene, klare Aufforderung, familienbewusst zu führen und auf Bedürfnisse der Arbeitnehmer eingehen zu wollen. Grundsätzliches Familienbewusstsein kann beispielsweise sichtbar gemacht werden:

- im Leitbild des Unternehmens
- in Führungsgrundsätzen oder -leitlinien
- in den Corporate-Social-Responsibility-Grundsätzen
- in Jahresberichten, Veröffentlichungen

Good Practice:

Bei der **Oesterreichischen Kontrollbank AG** ist die Familienorientierung nicht unmittelbar aus dem Leitbild ableitbar, das Zertifikat *berufundfamilie* wird allerdings breit im Haus publiziert (im Geschäfts- und Nachhaltigkeitsbericht, auf der Homepage, im Intranet etc.). Viele der familienorientierten Maßnahmen wurden zudem mittels Betriebsvereinbarung umgesetzt.

B. Familienfreundlichkeit sozial erwünscht machen – die Ebene des Dürfens

Auch wenn die Forcierung oder Umsetzung eines Wertes wie Familienfreundlichkeit seitens der Unternehmensleitung gewollt wird, führt das besonders bei kulturellen Themen nicht automatisch zu einer breiten Akzeptanz im Unternehmen.

Soziales Dürfen in Gruppen und Organisationen – also die aus der eigenen Ebene kommende Erlaubnis, etwas zu tun – hat großen Einfluss auf das Verhalten. Ein Beispiel:

> Die Geschäftsführung beschließt, im Sinne des Ausgleichs und um Arbeitnehmer stärker zu binden, Sabbaticals anzubieten (S. 139 ff). Diese Entscheidung wird den Führungskräften kommuniziert und erklärt. Wenig später stellt der erste Arbeitnehmer einen Antrag. Im Führungskräfte-Meeting wird darüber gesprochen und der Vorgesetzte des Arbeitnehmers mit folgender Aussage konfrontiert: „Was? Bei dir ist Herr/Frau Meier jetzt sechs Monate weg? Na ihr müsst Zeit und Ressourcen haben …" Auf der sozialen Ebene des Vorgesetzten ist offenbar keine Akzeptanz des Wunschs der Organisation/Unternehmensleitung gegeben.

Um eine solche Situation zu vermeiden, ist einmal mehr Sensibilisierung gefragt, etwa durch regelmäßigen thematischen Austausch, das Aufzeigen von Good Practices und das konsequente Vorleben.

C. Den Nutzen aufzeigen und motivieren – die Ebene des Wollens

Ein weiterer wesentlicher Faktor ist die Motivation der Führungskräfte zur Umsetzung einer familienbewussten Personalpolitik. Den Führungskräften müssen zum einen der organisatorische Nutzen und zum anderen ein persönlicher Vorteil von familienfreundlichen Maßnahmen deutlich gemacht werden, etwa durch:

- Aufzeigen von Good Practices
- Vergleich und Bewertung der Führungskräfte über Mitarbeiterbefragungen, Führungskräftebeurteilungen etc.
- Familienbewusste Führung in der Zielvereinbarung oder Balanced Scorecard
- Vergütung von familienfreundlicher Führung, etwa über Prämien oder variable Gehaltsbestandteile
- Bewusstmachen der eigenen Betroffenheit sowie konkrete familienfreundliche Angebote für Führungskräfte

D. Führungskräfte qualifizieren – die Ebene des Könnens

Der Umgang mit Themen, die auch hohe rechtliche Relevanz haben (z.B. Karenz und Elternteilzeit), erfordert umfassende Information und zielgenaue Schulung der Führungskräfte. Dazu bieten sich neben klassischen Schulungen im kulturellen Bereich auch noch andere Möglichkeiten, wie etwa Coaching, Sensibilisierungsworkshops, Austauschrunden, Tandems etc.

Umfassende rechtliche, organisatorische und kulturelle Kenntnisse erleichtern Führungskräften einen souveränen Umgang mit Themen, die die höchstpersönliche Sphäre von Arbeitnehmern betreffen und emotional herausfordernd sind.

Good Practice:
Zur Förderung der Rolle der Führungskräfte als Promotoren einer Vereinbarkeitskultur wurde das bestehende Programm der **Energie AG** Führungskräfteakademie um das Thema Vereinbarkeit von Beruf und Familie erweitert. Weiters finden Veranstaltungen zu den Herausforderungen und Verantwortlichkeiten der Führungskräfte im Zusammenhang mit Vereinbarkeitsfragen statt.

II. Förderung der Familienfreundlichkeit im Bereich der Führung

Im Folgenden werden einige Maßnahmen beschrieben, die Führungskräfte dabei unterstützen, im Unternehmen eine dauerhafte familienbewusste Führungskultur zu etablieren. Familienbewusstsein kann und sollte sich in zahlreichen Führungsinstrumenten widerspiegeln.

A. Vereinbarkeit als regelmäßiges Thema auf der Agenda des Managements

Neben den etablierten Themen wie Performance, Zielerreichung, Ergebnisanalyse etc. ist es für eine dauerhaft familienfreundliche Personalpolitik wesentlich, auch dem Thema Vereinbarkeit Platz auf der Agenda des Managements zu geben. Beispiele hierfür können sein:

- Regelmäßiger Tagesordnungspunkt in Management-Meetings
- Besprechung von Rückmeldungen aus einem Qualitätszirkel
- Fortschrittsbericht der Umsetzungsverantwortlichen
- (Moderierter) Austausch zu spezifischen Themen und Fragestellungen
- Externer Input und Diskussion zu unterschiedlichen Vereinbarkeitsthemen

Ein integriertes Managementsystem, etwa im CSR-Bereich, zeichnet sich besonders dadurch aus, dass ein Thema (etwa die interne Qualität, Nachhaltigkeitsbestrebungen und Familienfreundlichkeit) laufender Bestandteil der Betrachtung ist und in alle relevanten Unternehmensentscheidungen systematisch einfließt.

Good Practice:

Das Unternehmen **via donau** hat vor einigen Jahren mit der „Karenzmanagement Road Map" ein Informationsportal für seine Führungskräfte und Mitarbeiter etabliert, das alle Informationen rund um die Karenz von Müttern und Vätern enthält. Die zugekaufte Intranetlösung, die alle relevanten Informationen enthält, wurde dabei um eigens entwickelte Karenzgesprächsleitfäden erweitert, die den Führungskräften dort zum Download zur Verfügung stehen. Die Klarstellung, wie mit unterschiedlichen Bedürfnissen umgegangen werden soll, bildet die gemeinsam entwickelte „Charta Karenzmanagement".

B. Familienfreundlichkeit in der Zielvereinbarung und Balanced Scorecard

„You get what you measure!" – Immer öfter werden in Zielvereinbarungen oder Balanced Scorecards neben quantitativen Zielen (Umsatz, Volumina, Verkaufszahlen) auch qualitative Ziele zum Thema Familienfreundlichkeit mit Führungskräften vereinbart. Die Messbarkeit bzw. Beurteilbarkeit ist ob fehlender Zahlenbasis bei qualitativen Zielen naturgemäß komplexer bzw. herausfordernder als bei quantitativen Zielen, deren Erreichungsgrad sich aus Auswertungen oder Finanzkennzahlen in der Regel konkreter ablesen lässt. Die Vereinbarung von nicht unmittelbar betriebswirtschaftlich messbaren Zielen ist aber zur Schaffung und Erhaltung einer familienfreundlichen Unternehmenskultur wichtig. Essenziell ist dabei die Übertragung der übergeordneten Zielsetzungen in messbare Ziele für einzelne Arbeitnehmer bzw. einzelne Bereiche.

1. Familienfreundlichkeit in Zielvereinbarungen

Mögliche Zielformulierungen und -gestaltungen im Themenkreis Familienfreundlichkeit sind beispielsweise:

- *Qualitative Zielbeschreibung* wie „Die Führungskraft unterstützt durch ihr Verhalten aktiv die Arbeitnehmer beim Erreichen einer guten Vereinbarkeit von Beruf und Familie" und deren (subjektive) Beurteilung im Rahmen des Jahresgesprächs durch die übergeordnete Führungskraft.

- *Befragung der Arbeitnehmer*, deren Ergebnis in die Bemessung der Zielerreichung einfließt.

- *Kennziffern* wie etwa Fluktuation, Fehlzeiten, (niedrige) Überstundenquoten o.ä. Bei Kennziffern ist zu beachten, dass diese von vielen Faktoren abhängig sind und demnach nicht ausschließlich mit der vorherrschenden Kultur in Zusammenhang stehen.

Bei der Bewertung von Zielen im Bereich Familienfreundlichkeit kann die Einführung einer Skalierung mit einem anzustrebenden Wert hilfreich sein. Beispielsweise:

„Die Führungskraft unterstützt die Mitarbeiter bei der Erreichung einer guten Vereinbarkeit von Beruf und Familie."

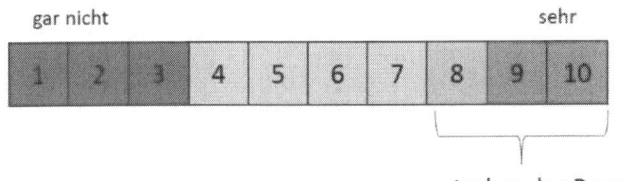

Abb. 28: Beispiel einer Fragestellung mit skalierter Anwortmöglichkeit (eigene Darstellung)

Eine solche Skalierung kann Teil einer Mitarbeiterbefragung bzw. Führungskräftebeurteilung sein (S. 129 ff, 119 f).

Good Practice:

Bei der **Pfizer Corporation Austria GmbH** finden am Anfang jeden Jahres Zielgespräche zwischen Vorgesetzten und Mitarbeitern statt, in denen die Jahresziele vereinbart werden. In der Pfizer Austria Führungs-Charta von 2013 wurde festgelegt, dass Führungskräfte als obligatorisches Ziel die familienbewusste Mitarbeiterführung in ihrer Zielvereinbarung verankern müssen. Dies beinhaltet u.a. die Einhaltung diverser Prozesse bei Wiedereinstieg von Mitarbeitern nach der Karenz, das Eingehen auf individuelle Bedürfnisse durch flexible Arbeitszeitmodelle, die Ermöglichung von Home Office unter gewissen Voraussetzungen, sowie die Förderung von Väterkarenz etc. Der Grad der Erreichung der vereinbarten Ziele, der am Jahresende zwischen Vorgesetzten und Mitarbeiter erhoben wird, ist ausschlaggebend für die Höhe der Bonuszahlung.

2. Familienfreundlichkeit in der Balanced Scorecard

In Unternehmen, in denen eine Balanced Scorecard oder ein ähnliches Instrument als Zielsystem eingesetzt ist, bietet es sich an, das Thema Familienfreundlichkeit darin zu platzieren.

In der klassischen Balanced Scorecard würde die Förderung der Rahmenbedingungen für eine gute Vereinbarkeit in den Bereich „Lernen & Entwicklung" bzw. in neuen Darstellungen in den Bereich „Mitarbeiter" fallen.

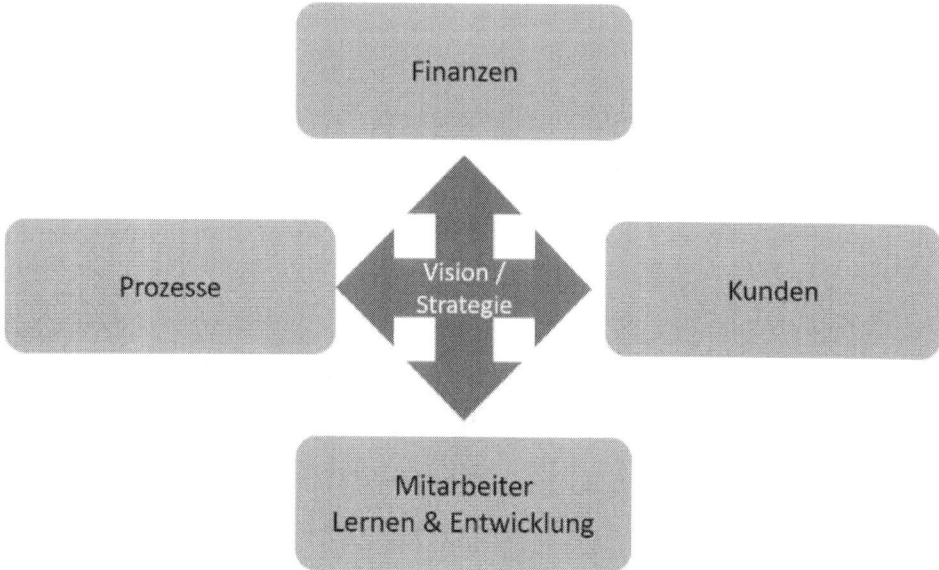

Abb. 29: Darstellung der klassischen Balanced Scorecard (eigene Darstellung)

3. Einfluss auf variable Gehaltsbestandteile

Familienfreundliche Personalpolitik hat nachgewiesenermaßen auch positive betriebswirtschaftliche Effekte (S. 4 f). Die Koppelung möglicher Bonifikationen bzw. Prämien nicht nur an quantitative, sondern auch an qualitative Ziele (wie z.B. die Unterstützung der Vereinbarkeit) kann daher eine (zusätzliche) förderliche Maßnahme sein. Dadurch wird auch zugleich, vielleicht sogar unbewusst, der Fokus der Führungskräfte von objektiven und quantitativen Vorgaben auf die Umsetzung familienfreundlicher Maßnahmen gelegt. Bonifikationen und Prämien sind zusätzliche Anreize, Führungskräfte auf Familienfreundlichkeit zu sensibilisieren und zu einer familienfreundlichen Führung ihres Teams zu motivieren.

4. Rechtlicher Rahmen

Zielvereinbarungen (mit oder ohne direkte Bonifikation), Prämien und Balanced Scorecards sind zwischen Arbeitnehmer und Arbeitgeber getroffene Vereinbarungen über eine zusätzliche Entlohnung für das Erreichen einvernehmlich festgelegter Ziele. In Bezug auf Führungskräfte handelt es sich dabei meist um Angestellte (und nicht Arbeiter), sodass die Regelungen des § 16 AngG (z.B. Aliquotierungspflicht anlässlich der Beendigung) zu beachten sind.

Bei einer klassischen Zielvereinbarung wird ein Entgeltanspruch als Gegenleistung für die Verwirklichung individueller Ziele und/oder für den Erfolg des gesamten Unternehmens festgelegt. Zum Teil werden nur persönliche, vom Arbeitnehmer zu erreichende Ziele, zum Teil auch Teamziele oder Unternehmensziele, die an den Erfolg des gesamten Unternehmens oder einer Abteilung anknüpfen, vereinbart. Rechtlich handelt es sich dabei um freiwillig gewährte Entgeltbestandteile, auf die der Arbeitnehmer mangels Unverbindlichkeitsvorbehalt bei Zielerreichung dann auch einen durchsetzbaren Anspruch hat.

Als Ziele werden häufig das Erreichen von bestimmten Umsatzzahlen, die Akquise einer bestimmten Anzahl von Kunden oder die erfolgreiche Durchführung von Projekten vereinbart. Es ist aber auch möglich, Ziele im Zusammenhang mit Familienfreundlichkeit zu vereinbaren.

Besonders bei solchen qualitativen Zielen ist eine klare Formulierung des Ziels und der Kriterien für die Messbarkeit wichtig. Bei Zielen im Vereinbarkeitsbereich wird es in der Regel schwer sein, die Zielerreichung an Bilanzzahlen oder sonstigen eindeutigen Kenngrößen festzumachen. Andererseits ist es nicht möglich und v.a. auch nicht sinnvoll, als Ziel etwa „mindestens drei Arbeitnehmer in Elternteilzeit, mindestens drei Teammitglieder in Sabbatical" etc. festzulegen.

Praxistipp:

Ziele im Zusammenhang mit Vereinbarkeit müssen (wie auch quantitative Ziele) klar, messbar und objektivierbar sein. Die bekannte „SMART"-Regel (specific, measurable, accepted, realistic, timely) gilt auch bei der Vereinbarung von Zielen im Zusammenhang mit familienfreundlicher Führung. Denkbare Messgrößen sind:

– Senkung der Überstunden im Team
– Zufriedenheit der Teammitglieder, gemessen durch Mitarbeiterbefragungen (S. 129 ff)
– Verbrauch von Resturlauben

Dabei bleibt es den Vertragsparteien überlassen, ob die Zielerreichung unmittelbar mit einem Bonus oder einer sonstigen entgeltwerten Leistung „incentiviert" wird oder als „Soft Skill" in die Mitarbeiterbeurteilung einfließt (in der Praxis oft „non-incentivised objectives" genannt).

C. Familienfreundlichkeit in der Führungskräftebeurteilung

Eine weitere Möglichkeit ist, Familienfreundlichkeit in die Führungskräftebeurteilung oder ein 360°-Feedback aufzunehmen. Dies ermöglicht Führungskräften ständiges Lernen und gibt ihnen die Möglichkeit, sich mit dem Thema Vereinbarkeit auseinanderzusetzen.

Bei einem 360°-Feedback erhalten Arbeitnehmer (und/oder Kollegen und Vorgesetzte) die Möglichkeit der Rückmeldung an die Führungskräfte – entweder in anonymer Weise über Fragebögen mit einem kumulierten Ergebnis oder über direktes Feedback.

Wesentlich für den Erfolg eines solchen Vorgehens ist, dass weder Führungskräfte noch Arbeitnehmer negative Folgen aus der Beurteilung zu befürchten haben, sondern dass das Erkennen und Lernen für alle Beteiligten im Vordergrund steht und entsprechende Folgemaßnahmen umgesetzt werden.

Fragestellungen im Zusammenhang mit der Familienfreundlichkeit können beispielsweise sein:

- „Meine Führungskraft unterstützt mich aktiv dabei, meinen Beruf und meine familiären/privaten Interessen und Bedürfnisse vereinbaren zu können."
- „Meine Führungskraft achtet darauf, dass die Mitarbeiter eine ausgewogene Work-Life-Balance leben können."
- „Meine Führungskraft hat ein offenes Ohr für die Anliegen der Mitarbeiter, auch für solche, die nicht ausschließlich den Beruf betreffen."
- „Meine Führungskraft ermöglicht es mir, den Rahmen und die Vorzüge der variablen Arbeitszeitgestaltung ausreichend gut zu nutzen."

Anstelle von Ja/Nein/Weiß-nicht-Antwortmöglichkeiten empfiehlt sich hier eine skalierte Form der Rückmeldung (etwa über eine Bewertungsskala).

1. Rechtlicher Rahmen

In rechtlicher Hinsicht sind die Grenzen zulässiger Fragen sowie etwaige Mitwirkungsrechte des Betriebsrats zu beachten (S. 17 ff). Besonders wenn solche Beurteilungen nicht anonym durchgeführt werden (sowohl bezogen auf die Beurteilenden als auch die Beurteilten), besteht oft eine Zustimmungspflicht des Betriebsrats bzw. in Betrieben ohne Betriebsrat der betroffenen Arbeitnehmer. Handelt es sich bei den von den Maßnahmen umfassten Führungskräften um leitende Angestellte im Sinne des ArbVG, würde dem Betriebsrat jedoch hier kein zwingendes Mitspracherecht zukommen, da leitende Angestellte vom Betriebsverfassungsrecht ausgenommen sind.

D. Auswahl und Bestellung von Führungskräften

Unternehmen, die sich einer guten Vereinbarkeit von Beruf und Familie widmen, sollten diesem Thema auch in der Auswahl und Beförderung von Führungskräften Rechnung tragen. Familienfreundlichkeit drückt sich auch dadurch aus, dass in einer Familie zu leben bzw. familiäre Aufgaben aktiv wahrzunehmen kein Hindernis für beruflichen Aufstieg ist. Im Gegenteil, die durch Erziehungs- oder Pflegeaufgaben erworbenen Kompetenzen sollten aktiv geschätzt werden. Üblicherweise sind es genau diese Kompetenzen, die in Unternehmen geschätzt werden und auch von Führungskräften erwartet werden. Allein der Zusammenhang mit der Übernahme familiärer Aufgaben ist nicht immer bewusst.

Zu wertvollen Familienkompetenzen zählen beispielsweise:

- *Kommunikationsfähigkeit* – die Fähigkeit zuzuhören, Probleme zu erkennen, Kontakte zu knüpfen
- *Organisationsfähigkeit* – die Fähigkeit, sich seinen Tag zu strukturieren, mehrere Aufgaben parallel zu erledigen bzw. zu priorisieren
- *Entscheidungsverhalten und Eigeninitiative* – rasch wichtige Entscheidungen zu treffen und diese klar zu kommunizieren, sowie die Initiative zu ergreifen, um Entwicklungen zu beschleunigen
- *Flexibilität und Belastbarkeit* – die Fähigkeit, mit unvorhergesehenen Ereignissen umzugehen sowie Veränderungen zu gestalten
- *Kreatives Problemlösen* – die Fähigkeit, zu entscheiden, wann eingegriffen werden muss und wann ein Problem alleine gelöst werden kann
- *Lernfähigkeit* – die Fähigkeit, sich Informationen aktiv zusammen zu suchen
- *Teamarbeit und Einfühlungsvermögen* – die Fähigkeit, gemeinsam an Aufgaben zu arbeiten, sich abzusprechen und mit unterschiedlichen Ideen und Meinungen umgehen zu können
- *Konfliktlösung und Durchsetzungskraft* – die Fähigkeit, auch unangenehme Entscheidungen durchzusetzen, Freiräume zu schaffen, Nein sagen und Kompromisse finden und umsetzen zu können

1. Geschlechterquoten und Frauenförderung

Nach wie vor gibt es vergleichsweise wenige Frauen in Führungspositionen. Aus diesem Grund kann es notwendig sein, die Chancengleichheit systematisch zu fördern, um Ungleichbehandlung von vornherein auszuschließen. Mögliche Maßnahmen sind:

- Vorgeschriebene Geschlechterquote für Führungspositionen: Diese Art der „positiven Diskriminierung" ist umstritten, dennoch kann sie in Unternehmen dazu beitragen, dass v.a. bezogen auf die Geschlechter eine gleichmäßigere Verteilung im Management vorhanden ist.
- Einsatz einer entsprechenden Funktion/Stelle, z.B. Gleichbehandlungsstelle: Eine verantwortliche Person oder Personengruppe für Gleichbehandlung erhält meist Mitsprache- und Vetomöglichkeit bei wesentlichen Personalentscheidungen, allen voran bei Besetzungen und Beförderungen.
- Gezielte Aufnahme von entsprechenden Kriterien in die Bewertung von Kandidaten: Das bedeutet, dass ganz bewusst Kompetenzen, die aus familiären Aufgaben gewonnen werden konnten, positiv in die Entscheidung über eine Besetzung oder Beförderung einfließen.

2. Rechtlicher Rahmen

Zum Diskriminierungsverbot in der Arbeitswelt siehe S. 19 f. Besonders hinzu-weisen ist hier auf die Regelungen im GlBG zu positiven Maßnahmen. Demnach sind Maßnahmen zur Förderung der Gleichstellung von Frauen und Männern in KV oder generellen Verfügungen eines Arbeitgebers keine Diskriminierung. Es ist daher mög-lich, im Unternehmen Maßnahmen zur Förderung der Gleichstellung von Frauen und Männern zu treffen. Beispiele sind Angebote zur Aus- und Weiterbildung und die För-derung des beruflichen Aufstiegs, die auf den Abbau einer bestehenden Unterrepräsen-tation der Frauen an der Gesamtzahl der Beschäftigten oder auf den Abbau einer sonst bestehenden Benachteiligung abzielen. Zulässig sind auch Maßnahmen, die eine besse-re Vereinbarkeit der beruflichen Tätigkeit mit Familien- und sonstigen Betreuungs-pflichten fördern.

„Vorrangregeln" für Frauen sind rechtlich zulässig, sofern sie nicht willkürlich sind (auf mögliche faktische Auswirkungen und das Gefühl von Ungleichbehandlung wird hier nicht eingegangen). Es kann daher im Unternehmen festgelegt werden, dass (gleiche Qualifikation vorausgesetzt) eine Frau die Stelle, Beförderung oder den Zu-gang zu einer Maßnahme vorrangig vor einem Mann erhält. Eine Regelung, die Frauen absolut und unbedingt und ohne Bezugnahme auf Qualifikation oder objektive Krite-rien den Vorrang einräumt, ist aber keine zulässige Maßnahme zur Förderung der Chancengleichheit.

Praxistipp:
Bei der Aufnahme von Familienkompetenzen in den Auswahlprozess ist Vorsicht bei unzulässigen Fragen geboten (S. 126 f).

E. Führen in Teilzeit

Zu Modellen der Führung in Teilzeit siehe auch (S. 66 f). Unternehmen, die Be-reitschaft zur Vollzeitarbeit als Voraussetzung für die Erlangung einer Führungsposi-tion ansehen, schließen automatisch einen Teil der Belegschaft – und damit auch jene, die eine solche Vollzeitarbeit aufgrund familiärer Verpflichtungen nicht ausüben kön-nen oder wollen – von solchen Positionen aus. Durch ein solches Vorgehen wird aber (bewusst oder unbewusst) insbesondere unter dem Aspekt der Frauenerwerbstätigkeit auf einen großen Teil potenzieller Arbeitnehmer verzichtet. Dies kann besonders ange-sichts des Umstands, dass Teilzeit im Trend liegt, zu einem Wettbewerbsnachteil für Unternehmen führen.

1. Organisatorischer Rahmen

Führung in Teilzeit kann beispielsweise ermöglicht werden durch das Anbieten von:

- Führungspositionen in Teilzeit, besonders an Karenzrückkehrer
- Führungspositionen in Teilzeit für eine vorerst befristete Zeit, um Unsicherheiten und Vorbehalte für alle Beteiligten (Führungskraft, Team und Arbeitgeber) zu reduzieren
- Möglichkeiten zum Wechsel zwischen Teilzeit und Vollzeit
- Top Sharing (S. 68 ff)
- Unterstützende Rahmenbedingungen, besonders unter Berücksichtigung des Planungsbedarfs durch Betreuungspflichten (erhöhte Planungssicherheit)

2. Rechtlicher Rahmen

Rechtlich sind zum Thema Führung in Teilzeit neben den allgemeinen Rahmenbedingungen zur Teilzeit (S. 56 f) insbesondere zwei Aspekte hervorzuheben:

Handelt es sich bei der Führungskraft um einen leitenden Angestellten im Sinne des Arbeitszeitrechts (S. 28 f), gelten die Grenzen des AZG und die Aufzeichnungspflichten (S. 31 f) nicht. Achtung: Die Arbeitszeitregelungen des KV sind möglicherweise dennoch zu beachten. Abgesehen davon sollte die Teilzeitbeschäftigung einer Führungskraft aber auch bei Ausnahme aus dem Arbeitszeitrecht nicht dazu führen, dass de facto Vollzeit oder mehr gearbeitet wird.

Aus dem Blickwinkel des Diskriminierungsverbots (S. 19 f) kann die Führung in Teilzeit eine zulässige und gewünschte Maßnahme zur Gleichstellung von Frauen und Männern darstellen. Zudem sollten Arbeitgeber – außer es liegen Rechtfertigungsgründe vor – Führung in Teilzeit ermöglichen, da sonst eine mittelbare Diskriminierung aufgrund des Geschlechts, insbesondere unter Bezugnahme auf den Ehe- oder Familienstand, vorliegen könnte.

Kriterien wie Vollzeitbeschäftigung oder Flexibilität bei der Einteilung der Arbeitszeit können an sich neutrale Kriterien sein, die jedoch eine Diskriminierung aufgrund des Geschlechts beim beruflichen Aufstieg darstellen und gegen das Gleichbehandlungsgesetz verstoßen. Eine Arbeitnehmerin, die Teilzeit arbeitet, um nebenbei ihre pflegebedürftige Mutter betreuen zu können, darf nicht allein deshalb von einem Aufstieg in eine Führungsposition ausgeschlossen werden, weil sie Teilzeit arbeitet und Betreuungspflichten hat. Der unbegründete Ausschluss von Teilzeitarbeitskräften (mit Betreuungspflichten) von Führungspositionen kann nicht nur dem Image des Unternehmens, der Mitarbeiterzufriedenheit und dem Betriebsklima schaden, sondern den Arbeitgeber auch schadenersatzpflichtig machen und in langwierige Gerichtsverfahren verwickeln.

Good Practice:

Bei der **Pensionsversicherungsanstalt Landesstelle Vorarlberg** leitet eine Mitarbeiterin in Elternteilzeit mit einem Ausmaß von 16 Wochenstunden (verteilt auf zwei Werktage) die Gruppe für Rehabilitation und Gesundheitsvorsorge und hat damit eine Führungsaufgabe übernommen. Sie wird dabei von einer Kollegin unterstützt und bei Abwesenheit vertreten.

F. Familienfreundlichkeit in der (Nachwuchs-)Führungskräfte-Ausbildung

Idealerweise beginnt der Umgang mit Familienfreundlichkeit bereits in der Ausbildung der Nachwuchsführungskräfte – und wird gerade von der jüngeren Generation („Generation Y"/„Millenials") üblicherweise auch positiv aufgenommen. Um Familienfreundlichkeit im Unternehmen zu leben, bedarf es der gezielten Sensibilisierung und Qualifizierung von Führungskräften, besonders auch in rechtlich relevanten Bereichen.

Die Sensibilisierung kann in unterschiedlicher Art und Weise erfolgen:

- Workshops zu spezifischen Themenstellungen (z.B. organisatorischer, kultureller und rechtlicher Umgang mit Elternkarenz und Rückkehr, Elternteilzeit, Arbeitszeitgestaltung, Telearbeit etc.) durch interne oder externe Experten
- Schulungen im Umgang mit Mitarbeiteranliegen (z.B. Gesprächstrainings, Rollenspiele)
- Diskussionsrunden und Austauschforen zu bestimmten Vereinbarkeitsthemen
- Good Practice Sharing – also das gezielte Besprechen von gelungenen Umsetzungen
- Strategieklausuren, Brainstorming zu Zukunftsthemen
- Begleitendes Coaching und Mentoring für Führungskräfte
- Informationsportal für Führungskräfte (z.B. eigene Bereiche für Führungskräfte im Intranet)

Praxistipp:

Dabei sollten (Nachwuchs-)Führungskräfte auch Kenntnisse der zu beachtenden rechtlichen Rahmenbedingungen erhalten bzw. wissen, wo sie (intern oder extern) rechtliche Unterstützung für die Umsetzung von Maßnahmen oder bei Fragen in diesem Bereich bekommen. Es ist auch wichtig, (Nachwuchs-)Führungskräfte auf Risiken in Zusammenhang mit den einzelnen Themen zu sensibilisieren, damit sie Familienfreundlichkeit korrekt umsetzen können.

Good Practice:

Die **Merkur Warenhandels AG** widmet seit 2014 dem Thema Familienfreundlichkeit im Vertriebstrainee-Ausbildungsprogramm einen eigenen Tag. An diesem beschäftigen sich die Teilnehmer unter Anleitung eines externen Trainers sowie eines Vertreters der Merkur Personalentwicklung mit dem Umgang mit unterschiedlichen Mitarbeiterbedürfnissen, etwa Karenz, Rückkehr, Dienstplanung. Der Schulungstag ist in den Themenkreis „Nachhaltigkeit" eingebettet und damit ein Beitrag zu einem dauerhaft nachhaltigen Personalmanagement bei Merkur.

Familienfreundlichkeit in der Personalentwicklung

Professionelle Instrumente aus dem Personalmanagement sollen zum einen üblicherweise die Unternehmenskultur und die Leistungsfähigkeit der Belegschaft fördern
und spielen andererseits eine wichtige Rolle im Zusammenhang mit Chancengleichheit
im Unternehmen. Im Personalmanagement sind zudem meist zahlreiche Informationen über die Befindlichkeit und Wünsche der Belegschaft gebündelt, die sonst nirgends
im Unternehmen so konzentriert und aktuell verfügbar sind.

Somit ist v.a. das Aufnehmen von Aspekten der Familienfreundlichkeit in bestehende Personalmanagementinstrumente ein wichtiger Beitrag zur Familienfreundlichkeit im Unternehmen, und zwar unabhängig von Faktoren wie Alter, Lebensphase oder
Arbeitszeitausmaß.

I. Familienfreundlichkeit als Thema im Mitarbeitergespräch

Ein einfacher und effektiver Weg, das Thema Vereinbarkeit von Beruf und Familie
in das Unternehmen zu tragen, ist, es in bestehende Regelkommunikationsinstrumente
aufzunehmen. Dafür eignet sich besonders das Mitarbeitergespräch, das abseits des beruflichen Alltags und mit der vollen Aufmerksamkeit von Führungskräften und Mitarbeitern stattfindet.

Vereinbarkeit zum Thema im Mitarbeitergespräch zu erheben und damit eine
breite Wirkung in der gesamten Organisation erreichen zu wollen, kann unterschiedliche Ziele verfolgen:

- Sichtbarmachen und Bekenntnis zur Wertigkeit des Themas
- Bewusstseinsschaffung über die einzelnen Lebensbereiche und -situationen
- rechtzeitiges Reagieren auf Bedürfnisse und dadurch mögliche gemeinsame
  Planung, die die Interessen aller Beteiligten berücksichtigen kann
- wechselseitiges Verständnis für Wünsche und Ansprüche

Die Art und Weise, wie Vereinbarkeit als Thema im Mitarbeitergespräch aufgenommen wird, hängt stark von der Gesprächskultur im Unternehmen ab. Hier einige
Möglichkeiten:

- **Konkrete, aber offene Frage (z.B. im Rahmen des gegenseitigen Feedbacks)**
  Dies gibt Arbeitnehmern den Freiraum, sich so zu äußern, wie sie es persönlich
  möchten, ohne dass dabei zu tief in die Privatsphäre eingedrungen wird. Fragen könnten etwa lauten:
  „Wie gut gelingt es Ihnen, Ihre Arbeit mit Ihren privaten/familiären Interessen
  und Bedürfnissen zu vereinbaren?" „Wie gut fühlen Sie sich bei der Vereinbarkeit von Beruf und Familie/Privatleben unterstützt?".

- **Skaliertes Feedback**

  Ähnlich wie bei Führungskräftebeurteilungen (S. 119 f) kann eine Skalierung (etwa von 1 bis 10) helfen, die Antworten greifbarer zu machen und den Blick auf Verbesserungen zu richten.

  Eine auf eine Skalierung bezogene Frage könnte etwa lauten: „Was müsste geschehen, dass Sie die Familienfreundlichkeit des Unternehmens nicht nur mit 7, sondern 8 oder 9 bewerten?"

- **Frage nach benötigter Unterstützung**

  Konkret könnte etwa gefragt werden: „Welche (zusätzliche) Unterstützung würden Sie sich von Ihrem Unternehmen/Ihrer Führungskraft wünschen, um Beruf und Familie/Privatleben besser miteinander vereinbaren zu können?"

A. Organisatorischer Rahmen

Wesentlich sind eine gute Vorbereitung und das Bewusstsein über die mögliche Wirkung einer solchen Intervention. Das Einbauen neuer Fragen oder Kategorien in das Mitarbeitergespräch kann große Verunsicherung hervorrufen, wenn Führungskräfte und Mitarbeiter nicht darauf vorbereitet sind. Bei der Vorbereitung kann etwa ein Gesprächsleitfaden oder eine klare Vorabinformation helfen. Weitere Voraussetzungen sind eine angstfreie Unternehmenskultur, aufrichtige Wertschätzung und der passende und geplante Zeitpunkt.

B. Rechtlicher Rahmen

Grundsätzlich spricht rechtlich nichts dagegen, Vereinbarkeit von Beruf und Familie zum Thema von Mitarbeitergesprächen zu machen. Das Fragerecht des Arbeitgebers im Rahmen von Vorstellungs-, Mitarbeiter- und Austrittsgesprächen sowie Mitarbeiterbefragungen ist aber nicht grenzenlos. Wichtig ist, dass Arbeitnehmern klar ist, dass die Beantwortung solcher Fragen auf freiwilliger Basis erfolgt und keine Pflicht zur Auskunft besteht. Weiters muss Vertraulichkeit gewahrt und das Recht auf Privatsphäre (S. 100) beachtet werden. Private und familiäre Details betreffende Inhalte des Gesprächs sind vertraulich zu behandeln und dürfen nur mit Zustimmung des Arbeitnehmers aufgezeichnet bzw. verwendet werden.

Fragen, die die Intimsphäre/das Privatleben des Arbeitnehmers betreffen, müssen nur unter eingeschränkten Voraussetzungen (wahrheitsgemäß) beantwortet werden. Welche Fragen zulässig sind und (wahrheitsgemäß) beantwortet werden müssen, hängt von einer Interessenabwägung und somit von den Umständen des Einzelfalls ab.

Fragen im Zusammenhang mit folgenden Umständen sind grundsätzlich unzulässig:

- Frage nach einer bestehenden oder beabsichtigten Schwangerschaft
- Frage nach einem Kinderwunsch
- Frage nach Heiratsplänen
- Frage nach einer Partnerschaft sowie Fragen über den Partner

Eine Ausnahme von der Unzulässigkeit könnte bestehen, wenn der Bewerber/Arbeitnehmer die Informationen selbst im Lebenslauf oder auf Plattformen wie XING, LinkedIn oder Facebook zur Verfügung stellt und dem Arbeitgeber freiwillig Einsicht gewährt. In diesem Fall wird davon ausgegangen, dass die Informationen nach Ansicht des Bewerbers/Arbeitnehmers selbst nicht geheim und schutzwürdig sind.

Aus der Beantwortung von Fragen zum Thema Vereinbarkeit dürfen keine negativen Konsequenzen für den Arbeitnehmer folgen. Somit ist eine auf Freiwilligkeit basierende und wertschätzende Vorbereitung und Vorgehensweise beim Einbau von Vereinbarkeitsthemen in das Mitarbeitergespräch besonders wichtig.

Bei nicht sorgfältigem Umgang mit Fragen und Antworten zu sensiblen Bereichen wie Familie besteht das Risiko, dass dem Arbeitgeber ein Diskriminierungsvorwurf gemacht wird: Erhält ein Arbeitgeber durch Fragen, die in die Privatsphäre eingreifen, Informationen, die als Hindernis für das berufliche Fortkommen gesehen werden (z.B. Arbeitnehmerin erzählt, dass sie bald schwanger werden will), kann eine daraus resultierende Nichtbeförderung diskriminierend sein. Darüber hinaus könnte anlässlich einer arbeitgeberseitigen Beendigung des Dienstverhältnisses aus der Kenntnis des Arbeitgebers über private Umstände auf eine unzulässige Diskriminierung geschlossen werden. Gibt etwa eine Arbeitnehmerin in einem Mitarbeitergespräch an, dass ihre Arbeit keine gute Vereinbarkeit mit ihren familiären Betreuungspflichten ermöglicht und wird sie wenige Tage danach gekündigt, könnte die Vermutung nahe liegen, dass die Kündigung unter Bezugnahme auf den Ehe- oder Familienstand, also in diskriminierender Weise, erfolgte. Die Arbeitnehmerin könnte die Kündigung anfechten. Der Arbeitnehmer muss dabei die Diskriminierung nur glaubhaft machen, während der Arbeitgeber nachweisen muss, dass keine Diskriminierung vorlag.

Praxistipp:

Die Kenntnis des Arbeitgebers über die Ansichten des Arbeitnehmers zur Vereinbarkeit von Beruf und Familie im Betrieb könnte bei einer Arbeitgeberkündigung gegen den Arbeitgeber ausgelegt werden. Es ist daher darauf zu achten, dass bei einer Kündigung nicht auf die Beantwortung von Fragen zur Vereinbarkeit im Mitarbeitergespräch Bezug genommen wird bzw. die Kündigung nicht in Zusammenhang mit der Beantwortung solcher Fragen ausgesprochen wird.

Good Practice:

Die **Raiffeisen-Leasing** hat im Zuge einer Auditierung das Thema Vereinbarkeit von Beruf und Freizeit bewusst in das Mitarbeitergespräch eingebaut. Dadurch soll diese Thematik zum ganz normalen und natürlichen Teil der Regelkommunikation zwischen Mitarbeitern und Führungskräften werden. Durch das aktive Besprechen der Fragestellung „Wie gelingt es Ihnen, Ihre berufliche Tätigkeit mit den privaten/familiären Bedürfnissen und Verpflichtungen zu vereinbaren?" an mindestens zwei Gesprächsanlässen pro Jahr wird die Wichtigkeit der Vereinbarkeit verdeutlicht, Bedarfe werden leichter sichtbar gemacht und das Verständnis für Bedürfnisse der Mitarbeiter und auch des Unternehmens wird erhöht. Das Feedback – sowohl von Vorgesetzten als auch Mitarbeitern – auf diese Neuerung ist durchwegs positiv.

II. Familienfreundlichkeit in der Mitarbeiterbefragung

Mitarbeiterzufriedenheitsanalysen und Befragungen sind eine gute Gelegenheit, auch die Rahmenbedingungen für eine gute Vereinbarkeit abzufragen und den Raum für mögliche Verbesserungen zu öffnen.

Wie bei allen Befragungen und Ergebnissen lassen sich diese natürlich auf unterschiedlicher Ebene interpretieren und kumulieren. Durch eine gezielte Abfrage können Rückschlüsse auf die Haltung der Belegschaft zum Thema Vereinbarkeit, die Wertigkeit und Umsetzung in einzelnen Bereichen und den Umgang von Führungskräften mit diesem Thema gezogen werden.

Die Art und Weise der Mitarbeiterbefragung hängt stark davon ab, welche Erkenntnisse gewonnen werden sollen. Die Antwortmöglichkeiten für die Befragten können sich entweder auf „ja" und „nein" beschränken oder es wird eine Skalierung vorgegeben. Hier einige Beispiele für Fragen:

- **(Vergleichende) Zustimmungsfrage**

  „Unser Unternehmen bemüht sich aktiv, den Mitarbeitern eine gute Vereinbarkeit von Beruf und Familie/Privatleben zu ermöglichen."

  „Ich fühle mich durch das Unternehmen / meine Führungskraft gut dabei unterstützt, meinen Beruf mit meiner Familie / meinen privaten Interessen vereinbaren zu können."

  „Meine Arbeit ermöglicht mir auch eine gute Work-Life-Balance."

  „Ich finde, dass mein Arbeitgeber den Mitarbeitern ausreichend Unterstützung für eine gute Work-Life-Balance gibt."

  „In unserem Unternehmen bemüht man sich mehr als anderswo darum, dass Mitarbeiter ihren Beruf und ihr Familien-/Privatleben gut miteinander vereinbaren können."

- **Frage nach dem Verhalten der Führungskraft**

  „Unsere Führungskräfte haben ein offenes Ohr für die Anliegen der Mitarbeiter, v.a. auch jene, die nicht im direkten Zusammenhang mit der Arbeit stehen."

  „Meine Führungskraft fördert eine gute Work-Life-Balance."

  „Meine Führungskraft lebt selbst eine gute Work-Life-Balance vor."

- **Vorschlagsmöglichkeit**

  „Damit unseren Mitarbeitern eine bessere Vereinbarkeit von Beruf und Familie ermöglicht wird, sollte das Unternehmen Folgendes tun/anbieten/kommunizieren: …"

„Was können wir als Unternehmen Ihrer Meinung nach tun, um den Mitarbeitern eine noch bessere Vereinbarkeit von Beruf und Familie zu ermöglichen?"

- **Balance Check**

  Der Balance Check wurde von der Universität Freiburg im Rahmen eines Projekts entworfen, um das Zusammenspiel von Arbeit und Privatleben genauer zu untersuchen. Darin wurden Aussagen abgefragt, die Konflikte, aber auch positive Zusammenhänge zwischen den Bereichen Arbeit und Privatleben aufzeigen sollten, zum Beispiel:

  „Ich muss private Aktivitäten ausfallen lassen, da ich so viel Zeit auf meine beruflichen Verpflichtungen legen muss."

  „Mein Engagement in meiner Arbeit gibt mir das Gefühl, etwas zu leisten, und dies hilft mir in meinem Privatleben."

A. Organisatorischer Rahmen

Wird eine Mitarbeiterbefragung um die Dimension der Familienfreundlichkeit erweitert, sollte dies klar kommuniziert werden, um Verunsicherungen und Verängstigungen zu minimieren.

Essenziell ist auch die Art des Umgangs mit den Ergebnissen: Was passiert mit den gewonnenen Erkenntnissen und welche Auswirkungen haben diese? Diese Fragen sollten für alle Beteiligten im Vorfeld beantwortet sein. Fragen zum Thema Vereinbarkeit können sehr in die Tiefe gehen. Es muss überlegt werden, ob sie nur anonym und kumuliert gefragt und ausgewertet werden.

B. Rechtlicher Rahmen

Rechtlich sind Mitarbeiterbefragungen zum Thema Vereinbarkeit und Familienfreundlichkeit heikel, besonders, wenn nicht gewährleistet ist, dass der Arbeitgeber aus den Antworten keinerlei Rückschlüsse auf einzelne Arbeitnehmer ziehen kann bzw. dass der Arbeitgeber daraus Informationen über persönliche Umstände oder Meinungen eines Arbeitnehmers erhält, an deren Geheimhaltung jener ein berechtigtes Interesse hat.

Wichtig ist bei Mitarbeiterbefragungen die Involvierung des Betriebsrats. Werden im Rahmen von Mitarbeiterbefragungen Informationen über private Umstände oder Meinungen eines Arbeitnehmers beschafft, an deren Geheimhaltung dieser ein Interesse hat, liegt ein sogenannter Personalfragebogen vor. Personalfragebögen, in denen nicht bloß die allgemeinen Angaben zur Person und Angaben über die fachlichen Voraussetzungen für die beabsichtigte Verwendung des Arbeitnehmers enthalten sind, dürfen nur eingeführt werden, wenn der Betriebsrat vorher zugestimmt hat (§ 96 Abs. 1 Z 2 ArbVG). Die Zustimmung muss in Form einer BV erfolgen. Speziell beim Einsatz von elektronischen Datenverarbeitungssystemen, die die Vorteile einer webbasierten Durchführung und raschen Auswertung der Ergebnisse ermöglichen, sind datenschutzrechtliche und arbeitsverfassungsrechtliche Anforderungen einzuhalten.

Im Rahmen einer BV wird üblicherweise vereinbart, welche Fragen aus welchem Grund gestellt werden, wie die Ergebnisse ausgewertet und welche Maßnahmen ergriffen werden, damit Anonymität gewahrt bleibt. Der Betriebsrat erhebt in puncto Anonymität häufig Bedenken. In der Praxis werden als Abhilfe oft externe Dienstleister eingesetzt, mit denen vertraglich geregelt wird, dass keine Einsicht in die Originalfragebögen gewährt wird und personenbezogene Daten der Arbeitnehmer weder an den Arbeitgeber noch den Betriebsrat weitergegeben werden, sondern der Arbeitgeber nur anonymisierte Globaldaten erhält.

Im Übrigen gilt auch hier das rechtlich zu „Familienfreundlichkeit als Thema im Mitarbeitergespräch" Ausgeführte (S. 126 f).

Praxistipp:

Seit 1.1.2013 sind Arbeitgeber zur Evaluierung psychischer Belastungen verpflichtet (§§ 2 Abs. 7, 60 Abs. 2, 68 Abs. 1 ASchG). Mitarbeiterbefragungen können ein zulässiges und adäquates Mittel zur gesetzlich vorgeschriebenen Evaluierung der psychischen Belastung sein. Sie haben die Ursachen von arbeitsbedingten psychischen Belastungen, die zu Fehlbeanspruchungen führen, zu ermitteln, zu beurteilen und Maßnahmen zur Verbesserung zu treffen.

III. Familienorientierung im Recruiting

Das Personalmanagement verfügt über einen wichtigen Hebel in Sachen Chancengleichheit und damit auch in Sachen Vereinbarkeit von Beruf und Familie. Die Art und Weise, wie und auf Basis welcher Kriterien eine Entscheidung über eine Einstellung oder Beförderung eines Arbeitnehmers getroffen wird, beeinflusst maßgeblich die Vielfalt und die Kultur im Unternehmen.

Familienfreundliche Arbeitgeber legen Wert auf Familienkompetenzen (S. 121) ihrer Arbeitnehmer, schätzen diese als wesentliche Vorzüge, die Arbeitnehmer dem Unternehmen zur Verfügung stellen, und kommunizieren dies auch entsprechend im Recruiting. Abgesehen davon erhöht Familienfreundlichkeit im Recruiting auch die Arbeitgeberattraktivität:

Von 1.000 im Rahmen einer Onlinebefragung durch Hajek Public Opinion Strategies im Jahr 2014 befragten Arbeitnehmern in Österreich erachteten 89% die Vereinbarkeit von Familie und Beruf bei ihrer Jobauswahl für eher wichtig (29%) und sehr wichtig (60%). Damit steht die Familienfreundlichkeit nach der guten Bezahlung auf

Platz 2 der wichtigsten Faktoren bei der Jobauswahl. 55% halten es sogar für möglich, bei einem Jobwechsel auf einen Teil des Gehalts zu verzichten, um mehr Zeit für die Familie zu haben.

A. Organisatorischer Rahmen

Familienfreundlichkeit im Recruiting kann auf verschiedene Arten umgesetzt werden: Im Bewerbungsgespräch können Familienkompetenzen einerseits abgefragt (z.B. „Welche Fertigkeiten, die Sie außerhalb ihres Arbeitsbereiches, etwa im familiären Bereich, erlernt haben, lassen sich besonders gut in der Arbeit umsetzen / helfen Ihnen in der Arbeit?"), andererseits die Familienfreundlichkeit des Unternehmens betont werden, indem z.B. Maßnahmen zur Vereinbarkeit im Bewerbungsgespräch vorgestellt werden.

Fragen nach der familiären Situation eines Bewerbers sind wie erwähnt rechtlich heikel. Es ist daher zu überlegen, die familiäre Situation nicht abzufragen, um Diskriminierungen vorzubeugen.

In Deutschland laufen bereits erste Experimente rund um eine anonyme Bewerbung. Dabei müssen Bewerber keine Daten mehr angeben, nach denen sie diskriminiert werden könnten. Es werden weder Geschlecht, noch Alter, noch Herkunft, noch Familie, noch Name abgefragt, sondern lediglich die Kompetenzen und beruflichen Erfahrungen. Studien haben gezeigt, dass ein solches Vorgehen dazu führt, dass Kandidaten, die sonst oft Nachteile am Arbeitsmarkt haben, eher zu einem Bewerbungsgespräch eingeladen werden.

Eine andere Möglichkeit ist die Einrichtung einer neutralen Stelle (etwa Gleichbehandlungsbeauftragte), die beim Recruiting beigezogen werden.

Zudem ist auch die Einführung und Vorgabe von Quoten eine Möglichkeit, Chancengleichheit zu fördern (S. 121 f).

B. Rechtlicher Rahmen

Werden in Bewerbungsgesprächen unzulässige Fragen gestellt (S. 126 f), kann der Bewerber – ohne negative Konsequenzen befürchten zu müssen – zu diesen Fragen schweigen, sie wahrheitswidrig beantworten und/oder auf die Unzulässigkeit der Frage hinweisen. Fragen, die Details des familiären Umfelds des Bewerbers betreffen, sind üblicherweise unzulässige Fragen.

Abgesehen vom sanktionslosen Lügerecht des Bewerbers riskiert der Arbeitgeber bei Fragen, die in die Privatsphäre eingreifen, einen Verstoß gegen das Gleichbehandlungsgebot. Das kann unangenehm und teuer werden: Kann der Bewerber glaubhaft machen, dass er die Stelle nur deswegen nicht erhalten hat, weil er eine unzulässige Frage nicht oder falsch beantwortet hat, kann er Schadenersatz (mindestens zwei Monatsentgelte und immateriellen Schadenersatz) fordern.

IV. Familienfreundlichkeit im Rahmen der Austrittsanalyse

In einer gezielten Befragung oder bei Gesprächen mit ausscheidenden Arbeitnehmern können wertvolle Informationen für die Verbesserung der Angebote, Leistungen und Kultur gewonnen werden.

Dabei werden Arbeitnehmer, die das Unternehmen aus eigenem Antrieb verlassen, zu den Motiven für ihre Entscheidung befragt. Auch die Frage, ob Probleme in der Work-Life-Balance bzw. mit der Vereinbarkeit für das Ausscheiden ausschlaggebend sind, kann in Bezug auf die Wirkung der eigenen Familienfreundlichkeit gute Erkenntnisse liefern.

A. Organisatorischer Rahmen

Muster
siehe Musterteil

Eine Austrittsanalyse kann in Form einer (anonymen) schriftlichen Befragung, einer Online-Befragung oder aber auch in einem persönlichen Gespräch erfolgen. Das Gespräch sollte von einer möglichst neutralen Stelle (Vertrauensperson) durchgeführt werden, um ein offenes Feedback zu ermöglichen.

Sinnvoll dokumentiert, können durch solche Analysen über einen längeren Zeitraum interessante Zeitreihenvergleiche angestellt bzw. die Wirkung verschiedener Maßnahmen überprüft werden.

B. Rechtlicher Rahmen

Austrittsanalysen sollten nur auf freiwilliger Basis erfolgen. Werden Austrittsanalysen dokumentiert, ist die Zustimmung des ausscheidenden Arbeitnehmers einzuholen.

V. Seminare und Weiterbildungen rund um den Themenbereich Vereinbarkeit

Weiterbildungsangebote, Sensibilisierungstrainings, Coachings etc. zum Thema Vereinbarkeit unterstreichen die Wertigkeit des Themas und sind ein Zeichen der Wertschätzung.

Seminare und Weiterbildungen können etwa zu folgenden Themen angeboten werden:

- Zeit- und Selbstmanagement
- Stressmanagement
- Konfliktmanagement
- Umgang mit konkreten Vereinbarkeitsthemen wie Karenz, Rückkehr, Pflegekarenz, Väterkarenz, Gestaltung der Arbeitszeit etc.

A. Organisatorischer Rahmen

Organisatorisch muss insbesondere überlegt werden:

- Finden solche Seminare einmalig oder regelmäßig wiederkehrend statt?

- Ist die Teilnahme freiwillig bei Interesse oder fixer Bestandteil von Entwicklungsplänen?

- Wie können Seminarzeiten an die Bedürfnisse der Mitarbeiter mit Betreuungspflichten anpasst werden (z.B. zeitliche Gestaltung so, dass auch Teilzeitkräfte teilnehmen können, oder Angebot einer Kinderbetreuung während des Seminars)

B. Rechtlicher Rahmen

Bei der Durchführung von Seminaren und Weiterbildungen ist darauf zu achten, dass keine Mitarbeitergruppen (z.B. Teilzeitkräfte) ohne sachliche Rechtfertigung ausgeschlossen werden, da dies einen Verstoß gegen das Diskriminierungsverbot (S. 19 f) bilden könnte.

Mangels anderer Vereinbarung (z.B. in einem Entwicklungsplan) zwischen Arbeitnehmer und Arbeitgeber ist die Teilnahme freiwillig. Aus einer Nichtteilnahme dürfen keine Nachteile erwachsen.

Sollen die Kosten für (externe) Seminare und Weiterbildungen bei vorzeitigem Ausscheiden des Arbeitnehmers rückforderbar sein, muss eine schriftliche Einzelvereinbarung über den Rückersatz der Teilnahmegebühren und sonstiger mit der Weiterbildung verbundener Kosten getroffen werden. Diese Vereinbarung muss einen zwingenden Mindestinhalt aufweisen. Andernfalls kann der Arbeitgeber vom (ausscheidenden) Arbeitnehmer keinen Ersatz fordern.

Good Practice:
Kosten der Kinderbetreuung für Kinder bis zehn Jahre sind in Österreich mit bis zu € 2.300,– jährlich (Stand 2014) steuerlich absetzbar. Damit die Absetzbarkeit gegeben ist, muss die Betreuung durch eine professionelle Einrichtung oder eine pädagogisch geschulte Person erfolgen. Die Inhalte drehen sich dabei v.a. um frühkindliche Erziehung und Ernährung sowie um Erste Hilfe für Kinder. Die **Raiffeisen-Holding NÖ-Wien** hat gemeinsam mit der **Raiffeisenlandesbank NÖ-Wien** eine solche Schulung für die Betreuungspersonen ihrer Mitarbeiter, also häufig Großeltern, Neffen, Nichten, aber auch Au-Pairs, abgehalten. Die Mitarbeiter konnten dazu die externen Betreuungspersonen ihrer Kinder anmelden und profitieren danach nicht nur von einer besseren Betreuung der Sprösslinge, sondern auch davon, die Kosten dafür steuerlich absetzen zu können.

VI. Work-Life-Balance-Vertrauensperson

Um Bedürfnisse von Arbeitnehmern besser ermitteln und ihnen Hilfestellung sowie Unterstützung geben zu können, kann der Einsatz einer Vertrauensperson für Work-Life-Balance-Themen sinnvoll sein. Auch ein Employee-Assistance-Programm bietet Unterstützung für die speziellen, privaten Anliegen von Arbeitnehmern (S. 170 ff).

Häufig trauen sich Arbeitnehmer aus Angst vor negativen arbeitsrechtlichen Konsequenzen nicht, Anliegen im Bereich Vereinbarkeit mit ihrer Führungskraft zu besprechen. Auch die Personalabteilung wird aufgrund ihrer Verantwortlichkeiten oft nicht als neutraler, vertrauenswürdiger Ansprechpartner für persönliche Probleme gesehen, dem Arbeitnehmer sich öffnen. Eine neutrale Work-Life-Balance-Vertrauensperson (z.B. ein Betriebsratsmitglied oder ein von der Belegschaft gewählter Kollege) kann dem entgegenwirken.

A. Organisatorischer Rahmen

Beim Einsatz von Vertrauenspersonen für einzelne Themenbereiche sind besonders folgende Aspekte sicherzustellen, damit diese auch wirklich konsultiert werden:

- Neutralität

- Verschwiegenheit

- unkomplizierte Möglichkeit des Kontakts

- Möglichkeit der Rückmeldung an das Management über sich häufende Probleme

- entsprechende Ressourcen

- Schulung der Vertrauensperson

B. Rechtlicher Rahmen

Eine Work-Life-Balance-Vertrauensperson ist gesetzlich nicht vorgesehen. Anders als bei einer Sicherheitsvertrauensperson oder Behindertenvertrauensperson gibt es keine speziellen Regelungen und es besteht auch kein gesetzlich explizit genannter Motivkündigungsschutz (S. 23 f). Sofern die Work-Life-Balance-Vertrauensperson ein Betriebsratsmitglied ist, genießt diese besonderen Kündigungsschutz und darf aufgrund ihrer Tätigkeit weder Vor- noch Nachteile erhalten. Ist die Work-Life-Balance-Vertrauensperson ein „normaler" Arbeitnehmer, ist davon auszugehen, dass trotz Fehlens einer expliziten gesetzlichen Regelung eine gewisse Art Motivkündigungsschutz bestehen könnte. Die Work-Life-Balance-Vertrauensperson oder ein Arbeitnehmer, der sich für ein solches Ehrenamt bewirbt, sollte wegen ihrer/seiner Tätigkeit nicht benachteiligt und insbesondere nicht deswegen gekündigt werden.

Good Practice:

Die Mitarbeiter der **Österreichischen Nationalbibliothek** oder deren Angehörige können in Kooperation mit dem Kriseninterventionszentrum in schwierigen privaten oder beruflichen Lebenssituationen professionelle Hilfe durch anonyme telefonische Beratung erhalten. Darüber hinaus besteht auch die Möglichkeit zu persönlichen Einzelgesprächen. Das Team des Kriseninterventionszentrums begleitet die Mitarbeiter mit psychologischer, sozialer und psychotherapeutischer Beratung und erarbeitet mit ihnen Lösungsansätze für bestehende Probleme.

VII. Betriebliches Vorschlagswesen zur Familienfreundlichkeit

Ein wichtiges Personalinstrument zum Sammeln guter Ideen und Lösungen ist das betriebliche Vorschlagswesen. Dieses kann entweder allgemein gehalten sein oder sich speziellen Themen widmen, also auch Vorschlägen, mit denen das Unternehmen die Vereinbarkeit von Beruf und Familie verbessern kann.

A. Organisatorischer Rahmen

Wesentlich für die Akzeptanz und den Nutzen eines Vorschlagswesens ist v.a., dass der Prozess der Ideenbewertung transparent ist. Bei der Einführung eines Vorschlagswesens zum Thema Vereinbarkeit kann beispielsweise festgelegt werden, dass alle eingehenden Vorschläge von einer Gruppe aus den Bereichen Personalmanagement, Betriebsrat, Gleichbehandlungsbeauftragte etc. durchgesehen, diskutiert und gegebenenfalls prämiert werden. Möglich ist ein dauerhaftes oder befristetes Vorschlagswesen, wobei zweiteres erfahrungsgemäß zu einer höheren Beteiligung der Arbeitnehmer führt.

B. Rechtlicher Rahmen

Die Regelung eines betrieblichen Vorschlagswesens unterliegt der fakultativen Mitbestimmung des Betriebsrats (§ 97 Abs. 1 Z 14 ArbVG). Es kann darüber eine BV abgeschlossen werden, wobei eine solche aber (anders als z.B. bei der Mitarbeiterbefragung) nicht zwingend ist.

Typischer Inhalt einer BV zum betrieblichen Vorschlagswesen sind Definitionen, was unter den Begriff „Vorschlag" fällt, wer Vorschläge einbringen kann, wo und wie diese einzubringen sind, wer über die Annahme entscheidet und ob gegebenenfalls Prämien, Preise oder sonstige Belohnungen gebühren.

Praxistipp:

Zuwendungen an Arbeitnehmer im Zusammenhang mit betrieblichen Vorschlags-wesen genießen Beitragsbegünstigungen im Sozialversicherungsrecht.

Auszeiten und Auszeitenmanagement

Im Laufe des Berufslebens können Arbeitnehmer aus vielen verschiedenen Gründen den Wunsch oder die Notwendigkeit verspüren, eine Auszeit zu nehmen, die über den Jahresurlaub und Sonderurlaube hinausgeht. In diesem Kapitel ist mit „Auszeit" eine länger dauernde Abwesenheit vom Unternehmen gemeint. Kurzzeitige Freistellungen und Sonderurlaube werden im Kapitel „Arbeitsorganisation und Zusammenarbeit" beschrieben (S. 72 ff).

Unternehmen, die das Thema Auszeiten aktiv ansprechen und dafür klare Rahmenbedingungen schaffen, können von längeren Planungszyklen, Klarheit für Führungskräfte und Arbeitnehmer, sowie einem faireren Miteinander von Unternehmen und Arbeitnehmern profitieren.

I. Arten von Auszeiten

Einige Arten von Auszeiten sind gesetzlich oder kollektivvertraglich geregelt. Bei manchen davon besteht ein Rechtsanspruch der Arbeitnehmer (Elternkarenz, Familienhospizkarenz), andere wiederum sind Vereinbarungssache (Bildungskarenz, Pflegekarenz, Sabbatical).

In diesem Kapitel werden Bildungskarenz, Sabbatical, Familienhospizkarenz und unbezahlter Urlaub näher beschrieben. Zum Thema Elternkarenz siehe S. 193 ff. Zum Thema Pflegekarenz siehe S. 215 ff.

Alle Auszeiten haben gemeinsam, dass die Hauptpflichten aus dem Dienstverhältnis in dieser Zeit ruhen, das Dienstverhältnis jedoch nicht (zumindest nicht ohne Wiedereinstellungszusage) beendet wird.

Der Wunsch nach einer Auszeit kann unterschiedliche Hintergründe haben und sowohl vom Arbeitnehmer als auch vom Arbeitgeber ausgehen.

Mögliche Motive auf Arbeitnehmerseite sind:

- Zeit- bzw. arbeitsintensive Weiterbildung
- (Berufliche) Neuorientierung
- mehr Zeit mit der Familie
- Pflege eines nahestehenden Menschen
- Entspannung nach einer Phase größerer Anstrengungen
- Erfüllen eines privaten Traums (z.B. Weltreise)

Auszeiten bieten auch Arbeitgebern Vorteile, beispielsweise:

- Steigerung der Arbeitgeberattraktivität (Ermöglichung der Verwirklichung von Interessen und Bedürfnissen)
- Mitarbeiterbindung (Auszeit mit Rückkehr als Alternative zum Ausscheiden) und damit
- mögliche Kostenreduktion (z.B. Fluktuationskosten, Rekrutierungskosten)
- Erhöhung von Leistungsfähigkeit und Motivation der Arbeitnehmer und Senkung von Krankenständen durch Ermöglichung von Regeneration
- Entwicklungschancen für Nachwuchsführungskräfte (etwa durch befristete Vertretungen)
- sanfte Ausstiegsszenarien schaffen (ähnlich einer geblockten Altersteilzeit)
- Steuerungsmöglichkeit für unterschiedliche Auslastungssituationen

A. Organisatorischer Rahmen

Damit Auszeiten gut gemanagt werden können, bedarf es einiger kultureller und organisatorischer Voraussetzungen, so etwa:

- Festlegung klarer Rahmenbedingungen
  - Welche Möglichkeiten von Auszeiten bietet das Unternehmen?
  - Wie und mit welchen Vorlaufzeiten sind Wünsche nach Auszeiten anzumelden?
  - Wie ist der Genehmigungsprozess gestaltet?
- Auszeitenkultur
  Nur in Unternehmen, die Auszeiten offen begegnen und in denen Führungskräfte damit positiv umgehen, werden Arbeitnehmer ihre Bedürfnisse frühzeitig und freiwillig nennen.
- Sensibilisierung und Schulung der Führungskräfte zum Thema Auszeiten
- Aktive Einbindung aller Beteiligten in Planung und Umsetzung
- Schaffung von Rahmenbedingungen zur Überbrückung der Abwesenheitszeiten
  Beispiele: Stellvertretungsmodelle, Einsatz temporärer Arbeitskräfte und Projektmitarbeiter, Praktikanten oder Auslagerung von Tätigkeiten

Je nach Form der Auszeit ergeben sich organisatorische und rechtliche Besonderheiten, etwa wenn der Arbeitnehmer die Auszeit mit einem möglicherweise bestehenden Anspruch auf eine öffentliche Unterstützungsleistung (z.B. Bildungskarenzgeld) verbinden möchte.

Auf mögliche Unterstützungsleistungen für Arbeitnehmer im Zusammenhang mit Auszeiten aus öffentlicher Hand wird hier nicht näher eingegangen, da in diesem Bereich keine Gestaltungsmöglichkeit durch den Arbeitgeber gegeben ist.

B. Rechtlicher Rahmen

Einige in diesem Buch behandelte Auszeiten sind gesetzlich geregelt – insbesondere Pflegekarenz (S. 216 ff), Pflegeteilzeit (S. 216 ff) sowie Bildungskarenz und Bildungsteilzeit (S. 149 ff). Andere Formen von Auszeiten, wie Sabbatical und unbezahlter Urlaub, sind gesetzlich nicht ausdrücklich geregelt. Für sie gelten möglicherweise spezielle kollektivvertragliche Regeln sowie die allgemeinen arbeits- und sozialversicherungsrechtlichen Regeln.

II. Sabbatical

Sabbaticals (auch als Sabbatjahr bezeichnet) haben ihren Ursprung im universitären Bereich in den USA und waren ursprünglich länger andauernde Freistellungen für Forschungen (Forschungssemester). Ein Sabbatical im modernen Sinn ist eine längere Freistellung von der Arbeitsleistung auf Wunsch des Arbeitnehmers oder auch des Arbeitgebers, wobei die Dauer häufig zwischen drei Monaten und einem ganzen Jahr beträgt. Nach Ende des Sabbaticals läuft das Dienstverhältnis (mangels anderer Regelung) weiter.

Aus dem Blickwinkel der Familienfreundlichkeit betrachtet, kann ein Sabbatical Arbeitnehmern beispielsweise ermöglichen, längere Zeit mit ihrer Familie zu verbringen (also auch nach Ende der gesetzlichen Elternkarenz), einen älteren Angehörigen zu pflegen oder den Partner bei einem beruflichen Auslandseinsatz zu begleiten.

A. Organisatorischer Rahmen

Ein Sabbatical bedarf einer gewissen Vorlaufzeit und guter Planung. Es eignet sich daher nicht dazu, kurzfristigen Bedarf für längere Auszeiten abzudecken. Hierfür bieten sich eher unbezahlter Urlaub oder eine Karenzierung an.

Die Besonderheit beim Sabbatical, auch in Abgrenzung zu einer sonstigen Karenzierung, ist, dass das Gehalt (teilweise oder ganz) auch während der Freizeitphase weiterbezahlt wird. Es ruht daher während der Freizeitphase die Arbeitspflicht des Arbeitnehmers, aber nicht die Entgeltzahlungspflicht des Arbeitgebers.

Um diese Entgeltfortzahlung trotz längerer Dienstfreistellung zu ermöglichen, wird üblicherweise eines der beiden Modelle gewählt, die nachstehend beschrieben werden:

- Variante 1: **Ansparen von Zeitguthaben** mittels Ausdehnung der NAZ (soweit zulässig) oder Ansparens von Zeitguthaben für Mehr- und Überstunden über einen längeren Zeitraum und anschließende Konsumation in Form von Zeitausgleich (Ansparmodell)

- Variante 2: **Temporäre Entgeltreduktion** während der Anspar- und Freizeitphase (Entgeltreduktionsmodell)

1. Modellübergreifende Rahmenbedingungen

Bei beiden Varianten müssen aus organisatorischer und rechtlicher Sicht insbesondere folgende Punkte geklärt und festgelegt werden:

- **Adressatenkreis:** Wer kann eine Sabbatical-Regelung in Anspruch nehmen? Wer nicht? (Achtung: unsachliche Diskriminierung ist unzulässig)

- **Ablauf:** Wann und wie müssen Arbeitnehmer ihren Wunsch nach einer Auszeit bekanntgeben? Wie sieht der Genehmigungsprozess aus?

- **Nachbesetzung/Vertretung:** Wie sind die Vertretungen und Nachbesetzungen geregelt? Gibt es Möglichkeiten, andere Arbeitnehmer einzusetzen bzw. die Zeit zur Weiterentwicklung anderer Mitarbeiter zu nutzen?

- **Kontakt zum Betrieb:** Wird – und wenn ja, wie – in der Freizeitphase Kontakt gehalten, um eine reibungslose Wiedereingliederung zu ermöglichen?

- **Urlaub:** Bestehen Vereinbarungen zur Konsumation des offenen Urlaubs vor Einigung über ein Sabbatical bzw. ist das Nichtbestehen von Resturlaub Voraussetzung für die Inanspruchnahme eines Sabbaticals?

- **Vorsorge für geänderte Rahmenbedingungen:** Wann und wie kann das Sabbatical vorzeitig abgebrochen oder geändert werden (seitens des Arbeitnehmers oder des Arbeitgebers)?

2. Variante 1: Ansparen von Zeitguthaben (Ansparmodell)

Beim Ansparmodell wird vereinbart, dass – innerhalb der gesetzlichen bzw. kollektivvertraglichen Grenzen – die NAZ für einen längeren Zeitraum erhöht und Stunden angespart werden, die dann geblockt verbraucht werden. Alternativ könnte auch vereinbart werden, dass Mehr- und Überstunden (mit den entsprechenden Zuschlägen) auf ein Zeitkonto gutgeschrieben und dann in der Freizeitphase konsumiert werden. Der Arbeitnehmer leistet also mehr Stunden als ursprünglich vertraglich vereinbart, ohne diese Mehrleistungen unmittelbar monetär abgegolten zu bekommen, denn diese werden auf ein „Sabbatical-Konto" gutgeschrieben.

siehe Musterteil

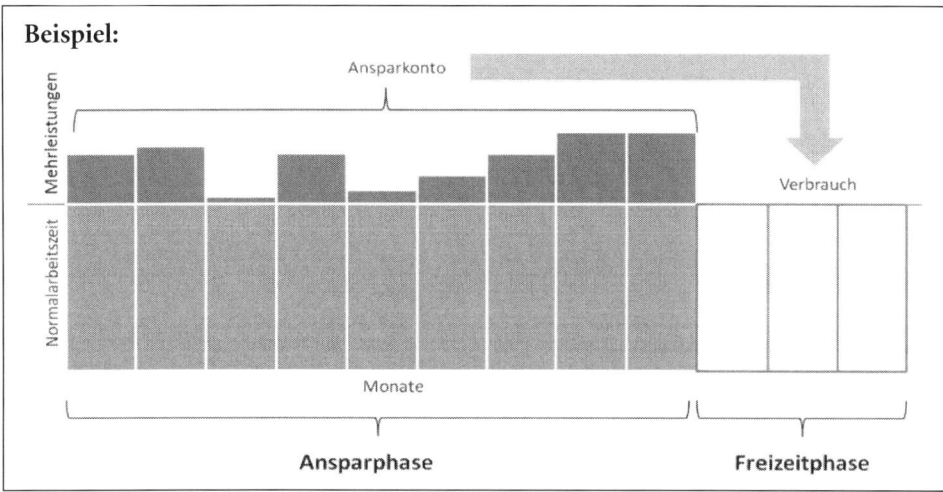

Abb. 30: Schematische Darstellung des Ansparmodells (eigene Darstellung)

Bei diesem Modell ergeben sich erfahrungsgemäß u.a. folgende Vor- und Nachteile gegenüber dem Entgeltreduktionsmodell:

Vorteile	Nachteile
Einfache administrative Handhabung Mehrleistungen werden aufgezeichnet, auf einem Konto gesammelt und dann in Form von Zeitausgleich verbraucht.	**Gefahr des Stundenhortens** Das Modell kann zu „Stundensammeln" und damit Mehrkosten führen.
Gezielte Regeneration Nach arbeitsintensiven Phasen mit Mehrleistungen folgt eine Ruhephase. Diese fördert die Regeneration.	**Vorzeitiges Ausscheiden des Arbeitnehmers** Scheidet der Arbeitnehmer vor dem Freizeitblock aus, werden die bis dahin angesparten Stunden samt Überstundenzuschlägen zur Auszahlung fällig.
Einsatzmöglichkeit bei schwankender Auslastung und Auftragslage Besonders Betriebe, die eine auftragsschwache Saison haben, können dieses Modell gut nutzen.	**Anwendbarkeit bei Überstundenpauschalen und All-in Vereinbarungen fraglich** Das Ansparmodell ist bei Arbeitnehmern mit Überstundenpauschalierungen oder All-in Vereinbarungen fragwürdig; hier ist das Entgeltreduktionsmodell eine Alternative.

3. Variante 2: Temporäre Reduktion des Entgelts (Entgeltreduktionsmodell)

Das Modell der Entgeltreduktion basiert auf dem Prinzip des „Gehaltansparens". Dieses Modell ist in der Praxis häufiger als das (Zeit-)Ansparmodell. Die Arbeitszeit

siehe Musterteil

bleibt in der Ansparphase unverändert, jedoch wird dem Arbeitnehmer nicht das volle dafür gebührende Gehalt ausbezahlt. In der Freizeitphase erhält der Arbeitnehmer jenen Entgeltteil, den er in der Ansparphase nicht erhalten hat.

Beispiel: Ein Arbeitnehmer erhält für neun Monate ein Viertel seines Entgelts nicht ausbezahlt. In der anschließenden dreimonatigen Freizeitphase werden drei Viertel seines Entgelts ausbezahlt, obwohl er keine Arbeitsleistung erbringt.

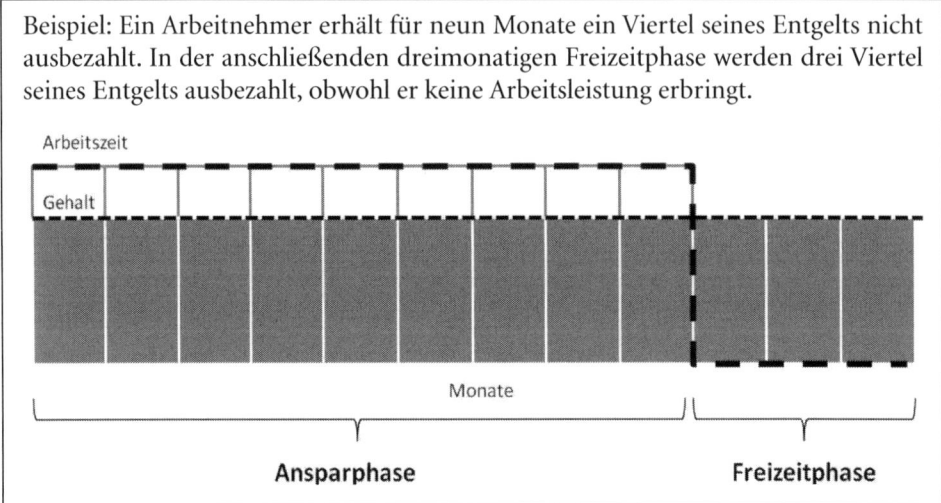

Abb. 31: Schematische Darstellung eines Entgeltreduktionsmodells (eigene Darstellung)

Dieses Modell bietet folgende Vor- und Nachteile:

Vorteile	Nachteile
Mehr Sicherheit bei vorzeitigem Ausscheiden Auch wenn der Arbeitnehmer in der Ansparphase ausscheidet, ist nur jenes Entgelt nachzuzahlen, das ohnehin gezahlt hätte werden müssen (und keine Überstunden).	**Rechnerische Komplexität aufgrund von Stufensprüngen, Gehaltsänderungen oder Überstundenleistungen** Ändert sich in der Ansparphase das Gehalt (etwa durch kollektivvertragliche Biennalsprünge oder Erhöhungen) oder werden Überstunden erbracht, wird die Rechnung komplexer.
Auch bei Überstundenpauschalen und All-In anwendbar Dieses Modell eignet sich besser als das Ansparmodell bei Arbeitnehmern mit Überstundenpauschalen oder All-In-Gehältern.	

B. Rechtlicher Rahmen

Sabbaticals sind derzeit nicht gesondert gesetzlich geregelt. Bei ihrer Vereinbarung sind alle arbeitsrechtlichen Grundsätze und Rahmenbedingungen zu beachten. Einige KV und das Vertragsbedienstetengesetz sehen Regelungen für Sabbaticals vor.

Vorweg: Sabbaticals sind kein Urlaub im Sinne des UrlG und auch keine Bildungsteilzeit im Sinne des AVRAG.

Bei der Vereinbarung eines Sabbaticals ist insbesondere folgendes zu beachten:

- Sabbaticals unterliegen dem Grundsatz der **Freiwilligkeit**. Arbeitnehmer haben ebenso wenig einen Rechtsanspruch darauf, wie sie zu einer solchen Regelung gezwungen werden können.
- Das Dienstverhältnis wird in der Freizeitphase nicht formell beendet. Das bedeutet, dass die **Nebenpflichten** aus dem Dienstverhältnis (wie Fürsorgepflicht des Arbeitgebers und Treuepflicht des Arbeitnehmers) aufrecht bleiben. Der Arbeitnehmer ist auch darauf hinzuweisen, dass das Nebenbeschäftigungsverbot und die Geheimhaltungspflicht aufrecht bleiben.
- Besondere Vorsicht ist im Hinblick auf die **Arbeitszeit** geboten: Durch die Vereinbarung eines Sabbaticals dürfen die Grenzen des AZG bzw. des anwendbaren KV nicht ausgehebelt werden. Mangels besonderer gesetzlicher Regelung muss bei Sabbatical-Vereinbarungen mit den Gestaltungsmöglichkeiten des AZG gearbeitet werden (S. 34 f). Die Entgeltreduktionsvariante ist dabei weniger heikel als das Ansparmodell, bei dem die Arbeitsleistung während der Ansparphase erhöht wird. Beim Ansparmodell muss besonders sorgfältig geprüft werden, ob und in welchen Grenzen der anwendbare KV Durchrechnungsmöglichkeiten erlaubt bzw. in welchem Rahmen Mehr- und Überstundenleistungen zulässig sind. Startet der Arbeitnehmer von einer Vollzeitvereinbarung und sieht der anwendbare KV keine besonderen Durchrechnungsmöglichkeiten vor, muss die Ansparphase bei diesem Modell zudem sehr lang angesetzt werden, damit der Arbeitnehmer genug Stunden „sparen" kann.
- Beim Anbieten von Sabbaticals darf es zu keiner **Ungleichbehandlung** ohne sachliche Rechtfertigung kommen. Die konkreten Möglichkeiten der Inanspruchnahme eines Sabbaticals sollten unternehmensweit angeboten und kommuniziert werden. Es ist aber zulässig, Bereiche oder Positionen, in denen solche Auszeiten aus sachlichen, objektiven Gründen nicht möglich sind, auszunehmen.
- Über das Sabbatical ist mit jedem betroffenen Arbeitnehmer eine **Einzelvereinbarung** abzuschließen. Schriftform ist empfohlen. Die Sabbatical-Vereinbarung sollte v.a. folgendes regeln:
  - Beginn und Ende der Vorbereitungsphase
  - Beginn und Ende der Freizeitphase
  - Lage der Arbeitszeit in der Vorbereitungsphase
  - Entgelt während der Vorbereitungsphase und beim Ansparmodell die Mehrarbeits- und Überstundenzuschläge
  - Entgelt während der Freizeitphase

- Urlaub und Verbrauch von Resturlaub
- Modus zur Abänderung oder vorzeitigen Beendigung der Vereinbarung
- Regelung für den Fall einer längeren Erkrankung während der Freizeitphase
- Hinweis auf das Nebenbeschäftigungsverbot und die Geheimhaltungsverpflichtung auch während der Freizeitphase
- Regelung für die Zeit nach dem Sabbatical: z.B. Vorbehalt des Arbeitgebers, dass der Arbeitnehmer nach der Freizeitphase auf einem anderen, vergleichbaren Arbeitsplatz eingesetzt werden kann (Versetzung)
- Ggf. Regelung betreffend vom Arbeitgeber zur Verfügung gestellter Betriebsmittel wie z.B. Mobiltelefon, Laptop, Firmenwagen während der Freizeitphase
- Regelungen zur Aufrechterhaltung des Kontakts auch während der Freizeitphase sowie Maßnahmen für die Wiedereingliederung
- Regelung für Zeiten eines Beschäftigungsverbots (z.B. bei Schwangerschaft)
- eventuell ein Widerrufsvorbehalt des Arbeitgebers (etwa bei unvorhergesehen starker Auftragslage) und/oder des Arbeitnehmers (etwa bei unvorhergesehenen persönlichen Ereignissen) sowie die Modalitäten eines solchen Widerrufs (Vorlaufzeit, Informationsfluss, Einschränkungen etc.)
- eventuell ein Kündigungsschutz zugunsten des Arbeitnehmers während des Sabbaticals oder einer bestimmten Zeit danach

Praxistipp:

Während des gesamten Sabbaticals bleiben mangels anderer Regelung sowohl das Arbeitsverhältnis als auch die Versicherungspflicht aufrecht. Die Beitragsgrundlage für die Sozialversicherungsbeiträge kann während der Vorbereitungszeit und der Freistellungsphase naturgemäß schwanken. Eine sorgfältige lohnverrechnungstechnische und buchhalterische Handhabung ist daher sehr wichtig.

Praxistipp:

Möglich, aber nicht zwingend, ist der Abschluss einer BV über die Rahmenbedingungen für Sabbaticals. Eine solche BV ersetzt die Einzelvereinbarung nicht, kann diese aber durch Verweis auf die BV vereinfachen und verkürzen.

Good Practice:

Die Mitarbeiter der **Steiermärkische Bank und Sparkassen AG** können, in Absprache mit der Führungskraft, durch den Aufbau von Plusstunden (z.B. durch Überstunden) einen Freizeitanspruch aufbauen. Dieser Freizeitanspruch kann dann gesammelt konsumiert werden. Während der gesamten Zeit bleibt das Einkommen konstant. Diese „Auszeit" kann z.B. für private Weiterbildungen oder Reisen genutzt werden. Die Mitarbeitermotivation und Kreativität können dadurch gesteigert werden bzw. kann einem Burnout vorgebeugt werden.

Good Practice:

Mondelez International siehe S. 147 ff.

III. Unbezahlter Urlaub

Vor allem wenn die Voraussetzungen für eine gesetzliche oder kollektivvertragliche Auszeit nicht erfüllt sind, können durch unbezahlte Urlaube längere Abwesenheiten ermöglicht werden, ohne dafür den (gesamten) Urlaubsanspruch zu verbrauchen oder im Extremfall das Dienstverhältnis beenden zu müssen, weil etwa kein offener Anspruch mehr besteht.

Beim unbezahlten Urlaub handelt es sich um eine Freistellung vom Dienst gegen Entfall des Entgelts auf freiwilliger Basis. Familienfreundliche Arbeitgeber ermöglichen unbezahlte Urlaube für familiäre Sondersituationen und gehen so flexibel wie möglich mit entsprechenden Anfragen um.

A. Unbezahlter Urlaub aus Sicht einer guten Vereinbarkeit

Während Sabbatical, Bildungskarenz oder Bildungsteilzeit einer längerfristigen und umfassenden Planung bedürfen, eignet sich unbezahlter Urlaub v.a. dafür, kurzfristige Bedürfnisse zu berücksichtigen und ist damit auch für einzelne Tage oder Wochen möglich.

Familiär bedingte Anwendungsfälle sind etwa:

- Überbrückung von Ferienzeiten der Kinder
- Bedarf an Freistellung zur Pflege eines nahen Angehörigen nach Ausschöpfen des Anspruchs auf Pflegefreistellung
- längere Auszeit, um den Tod eines nahen Angehörigen zu verarbeiten bzw. Nachlass zu organisieren
- längere Auszeit, um ein persönliches Projekt umzusetzen bzw. abzuschließen (Reise, Umbau, Ausbildung etc.)

B. Organisatorischer Rahmen

Bei unbezahltem Urlaub sind ebenso die eingangs erwähnten Voraussetzungen für Auszeiten zu beachten. Aus unternehmenskultureller Sicht sollte eine grundsätzliche Entscheidung getroffen werden, ob es ein klares Ja oder Nein zu unbezahlten Urlauben gibt. Ein Rechtsanspruch besteht nicht.

Es ist zu regeln, wie mit diesbezüglichen Anfragen im Unternehmen umgegangen wird und welche Prozesse einzuhalten sind.

Zusätzlich ist zu bedenken, dass möglicherweise Arbeitnehmer, die unbezahlten Urlaub in Anspruch nehmen möchten, auch noch höhere Resturlaubsstände aufweisen, die durch einen unbezahlten Urlaub unberührt bleiben. Es kann daher vereinbart werden, dass zuerst der gesetzliche Urlaub zu verbrauchen ist, bevor ein unbezahlter Urlaub angetreten werden kann. Andernfalls kann keine Reduktion von Urlaubsrückstellungen erreicht werden.

C. Rechtlicher Rahmen

Unbezahlter Urlaub kann zwischen Arbeitnehmer und Arbeitgeber einvernehmlich vereinbart werden. Die Initiative kann vom Arbeitgeber oder vom Arbeitnehmer ausgehen. Unbezahlter Urlaub stellt in der Regel rechtlich gesehen eine Karenzierung bzw. eine Beurlaubung oder Freistellung ohne Weiterzahlung der Bezüge dar.

Der Arbeitnehmer kann nicht einseitig unbezahlten Urlaub nehmen (etwa indem er nicht zum Dienst erscheint). Andererseits kann der Arbeitgeber den Arbeitnehmer nicht zu unbezahltem Urlaub zwingen (etwa durch eine Weisung). Eine Dienstfreistellung unter Fortzahlung des Entgelts könnte der Arbeitgeber grundsätzlich einseitig anordnen.

Während eines unbezahlten Urlaubs ruhen die beiderseitigen Hauptpflichten (Arbeitsleistung und Entgeltzahlung) für eine bestimmte Zeit, ohne dass das Beschäftigungsverhältnis beendet wird. Im Fall einer vereinbarten Karenzierung ist keine (einvernehmliche) Beendigung durchzuführen. Es ist daher auch keine Kündigungsfrist einzuhalten und es sind keine Beendigungsansprüche wie etwa Abfertigung Alt auszubezahlen.

Zeiten eines unbezahlten Urlaubs sind grundsätzlich für die Berechnung dienstzeitabhängiger Ansprüche anzurechnen. Anderes könnte für Sonderzahlungen gelten. Mangels klarer gesetzlicher Regelung zur Anrechnung von unbezahltem Urlaub ist eine diesbezügliche vertragliche Regelung zu empfehlen.

Ob die Vereinbarung eines unbezahlten Urlaubs zu einem besonderen Kündigungsschutz führt, ist gesetzlich nicht geregelt. Nach herrschender Ansicht besteht kein besonderer Kündigungsschutz. Es kann jedoch vereinbart werden, dass der Arbeitgeber auf sein Kündigungsrecht während einer gewissen Zeit verzichtet.

Praxistipp:

Eine Karenzierung darf nicht mit einer Aussetzung oder echten Unterbrechung des Arbeitsverhältnisses (mit oder ohne Wiedereinstellungszusage) verwechselt werden. Bei Letzterem wird das Arbeitsverhältnis tatsächlich beendet. Karenzierungen und Unterbrechungen haben unterschiedliche arbeits-, sozialversicherungs- und arbeitslosenversicherungsrechtliche Folgen. Daher ist es wichtig, diese Maßnahmen klar auseinanderzuhalten.

Von Gesetzes wegen bestehen keine Formvorschriften für die Vereinbarung unbezahlten Urlaubs. Es ist aber sehr wichtig, dass sich beide Vertragsparteien genau überlegen, welche Art von Karenzierung gewünscht ist und welche Rechtsfolgen damit verbunden sind. Im Sinne der Rechts- und Beweissicherheit und zur Vermeidung von Missverständnissen sollte im jeweiligen Einzelfall eine schriftliche Vereinbarung getroffen werden. Diese sollte insbesondere folgende Eckpunkte umfassen:

- Klarstellung, dass es sich um eine Karenzierung handelt (und nicht um eine Beendigung, Aussetzung, echte Unterbrechung, gesetzlich geregelte Form einer Auszeit oder ähnliches) und das Arbeitsverhältnis aufrecht bleibt

- Beginn und Dauer des unbezahlten Urlaubs
- Regelungen zum Entgelt während des unbezahlten Urlaubs
- Regelungen betreffend Aufrechterhaltung des Kontakts zum Betrieb
- Regelungen betreffend Betriebsmittel, wie Dienstwagen, PC, Mobiltelefon etc. und deren (Privat-)Nutzung für die Zeit des unbezahlten Urlaubs (Rückstellung, zulässige Weiterverwendung etc.)
- Klärung, ob die Zeit des unbezahlten Urlaubs für dienstzeitabhängige Ansprüche angerechnet wird
- Klarstellung der sozialversicherungsrechtlichen Konsequenzen der Karenzierung
- bei längeren Karenzierungen: Regelungen für die Zeit nach der Rückkehr aus dem unbezahlten Urlaub (Rückkehr an den gleichen Arbeitsplatz?, Änderung der Tätigkeit und/oder des Arbeitsorts? etc.)
- Hinweis auf die Weitergeltung der Nebenpflichten, wie Fürsorgepflicht des Arbeitgebers sowie Treuepflicht, Verschwiegenheitspflicht und das Nebenbeschäftigungsverbot des Arbeitnehmers
- eventuell Regelung, dass vor oder aus Anlass der Freistellung der noch offene, gesetzliche Urlaubsanspruch konsumiert werden muss
- eventuell Zweck der Freistellung
- eventuell Rahmenbedingungen einer vorzeitigen Beendigung des unbezahlten Urlaubs (Hinweis: Mangels expliziter Regelung können weder Arbeitnehmer noch Arbeitgeber einseitig von der Vereinbarung zurücktreten.)
- eventuell Rahmenbedingungen einer Verlängerungsoption
- eventuell Vereinbarung eines Kündigungsverzichts für die Dauer der Freistellung
- eventuell Regelungen für die Entrichtung von Beiträgen zur Betriebspension für die Dauer der Karenzierung

Praxistipp:

Dauert der unbezahlte Urlaub bzw. die Karenzierung länger als einen Monat, ist das Arbeitsverhältnis ab Beginn der Karenzierung bei der Sozialversicherung ruhend zu melden und es werden keine Beiträge zur Sozialversicherung entrichtet. Darauf sollte der Arbeitnehmer auch hingewiesen werden. Überschreitet die Dauer des unbezahlten Urlaubs einen Monat nicht, besteht die Pflichtversicherung nach dem ASVG grundsätzlich weiter.

Good Practice:

Für die Mitarbeiter der **Mondelez International Gesellschaften** an den Standorten Wien/Auhof und Bludenz mit einem unbefristeten Dienstverhältnis (ausgenommen von einem Sabbatical-Anspruch sind grundsätzlich Lehrlinge, Praktikanten und Ferialmitarbeiter) gibt es folgende zwei Modelle für zusätzliche Freizeit: Unbezahlte Abwesenheit und Sabbatical.

Um die Unternehmensrichtlinien „Beruf und Familie" oder auch „Mitarbeiter Engagement" zu unterstreichen, steht das Unternehmen Anfragen auf unbezahlten Urlaub und Sabbatical prinzipiell positiv gegenüber. Bei unbezahlter Abwesenheit wird aufgrund der Dauer der Abwesenheit unterschieden zwischen unbezahltem Urlaub (maximal ein Monat pro Kalenderjahr) und Sabbatical (6-24 Monate).

Voraussetzungen für unbezahlten Urlaub:

- Mindestens ein Jahr Betriebszugehörigkeit des Antragstellers
- Entsprechende Abstimmung über die Dauer bzw. Art der Abwesenheit mit dem Line Manager und HR
- Mindestdauer unbezahlter Urlaub: eine Woche/Kalenderjahr
- Maximale Dauer unbezahlter Urlaub: vier Wochen/Kalenderjahr (auch wochenweise möglich)
- Der Antrag auf unbezahlten Urlaub muss mindestens zwei Monate vor Beginn des gewünschten Urlaubs mittels „Antragsformular für unbezahlten Urlaub" gestellt werden; Ausnahmen dazu sind bei kurzfristigen Bedarfen zu genehmigen.

Voraussetzungen für Sabbatical:

- Grundsätzliche Leistung des Arbeitnehmers muss positiv sein
- Aktuelle Geschäftssituation/Situation im Team des Arbeitnehmers muss ein Backup des Arbeitnehmers ermöglichen
- Mindestdauer Sabbatical: sechs Monate
- Maximale Dauer Sabbatical: zwei Jahre
- Der Antrag auf unbezahlte Abwesenheit muss mindestens sechs Monate vor Beginn des gewünschten Sabbaticals gestellt werden; Ausnahmen dazu sind bei kurzfristigen Bedarfen zu genehmigen.

Der Arbeitnehmer kann ein Sabbatical z.B. für die Umsetzung individueller Interessen, für längere Urlaube, für soziales Engagement oder für mehr Zeit für die Familie nutzen. Ein anderes Dienstverhältnis bzw. eine freiberufliche Tätigkeit für die Zeit des Sabbaticals ist nicht vorgesehen und im Anlassfall vom Unternehmen zu genehmigen.

Arbeitnehmer, die ein Sabbatical machen möchten, sollen dies im Rahmen der Mitarbeitergespräche (Halbjahres- bzw. Jahresgespräch) bekanntgeben, um eine langfristige Planung gewährleisten zu können, die auch als Teil der Karriereplanung im sogenannten „development plan" aufgenommen werden kann. Das Unternehmen muss daher mindestens sechs Monate vor Beginn des Sabbaticals (Ansparphase) darüber informiert werden.

Die Entscheidung über die Genehmigung eines Sabbaticals erfolgt durch den Manager und Human Resources. Die Entscheidungsfindung kann bis zu einem Monat dauern. Anschließend wird eine schriftliche Vereinbarung über das Sabbatical mit dem Arbeitnehmer abgeschlossen.

Die Arbeitszeit einer Position wird vertraglich reduziert und entsprechend vergü-tet. Der Arbeitnehmer arbeitet während der Ansparphase weiterhin im ursprüng-lichen Zeitausmaß (Vollzeit bzw. Teilzeit) und füllt damit sein Arbeitszeitkonto mit Mehrarbeit/Überstunden auf. Während der Freizeitphase wird dieses Zeitguthaben abgebaut (= Zeitausgleich).

Die Freizeitphase muss ungeteilt verbraucht werden und unmittelbar vor Ende des Sabbatical liegen. Der Arbeitnehmer konsumiert während der Freizeitphase das an-gesparte Zeitguthaben (= befindet sich im Zeitausgleich). Die Freizeitphase zählt zur Dienstzeit. Dienstrechtliche Ansprüche des Arbeitnehmers, die sich nach der Dauer der Dienstverhältnisse beim selben Arbeitgeber richten, werden in der Frei-zeitphase ebenfalls berechnet.

Nach Beendigung des Sabbaticals wird dem Arbeitnehmer die Rückkehr an den ur-sprünglichen oder zumindest einen gleichwertigen Arbeitsplatz im ursprünglichen Stundenausmaß durch den Arbeitgeber zugesagt. Ausnahmen können sich durch Umstrukturierungen und den damit verbundenen völligen Wegfall des Arbeitsplat-zes ergeben.

IV. Bildungskarenz/Bildungsteilzeit

Eine Bildungskarenz oder eine Bildungsteilzeit kann etwa vereinbart werden, um Arbeitnehmern neben ihren Betreuungsaufgaben die Möglichkeit einer berufsbeglei-tenden Weiterbildung zu erleichtern. Dadurch können auch zeitliche und finanzielle Überforderung verringert werden – im Sinne einer Work-Life-Balance, oder besser: „Work-Education-Life-Balance".

Bildungskarenz und Bildungsteilzeit sollen Arbeitnehmern ermöglichen, sich be-rufsbegleitend weiterzubilden, ohne große finanzielle Nachteile zu erleiden oder das Dienstverhältnis beenden zu müssen.

A. Organisatorischer Rahmen

Es müssen – wie bei allen Formen der Auszeit – klare Spielregeln festgelegt wer-den. Kulturell sollte im Unternehmen eine grundsätzliche Entscheidung getroffen wer-den, ob es ein klares Ja oder Nein zu Bildungskarenz und Bildungsteilzeit gibt.

B. Rechtlicher Rahmen

Beide Maßnahmen, Bildungskarenz und Bildungsteilzeit, sind Vereinbarungs-sache. Es besteht kein Rechtsanspruch. Bildungskarenz und Bildungsteilzeit können nicht einseitig angetreten oder angeordnet werden.

Nachstehende Tabelle zeigt die grundlegenden Voraussetzungen für „geförderte" Bildungskarenz bzw. Bildungsteilzeit (§§ 11, 11a, 15 AVRAG, § 26 AlVG):

	Bildungskarenz	Bildungsteilzeit
Vereinbarung	Schriftliche Einzelvereinbarung zwischen Arbeitgeber und Arbeitnehmer	
Mindestdauer des Dienst-verhältnisses bei Antritt	Sechs Monate ohne Unterbrechung über der Geringfügigkeitsgrenze; bei Saisonbetrieben drei Monate	
Mindestdauer	Zwei Monate	Vier Monate
Maximaldauer	Zwölf Monate	24 Monate
Stundenumfang	0 – vollständige Karenzierung	Herabsetzung der vereinbarten NAZ um mindestens ein Viertel und höchstens die Hälfte, aber wöchentliche NAZ von mindestens zehn Stunden
Rahmenfrist	Vier Jahre (innerhalb dieses Zeitraums kann keine Vereinbarung über die jeweils andere Maßnahme getroffen werden, d.h. bei Vereinbarung einer Bildungskarenz innerhalb der Rahmenfrist keine Bildungsteilzeit und umgekehrt)	
Voraussetzung für Weiter-bildungsgeld des Arbeit-nehmers	Weiterbildung im Rahmen von durchschnittlich 20 Wochenstunden; bei Betreuungspflicht von Kindern unter sieben Jahren durchschnittlich 16 Wochenstunden; bei Studium mind. vier Semesterwochenstunden oder acht ECTS-Punkte	Weiterbildung im halben Ausmaß wie bei der Bildungskarenz
Wechsel Bildungskarenz – Bildungsteilzeit	Ein einmaliger Wechsel zwischen Bildungskarenz und Bildungsteilzeit ist ohne Verlust des Weiterbildungsgelds zulässig, wenn die Höchstdauer der Bildungskarenz noch nicht voll ausgeschöpft ist. Dabei gilt folgender Umrechnungsschlüssel: ein Monat Bildungskarenz = zwei Monate Bildungsteilzeit. Die übrigen Voraussetzungen wie Mindestdauer müssen auch beim Wechsel eingehalten werden und die Rahmenfrist darf jedenfalls nicht überschritten werden.	
Betriebsrat	Der Betriebsrat ist auf Verlangen den Verhandlungen über die Bildungskarenz bzw. Bildungsteilzeit beizuziehen.	

Sind alle Voraussetzungen erfüllt, hat der Arbeitnehmer Anspruch auf Weiterbildungsgeld bzw. Bildungsteilzeitgeld, welches vom Arbeitnehmer beim Arbeitsmarktservice zu beantragen ist. Dabei sind vom Arbeitnehmer verschiedene Nachweise über

Teilnahme an Weiterbildungen zu erbringen. Weiterbildungsgeld bzw. Bildungsteilzeitgeld kann nicht unmittelbar nach einer Elternkarenz bezogen werden.

Es kann außerhalb der beschriebenen Grenzen jederzeit auch eine „nicht geförderte" Bildungskarenz oder Bildungsteilzeit vereinbart werden, wobei dann kein Anspruch des Arbeitnehmers auf Weiterbildungsgeld bzw. Bildungsteilzeitgeld besteht. Es gelten dann die allgemeinen Rahmenbedingungen für Auszeiten bzw. für Teilzeit (S. 56 f).

Hinzuweisen ist auch auf die besondere Form des Motivkündigungsschutzes, den Arbeitnehmer in Bildungskarenz und Bildungsteilzeit genießen: Erfolgt die Kündigung wegen einer beabsichtigten oder tatsächlich in Anspruch genommenen Bildungskarenz oder Bildungsteilzeit, kann der Arbeitnehmer die Kündigung bei Vorliegen der sonstigen Voraussetzungen wegen Motivwidrigkeit nach § 105 ArbVG anfechten. Wird die Kündigung in Verletzung der Formvorschriften oder Fristen ausgesprochen, kann der Arbeitnehmer aber auch alternativ die Kündigung gegen sich gelten lassen und eine Kündigungsentschädigung verlangen, und zwar basierend auf dem ungeschmälerten, vollen Entgelt vor Vereinbarung der Bildungskarenz bzw. der Bildungsteilzeit.

Weiters ist bei diesen Maßnahmen folgendes zu beachten:

- Während der Dauer der Bildungskarenz ist das Arbeitsverhältnis in sozialrechtlicher Hinsicht ruhend gestellt. Die entsprechende Meldung an die Sozialversicherung hat der Arbeitgeber durchzuführen. Wird eine Arbeitnehmerin während der Bildungskarenz oder Bildungsteilzeit schwanger, tritt ein Arbeitnehmer den Präsenzdienst an oder geht ein Arbeitnehmer in Elternkarenz, greift die hierfür geltende, für den Arbeitnehmer günstigere Regelung und verdrängt die Regelungen zur Bildungsteilzeit bzw. Bildungskarenz. Reste der Bildungsteilzeit oder Bildungskarenz können nach Zeiten des Beschäftigungsverbots oder einer Karenz noch konsumiert werden, sofern nicht eine der Parteien die Maßnahme vorzeitig beendet.

- Endet das Arbeitsverhältnis während der Bildungsteilzeit bzw. Bildungskarenz, ist für die Berechnung der Abfertigung Alt und der Urlaubsersatzleistung das für den letzten Monat vor Antritt der Bildungsteilzeit gebührende Entgelt heranzuziehen. Unterliegt das Arbeitsverhältnis der Abfertigung Neu, sind per gesetzlicher Anordnung auch während der Bildungsteilzeit die nach der ursprünglichen vereinbarten NAZ zu bemessenden Beiträge an die Mitarbeitervorsorgekasse zu leisten. Sonderzahlungen (insbesondere 13. und 14. Gehalt) und der Urlaubsanspruch werden für ein Kalenderjahr, in dem Bildungsteilzeit in Anspruch genommen wird, nach dem Ausmaß von Voll- und Teilzeitbeschäftigung aliquotiert.

V. Pflegekarenz/Pflegeteilzeit

Informationen zur Pflegekarenz und Pflegeteilzeit sind im Kapitel „Pflege nahestehender Menschen" zusammengefasst (S. 213 ff).

VI. Familienhospizkarenz

Informationen zur Familienhospizkarenz sind im Kapitel „Pflege nahestehender Menschen" zusammengefasst (S. 213 ff).

Entgeltbestandteile und finanzielle Unterstützung

Neben erhöhtem Zeitbedarf sehen sich Arbeitnehmer mit Betreuungspflichten auch mit Mehrkosten konfrontiert. Diese können etwa aus Kosten für Kinder, die Studien zufolge mit fortschreitendem Alter beträchtlich steigen, oder aber auch aus Kosten für pflegebedürftige Angehörige, die weder durch Pflegegeld noch durch Mittel der Pflegebedürftigen aufgebracht werden, resultieren. Besonders hart betroffen sind Alleinerhaltende. Mehrkosten im Zusammenhang mit Betreuungspflichten werden oft noch verstärkt spürbar, wenn das Einkommen aufgrund von Karenzen oder Teilzeitbeschäftigungen entfällt oder geringer ist. Zu Gehaltseinbußen oder -minderungen kommt auch die Gefahr der Dequalifikation in Form des Verlusts beruflicher Fähigkeiten durch Nichtausübung der erlernten Tätigkeiten.

Einige KV sehen Unterstützungsleistungen für Arbeitnehmer mit Betreuungspflichten – etwa Kinderzulagen, Geburtengelder o.ä. – vor. Darüber hinaus können Arbeitgeber Arbeitnehmer mit Betreuungspflichten auf verschiedene Art und Weise finanziell unterstützen. Es besteht die Möglichkeit von freiwilligen finanziellen Unterstützungsleistungen durch das Unternehmen selbst oder durch den Betriebsrat. Auch Mischformen – etwa durch Fonds, die vom Unternehmen und vom Betriebsrat dotiert sind – sind denkbar.

Einige mögliche freiwillige Unterstützungsleistungen sollen im Überblick und ohne Anspruch auf Vollständigkeit in diesem Kapitel dargestellt werden.

A. Rechtlicher Rahmen

Auf die in diesem Kapitel zusammengefassten Unterstützungsleistungen besteht – sofern der anwendbare KV im Einzelfall nicht etwas anderes vorsieht – kein Rechtsanspruch. Werden solche Leistungen vom Arbeitgeber gewährt, sind jedoch steuerliche, sozialversicherungsrechtliche und arbeitsrechtliche Aspekte zu beachten. Je nach Maßnahme und von Fall zu Fall muss insbesondere folgendes geprüft werden:

- Liegt in **arbeitsrechtlicher Hinsicht** ein Entgeltbestandteil vor, auf den (einzelne/alle/gewisse) Arbeitnehmer Anspruch haben, oder handelt es sich um eine einmalig gewährte, unverbindliche Zahlung?

- Liegt in **lohnsteuerrechtlicher Hinsicht** ein entgeltwerter Vorteil aus dem Dienstverhältnis (steuerpflichtiger Sachbezug) vor, der entsprechend versteuert werden muss, oder kann eine steuerfreie bzw. steuerbegünstigte Auszahlung z.B. als Sachzuwendung erfolgen?

- Liegt in **sozialversicherungsrechtlicher Hinsicht** ein Vorteil aus dem Dienstverhältnis vor, der in die Bemessungsgrundlage für die Sozialversicherungsbeiträge miteinzubeziehen ist?

In der Praxis ist es oft schwierig, die Abgrenzung klar vorzunehmen. Da die Beantwortung der obigen Fragen zudem häufigen gesetzlichen Änderungen unterliegt und eine Einzelfallbetrachtung stets erforderlich ist, können die rechtlichen Rahmenbedingungen der Unterstützungsleistungen hier nicht abschließend dargestellt werden. Hinzu kommt, dass es zu vielen Maßnahmen (noch) an Rechtsprechung der zuständigen Gerichte und Behörden fehlt, sodass nicht immer eine eindeutige Zuordnung möglich ist. Dies soll Arbeitgeber nicht davon abschrecken, finanzielle Unterstützungsleistungen zu gewähren. Es müssen aber vorab und im Einzelfall die rechtlichen Konsequenzen geprüft und stichhaltige Argumente für die vorgenommene Zuordnung in arbeits-, steuer- und sozialversicherungsrechtlicher Sicht dokumentiert werden.

Praxistipp:

Hilfestellung bietet z.B. auch die online verfügbare Broschüre „Steuerliche Aspekte einer familienbewussten Personalpolitik", die unter www.familieundberuf.at zum Download bereit steht.

Aus dem Blickwinkel des Arbeitsrechts ist besonders folgendes zu beachten:

- **Einhaltung des Gleichbehandlungsgebots:** Unterstützungsleistungen des Arbeitgebers dürfen nicht ohne sachliche Rechtfertigung in diskriminierender Weise angeboten und vergeben werden (S. 19 f).

- **Einordnung und Abgrenzung – Entgeltbestandteil oder entgeltferne Leistung:** Je nach Unterstützungsleistung muss geprüft werden, ob es sich um Entgelt oder etwa um Sachzuwendungen bzw. Aufwandsentschädigungen handelt. Die Einordnung muss gesondert aus arbeitsrechtlicher, sozialversicherungsrechtlicher und lohnsteuerrechtlicher Sicht erfolgen, da die Kriterien für die Einordnung nach diesen Regimen nicht deckungsgleich sind. In der Praxis ist es oft nicht einfach, eine genaue Abgrenzung zwischen „entgeltnahen" und „entgeltfernen" Leistungen zu ziehen.

- **Vorsicht vor dem ungewollten Entstehen einer betrieblichen Übung:** Betriebliche Übungen (auch Betriebsübungen genannt) können entstehen, wenn ein Arbeitgeber vorbehaltlos finanzielle Unterstützungsleistungen gewährt, ohne die dafür geltenden Rahmenbedingungen zu regeln. Solche Leistungen können möglicherweise als stillschweigendes Angebot zur Vertragsergänzung angesehen werden, das vom Arbeitnehmer durch Entgegennahme der Leistung angenommen wird. Ist einmal eine solche Betriebsübung entstanden, gilt sie für alle Arbeitnehmer im Betrieb. Hinsichtlich neu eintretender Arbeitnehmer kann die Geltung von Betriebsübungen ausgeschlossen werden, sofern der Gleichheitsgrundsatz beachtet wird. Gegen das Entstehen einer Betriebsübung kann sich der Arbeitgeber am ehesten durch einen Unverbindlichkeitsvorbehalt absichern.

Praxistipp:

Falls bei der freiwilligen Gewährung einer finanziellen Unterstützung kein Rechtsanspruch für die Zukunft begründet werden und es sich nur um eine einmalige Leistung handeln soll, muss dies nachweisbar gegenüber den Arbeitnehmern klargestellt und von diesen zur Kenntnis genommen werden (z.B. mittels Unverbindlichkeitsvorbehalt, der dann bei jeder Gewährung der Leistung wiederholt werden muss. Es reicht aber nicht aus, wenn der Arbeitgeber nur darauf hinweist, dass die „Leistung freiwillig erbracht" wird. Besonders bei folgenden Formulierungen ist Vorsicht geboten: „bis auf Weiteres", „einmalige Leistung", „außerordentliche Leistungsgewährung" sowie „freiwillige Leistungsgewährung". Besser sind Zusätze wie „unverbindlich" und „ohne Rechtsanspruch".

Ein **Unverbindlichkeitsvorbehalt** darf nicht mit einem Widerrufsvorbehalt verwechselt werden. Unverbindlichkeitsvorbehalt und Widerrufsvorbehalt schließen einander aus und dürfen nicht kombiniert werden. Ein Widerrufsvorbehalt setzt voraus, dass grundsätzlich ein Anspruch des Arbeitnehmers auf die Leistung entstanden ist und dieser dann aus gewissen Gründen widerrufen werden kann. Beim Unverbindlichkeitsvorbehalt geht es hingegen um die Klarstellung, dass erst gar kein Anspruch auf eine gewisse Leistung entsteht. Ein ungenau formulierter Unverbindlichkeitsvorbehalt kann das Gegenteil von dem bewirken, was gewollt war.

● **Klare Rahmenbedingungen schaffen und Änderungsmöglichkeiten vorbehalten:** Werden finanzielle Unterstützungsleistungen auf freiwilliger Basis im Unternehmen regelmäßig angeboten, ist es wichtig, die Rahmenbedingungen klar zu regeln und zusätzlich einen Widerrufs- oder Änderungsvorbehalt vorzusehen.

Ein **Änderungsvorbehalt** zielt darauf ab, einen Entgeltanspruch kürzen zu können, wenn sich die wirtschaftliche Lage des Unternehmens oder sonstige Parameter ändern. Ein **Widerrufsvorbehalt** soll dem Arbeitgeber ermöglichen, eine von ihm zugesagte Leistung ganz oder teilweise wieder einzustellen. Auch bei Vereinbarung eines Änderungs- und Widerrufsvorbehalts darf der Arbeitgeber eine entgeltwerte Leistung nur bei Vorliegen eines Sachgrundes und nicht willkürlich ändern bzw. widerrufen. Sachliche Gründe, die einen Widerruf oder eine Änderung der Leistung rechtfertigen können, sind z.B. wirtschaftliche Schwierigkeiten, Sanierungsmaßnahmen, wesentliche Verschlechterungen des Betriebsergebnisses, Wegfall der Funktion, die mit der Zusatzleistung vergütet wird, Verringerung des Arbeitsvolumens oder Wegfall des Zwecks einer Zulage. Hinsichtlich der Zumutbarkeit der Änderung oder des Widerrufs für den Arbeitnehmer gilt nach herrschender Meinung eine 10%-Grenze. Dies bedeutet, dass eine bis zu 10%-ige Verringerung des Entgelts durch eine gerechtfertigte Änderung oder Widerruf eines freiwillig gewährten Entgeltbestandteiles als dem Arbeitnehmer zumutbar angesehen wird.

> **Praxistipp:**
>
> Bei der Formulierung von Vorbehalten zu Entgeltbestandteilen oder finanziellen Unterstützungen ist große Vorsicht geboten. Ungenaue, unverständliche oder unvollständige Formulierungen werden zu Lasten des Verfassers (meist Arbeitgeber) ausgelegt.

I. Zulagen und Zuschüsse bei familiären Anlässen

Zulagen und Zuschüsse bei familiären Anlässen sind häufig im KV geregelt und dann zwingend zu zahlen, können aber auch vom Arbeitgeber freiwillig oder zusätzlich gewährt werden. Sie können einmalig oder wiederkehrend (auch laufend) gewährt werden und sind grundsätzlich Einkünfte aus dem Dienstverhältnis. In der Regel sind sie an gewisse Voraussetzungen gekoppelt (bei Kinderzulagen etwa an das Alter des Kindes, eine Haushaltszugehörigkeit oder den Bezug der Familienbeihilfe).

> **Praxistipp:**
>
> Freiwillige Zuschüsse können auch vom Betriebsrat aus dessen Mitteln gewährt werden, was für Arbeitnehmer steuerlich vorteilhafter sein kann.

Typische Beispiele für Zulagen und Zuschüsse sind:

- Geburtenzuschuss/Geburtenbeihilfe
- Kinderzuschuss/Kinderzulage
- Heiratszuschuss/Zuschuss bei Eintragung einer gleichgeschlechtlichen Partnerschaft
- Ehezulage/Familienzulage

Good Practice:

Die **Energie AG** unterstützt ihre Mitarbeiter mit Familie durch freiwillige Sozialleistungen. Über einen eigenen Unterstützungsfonds erhalten Mitarbeiter unter Berücksichtigung von definierten Gehaltsobergrenzen freiwillige Entgeltleistungen bei Geburt eines Kindes und bei Eheschließung, für Kinder in Ausbildung kann eine Ausbildungsbeihilfe beantragt werden. Für das zweite und jedes weitere Kind wird die kollektivvertragliche Kinderzulage freiwillig in erhöhtem Ausmaß gewährt. Zudem können Kinder von Mitarbeitern in der betrieblichen Krankenzusatzversicherung zu attraktiven Konditionen mitversichert werden.

Good Practice:

Bei **ecoplus. Niederösterreichs Wirtschaftsagentur GmbH** wird bei jeder Geburt eines „ecoplus-Baby" vom Betriebsrat ein Babygeld in der Höhe von € 100,– an die Mitarbeiter ausgezahlt und die Geschäftsführung sendet einen Blumenstrauß.

II. Sachzuwendungen und Geschenke zu persönlichen Anlässen

Viele Arbeitgeber machen ihren Arbeitnehmern zu gewissen privaten Anlässen (kleine) Geschenke als Zeichen der Wertschätzung, so z.B. eine „Baby-Box" zur Geburt eines Kindes.

Geschenke aufgrund oder anlässlich persönlicher Ereignisse des Arbeitnehmers sind in der Regel steuerpflichtige Vorteile aus dem Arbeitsverhältnis. Kleinere Annehmlichkeiten oder Aufmerksamkeiten unterliegen allerdings nach herrschendem Verständnis nicht der Steuerpflicht, sofern sie keine messbaren, einkommenserhöhenden Vorteile für den Arbeitnehmer darstellen. Süßigkeiten, Blumensträuße, Produktproben oder Geschenkkarten können etwa als kleinere Annehmlichkeiten verstanden werden, wenn keine Barablöse möglich ist. Eine klare Abgrenzung, wann von kleinen Annehmlichkeiten gesprochen werden kann und ab wann ein Geschenk als Vorteil aus dem Dienstverhältnis anzusehen ist, gibt es nicht. Geschenke von höherem Wert – wie etwa ein Babyphone – sind in der Regel nicht steuerfrei. Es muss im Einzelfall anhand des Werts des Geschenks mit Augenmaß vorgegangen werden. Der steuerfreie Betrag für Sachzuwendungen in Höhe von € 186,– (Stand 2014) kann grundsätzlich für Geschenke aus persönlichen, anlassbezogenen Fällen nicht herangezogen werden.

> **Good Practice:**
>
> Die seitens der **Firma Rath** gesetzten Maßnahmen richten sich u.a. auf Zuwendungen bei familiären Anlässen wie Geburt eines Kindes oder etwa runden Geburtstagen von Arbeitern und Angestellten. Bei der Geburt eines Kindes wird als kleine Aufmerksamkeit ein Kinderessbesteck überreicht. Bei runden Geburtstagen (ca. zwölfmal pro Jahr) erhalten die Jubilare eine kleine Anerkennung z.B. in Form eines Blumenstraußes.

III. Betriebsveranstaltungen

Eine Maßnahme, um Familie im unternehmerischen Kontext sichtbar zu machen, ist die Öffnung von Firmenveranstaltungen (z.B. Weihnachtsfeiern, Wandertagen etc.) für Familienangehörige. Wesentlich ist es, den Kreis der Eingeladenen klar zu kommunizieren und sich bewusst zu sein, dass diese Auswahl auch indirekt den unternehmerischen Familienbegriff widergibt.

Freiwilliger Sozialaufwand von Arbeitgebern für Betriebsfeiern sind abzugsfähige Betriebsausgaben. Für eine Teilnahme in der Höhe von bis zu € 365,– pro Jahr pro Arbeitnehmer besteht keine Steuerpflicht (Stand 2014). Anlässlich von Betriebsfeiern empfangene Sachzuwendungen sind bis zu € 186,– jährlich steuerfrei (Stand 2014).

Können an Betriebsveranstaltungen auch Familienangehörige teilnehmen, sollte sichergestellt sein, dass diese einen Haftungsausschluss unterzeichnen, Sicherheitsunterweisungen erhalten und insbesondere Eltern die Haftung für ihre Kinder übernehmen.

Good Practice:

ÖAMTC-Mitarbeiter können ihre Kinder (bis 15 Jahre) kostenlos zum Firmen-Skitag mitnehmen. Für Angehörige (Ehepartner bzw. Lebensgefährten und Jugendliche über 15 Jahre) gibt es eine vergünstigte Teilnahmemöglichkeit.

IV. Kinderbetreuungszuschuss

Eine attraktive Möglichkeit, Arbeitnehmer mit betreuungspflichtigen Kindern zu unterstützen, stellt der Kinderbetreuungszuschuss dar, der in Österreich derzeit (Stand 2014) bis zu einer Höhe von € 1.000,– pro Jahr und pro Kind unter gewissen Voraussetzungen steuer- und sozialversicherungsfrei ist.

Wesentlicher Vorteil für den Arbeitgeber ist, dass der Kinderbetreuungszuschuss eine Betriebsausgabe darstellt und keine Lohnnebenkosten anfallen. Für die Arbeitnehmer ist dieser Zuschuss kein steuerpflichtiger Vorteil. Um diese Vorteile nutzen zu können, müssen alle folgenden Bedingungen erfüllt sein:

- Betreuung eines Kindes unter zehn Jahren
- Arbeitnehmer bezieht für betroffenes Kind mehr als sechs Monate im Kalenderjahr den Kinderabsetzbetrag
- Zuschuss muss zweckgebunden sein, das bedeutet Zahlung des Zuschusses direkt an Betreuungseinrichtung/-person oder in Form von Gutscheinen, die dort eingelöst werden können

Praxistipp:

Der Zuschuss darf nicht direkt an den Arbeitnehmer ausbezahlt werden. Die Kinderbetreuung muss in einer öffentlichen Kinderbetreuungseinrichtung, einer privaten Kinderbetreuungseinrichtung, die den landesgesetzlichen Vorschriften entspricht, oder durch eine pädagogisch qualifizierte Person erfolgen.

Praxistipp:

Kinderbetreuungszuschüsse über den gesetzlichen Maximalbetrag hinaus bzw. Zuschüsse, die die genannten Voraussetzungen nicht erfüllen, sind ein entgeltwerter Vorteil aus dem Arbeitsverhältnis und damit steuerpflichtig.

Praxistipp:

Kinderbetreuungszuschüsse dürfen nicht mit der Absetzbarkeit von Kinderbetreuungskosten beim Arbeitnehmer im Rahmen der Arbeitnehmerveranlagung verwechselt werden (jährlich € 2.300,–, Stand 2014).

Praxistipp:

Manche Gutscheinanbieter (z.B. Edenred, Sodexo u.ä.) bieten sogenannte „Junior Schecks" an. Diese Gutscheine sind bei vielen Kinderbetreuungseinrichtungen einlösbar und können bei Vorliegen der Voraussetzungen steuerfrei gewährt werden.

V. Nutzung firmeneigener Infrastruktur

Unternehmen können auch durch die Ermöglichung der privaten Nutzung von firmeneigener Infrastruktur Unterstützung leisten. Dies kann etwa durch die Zurverfügungstellung von Firmenfahrzeugen, Gegenständen oder Dienstleistungen erfolgen.

Aus rechtlicher und organisatorischer Sicht besonders wichtig ist die Schaffung klarer Kriterien zur Nutzung firmeneigener Infrastruktur. Dies kann in Form einer BV, einer Einzelvereinbarung oder einer Richtlinie erfolgen. Der Gleichbehandlungsgrundsatz (S. 19 f) ist auch hier zu beachten.

In der (schriftlichen) Regelung zur privaten Nutzung von Arbeitgebermitteln sollten insbesondere folgende Punkte enthalten sein:

- Organisatorisches, wie etwa Umfang der Nutzungsmöglichkeiten, Voraussetzung der Nutzung, Grenzen der Nutzungsmöglichkeiten, Verfahren bei beabsichtigter Nutzung
- Kreis der Nutzungsberechtigten / Ausschluss vom Nutzungsrecht (Achtung: Das Diskriminierungsverbot gilt auch hier, S. 19 f)
- Klarstellung, ob es sich um eine einmalige Leistungen ohne Rechtsanspruch (Unverbindlichkeitsvorbehalt vereinbaren, S. 155) handelt, oder die Arbeitnehmer einen wiederkehrenden Anspruch haben sollen (Widerrufs- und Änderungsvorbehalt vereinbaren, S. 155 f)
- Kostentragung (z.B. Kostenzuschuss zur Nutzung seitens des Arbeitnehmers)
- Haftung für Schäden, die durch den Arbeitnehmer entstehen sowie Haftung für Schäden, die dem Arbeitnehmer entstehen

Zusätzlich müssen die steuerlichen und sozialversicherungsrechtlichen Konsequenzen solcher Nutzungsmöglichkeiten geprüft werden. Diese sind von Fall zu Fall unterschiedlich. So wird etwa bei der Nutzung von Parkplätzen unterschieden, ob die Parkflächen in parkraumbewirtschafteten Zonen liegen oder nicht. Liegen die Parkplätze in parkraumbewirtschafteten Zonen, ist ein pauschaler Sachbezugswert von € 14,53 brutto pro Monat (Stand 2014) zu verrechnen.

Good Practice:
Der **ÖAMTC** bietet seinen Mitgliedern ein Leihservice für Kindersitze. Mitarbeitende mit Kindern können einen Baby-Leihsitz bis zu 14 Monate lang kostenlos ausborgen.

VI. Personaleinkauf/Firmenkonditionen

Häufig unterstützen Arbeitgeber ihre Arbeitnehmer auch durch Möglichkeiten des vergünstigten Personaleinkaufs oder durch Verhandeln von Firmenkonditionen bei Drittanbietern. Beispiele für solche Vergünstigungen sind etwa Rabatte bei Lebensmitteleinzelhändlern, Buchgeschäften, Bekleidungsfirmen, Bauhäusern, Möbelhäusern etc. oder im Sinne der Familienfreundlichkeit gut nutzbare Vergünstigungen bei Eintrittskarten in Bäder, Theater- oder Konzertkarten, auf Babyartikel, Kindermoden, bei Nachhilfeinstitutionen oder Sportangeboten.

Werden Arbeitnehmern im Zusammenhang mit ihrem Arbeitsverhältnis Vergünstigungen oder Rabatte in Form von begünstigtem Personaleinkauf oder der Möglichkeit der Nutzung von Firmenkonditionen gewährt, sind diese möglicherweise steuerlich als Sachbezug bzw. arbeitsrechtlich als entgeltwerter Vorteil anzusehen. Die korrekte rechtliche Zuordnung der Vergünstigung entscheidet über die arbeits-, sozial- und steuerrechtlichen Konsequenzen. Für Vergünstigungen, die über die handelsüblich allen Endverbrauchern zugänglichen Rabatte hinausgehen, könnte Lohnsteuer- und Beitragspflicht bestehen. Arbeitsrechtlich kann durch einen klaren Unverbindlichkeitsvorbehalt (S. 155) dem Entstehen eines Rechtsanspruchs entgegengewirkt werden.

Praxistipp:
Werden solche Vergünstigungen durch den Betriebstrat verhandelt und angeboten, liegt kein entgeltwerter Vorteil vor. Es handelt sich dann um ein Service des Betriebsrats.

VII. Mitarbeiter-Darlehen und Gehaltsvorschuss

Unternehmen können ihre Arbeitnehmer durch die Gewährung von Darlehen bzw. Gehaltsvorschüssen unterstützen, was insbesondere auch Familien entgegenkommen kann. Gerade bei Familiengründung oder Wohnraumschaffung kann der Kapitalbedarf erhöht sein.

Vereinzelt enthalten KV oder BV Regelungen über Gehaltsvorschüsse. Mitarbeiter-Darlehen können nicht Regelungsgegenstand von KV oder BV sein. Ob und unter welchen Bedingungen solche Leistungen erbracht werden, ist Vereinbarungssache.

Mitarbeiter-Darlehen und Gehaltvorschüsse müssen voneinander unterschieden werden:

siehe Musterteil

- **Gehaltvorschuss** bedeutet die Auszahlung noch nicht fälligen Entgeltes, das vom Arbeitgeber bei der oder den nächsten Entgeltauszahlung/en verrechnet wird. Ein Gehaltsvorschuss ist also ein Vorschuss auf künftig zu zahlendes Entgelt. Der Gehaltsvorschuss kann spätestens bei Beendigung des Arbeitsverhältnisses vom Arbeitgeber zurückgefordert werden. Ein Zurückbehaltungsrecht oder das Argument des gutgläubigen Verbrauchs steht dem Arbeitnehmer nicht zu.

- **Mitarbeiter-Darlehen** bedeutet die Auszahlung von Geld an den Arbeitnehmer gegen die Verpflichtung zur Rückzahlung und eventuell Zahlung von Zinsen. Mitarbeiter-Darlehen können verzinslich oder unverzinslich gewährt werden. Für Mitarbeiter-Darlehen gelten die allgemeinen zivilrechtlichen Bestimmungen über Darlehen im Allgemeinen Bürgerlichen Gesetzbuch (§§ 983 ff ABGB).

Der Unterschied zwischen Vorschuss und Mitarbeiter-Darlehen wird auch insbesondere bei Beendigung des Arbeitsverhältnisses deutlich: Offener Vorschuss wird bei Beendigung des Dienstverhältnisses grundsätzlich sofort zur Rückzahlung fällig. Der Dienstgeber kann den Vorschuss vom Endabrechnungsbetrag abziehen oder einfordern, falls der Betrag über den Endabrechnungsbetrag hinausgeht. Anders beim Darlehen: Hier hat die Beendigung des Dienstverhältnisses mangels anderer Regelung auf die Fälligkeit einer restlichen Darlehensschuld keinen Einfluss.

Praxistipp:
Gehaltsvorschüsse dürfen nicht mit Akonto-Zahlungen des Arbeitgebers verwechselt werden. Darunter sind Aufwendungen zu verstehen, die andere Perioden betreffen, etwa Zahlungen an Arbeitnehmer im Zusammenhang mit Spesen für bevorstehende Dienstreisen, die dann abgerechnet/rückgerechnet werden.

Die Gewährung eines Gehaltsvorschusses oder Mitarbeiter-Darlehens sollte schriftlich und klar geregelt werden. Geregelt werden sollten insbesondere Höhe, Auszahlungsmodalitäten, Rückzahlungs- bzw. Verrechnungsmodalitäten, Vorgehensweise bei Beendigung des Arbeitsverhältnisses vor Rückzahlung bzw. Verrechnung, Verwendungsbeschränkungen und Abtretungsverbot.

Die steuerliche und sozialversicherungsrechtliche Behandlung von Gehaltsvorschüssen und Mitarbeiter-Darlehen ist gesondert zu prüfen. Im Überblick:

- Gehaltsvorschüsse sind dem Lohnzahlungszeitraum des Zufließens zeitlich zuzuordnen.
- Mitarbeiter-Darlehen sind im Gegensatz dazu nicht im Lohnzahlungszeitraum des Zufließens, sondern in jenem Zeitraum zu versteuern, in dem die ratenweise Rückzahlung jeweils erfolgt. Die Gewährung eines unverzinslichen Darlehens stellt in der Regel einen Sachbezug in Höhe der Zinsersparnis dar. Dabei ist die Zinsersparnis mit 3,5 % des aushaftenden Kapitals zu berechnen. Bis zu einem Betrag von € 7.300,– (Stand 2014) sind jedoch Zinsersparnisse durch unverzinsliche oder niedrig verzinsliche Darlehen beitragsfrei und es ist kein Sachbezug anzusetzen.

VIII. Notfallfonds/Sozialfonds

Manche Betriebe gründen sogenannte Notfall- oder Sozialfonds. In solchen Fonds ist typischerweise Geld gebunden, das unter bestimmten Voraussetzungen an Arbeitnehmer ausbezahlt wird, die besonderen Härtefällen ausgesetzt sind, etwa durch eine schwere Erkrankung eines Kindes, Tod eines Lebenspartners oder Katastrophenfälle wie Hochwasser. Zahlungen aus einem Notfalls- oder Sozialfonds, die vom Arbeitgeber an die Arbeitnehmer direkt geleistet werden, sind grundsätzlich ein entgeltwerter Vorteil aus dem Dienstverhältnis.

Solche „Hilfsnetze" können unterschiedlich organisiert sein. Wesentlich ist, dass die Kriterien, unter denen ausbezahlt wird, und das Verfahren des Antrages klar und verständlich schriftlich geregelt sind. Es kann sinnvoll sein, den Betriebsrat miteinzubeziehen und den Fonds zum Teil auch aus Mitteln des Betriebsrats zu dotieren.

Ein Fonds kann mit Unterstützung der Finanzabteilung intern oder aber auch über einen separaten Verein abgewickelt werden, was jedoch administrativ aufwendig ist.

Geregelt werden sollte insbesondere:

- Welche Arbeitnehmer können einen Antrag auf Leistungen aus dem Fonds stellen (Achtung Diskriminierungsverbot!)? Sollen auch ehemalige Mitarbeiter umfasst sein?
- Welche Grundvoraussetzungen müssen bestehen, damit Geld aus dem Fonds beantragt werden kann (z.B. konkrete Beispiele für Härtefälle oder außergewöhnliche Belastungen)?
- Wie und wo ist der Antrag auf Zahlung aus dem Fonds zu stellen (z.B. mittels Formular bei einer neutralen Stelle)?
- Wer entscheidet, ob und wie viel Geld im Einzelfall gezahlt wird (z.B. ein Komitee aus Arbeitgeber- und Arbeitnehmervertretern)? Hinweis: Die Grundlagen der Entscheidung über eine Auszahlung sollten dokumentiert werden, um nicht dem Vorwurf einer willkürlichen Vergabe ausgesetzt zu sein.
- Wie wird ausbezahlt (z.B. einmaliger Betrag, Betrag in Raten, direkte Zahlung an Dritte)?
- Unverbindlichkeitsvorbehalt bzw. Änderungs- und Widerrufsvorbehalt (S. 155 f).

IX. Cafeteria-System

Immer wieder wird in der Personalmanagement-Literatur das „Cafeteria-System" erwähnt, weshalb auch hier kurz darauf eingegangen werden soll.

Bei einem Cafeteria-System können die Arbeitnehmer aus verschiedenen Sozial- und Nebenleistungen innerhalb eines vordefinierten Wertrahmens jene auswählen, die ihren Bedürfnissen und ihrer Situation am besten entsprechen. So können Arbeitnehmer z.B. aus Zusatzversicherungen, Zuschüssen zu Verkehrsmitteln oder Parkplatz, Essenskostenzuschuss, Sachleistungen wie Sport- und Kulturprogramm, Gesundheitsangebote, Weiterbildung, zusätzlichem Urlaub etc. bis zu einem gewissen Gesamtwert frei wählen.

Dies bietet den Vorteil, dass die Leistungen treffsicherer vergeben werden und jeder Arbeitnehmer für sich – bezogen auf seine jeweilige Lebenssituation – möglichst gut profitiert.

Umgesetzt werden kann ein solches System entweder über ein fixes Budget, das der Arbeitnehmer unterschiedlich verwenden kann, oder aber über ein gewichtetes

Punktesystem, bei dem ein Gesamtpunkteanteil je Arbeitnehmer zur Verfügung steht und jede Leistung einen gewissen Punktewert hat.

Aufgrund der derzeitigen rechtlichen Gegebenheiten, insbesondere der unterschiedlichen steuer- und sozialversicherungsrechtlichen Behandlung der einzelnen Leistungen, ist eine korrekte Umsetzung allerdings komplex und der administrative Aufwand hoch.

X. Freizeit statt Geld

In den vergangenen Jahren zeigt sich (besonders seitens der jüngeren „Generation Y") ein gesteigertes Interesse an zusätzlicher Freizeit. Aber auch ältere Arbeitnehmer äußern vor dem Hintergrund des immer längeren Erwerbslebens häufiger den Wunsch nach zusätzlicher freier Zeit.

Familienfreundliche Unternehmen können das Angebot machen, anstelle von Geldleistungen wie Prämien, Boni oder Gewinnbeteiligungen zusätzliche (bezahlte) freie Tage zu gewähren.

Aus Sicht einer guten Vereinbarkeit bietet dieses Modell v.a. Arbeitnehmern mit Betreuungspflichten einen Mehrwert, beispielsweise zur Überbrückung von Ferienzeiten bei Eltern von schulpflichtigen Kindern.

Auch im Rahmen der bereits erwähnten Online-Befragung von Hajek Public Opinion Strategies unter 1.000 Arbeitnehmern in Österreich im März/April 2014 hielten es 55% für möglich (davon 11% jedenfalls möglich, 44 % gut möglich), bei einem Jobwechsel sogar auf einen Teil des Gehalts zu verzichten, um mehr Zeit für die Familie zu haben.

A. Organisatorischer Rahmen

Wesentliche Punkte bei der Einführung/Umsetzung sind zum einen Klarheit über die Umrechnungsmodalitäten und zum anderen auch über das Ausmaß der maximal möglichen zusätzlichen freien Tage.

Auch muss klar geregelt werden, ob zuerst der bis dahin bestehende oder der zusätzlich erworbene Urlaub verbraucht wird. Solche zusätzliche freie Zeit gebührt außerdem immer „on top" und darf nicht auf den gesetzlichen Urlaubsanspruch angerechnet werden.

B. Rechtlicher Rahmen

Vereinzelt sehen KV vor, dass Dienstjubiläen in gewissem Ausmaß und nach einem gewissen Umrechnungsschlüssel in Zeitguthaben umgewandelt werden können. Abgesehen von solchen kollektivvertraglichen Sonderregelungen existieren aber keine Regelungen für die Gewährung von bezahlter Freizeit statt Auszahlung einer Leistung

in Geld. Zugunsten der Arbeitnehmer sind dahingehende Vereinbarungen grundsätzlich zulässig. Dabei ist einerseits das Diskriminierungsverbot zu beachten, andererseits
müssen die Rahmenbedingungen transparent und klar geregelt werden. So kann etwa
vereinbart werden, dass bei Erreichen gewisser Ziele der Arbeitnehmer die Wahl zwischen Auszahlung einer Prämie und bezahlter Freistellung hat. Vorab sind Fragen der
Abrechnung und der steuerlichen Behandlung solcher Wahlmöglichkeiten zu klären. In
der Vereinbarung muss u.a. geregelt werden, wie das Wahlrecht ausgeübt wird und wie
die Umsetzung aussieht, insbesondere sollte auch ein „Umrechnungsschlüssel" definiert werden.

Unterstützende Angebote und Serviceleistungen

Insbesondere unter dem Aspekt, Arbeitnehmer mit Betreuungspflichten in ihren organisatorischen Herausforderungen zu unterstützen und sie damit zu entlasten, können familienfreundliche Arbeitgeber unterschiedlichste Serviceleistungen anbieten, von Dritten anbieten lassen oder ihren Arbeitnehmern vermitteln. Die konkreten Service- bzw. Unterstützungsleistungen des Arbeitgebers können unterschiedliche Bedarfe abdecken. Einige Angebote sind in diesem Kapitel beispielhaft zusammengefasst.

A. Rechtlicher Rahmen

Rechtlich sind zu den in diesem Kapital geschilderten Unterstützungsmaßnahmen v.a. jene Grundsätze zu beachten, die im Kapitel „Entgeltbestandteile und finanzielle Unterstützung" (S. 153 ff) im rechtlichen Teil geschildert werden. Die arbeits-, steuer- und sozialversicherungsrechtlichen Aspekte müssen daher bei jeder Maßnahme abgeklärt werden. Dabei ist insbesondere im Einzelfall zu prüfen, ob es sich bei den Angeboten und Leistungen um einen entgeltwerten Vorteil aus dem Dienstverhältnis handelt. Auch hier kann es sinnvoll sein, dass manche Service- und Unterstützungsleistungen vom Betriebsrat oder gemeinsam mit dem Betriebsrat angeboten werden.

Erbringt der Arbeitgeber die nachstehend geschilderten Services selbst und direkt, so muss er dafür die entsprechenden Befugnisse haben und es treffen ihn möglicherweise Haftungs- und Gewährleistungspflichten. Der in der Praxis häufigere Fall ist jedoch, dass die Services durch externe Dienstleister ausgeführt und vom Arbeitgeber nur vermittelt werden.

I. Haushaltsservices

Haushaltsservices sind ein attraktives Angebot für Arbeitnehmer mit Betreuungspflichten, um organisatorische Wege zu reduzieren und ihnen so mehr Zeit etwa für familiäre Aufgaben zu verschaffen. Es handelt sich dabei nicht um direkte, geldwerte Leistungen des Arbeitgebers, sondern vielmehr werden die Services den Arbeitnehmern durch Dritte angeboten. Die Leistung und der Aufwand des Arbeitgebers bestehen im Wesentlichen darin, den administrativen Rahmen bereitzustellen und eventuell Vergünstigen für die Arbeitnehmer zu verhandeln. Beispiele dafür sind:

- **Einkaufsservices**
  Dabei können Arbeitnehmer bei Lieferanten des Unternehmens auch private Zusatzbestellungen tätigen. Nach Übermittlung des Bestellformulars werden die Waren samt Zahlschein je Arbeitnehmer an eine zentrale Stelle geliefert und können von dort abgeholt werden.

- **Apothekenservice**

  Über ein Bestellformular, das im Intranet abrufbar und an einer zentralen Stelle im Unternehmen abzugeben ist, können Arbeitnehmer Produkte bestellen. Diese werden von einer Partnerapotheke wöchentlich an das Unternehmen geliefert und können dann an zentraler Stelle abgeholt werden. Durch die große Menge an Bestellungen gewährt die Partnerapotheke einen Sonderrabatt.

- **Putzerei- oder Schuhmacherservice**

  Arbeitnehmer können zu reinigende Kleidung oder reparaturbedürftige Schuhe an zentraler Stelle bis zu einem gewissen Stichtag abgeben. Die Kleidung bzw. die Schuhe werden wöchentlich von einer Partner-Putzerei bzw. einem Schuhmacher abgeholt und an einem fixen Tag mit beiliegendem Zahlschein je Arbeitnehmer zentral wieder geliefert. Auch hier könnten durch größere Mengen Sonderkonditionen verhandelt werden.

Good Practice:

Die **Baxter AG** bietet ihren Mitarbeitern in drei Betriebstätten einen Putzerei-Service an. Die Mitarbeiter haben die Möglichkeit, einmal pro Woche den Reinigungsdienst einer externen Putzerei in Anspruch zu nehmen und ersparen sich dadurch Wegzeiten und Parkplatzsuchen.

A. Rechtlicher Rahmen

Es ist wichtig, zu kommunizieren, welche (Vermittlungs-)Leistung der Arbeitgeber erbringt und dass diesen keine Haftung im Zusammenhang mit der Leistung selbst trifft. Durch ein Informationsblatt oder Informationen im Intranet sollte klargestellt werden, dass die Services nicht vom Arbeitgeber selbst, sondern von Dritten erbracht werden und der Arbeitgeber dies nur administrativ unterstützt. Vertragspartner für die Services sind der externe Dienstleister und der Arbeitnehmer.

Praxistipp:

Auf Bestellformularen und ähnlichem sollte der Arbeitgeber nicht aufscheinen. Klargestellt werden sollte auch, dass die Unterstützung bei der administrativen Abwicklung solcher Services keinen Anspruch der Arbeitnehmer begründet und das Service jederzeit enden kann (etwa, wenn der Lieferant wechselt, der administrative Aufwand zu groß ist, nicht genug Arbeitnehmer das Angebot nutzen oder Arbeitnehmer missbräuchlich mit den Angeboten umgehen). Dies ist mittels Unverbindlichkeitsvorbehalt zu regeln.

Werden den Arbeitnehmern Rabatte auf Kosten des Arbeitgebers oder Gutscheine für solche Services gewährt, könnte ein lohnsteuerpflichtiger Vorteil aus dem Dienstverhältnis vorliegen. Dies ist in der Regel dann der Fall, wenn Rabatte gewährt werden, die über handelsübliche Vergünstigungen hinausgehen. Im Rahmen der Lohn- und Gehaltsabrechnung wäre dann für den vergünstigten Bezug der Services der entsprechende Geldwert (welcher nicht immer leicht ermittelbar ist) als Sachbezug anzusetzen und zu versteuern. Der Sachbezug ergibt sich in der Regel aus der Differenz zwischen dem handelsüblichen und dem für die Arbeitnehmer speziell vergünstigten Preis. Ob ein entgeltwerter Vorteil vorliegt oder nicht, muss immer im Einzelfall anhand der konkreten Umstände und Leistungen des Arbeitgebers geprüft werden.

II. Gesundheitsangebote

Die persönliche Gesundheit ist ein Bereich, der angesichts der familiären Herausforderungen gepaart mit den beruflichen Verpflichtungen häufig auf der Strecke zu bleiben droht. Das wird dann auch für Arbeitgeber betriebswirtschaftlich unmittelbar spürbar, besonders, wenn sich gesundheitliche Beeinträchtigungen in häufigeren und längeren Krankenständen niederschlagen oder leistungsfähige Arbeitnehmer das Unternehmen verlassen, weil sie gesundheitliche Probleme haben.

Immer mehr Unternehmen setzen daher gezielt Maßnahmen im Bereich der Gesundheitsförderung. Die Möglichkeiten sind hier breit gefächert und reichen von einmaligen Angeboten wie Impfaktionen bis zur Entwicklung umfassender betrieblicher Gesundheitsförderungsprogramme. Die Vielzahl der Möglichkeiten in diesem Bereich lässt eine abschließende Darstellung hier nicht zu. Einige Maßnahmen mit speziellem Fokus auf Familienfreundlichkeit sollen allerdings kurz dargestellt werden:

- **Impfaktionen**

  Das Unternehmen bietet den Arbeitnehmern (und deren Familienangehörigen) die Möglichkeit, sich im Betrieb impfen zu lassen, etwa gegen Grippe. Durch die Öffnung solcher Maßnahmen für Familienangehörige wird z.B. auch die Ansteckungsgefahr in der Familie verringert.

- **Eltern-Kind-Turnen**

  Das Unternehmen organisiert Möglichkeiten des Eltern-Kind-Turnens oder andere sportliche Aktivitäten. Dies ermöglicht Eltern und Kindern mehr gemeinsame Zeit und fördert zusätzlich Teambildung und innerbetrieblichen Austausch.

- **Fitnessraum mit Kinderecke**

  Manche Unternehmen bieten einen Fitnessraum an. Dieser kann insbesondere Arbeitnehmern mit Betreuungspflichten sportliche Betätigung erleichtern, da Fahrzeiten wegfallen. Einen zusätzlichen Vorteil bringt die Bereitstellung einer Kinderecke oder einer Betreuungsperson für Kinder in einem solchen Fitnessraum.

A. Rechtlicher Rahmen

Vor der Einführung von Gesundheitsangeboten – allenfalls unter Einholung externer Beratung – ist zu evaluieren, ob diese Leistungen durch das Unternehmen direkt oder von Dritten zur Verfügung gestellt werden. Bei der Inanspruchnahme von Dienstleistern ist eine Haftungsminimierung eher möglich als bei der Durchführung der Maßnahmen durch den Arbeitgeber selbst (z.B. Haftung für Unfälle beim Eltern-Kind-Turnen).

Bei jeder Maßnahme sollten die Rahmenbedingungen klar an die Arbeitnehmer kommuniziert werden und ein Unverbindlichkeits- oder zumindest Änderungsvorbehalt geregelt sein (S. 155 f).

Steuerlich stellt sich bei den geschilderten und möglichen anderen Gesundheitsangeboten des Arbeitgebers wie bei den meisten Unterstützungsleistungen die Frage, ob diese einen entgeltwerten Vorteil aus dem Dienstverhältnis darstellen (und damit steuerpflichtig sind) oder ob sie steuer- und beitragsfrei angeboten werden können. Dies ist im Einzelfall anhand der konkreten Umstände und Leistungen zu prüfen.

Good Practice:

Die **Orthopädische Spital Speising GmbH** bietet Impfaktionen oder Gesundenuntersuchungen für Mitarbeiter an. Jedoch wird das im Spital vorhandene Knowhow auch den Mitarbeitern kostenlos zur Verfügung gestellt, etwa in Form von regelmäßigen physiotherapeutischen Muskulaturstärkungsgruppen, Kinästhetik- und Pilates-Kursen sowie Therapeutic-Touch-Einheiten. Auch erhalten Mitarbeiter die Möglichkeit, an Yoga-Kursen und neuerdings auch an einem Kurs zu „Mindfulness Based Stress Reduction – Stressbewältigung durch Achtsamkeit" sowie an einem Stimm- und Sprechtraining teilzunehmen. Das Spital fördert und organisiert zudem jedes Jahr die Teilnahme von rund 40 Läufern beim Vienna City Marathon und beim Österreichischen Frauenlauf – und das sogar recht erfolgreich. Jährlich stattfindende Sportfeste – sowohl im Orthopädischen Spital Speising als auch Vinzenz-Gruppen-weit – ergänzen das bewegungsfördernde Angebot. Während der Wintermonate gibt es wöchentlich für jede Abteilung Gratis-Obstkörbe.

Good Practice:

Die **Sanofi-Aventis GmbH** bietet allen Mitarbeitern die Möglichkeit, sich kostenlos für das SanoFIT Programm anzumelden und ihren persönlichen Gesundheitspass anzufordern. Gleichzeitig mit dem Gesundheitspass bekommen die Mitarbeiter einen Schrittzähler, mit dem sie sich in vorgegebenen Aktionswochen Stempel verdienen können. Sobald sie einen Gesundheitspass angefordert haben, können sie das ganze Jahr bei verschiedenen Veranstaltungen und Aktionen Punkte sammeln, die sie am Ende des Jahres gegen Sport-Gutscheine eintauschen können. So werden etwa im Sommer im Donaupark gemeinsame Aktivitäten wie Nordic Walking, Rückenfit und Office Yoga angeboten, des Weiteren ein Gesundheitstag mit einem vielfältigen Programm und gesunder Jause sowie anlässlich des Welt-Frauen- und des Welt-Männer-Tags ein gemeinsames Frühstück mit Vorträgen. Als zusätzlicher Ansporn zum Stempel sammeln bekommen die Mitarbeiter ab einer gewissen Anzahl an Stempeln die Trainingsservicegebühr für InJoy zurück erstattet.

Alle Mitarbeiter haben die Möglichkeit, einmal jährlich einen kostenlosen Premium-Gesundheits-Check durchzuführen; auch dafür gibt es einen Stempel im Gesundheitspass.

Die Gesundheit der Mitarbeiter wird weiters mit Obstkörben und frisch gepresstem Orangensaft, aber auch durch Verfügbarkeit einer Betriebsärztin, die den Mitarbeitern einmal im Monat zur Verfügung steht, gefördert. Mitarbeiter können dazu eine kostenlose und vertrauliche Beratung von externen Beratern (Arbeitspsychologen, Juristen, Lebens- und Sozialberatern etc.) in privaten oder beruflichen Problemsituationen konsultieren. Weiters haben die Mitarbeiter auch die Möglichkeit, einmal in der Woche einen Massagetermin im Büro zu vereinbaren (25 Minuten für € 25,–).

III. Freizeit- und Kulturangebote

Der Arbeitgeber kann seine Arbeitnehmer auch bei der Planung einer abwechslungsreichen Freizeitgestaltung unterstützen. Hier einige Beispiele:

- **Familienwandertag**

  Das Unternehmen veranstaltet jährlich einen Wandertag, an dem alle Arbeitnehmer und deren Familie teilnehmen können.

- **Theaterbesuch**

  Einmal im Jahr sind alle Arbeitnehmer und deren Familien zu einem gemeinsamen Theaterbesuch eingeladen.

- **Mitarbeitertickets**

  Das Unternehmen unterstützt unterschiedliche Veranstalter als Sponsor. Dafür erhält es einige übertragbare Freikarten, die es den Arbeitnehmern zur Verfügung stellt.

- **Vergünstigte Eintritte**

  Das Unternehmen verhandelt mit Dienstleistern, etwa Bädern, Kulturstätten etc. Rabatte für die Arbeitnehmer und deren Familien. Diese erhalten dort gegen Vorlage ihres Mitarbeiterausweises vergünstigten Eintritt.

A. Rechtlicher Rahmen

Aus arbeitsrechtlicher Sicht ist bei solchen und ähnlichen Maßnahmen zu beachten, dass bei wiederholter, vorbehaltsloser Gewährung eine betriebliche Übung (S. 154 f) entstehen kann und die Arbeitnehmer unter Umständen einen Anspruch auf solche Angebote erwerben. Sollte ein solcher Anspruch vom Arbeitgeber nicht gewünscht sein, muss ein Unverbindlichkeitsvorbehalt (S. 155) kommuniziert werden.

In steuerlicher Hinsicht muss von Maßnahme zu Maßnahme geprüft werden, ob die Unterstützung einen entgeltwerten Vorteil aus dem Dienstverhältnis darstellt und damit steuer- und beitragspflichtig ist. Während es beim Familienwandertag und bei Mitarbeitertickets gute Gründe für das Nichtvorliegen eines beitragspflichtigen Entgeltbestandteils gibt, könnten vergünstige Eintritte und ein gemeinsamer Theaterbesuch je nach Ausgestaltung und Umfang steuer- und beitragspflichtig sein. Ein Familienwandertag könnte unter Kosten einer Betriebsveranstaltung fallen, die bis zu einem Betrag von jährlich € 365, – (Stand 2014) für die gesamte Familie steuerfrei bleiben.

Good Practice:
Die **CLIP Mediaservice** veranstaltet ein jährliches Sommerfest für ihre Mitarbeiter und deren Partner und Familien. Im Laufe des Jahres werden Ideen über mögliche Aktivitäten (z.B. Picknick, Grillabend, Drachenbootfahren, Klettergarten etc.) gesammelt und es wird gemeinsam entschieden, welche Veranstaltung organisiert werden soll. Bei der Entscheidung wird großer Wert darauf gelegt, dass die Aktivität der ganzen Familie Spaß macht und man sich in einer entspannten Umgebung außerhalb des Büros trifft. Mitarbeiter, die sich aufgrund ihrer Dienstzeiten oder ihres Dienstortes kaum begegnen, bekommen dadurch die Möglichkeit, das Unternehmen und Kollegen besser kennenzulernen. Das Sommerfest bietet aber auch dem Arbeitgeber die Möglichkeit, die familiäre Situation der Mitarbeiter zu erleben und somit deren Bedürfnisse besser zu verstehen. Nicht zuletzt wird durch das Sommerfest auch ein Zeichen der Anerkennung für die Mitarbeiter und deren Familien gesetzt.

IV. Employee Assistance Programm

Es gibt zahlreiche Problemstellungen, oft auch im privaten Bereich, mit denen Arbeitnehmer nicht an ihren Arbeitgeber herantreten wollen. Persönliche Herausforderungen abseits des Berufsalltags haben aber großen Einfluss auf das Wohlbefinden und damit auch auf die Arbeitsleistung der Arbeitnehmer. Um Arbeitnehmern hier Unterstützung zu leisten, bieten verschiedene Betreiber sogenannte Employee Assistance Programme an.

Arbeitnehmer können im Rahmen solcher Programme professionelle Beratung und Hilfestellung bei privaten wie beruflichen Problemen unter Wahrung der Vertraulichkeit und der Anonymität von externen Experten in Anspruch nehmen.

Der Arbeitgeber schließt dafür einen Vertrag mit dem ausgewählten Anbieter und bezahlt typischerweise einen pauschalen Betrag pro Monat oder Jahr. Der Arbeitgeber erhält keine Information darüber, wer aus der Arbeitnehmerschaft das Angebot nützt und zu welchen Themen. Die Services können je nach Ausgestaltung auch von Angehörigen der Arbeitnehmer in Anspruch genommen werden.

A. Rechtlicher Rahmen

Das Angebot von Leistungen eines Employee Assistance Programms ist eine gesundheitsfördernde Maßnahme im Rahmen der Fürsorgepflicht des Arbeitgebers. Es kann auch im Rahmen der Arbeitgeberpflicht zur Evaluierung psychischer Belastungen und Implementierung von Maßnahmen zum Schutz der physischen und psychischen Gesundheit der Arbeitnehmer hilfreich und sinnvoll sein.

Manche Dienstleister decken mit einem Employee Assistance Programm auch die Leistungen von Betriebsärzten und Betriebspsychologen ab. Der Einsatz von Betriebsärzten ist für Arbeitgeber verpflichtend, jener von Betriebspsychologen im Zusammenhang mit der Pflicht zur Evaluierung psychischer Belastungen ratsam. Im Rahmen eines den Bedürfnissen des Betriebs angepassten Employee Assistance Programms können somit auch gesetzlich verpflichtende Gesundheitsmaßnahmen abgedeckt und mit freiwilligen Zusatzangeboten ergänzt werden.

Im Vertrag zwischen dem Arbeitgeber und dem Anbieter der Employee Assistance Services sollten u.a. folgende Rahmenbedingungen geregelt sein:

- Umfang und Ausmaß der Leistungen (Coaching, Mentoring, Rechtsberatung, Eheberatung etc.)
- Klarstellung, ob auch arbeitsmedizinische oder andere nach dem ASchG verpflichtende Bereiche abgedeckt werden
- Definition der Anspruchsberechtigten (eventuell neben den Arbeitnehmern auch deren Angehörige und/oder ehemalige Arbeitnehmer)
- Preis und Abrechnungsmodell (pauschal, pro Abruf etc.)
- Zusicherung der absoluten Vertraulichkeit aller von Arbeitnehmern anvertrauten Daten und Informationen
- Zusicherung der Wahrung der Anonymität
- Kündigungsmöglichkeiten

Der Betriebsrat sollte bei der Auswahl des Betreibers und der Art der Leistungen involviert werden.

Praxistipp:

Soweit die Leistungen in den Räumlichkeiten des Unternehmens in Anspruch genommen werden, sind diese steuerfrei und stellen keinen entgeltwerten Vorteil aus dem Dienstverhältnis dar. Die Nutzung von Unterstützungsleistungen in externen Einrichtungen (z.B. bei den Beratern vor Ort) ist jedoch grundsätzlich als entgeltwerter Vorteil aus dem Arbeitsverhältnis zu beurteilen. Aufgrund der im Rahmen der Einrichtung des Employee Assistance Programm in der Regel vereinbarten Anonymität und absoluten Vertraulichkeit ist jedoch eine Zurechnung des Vorteils zum einzelnen Arbeitnehmer in der Praxis schwierig und kaum möglich.

Good Practice:

Die **Raiffeisen Holding Niederösterreich-Wien** bietet ein Employee Service für die Mitarbeiter und deren Familien in Form des consentiv Employee Assistance Programms. consentiv ist ein Unternehmen, das sich darauf spezialisiert hat, Mitarbeitern von Unternehmen verschiedene Serviceleistungen zu bieten. Dazu zählen v.a. Beratungsleistungen (z.B. Eheberatung, Coaching, Burnout-Prävention). Mitarbeiter können dieses Angebot anonym nutzen, ohne dass der Arbeitgeber etwas davon erfährt. Das Unternehmen zahlt für die Leistungen pauschal (Fixbetrag pro Mitarbeiter), egal wie viele Stunden in Anspruch genommen werden. Damit deckt consentiv auch Probleme ab, mit denen Mitarbeiter nicht zu ihrem Arbeitgeber kommen (wollen), aber trotzdem Unterstützung benötigen. Neben Beratung recherchiert consentiv auch Kinderbetreuungsplätze etc. Immer wieder ist consentiv auch mit Workshops und Vorträgen, z.B. „Der Spagat der berufstätigen Eltern", im Haus zugegen.

V. Servicedatenbank und Servicekatalog

Um Familienfreundlichkeit im Unternehmen spürbar zu machen, ist es notwendig, laufend die bestehenden Angebote zu kommunizieren. Dafür können Arbeitgeber ihre Leistungen übersichtlich und gebündelt beispielsweise auf Intranetseiten oder in Broschüren zur Verfügung stellen.

Das bringt den Vorteil, dass die Leistungen einfacher gefunden werden. Es trägt auch zu einem stärkeren Bewusstsein und einer besseren Kenntnis über die existierenden familienfreundlichen Angebote bei.

Aus rechtlicher Sicht ist wichtig, bei der Kommunikation klarzustellen, ob es sich um unverbindliche Leistungen ohne Rechtsanspruch handelt oder um Leistungen, auf die Anspruch besteht. Insbesondere wenn ein Anspruch auf die Leistungen besteht, sollten Umfang, Prozess und Änderungs-/Widerrufsmöglichkeit geregelt werden. Je nach Art des Services können zusätzliche Klarstellungen erforderlich sein, um potenzielle rechtliche Risiken für den Arbeitgeber zu minimieren.

Good Practice:

Die **Raiffeisen Holding Niederösterreich-Wien und Raiffeisenlandesbank NÖ-Wien AG** haben vor einigen Jahren das sogenannte „LifeBalanceCenter" gegründet. Darin werden alle Leistungen, die Mitarbeitern geboten werden, gebündelt. Eine eigene Mitarbeiterin kümmert sich um die Aktualität, erweitert das Angebot laufend und betreut die Mitarbeiter bei Fragen. Die Intranetseite des LifeBalanceCenters ermöglicht einen guten Überblick über alle Leistungen sowie ein rasches Auffinden der gewünschten Inhalte.

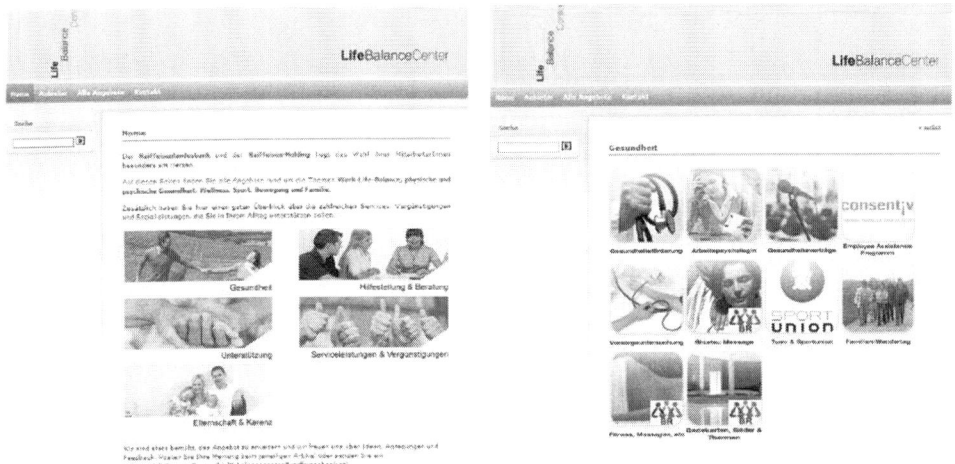

Abb. 32: Auszug aus der Intranetseite des LifeBalanceCenters der
Raiffeisenlandesbank NÖ-Wien AG

VI. Schwarzes Brett

Eine sehr einfache, aber wirksame Unterstützung kann auch die Zurverfügungstellung eines „Schwarzen Bretts" (etwa auch in digitaler Form im Intranet) sein, auf
dem Arbeitnehmer Informationen, Angebote, aber auch Bedarfe innerhalb des Unternehmens aushängen können.

Aus rechtlicher Sicht ist wichtig, dass der Arbeitgeber jegliche Verantwortung für
die Inhalte und Beiträge ausschließt und regelmäßig überprüft, dass das schwarze Brett
nicht in missbräuchlicher oder gesetzwidriger Form verwendet wird.

Betriebliche Kinderbetreuung

Bei Familienfreundlichkeit im Unternehmen wird häufig intuitiv an betriebliche Kinderbetreuung gedacht. Immer mehr Unternehmen erkennen, dass ein unternehmensinterner Beitrag zur Kinderbetreuung für Arbeitnehmer eine große Unterstützung sein kann und die Arbeitgeberattraktivität sowie die Leistungsbereitschaft und die Motivation der Arbeitnehmer erhöht. In den letzten Jahren ist das Interesse von Unternehmen, in eine Form der betrieblichen Kinderbetreuung zu investieren, deutlich angestiegen. Dabei muss es sich nicht um einen klassischen Betriebskindergarten handeln. Innerbetriebliche, selbstbetriebene Betriebskindergärten existieren eher in größeren Unternehmen. Es gibt aber noch zahlreiche andere Formen betrieblicher Kinderbetreuung, durch die Eltern gezielt unterstützt werden können und bei denen der finanzielle und organisatorische Aufwand für Unternehmen geringer ist.

I. Vor- und Nachteile

Eine betriebliche Kinderbetreuung – in welcher Form auch immer – kann eine wertvolle Entlastung und Unterstützung berufstätiger Eltern sein. Nachstehend ein paar generelle Überlegungen:

Vorteile	Nachteile
Bessere Abstimmung auf die Arbeitszeiten Betriebliche Kinderbetreuungslösungen nehmen Rücksicht auf die unternehmensspezifischen Arbeitszeiten und können Eltern eine höhere NAZ ermöglichen, z.B. durch kürzere Wegzeiten.	**Partnerschaftliche Aufteilung kaum möglich** Die Aufteilung der Pflichten (Hinbringen, Abholen etc.) trifft vorrangig jenen Elternteil, dessen Arbeitgeber die Kinderbetreuungseinrichtung zur Verfügung stellt.
Kurze Wegzeiten bei akutem Bedarf Im Bedarfsfall sind Eltern schnell bei ihrem Kind und auch wieder zurück an ihrem Arbeitsplatz.	**Kinderbetreuung vom Wohnort entfernt** Herausforderungen, wie beispielsweise reduzierte soziale Kontakte der Kinder im Wohnumfeld, oder die Logistik bei Erkrankung des Elternteils, dessen Arbeitgeber die Kinderbetreuung anbietet.
Rascherer Wiedereinstieg möglich Arbeitgeber, die Kinderbetreuung anbieten, ermöglichen einen rascheren Wiedereinstieg, v.a. wenn die Betreuungseinrichtungen auch junge Kinder aufnehmen.	**Wechsel/Verlust des Arbeitsplatzes** Wechseln Eltern den Arbeitsplatz, muss unter Umständen auch eine neue Lösung für die Kinderbetreuung gefunden werden.
Imagegewinn und Mitarbeiterbindung Arbeitgeber mit Kinderbetreuungsangeboten sind attraktiver – häufig auch für Arbeitnehmer, die noch keine Kinder haben.	

II. Organisatorischer Rahmen

Das passende betriebliche Kinderbetreuungsangebot zu finden und zu implementieren, ist zunächst eine Frage der richtigen Evaluierung und Planung. Es kommt dabei nicht rein auf die Größe des Unternehmens an, sondern v.a. darauf, ob und welcher Betreuungsbedarf bei der Arbeitnehmerschaft besteht.

Praxistipp:

Auch die Konzepte und Erfahrungen anderer Unternehmen mit Kinderbetreuungseinrichtungen zu erfragen, kann hilfreich sein. Die Beschaffung von Informationen darüber, was andere Unternehmen (speziell in der örtlichen Umgebung, der gleichen Branche oder mit einer ähnlichen Mitarbeiterzahl bzw. -struktur) machen, kann anregend und unterstützend sein.

A. Bedarfsanalyse

Im Zentrum der Überlegungen stehen die Bedürfnisse der Eltern. Eine umfassende Analyse des Bedarfs vermeidet Mehrkosten und unnötige Wege. Wesentliche Schritte einer solchen Analyse sind:

1. Erhebung der Anzahl der Mitarbeiterkinder

Da Arbeitgeber nicht unbedingt automatisch über Informationen zu den Betreuungspflichten ihrer Arbeitnehmer verfügen, ist vielfach eine Erhebung über Anzahl und Alter der zu betreuenden Kinder der Arbeitnehmer wesentlich für das Erkennen eines Bedarfs. Diese Abfrage sollte auf freiwilliger Basis bzw. mit Zustimmung der Arbeitnehmer stattfinden.

2. Befragung der Arbeitnehmer bzw. Eltern unter den Arbeitnehmern

Über die Anzahl potenziell zu betreuender Kinder hinaus hängt der tatsächliche Bedarf noch von einer Vielzahl anderer Faktoren ab, die mit dem Ziel der Entscheidung über eine betriebliche Kinderbetreuung systematisch abgefragt werden können, z.B.:

- Für welche Art von Kinderbetreuung besteht welcher Bedarf (Kindergarten, Hort, Krippe, tageweise Betreuung, stundenweise Betreuung, Ferienbetreuung etc.)?
- Welche Kriterien sind den Eltern bei der Auswahl einer Betreuungslösung besonders wichtig?
- Unter welchen Rahmenbedingungen (Zeiten, Kosten, Zusatzangebot etc.) würden Eltern die betriebliche Betreuungslösung tatsächlich nutzen?
- Für wie viele Kinder soll es ein Angebot geben?

Rechtlich ist zu bedenken, dass bei solchen Bedarfsanalysen in der Regel Fragen gestellt werden, die die Privatsphäre der Arbeitnehmer betreffen oder sensible Informationen abfragen. Sie sollten daher nur auf freiwilliger Basis bzw. mit Zustimmung der Arbeitnehmer (und allenfalls auch des Betriebsrats) durchgeführt werden.

B. Umfeldanalyse

Neben der innerbetrieblichen Analyse sollte am Beginn auch eine Analyse im Unternehmensumfeld erstellt werden. Dabei sollte beispielsweise untersucht werden, welche Kinderbetreuungsangebote in der Umgebung bereits bestehen, wie diese ausgestaltet sind und wie groß der generelle Bedarf einer zusätzlichen Kinderbetreuung im regionalen Umfeld ist. Eine sorgfältige Umfeldanalyse kann auch für die langfristige Auslastung wesentlich sein.

C. Standortevaluierung

Für den Standort der Kinderbetreuung gibt es mehrere Möglichkeiten, beispielsweise:

- ein oder mehrere Betriebsstandorte, das Betriebsgebäude oder andere unternehmenseigene Räumlichkeiten, die den behördlichen und gesetzlichen Vorgaben angepasst sind.
- ein entsprechend adaptierter Zubau oder Neubau auf/neben dem Firmengelände.
- angemietete Räumlichkeiten in der Umgebung, die den gesetzlichen und behördlichen Vorgaben entsprechen.
- Kooperation mit bereits bestehenden professionellen Kinderbetreuungseinrichtungen oder Tageseltern in der Umgebung.

Die Wahl des geeigneten Standorts ist stark davon abhängig, welche Art der Betreuung realisiert werden soll. Bei der Standortauswahl sind auch rechtliche Rahmenbedingungen zu prüfen. In jedem Fall ist die Beiziehung eines professionellen Betreibers und/oder Beraters sinnvoll, da es eine Vielzahl von Auflagen gibt, die bei der Errichtung von Kinderbetreuungseinrichtungen zu beachten ist.

D. Entscheidung für ein Konzept / Angebot und Auswahl eines Betreibers

Parallel zu Standortüberlegungen ist auch eine Entscheidung über die Art des Angebots und den entsprechenden Betreiber zu treffen.

Hierzu stehen verschiedene Optionen offen:

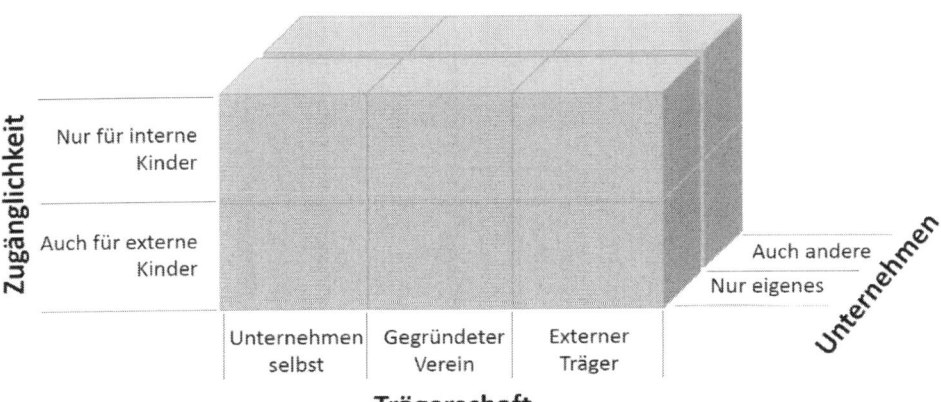

Abb. 33: Auszug aus: Betriebliche Kinderbetreuung in Österreich, ÖIF, Working Paper 75, 2010

Ist die Entscheidung im Grundsatz gefallen, können gezielt Träger angesprochen werden (so sie nicht ohnedies schon im Vorfeld beigezogen wurden). Davor sollte sich das Unternehmen über die Kriterien, denen der Betreiber entsprechen muss, klar werden, um die Angebote gut vergleichen zu können. Qualitätskriterien für eine reibungslose Abwicklung sind z.B. die pädagogische Qualität, der Preis, passende Öffnungszeiten, die Anpassungsfähigkeit des Betreibers an die Vorgaben des Unternehmens und die Erfahrung mit öffentlichen Stellen.

Allem voran muss sich das Unternehmen über die internen gewünschten Rahmenbedingungen (Dauer des Angebots – punktuell, tageweise, wochenweise, ganzjährig, Öffnungszeiten, Schließwochen etc.) im Klaren sein.

Praxistipp:

Bei der Auswahl des Betreuungskonzepts und der Betreiberauswahl empfiehlt es sich auch darauf zu achten, dass das Konzept zur Unternehmensphilosophie passt.

E. Finanzieller Rahmen

Mehr als bei anderen in diesem Buch beschriebenen Maßnahmen ist die Einrichtung einer betrieblichen Kinderbetreuung mit erheblichen Kosten verbunden, insbesondere:

- Kosten für notwendige Umbauten im Betrieb (Adaption von Räumen, Gestaltung kindgerechter Sanitäranlagen, Umbau von Fluchtwegen, Einbau neuer Zutritts- und Schließsysteme etc.) bzw. bei selbstbetriebener, aber außerbetrieblicher Kinderbetreuung Kosten für Anmietung von geeigneten Räumlichkeiten

- Kosten für die benötigte Infrastruktur (Anschaffung kindgerechter Möbel, Spielzeug, Materialien etc.)

- Kosten für die Einholung der behördlichen Bewilligungen und öffentliche Abgaben
- Personalkosten (in Pauschale des externen Anbieters oder für eigenes Personal)
- laufende Fixkosten und variable Kosten (Kosten für Strom, Gas, Beheizung, Belüftung, Reinigung etc.) sowie Kosten für die Erhaltung und Wartung der Räumlichkeiten
- Kosten für eine Versicherung

Sind die Kosten ermittelt, ist die Budgetentscheidung zu treffen, wobei auf die Möglichkeit einer Förderung, z.B. durch Bund oder Land, hingewiesen wird. Überlegt (und auch abgefragt) werden sollte zudem eine Kostenbeteiligung der Eltern.

F. Kommunikation

Wesentlich ist auch die rechtzeitige Kommunikation des Vorhabens an die Arbeitnehmer. Dies kann beispielsweise durch folgende Maßnahmen umgesetzt werden:

- Informationsveranstaltung, etwa mit einem Vortrag des Betreibers,
- laufende Fortschrittsberichte per E-Mail bzw. in Mitarbeitermedien oder
- Möglichkeit der Mitbestimmung bei der Namensgebung der Kinderbetreuungseinrichtung.

Ohne Einbindung der Belegschaft, insbesondere, wenn es durch die Errichtung der Betreuungseinrichtung zu räumlichen Umgestaltungen am Betriebsstandort kommt, kann sich die gewünschte positive Wirkung dieser Maßnahme auch leicht ins Gegenteil verkehren.

III. Rechtlicher Rahmen

Bei Planung, Errichtung und Verwaltung der verschiedenen Formen betrieblicher Kinderbetreuung sind zahlreiche rechtliche Rahmenbedingungen zu beachten. Eine abschließende Darstellung der rechtlichen Voraussetzungen und Aspekte ist im Rahmen dieses Buchs nicht möglich.

Das Kinderbetreuungsrecht ist in Österreich (anders als beispielsweise das Urlaubsrecht oder das Arbeitszeitrecht) föderal strukturiert. Es gibt kein Kinderbetreuungsgesetz für ganz Österreich. Vielmehr gelten in den einzelnen Bundesländern zum Teil sehr unterschiedliche rechtliche Rahmenbedingungen. Schon die Namen der Gesetze und Verordnungen zum Thema Kinderbetreuung sind uneinheitlich. Während es beispielsweise in Kärnten und Vorarlberg ein „Kindergartengesetz" gibt, sind Rechtsfragen rund um die Kinderbetreuung im Burgenland im „Kinderbildungs- und -betreuungsgesetz" geregelt. Hinzuweisen ist auch darauf, dass die verschiedenen Kinderbetreuungsvarianten in den einzelnen Landesgesetzen teilweise unterschiedlich definiert sind. Beispielsweise variieren die landesspezifischen Bezeichnungen für die Betreuung von Kleinstkindern – Krabbelstube, Krabbelgruppe, Kleinkindergruppe etc. – bzw. sehen manche Bundesländer gar keine spezielle Form von Kinderkrippen vor.

Die jeweiligen länderspezifischen Gesetze und Verordnungen enthalten insbesondere zu folgenden Themen Regelungen: Mindestalter, Gruppengröße, Betreuungsschlüssel, Höhe der Elternbeiträge und Fördermöglichkeiten, Größe, Einrichtung und Ausstattung der Räumlichkeiten (auch Zusatzräume wie Bewegungsräume und Freiflächen) sowie Qualifikation, Vergütung und Fortbildungserfordernisse des Betreuungspersonals.

Zusätzlich bestehen je nach Art der Kinderbetreuungseinrichtung verschiedene Bewilligungspflichten und damit zusammenhängende behördliche Auflagen (z.B. im Bereich Hygiene, Brandschutz, Sicherheit, kindgerechte Gestaltung). Es kann für eine gelungene Umsetzung einer innerbetrieblichen Kinderbetreuung hilfreich sein, externe Unterstützung und Beratung von Profis in diesem Bereich einzuholen. Bei Missachtung der gesetzlichen Vorgaben bestehen umfassende Risiken (Verwaltungsstrafen, Untersagung des Betriebs etc.), die durch korrekte Planung und Umsetzung minimiert werden können.

Der Betriebsrat ist bei der Planung und Errichtung einer betrieblichen Kinderbetreuung zu informieren und könnte auch zur Unterstützung des Vorhabens aufgefordert werden. Über die Rahmenbedingungen der betrieblichen Kinderbetreuung kann eine BV geschlossen werden, was besonders in großen Unternehmen sinnvoll erscheint.

A. Vertrag mit Betreiber bzw. betriebliche Regelungen

Fällt die Entscheidung für die Zusammenarbeit mit einem externen Betreiber, kommt der Gestaltung des Vertrags mit diesem große Bedeutung zu. Wesentliche Punkte bei den Vertragsverhandlungen können sein:

- Vergabekriterien
- Schließ- und Ferienzeiten
- Sicherheits- und Haftungsbestimmungen
- Einhaltung zu beachtender Auflagen
- Kosten und Kostentragung
- Vertraulichkeit und Datenschutz
- Kündigungsmöglichkeiten

Fällt die Entscheidung für eine innerbetriebliche, selbstbetriebene Form der Kinderbetreuung, müssen unternehmensintern klare Richtlinien, die alle rechtlichen, organisatorischen und finanziellen Aspekte regeln, erstellt und von den Arbeitnehmern akzeptiert werden. Es kann auch eine BV abgeschlossen werden.

IV. Modelle betrieblicher Kinderbetreuung im Überblick

2010 wurde vom Österreichischen Institut für Familienforschung ermittelt, dass es in Österreich 158 dauerhafte betriebliche Kinderbetreuungseinrichtungen gibt, wobei die Mehrzahl davon extern betrieben wird. Allerdings werden auch immer mehr alternative, bedarfsorientierte Angebote in Unternehmen geschaffen, wie z.B. Betriebstageseltern, tageweise oder anlassbezogene Kinderbetreuung, Betreuung in Ferienzeiten, Kooperationen mit anderen Unternehmen bzw. institutionellen Kinderbetreuungen. Werden die gesetzlichen Vorgaben eingehalten, können auch neue Formen betrieblicher Kinderbetreuung entwickelt werden. Jedes Modell bietet Vor-, aber auch Nachteile. Im Folgenden werden einige Modelle der Kinderbetreuung im Betrieb kurz vorgestellt.

Mögliche Vor- und Nachteile der in diesem Buch genannten Modelle hier im Überblick:

	Betriebs-kindergarten	Belegplätze/ Kooperationen	Tageseltern (im Betrieb)	Ferien-betreuung	Tageweise Betreuung (Fenstertage, schulfreie Tage)
Vorteile	Dauerhafte Betreuung sichergestellt; Betreuungs-zeiten an Arbeitszeiten anpassbar	Überschaubare Kosten; Risiko ausgelagert; Anzahl der Plätze kann variieren; Keine Um-/ Zubauten erforderlich	Auch für kleine Betriebe möglich; Gut geeignet für Betreuung von 0-3-Jährigen, vorzugsweise im ländlichen Raum; Besondere Fördermöglich-keiten; Geringere Um-/ Zubauten erforderlich	Bedarfsgerechter und flexibler als andere Modelle; Speziell für Eltern schul-pflichtiger Kinder; Überschaubare Kosten; Keine Um-/ Zubauten er-forderlich, so-fern die Betreu-ung durch externe Anbie-ter erfolgt	Bedarfsgerechter und flexibler als andere Modelle; Überschaubare Kosten; Keine Um-/ Zubauten erforderlich
Nachteile	Um-/Zubauten erforderlich; Kostenintensiv	Bedarf schwer abzuschätzen; Interessens-konflikte über „Reservieren" von Plätzen	Eingeschränk-teres Angebot (Öffnungszei-ten, möglich Ausfälle); Fixkosten trotz allenfalls schwankenden Bedarfs; Aufgrund lan-desspezifischer Sondergesetze nicht in allen Bundesländern möglich	Komplexe Bedarfserhebung; Langfristige Planung erforderlich; Haftungsrisiko; Nur punktuelle Betreuung	Komplexe Bedarfserhebung; Langfristige Planung erforderlich; Haftungsrisiko; Nur punktuelle Betreuung

A. Betriebskindergarten

Betriebskindergärten bieten den großen Vorteil, dass der konkrete Bedarf der Arbeitnehmerschaft eines Betriebs abgedeckt werden kann, beispielsweise durch längere Öffnungszeiten, weniger Schließtage oder die Möglichkeit, Betreuung für Kinder bereits ab dem ersten Lebensjahr anzubieten.

1. Organisatorischer Rahmen

Betriebskindergärten können im Betrieb oder extern errichtet werden. Weiters können sie selbst- oder fremdbetrieben sein.

Die Einrichtung eines Betriebskindergartens (besonders eines internen, selbstbetriebenen) ist mit intensiven Vorbereitungen verbunden. Vor allem kleine und mittlere Unternehmen stehen bei der Einrichtung eines Betriebskindergartens oft vor budgetären und personellen Herausforderungen.

Die oben dargestellte Herangehensweise bei der Planung und Umsetzung einer betrieblichen Kinderbetreuung zeigt auszugsweise die dabei gegebenen Herausforderungen.

2. Rechtlicher Rahmen

Planung, Errichtung und Betrieb einer Kinderbetreuungseinrichtung im Unternehmen bedeuten für Arbeitgeber große Verantwortung und hohen Aufwand. Es reicht nicht, den Sozialraum fortan als Krabbelstube zu nutzen und die Kinder der Arbeitnehmer in die Obhut studentischer Betreuungspersonen ohne entsprechende Ausbildung zu übergeben. Mit der Errichtung und Führung betrieblicher Kinderbetreuungseinrichtungen sind Kosten und Risiken verbunden. Es sind umfassende Vorarbeiten erforderlich, die zeit- und kostenintensiv sind. Ohne Beiziehung von Spezialisten ist die Errichtung eines Betriebskindergartens nicht zu empfehlen.

Voraussetzung für einen Betriebskindergarten ist zunächst eine behördliche Betriebsbewilligung. Dabei sind zahlreiche Auflagen und Vorschriften im Bereich Hygiene, Brandschutz, Gewerbe, Baulichkeiten, Räumlichkeiten, Nebenräume, Einrichtung, Licht etc. zu beachten. So müssen etwa auch Garderoben, Sanitärbereiche und Kinderwagenabstellplätze vorhanden sein, dazu noch Küche, Personalraum und ein Büro für die Leitung. Für die Bewilligung müssen u.a. ein Konzept und Pläne vorgelegt werden.

Zudem muss je nach den jeweiligen landesspezifischen Regelungen geprüft werden, welche gesetzlichen Grenzen und Vorgaben einzuhalten sind.

Steuerlich sind Betriebskindergärten als Einrichtungen des Arbeitgebers für seine Arbeitnehmer attraktiv: Sofern der Betriebskindergarten allen Arbeitnehmern diskriminierungsfrei angeboten wird, besteht für die Nutzung grundsätzlich keine Steuerpflicht. Beim Arbeitgeber sind Aufwendungen für Betriebskindergärten grundsätzlich abzugsfähig.

Good Practice:

Der **Allianz Elementar Versicherungs AG** ist es wichtig, dass sich Frauen nicht mehr zwischen Kind und Karriere entscheiden müssen. Gleichzeitig sollen Väter es einfacher haben, das Heranwachsen ihrer Sprösslinge aktiv mitzuerleben. Anlassfälle haben gezeigt, dass Väter sehr gerne Teile der Karenz übernehmen. Daher passt die Allianz immer mehr Rahmenbedingungen entsprechend an.

Im Jänner 2012 führte das Unternehmen daher eine Frauenbefragung durch, wo u.a. Rahmenbedingungen wie eine hausinterne Kinderbetreuung abgefragt wurden. Hohes Interesse zeigte sich v.a. an einem hausinternen Betriebskindergarten, dessen Errichtung Anfang 2013 durch den Vorstand beschlossen wurde. Die Vorgehensweise der Allianz begann mit einer Analyse von Good-Practice-Beispielen anderer Unternehmen, dann erfolgte eine Bedarfserhebung bei den Mitarbeitern durch unverbindliche Voranmeldungen. Nachdem der Bedarf von über 50 Anmeldungen ermittelt wurde, folgten die Überprüfung von geeigneten Räumlichkeiten, die Auswahl eines Betreibers unter sorgfältiger Überlegung von entsprechenden Qualitätskriterien sowie die Ausarbeitung eines Zeitplans. Gemeinsam mit einem Architekten, der auf Kindergärten spezialisiert ist, wurden eine Machbarkeitsanalyse erstellt und ein Umsetzungsplan definiert. Ein ganz wesentlicher Faktor im Rahmen all dieser Tätigkeiten war die Einbeziehung der Mitarbeiter. Unterschiedliche Wünsche und Bedürfnisse, die im Rahmen der Errichtung eines Betriebskindergartens zu berücksichtigen sind, wurden durch eine Stakeholder-Analyse überprüft. Mit April 2014 wurden die Pforten des Allianz Betriebskindergartens geöffnet.

Good Practice:

Seit 1998 verfügt die Zentrale der **BKS-Bank** über die Krabbelstube „Kinki", die die Mitarbeiter bei der besseren Vereinbarkeit von Familie und Beruf sowie Frauen beim Wiedereinstieg nach der Karenz unterstützt. Außerdem soll allen Mitarbeitern eine flexible Möglichkeit der Kleinkindbetreuung ohne lange Schließzeiten in den Sommerferien geboten werden. Solche Schließzeiten können dazu führen, dass Eltern getrennt Urlaub nehmen müssen. „Kinki" hat sich seither bestens bewährt. Betreut werden auch Kinder betriebsfremder Personen. Das Mittagessen wird von einem Restaurant geliefert, wobei auf eine ausgewogene Ernährung besonderer Wert gelegt wird. Da „Kinki" im Bankgebäude untergebracht ist, können die Eltern auch im Notfall – beispielsweise bei plötzlicher Erkrankung des Kindes – sofort beim Nachwuchs sein. Direktionen und Filialen werden mit Spielzeugkisten ausgestattet, falls Eltern ihr Kind ins Unternehmen mitbringen müssen. Die BKS Bank AG bietet auch eine Unterstützung bei der Sommerferienbetreuung an. Die Ferienbetreuung wird künftig auch auf den Winter (z.B. Semesterferien) ausgeweitet. Am in Planung befindlichen unternehmensinternen „Marktplatz Familie" sollen zukünftig auch Babysitter-Dienste angeboten werden.

B. Belegplätze in Kindergärten /
Kooperationen mit lokalen Einrichtungen

Unternehmen, für die der Betrieb eines unternehmenseigenen Kindergartens nicht in Frage kommt, kooperieren häufig mit bestehenden externen Einrichtungen. Vorteile solcher Kooperationen sind, dass professionelle Kinderbetreuungseinrichtungen die rechtlichen Rahmenbedingungen der Bundesländer kennen, hohe Standards einhalten und Erfahrung im Betrieb von Betreuungseinrichtungen haben.

Die Art der Kooperation kann sehr unterschiedlich aussehen: Meist stehen dem Unternehmen und damit den Mitarbeiterkindern entweder eine gewisse Anzahl an Plätzen pro Jahr fix zur Verfügung oder es wird mit dem externen Kindergarten vereinbart, dass Kinder von Arbeitnehmern bei der Platzvergabe bevorzugt werden.

Eine solche Kooperation ist häufig an die Zahlung eines Unterstützungsbeitrags an die Kinderbetreuungseinrichtung gekoppelt. Dieser ist aber im Regelfall wesentlich geringer als die Kosten für die Errichtung einer eigenen Kinderbetreuungseinrichtung.

Wesentliche Voraussetzung ist bei diesem Modell die korrekte Ausgestaltung des Vertrags mit der gewählten Kinderbetreuungseinrichtung.

Wichtig ist bei dieser Variante besonders aus rechtlicher Sicht eine sorgfältige Kooperationsvereinbarung. Darin sollten u.a. folgende Aspekte geklärt und geregelt werden:

- Anzahl der Plätze sowie, ob eine Mindestanzahl an Plätzen bezahlt werden muss, es ein variables Kontingent gibt und wie die Vergabe der Plätze erfolgt. Plätze auf Verdacht freizuhalten, ist für einen Kindergartenbetreiber oft schwierig. In der Praxis hat dieser ein Interesse an einer guten Auslastung, sodass viele Kindergärten ein „Reservieren" von Plätzen nicht zulassen. Zudem ist darauf zu achten, dass, selbst wenn das Unternehmen der Einrichtung fixe Plätze „abkauft", also auch bezahlt, die Gefahr von Interessenskonflikten besteht, wenn diese nicht genutzt werden. Andererseits muss auch an den Fall gedacht werden, dass es mehr zu betreuende Kinder gibt, als Plätze zur Verfügung stehen.

- Modalitäten der Anmeldung und Platzvergabe für die Eltern (Form, Fristen etc.): Durch klare Regelungen kann verhindert werden, dass beim Unternehmen, bei den Eltern oder beim Kindergartenbetreiber Enttäuschungen und Diskussionen entstehen.

- Kosten für die Reservierung von Plätzen oder sonstige Serviceleistungen des Betreibers

- Möglichkeiten der Kündigung der Kooperationsvereinbarung

- Klarstellung, ob der Arbeitgeber die Kosten für die Belegung der Plätze mit Mitarbeiterkindern nicht, zum Teil oder zur Gänze zahlt. Aus den verschiedenen Varianten ergeben sich unterschiedliche Haftungsfragen.

Good Practice:

Die **Fachhochschule Vorarlberg** in Dornbirn hat vor einigen Jahren eine Kooperation mit der benachbarten überbetrieblichen Kinderbetreuungseinrichtung vereinbart. In dieser Kooperationsvereinbarung wird einerseits der FH Vorarlberg ein Platzkontingent für die Kinder von Mitarbeitenden und Studierenden zugesichert, das bis nach dem Bewerbungsschluss Mitte Mai jeden Jahres reserviert bleibt. Die FH Vorarlberg als familienfreundliche Hochschule entrichtet dafür ihrerseits aus dem Servicegedanken gegenüber ihren Studierenden und Mitarbeitenden heraus einen monatlichen Sockelbetrag an die Betreiberin.

C. Betriebstagesmutter/-vater

Eine Alternative zum Betriebskindergarten, v.a. für kleinere Unternehmen, ist der Einsatz einer Betriebstagesmutter/eines Betriebstagesvaters (nachfolgend vereinfacht: Betriebstageseltern). Diese Maßnahme ist mit geringeren Kosten und Vorbereitungsaufwand als die Einrichtung und das Betreiben eines Betriebskindergartens verbunden.

Bei dieser Maßnahme werden für eine bestimmte Anzahl von Mitarbeiterkindern entsprechend ausreichend Tageseltern beschäftigt, wobei das Unternehmen die Kosten für die Betreuung ganz oder teilweise übernimmt.

Insbesondere der Bedarf an Betreuungsplätzen für Kleinstkinder (0-3 Jahre) kann durch diese Betreuungsform gut gedeckt und Eltern so auch eine frühere Rückkehr in den Beruf ermöglicht werden. Ein wichtiger Vorteil ist, dass Beginn- und Endzeiten der Betreuung individuell festgelegt und an die Bedürfnisse der Arbeitnehmer je nach Betrieb angepasst werden können.

Allerdings können Betriebstageseltern meist nur geringere Betreuungszeiten und v.a. nur eine viel kleinere Anzahl an Mitarbeiterkindern abdecken als ein Kindergarten. Gibt es keine Vertretung für Betriebstageseltern und fallen diese z.B. krankheitsbedingt aus, müssen Eltern die Betreuung der Kinder auf andere Art sicherstellen. Daneben sind auch beim Einsatz solcher Betreuungspersonen insbesondere rechtliche Bestimmungen zu beachten.

Die Betreuung durch Betriebstageseltern kann betriebsintern oder über einen Trägerverein erfolgen. Je nach Variante fallen dabei direkte Lohnkosten an oder aber die Trägerorganisationen verrechnen die angefallenen Personal- und Verwaltungskosten abzüglich der Elternbeiträge und Förderungen. Außerdem kann die Unterbringung entweder bei den Tageseltern zu Hause erfolgen oder in angemieteten oder gekauften und entsprechend den gesetzlichen Vorgaben adaptieren Räumlichkeiten in der Nähe des Unternehmens.

In jedem Fall sind auch hier die Rahmenbedingungen (Betreuungszeiten, fixe Schließzeiten, An- und Abmeldeprozesse, Ablauf bei Erkrankung der Tageseltern etc.) sowohl mit den Betriebstageseltern als auch gegenüber den Arbeitnehmern klar zu regeln. Eine schriftliche Vereinbarung mit der/dem Tagesmutter/Tagesvater sowie umfassende Information an die Belegschaft sind wesentliche Voraussetzungen.

Überlegt werden sollte auch, ob durch die Tageseltern nur Mitarbeiterkinder betreut werden sollen oder restliche Plätze auch von „externen" Kindern belegt werden können.

1. Organisatorischer und rechtlicher Rahmen

Hat sich das Unternehmen nach einer Bedarfsanalyse für die Tageseltern-Variante entschieden, so ist v.a. zu klären und zu regeln, wie der Einsatz der Betreuungsperson organisatorisch und rechtlich erfolgen soll.

Tageseltern sind Personen, die (grundsätzlich in ihrem Haushalt und gegen Entgelt) Kinder betreuen. Dafür ist in den meisten Bundesländern eine bestimmte Ausbildung verpflichtend. Es muss im jeweils anwendbaren landesspezifischen Gesetz geprüft werden, welche Voraussetzungen für den Einsatz von Tageseltern bestehen. In Wien finden sich die diesbezüglichen Regelungen etwa im Wiener Tagesbetreuungsgesetz.

Ebenso können Tageseltern auch in Kinderbetreuungseinrichtungen als „mobile Tagesmütter/-väter" zu Hause bei den Eltern oder als „Betriebstagesmütter/-väter" tätig sein, wobei es hier je nach Bundesland rechtliche Unterschiede gibt. Bei der Auswahl der Tageseltern für die Zusammenarbeit mit dem Unternehmen muss daher jedenfalls überprüft werden, ob die Tageseltern auch über die erforderliche Ausbildung, persönliche Voraussetzungen, behördliche Bewilligung, Berufsberechtigung und die örtlichen Möglichkeiten verfügen.

Tageseltern können

- im Betrieb direkt angestellt werden,
- über Kooperation des Unternehmens mit einem Trägerverein, der dann eine oder mehrere Betreuungspersonen zur Verfügung stellt, eingesetzt werden oder
- im Wege eines Betreuungsvertrags zwischen Unternehmen und Tageseltern beschäftigt werden.

Je nachdem, welche Variante gewählt wird, ergeben sich unterschiedliche organisatorische, finanzielle und rechtliche Konsequenzen. Wird etwa die Betreuungsperson angestellt, entstehen dem Unternehmen direkte Lohnkosten und die Haftungsfrage ist aufgrund der Haftungserleichterungen für Dienstnehmer heikel. Die Kosten für eine angestellte Betreuungsperson sind Fixkosten, gleichgültig, ob das Betreuungsangebot genutzt wird oder nicht, sowie auch im Fall der Erkrankung oder eines Urlaubs der Betreuungsperson. Auch die Kündigungsmöglichkeiten sind durch die Anwendbarkeit des Arbeitsrechts eingeschränkt.

Aufgrund dieser und weiterer Nachteile könnte die Kooperation mit einer Trägerorganisation oder der Abschluss eines Betreuungsvertrags mit externen Tageseltern weniger aufwändig sein. Dabei ist insbesondere zu klären und schriftlich zu vereinbaren, wie viele Betreuungsplätze es gibt, zu welchen Zeiten die Betreuung erfolgt, wie die Personal- und Verwaltungskosten abzüglich der Elternbeiträge und Förderungen verrechnet werden, dass die Trägerorganisation alle rechtlichen Rahmenbedingungen einhält und über ausreichende Versicherungen verfügt etc.

Unabhängig von der Wahl der Einsatzart der Betreuungsperson muss entschieden und geregelt werden, wo die Betreuung örtlich erfolgt. Die Betreuung kann etwa bei den Tageseltern zu Hause stattfinden (was unter Umständen ein Nachteil sein kann, wenn dieser Ort weit vom Unternehmen oder dem Wohnort der Mehrzahl der Arbeitnehmer entfernt ist) oder aber in angemieteten oder gekauften Räumlichkeiten im Unternehmen oder in dessen Nähe. Jedenfalls muss der Arbeitgeber, der seinen Arbeitnehmern Betreuungsleistungen anbietet oder vermittelt, darauf achten, dass die Räumlichkeiten den gesetzlichen Vorgaben entsprechen.

Good Practice:

Die **Pensionsversicherungsanstalt Landesstelle Vorarlberg** ist direkt mit der Vorarlberger Tagesmütter GmbH eine Kooperationspartnerschaft eingegangen. Deren Verein Tagesbetreuung führt in Dornbirn mehrere Kinderbetreuungseinrichtungen (sogenannte Zwergengärten), die zum einen von Land und Gemeinde unterstützt werden und zum anderen auch von Unternehmen als Kooperationspartner einen monatlichen Kostenbeitrag erhalten. Der besondere Vorteil als Kooperationspartner liegt darin, dass an Kinder der Mitarbeiter eine bevorzugte Platzvergabe erfolgt und – im Gegensatz zu sonst – dafür kein Wohnsitz in Dornbirn vorliegen muss.

D. Betreuung an Fenstertagen und schulfreien Tagen

Besonders herausfordernd sind für Eltern Tage, an denen eine Regelbetreuung nicht zur Verfügung steht. Das sind etwa schulautonome freie Tage oder Fenstertage. Immer mehr Unternehmen reagieren auf diesen Bedarf und bieten an diesen Tagen eine Betreuung an. Die Anzahl dieser Angebote ist gerade in den letzten Jahren gestiegen und wird von Eltern, v.a. von jenen mit schulpflichtigen Kindern, sehr geschätzt.

Es gibt mittlerweile zahlreiche professionelle Anbieter für die tageweise Betreuung, die ein „Full-Service-Konzept" für Unternehmen anbieten. Ob der großen Nachfrage, insbesondere an schulautonomen freien Tagen etc., ist allerdings eine langfristige Planung und damit auch Bedarfserhebung mit klarem Anmeldeprozedere notwendig.

Auch die Kostenverteilung sollte im Vorfeld klar definiert sein. Nicht unbedingt müssen die kompletten Kosten vom Unternehmen getragen werden. Auch Elternbeiträge können angedacht werden. Auch hier empfiehlt sich die Zusammenarbeit mit einem professionellen Betreiber oder externen Berater, nicht zuletzt wegen der gesetzlichen Vorgaben wie etwa für räumliche Erfordernisse.

Die Details der Zusammenarbeit sollten in einem Vertrag schriftlich festgelegt sein. Dabei sind neben organisatorischen und finanziellen Aspekten u.a. Fragen der

Haftung und Versicherung sowie der Einhaltung der gesetzlichen Vorschriften zu regeln. Findet die Kinderbetreuung im Betrieb statt, müssen die dafür im jeweiligen Bundesland vorgeschriebenen Rahmenbedingungen, wie zu Beginn des Kapitels geschildert, beachtet werden.

Good Practice:

An Fenstertagen und fallweise auch in den Schulferien werden die Kinder der Mitarbeiter der **Bausparkasse der österreichischen Sparkassen AG** im Betrieb professionell betreut. Das Unternehmen kooperiert dabei mit dem Kinderbüro der Uni Wien, das seine „Flying Nannys" im Bedarfsfall entsendet. Betreut werden Kinder zwischen vier und zwölf Jahren. Das Angebot wird den Eltern vom Unternehmen kostenlos zur Verfügung gestellt.

Good Practice:

Berufstätigkeit und Elternschaft zu vereinbaren, ist für viele Mitarbeiter oftmals ein Balanceakt. Um die Mitarbeiter in diesem Bereich zu unterstützen, wurde vom Projektteam „audit *berufundfamilie*" der **Generali Versicherung AG** erstmals 2013 an einem schulfreien Tag eine Betreuung für Kinder von 6–10 Jahren durch die Wiener Kinderfreunde in den Räumlichkeiten der Generali Regionaldirektion Wien organisiert. Die Resonanz auf dieses Pilotprojekt war hoch, sodass die Kinderbetreuung an schulfreien Tagen auch 2014 angeboten wird. Zusätzlich wurden 2014 den Mitarbeiter der Generali Gruppe Österreich verschiedene Angebote für Feriencamps zur Verfügung gestellt. Um eine noch bessere Vereinbarkeit von Familie und Beruf sowie einen leichteren Wiedereinstieg in das Berufsleben zu ermöglichen, hat der Vorstand der Generali Versicherung AG 2014 die Errichtung eines Betriebskindergartens am Standort Wien beschlossen.

E. Ferienbetreuung

Die Schulferien, besonders jene im Sommer, stellen Eltern regelmäßig vor betreuungstechnische Herausforderungen. Familienbewusste Arbeitgeber können ihre Arbeitnehmer durch ein ergänzendes Kinderbetreuungsangebot in den Ferienzeiten unterstützen. Wie bei der tageweisen Betreuung sind eine korrekte Bedarfsabschätzung, die Überprüfung und Einhaltung der landesspezifischen einschlägigen rechtlichen Vorgaben, ein guter Planungs- und Anmeldeprozess und auch die Regelung der Aufteilung der Kosten zwischen Arbeitgeber und Eltern für den Erfolg essenziell. Auch hier bieten sich mehrere Möglichkeiten für die Umsetzung an:

- **Ferienbetreuung außerhalb des Betriebs**
  Hierbei kann entweder auf professionelle Anbieter zurückgegriffen werden oder das Unternehmen organisiert selbst eine Betreuung, was jedoch in der Praxis mit einem hohen Aufwand und der Verpflichtung zur Erfüllung rechtlicher Auflagen und Haftungsrisiken verbunden ist.

- **Belegplätze bei Feriencamp-Anbietern**

  Ähnlich wie auch beim Kindergarten besteht die Möglichkeit, sich bei Anbietern gegen Zahlung einer Gebühr fixe Plätze zu reservieren, die dann von Arbeitnehmern für ihre Kinder genutzt werden können.

- **Ferienbetreuung im eigenen Haus**

  Stehen geeignete Räume zur Verfügung, ist in Kooperation mit professionellen Anbietern auch eine Betreuung im eigenen Betrieb/Unternehmensgebäude denkbar. Auch die Kombination mit Familienwochenenden oder Ausflügen in der Region ist eine häufig von Unternehmen gewählte Methode.

Kombiniert mit Familienwochenenden stellt die Ferienbetreuung, abgesehen von der besseren Vereinbarkeit, zudem eine gute Möglichkeit dar, Familie im Unternehmen sichtbar zu machen und eine Begegnung von Arbeitnehmern untereinander außerhalb der Arbeit zu schaffen.

Praxistipp:

Auf der Homepage des Bundesministeriums für Familien und Jugend bzw. der Familie & Beruf Management GmbH finden Sie eine aktuelle Liste verschiedenster Sommerferienbetreuungsmöglichkeiten bzw. Information zum gratis Download der FamilyApp: www.familieundberuf.at

Good Practice:

An sogenannten schulfreien „Problemtagen" wie Weihnachten, Silvester oder in den Semesterferien wird in der Zentrale der **BILLA AG** eine Kinderbetreuung angeboten. So können die Eltern ihrer Arbeit nachgehen, während die Kinder einen Tag mit Spiel, Spaß und Gleichgesinnten verbringen. Das BILLA Feriencamp stößt auch auf große Nachfrage. In zwei Wochen im August können einmal 6–10-Jährige und einmal 11–16-Jährige eine aktive Urlaubswoche mit Hochseilgarten, Trommelworkshop, Bogenschießen und Grillabend verbringen. 2013 wurden die freien 100 Plätze komplett belegt, das Angebot wird daher zukünftig ausgeweitet. Die gesamte Organisation übernimmt das Unternehmen. Den Eltern bleibt nur noch ein geringer Selbstbehalt zu zahlen.

Good Practice:

Die **MERKUR Warenhandels AG** bietet 2014 eine Woche Feriencamp für die Kinder der Mitarbeiter um einen Selbstbehalt von € 80,– an. Gesplittet in zwei Altersgruppen à 50 Plätze wurden gesamt 100 Plätze gebucht. Die Anmeldefrist dieser Aktivität endete mit Ende Mai – alle Plätze wurden vergeben.

Good Practice:

Auch bei der **Österreichischen Lotterien GmbH** wird seit 2013 eine Kinderbetreuung in der ersten und in der letzten Ferienwoche im Sommer sowie an allen Fenstertagen im Kalenderjahr angeboten.

Nach der Auswahl des Anbieters wurden den Mitarbeitern die möglichen Termine im InfoNet angeboten. Gibt es genügend Interessenten, werden die Termine mit dem Anbieter, dem Kinderbüro der Uni Wien, fixiert und die Mitarbeiter können ihre Kinder zur Kinderbetreuung anmelden. Das Unternehmen stellt für die Kinderbetreuung eigene Räumlichkeiten zur Verfügung, die über eine eigene Küche und Sanitäreinrichtungen verfügen. Diese Räume befinden sich etwas abseits von den Büros, damit die Mitarbeiter nicht gestört werden und die Kinder unbeschwert spielen können. Außerdem haben Eltern die Möglichkeit, die Kinder im Notfall an den Arbeitsplatz mitzunehmen. Zudem werden auch Informationen über Notfallbetreuungseinrichtungen auf einer Karenzmanagement-Roadmap im InfoNet angeboten.

F. Mitnahme von Kindern in den Betrieb

Von Zeit zu Zeit stehen Eltern kurzfristig vor einem scheinbar unlösbaren Betreuungsproblem, etwa wenn Tageseltern krank, Eltern, Großeltern oder Freunde kurzfristig nicht verfügbar oder Betreuungseinrichtungen geschlossen sind. Familienbewusste Unternehmen könnten daher in Ausnahmefällen die Mitnahme von Kindern in den Betrieb ermöglichen bzw. erlauben.

Die Möglichkeit, dies in Notsituationen tun zu können, entlastet die Arbeitnehmer und kann in manchen Fällen sogar den Arbeitsalltag und die Stimmung der gesamten Belegschaft steigern. Gut organisiert und kommuniziert, kann dies ein deutliches Zeichen familienbewusster Arbeitgeber sein.

Häufig existiert für die Mitnahme von Kindern keine spezielle Regelung, sondern sie wird seitens des Unternehmens einfach toleriert. Dies kann einerseits auf einer faktischen Ebene zu Konflikten führen, weil Kollegen oder Kunden dies nicht wollen und sich belästigt fühlen oder die Mitnahme von Kindern die Arbeitsabläufe stört. Andererseits müssen sich Unternehmen des Haftungsrisikos bewusst sein, das sie bei erlaubter Mitnahme von Kindern in den Betrieb eingehen.

Die Mitnahme von Kindern in den Betrieb sollte in Form einer Richtlinie oder Arbeitsanweisung klar geregelt werden, um das Haftungsrisiko und die Störung der Arbeitsabläufe zu minimieren.

1. Organisatorischer Rahmen

Die diesbezüglichen Fragen sind rechtlicher und organisatorischer Natur. Organisatorisch sollten v.a. folgende Punkte überlegt werden:

- **Unterbringung und Beschäftigungsmöglichkeiten**
  Wo sollen sich die mitgenommenen Kinder aufhalten? Gibt es einen geeigneten, separaten Bereich? Gibt es Bereiche im Betrieb, wo eine Mitnahme von Kindern ausgeschlossen ist oder sein soll? Gibt es im Haus Beschäftigungsmöglichkeiten? Beispielsweise haben einige Unternehmen Spielekisten angeschafft,

um Kindern, die in den Betrieb mitgenommen werden, eine sinnvolle, kindgerechte Beschäftigung zu ermöglichen.

- **Haltung der Führungskräfte**
  Auch die Führungskräfte müssen einer Mitnahme von Kindern im Notfall positiv gegenüberstehen, damit dieses Konzept Erfolg im Unternehmen hat.

- **Alternativen**
  Ist beispielsweise das Arbeiten von zu Hause aus eine Alternative, auf die generell oder in Notfallsituation zurückgegriffen werden kann (S. 85 ff)?

2. Rechtlicher Rahmen

Die Mitnahme von Kindern wird von Unternehmen oft kritisch gesehen, da sie ein rechtliches Risiko darstellt. Vor allem die Sorge, dass Kinder am Betriebsgelände zu Schaden kommen oder Schaden anrichten, lässt viele Arbeitgeber (nicht ganz unberechtigt) zögern, einer Mitnahme von Kindern zuzustimmen.

Umso wichtiger ist es, dass Unternehmen, die eine Mitnahme von Kindern in Ausnahmefällen erlauben, klare Regeln dafür vorgeben. Dies kann beispielsweise in Form einer arbeitgeberseitig aufgestellten Richtlinie erfolgen und bedarf nicht notwendigerweise einer BV. Folgende Punkte sollten dabei jedenfalls abgedeckt sein:

- **Umfang und Ausmaß**
  Es sollte aufgezählt werden, unter welchen Umständen und wie oft Kinder in den Betrieb mitgenommen werden können, also z.B. bei Erkrankung der Betreuungsperson, wenn sonst keine Betreuungsperson verfügbar ist usw. Keinesfalls darf zugelassen werden, dass kranke Kinder in den Betrieb mitgenommen werden. Das gefährdet andere Arbeitnehmer.

- **Meldeprozess**
  Aus organisatorischen, aber auch aus rechtlichen und versicherungstechnischen Gründen, muss dem Arbeitgeber rechtzeitig und korrekt gemeldet werden, wann welches Kind im Betrieb ist.

- **Aufsichtspflicht und Haftungsausschluss**
  Es ist klarzustellen, dass die Aufsichtspflicht und Haftung während des gesamten Aufenthalts am Firmengelände bei den Eltern alleine liegt. Diese haben dafür zu sorgen, dass sich Kinder nur in vereinbarten Bereichen aufhalten oder bewegen. Eltern, die ihre Kinder in den Betrieb mitnehmen wollen, müssen hierfür die Haftung übernehmen und eine Haftungsausschlusserklärung unterzeichnen (S. 104).

- **Störung anderer Arbeitnehmer**
  Eltern sind anzuhalten, dafür zu sorgen, dass die Störungen für Kollegen und Arbeitsabläufe möglichst gering sind.

- **Benutzung von Betriebsräumen und Betriebsmitteln**

  Es muss klargestellt werden, in welchen Bereichen des Unternehmens sich Kinder aufhalten dürfen und wo deren Aufenthalt verboten ist. Zudem sollte dargestellt werden, ob und in welchem Umfang Betriebsmittel (z.B. Computer) von mitgebrachten Kindern benutzt werden dürfen.

- **Datenschutz**

  Es ist seitens der Eltern darauf zu achten, dass sensible Unternehmensdaten geschützt sind.

- **Widerrufs- und Änderungsvorbehalt / Befristung**

  Im Rahmen der erstmaligen Einführung dieser Maßnahme könnte eine Befristung aufgenommen werden, um zunächst versuchsweise zu testen, ob die Mitnahme für alle Beteiligten (besonders auch für Arbeitnehmer ohne Kinder) funktioniert. Weiters empfiehlt sich ein Widerrufs- oder Änderungsvorbehalt für den Fall, dass sich die Rahmenbedingungen ändern (S. 155 f).

Existiert eine klare Regelung im Unternehmen, so schützt diese zwar nicht vor allen rechtlichen Risiken, aber es können wesentliche Punkte damit abgedeckt werden.

Praxistipp:

Es sollte mit der Betriebshaftpflichtversicherung abgeklärt werden, ob und welche Schäden bei der Mitnahme von Kindern in den Betrieb gedeckt sind.

Praxistipp:

Gemeinsam mit einer allgemein verbindlichen Regelung, die von den Arbeitnehmern zu unterzeichnen ist, sollte auch eine Haftungserklärung der Eltern unterschrieben werden, um die Haftung des Arbeitgebers bestmöglich zu minimieren (S. 104).

Good Practice:

Um im Falle eines Betreuungsengpasses die Vereinbarkeit von Beruf und Familie zu verbessern, hat sich die **EVN Energieversorgung Niederösterreich** entschlossen, ein Eltern-Kind-Büro einzurichten. Dieses sieht einerseits die EVN Standard-Büroausstattung vor, andererseits stehen ausreichend Spiel- und Beschäftigungsmöglichkeiten für Kinder zur Verfügung. Das Büro wird gut angenommen und die Beschäftigung dort macht sowohl den Eltern als auch den Kindern Freude.

G. Elterninitiativen

Familienbewusste Unternehmen können als Beitrag zur Familienfreundlichkeit auch Initiativen von Eltern unterstützen. Das können spontane, freiwillige oder organisierte Zusammenschlüsse von Eltern zur besseren Organisation und Abstimmung sein, etwa um sich auszutauschen, sich logistisch zu unterstützen, die Ferienbetreuung aufzuteilen oder gemeinsam Aktivitäten zu planen.

Unternehmen können solche Initiativen durch Zurverfügungstellung von Infrastruktur (Räume, Intranet-Plattform o.ä.) oder durch finanzielle Beteiligung unterstützen. Dadurch, dass es die Betroffenen selbst sind, die solche Initiativen auf ihren konkreten Bedarf zuschneidern, erfahren derartige selbstorganisierte Angebote oft mehr Akzeptanz als vom Unternehmen vorgeschlagene Aktionen.

Rechtlich ist v.a. zu klären, ob und wie oft solche Initiativen in der Arbeitszeit gemacht werden dürfen und welche Unterstützung dabei vom Unternehmen geboten wird. Werden finanzielle Unterstützungen direkt an die Arbeitnehmer gewährt, muss geklärt werden, ob dies in arbeits-, steuer- und sozialversicherungsrechtlicher Hinsicht Gehaltsbestandteil ist und ob ein Anspruch auf solche Leistungen besteht.

H. Vermittlung von Betreuungsangeboten

Eine einfache und vergleichsweise wenig aufwändige Unterstützung ist die Vermittlung von Betreuungsangeboten durch das Unternehmen. Dabei stellt das Unternehmen den Arbeitnehmern beispielsweise aktuelle Informationen zu regionalen Betreuungsangeboten zur Verfügung, ohne aber eine eigene Betreuung anzubieten. Diese Information ist dank der breitgefächerten Angebote im Internet leicht zu ermitteln und ermöglicht den Arbeitnehmern einen schnellen Überblick, ohne selbst recherchieren zu müssen.

Rechtlich muss sichergestellt und kommuniziert werden, dass der Arbeitgeber hier nur vermittelt und Informationen über Dritte zur Verfügung stellt. Es muss klargestellt sein, dass der Arbeitgeber die Leistungen weder selbst erbringt noch für den Fall der Inanspruchnahme der vermittelten Betreuungsangebote haftet.

I. Zuschuss zur Kinderbetreuung

Der (steuerfreie) Zuschuss zur Kinderbetreuung wird im Kapitel „Entgeltbestandteile und finanzielle Unterstützung" (S. 153 ff) näher erläutert.

Elternschaft – Karenz, Wiedereinstieg und Elternteilzeit

Das Management von Elternkarenzen und Elternteilzeit hat deutlich an Bedeutung gewonnen und tut dies weiterhin. In Österreich liegt ein Grund dafür in der gesetzlichen Regelung der Elternteilzeit.

Eines der Ziele dieser Regelung ist, Eltern eine gute Vereinbarkeit von Beruf und Familie zu ermöglichen und sie vor Verlust bzw. Aufgabe ihres Arbeitsplatzes aufgrund von Unvereinbarkeit zu schützen. Für Arbeitgeber bedeutet der Anspruch auf Elternteilzeit mitunter auch eine steigende Zahl von Teilzeitarbeitskräften, was immer wieder als Herausforderung erlebt wird.

Damit Karenzen und Teilzeiten im Zusammenhang mit Elternschaft für alle Beteiligten gut lebbar sind, bedarf es eines aktiven Karenzmanagements. Dieses beginnt bei Bekanntgabe einer bevorstehenden Elternschaft, bezieht Arbeitnehmer und Arbeitgeber wechselseitig von Anfang an aktiv ein und ermöglicht so eine treffsichere Planung, von der alle Beteiligten profitieren. Auf die spezielle Situation von Vätern in Karenz wird gesondert eingegangen (S. 207 ff).

I. Karenzmanagement

Familienbewusste Arbeitgeber betreiben aktives Karenzmanagement. Dies ist einerseits betriebswirtschaftlich geboten, um Arbeitnehmer richtig und produktiv einzusetzen, personelle Lücken zu schließen und die Integration von karenzierten Arbeitskräften wieder reibungslos zu ermöglichen, andererseits auch rechtlich, um die umfassenden gesetzlichen Vorgaben in diesem Bereich zu beachten. Außerdem ist Karenzmanagement ein Zeichen der Wertschätzung und ein aktiver Beitrag zu einer besseren Vereinbarkeit.

Karenzmanagement umfasst den gesamten Zyklus von der Meldung einer bevorstehenden Elternschaft bis zum (vollen) Wiedereinstieg ins Arbeitsleben. Daher wird im Rahmen dieses Buchs auch die Elternteilzeit als Bestandteil des Karenzmanagements verstanden.

Karenzmanagement bedeutet nicht Troubleshooting, sondern proaktive Beschäftigung mit einem professionellen Prozess und das Setzen der dafür notwendigen Maßnahmen. Es reduziert auf Arbeitgeberseite das Gefühl, den gesetzlichen Bestimmungen und dem persönlichen Gestaltungsspielraum der Arbeitnehmer „ausgeliefert" zu sein. Daher: Weg vom „Krisenmanagement" hin zu einem aktiven Auszeitenmanagement.

Aktives Karenzmanagement kann verschiedene Zielsetzungen haben, etwa:

- Steigerung der Rückkehrraten nach der Karenz bzw. Elternteilzeit
- Schnellere Rückkehr aus Karenz bzw. Elternteilzeit zu einer Vollzeit- oder vollzeitnahen Beschäftigung

- aufrechter Kontakt und aktiver Informationsfluss während der Abwesenheit
- schnellere Integration bei Rückkehr
- bessere, weil rechtzeitigere Personalplanung
- Flexibilisierung von Arbeitszeiten, aber v.a. auch des Denkens der Führungskräfte und damit der Kultur
- Erleichterung der Betreuungsverpflichtungen

A. Voraussetzungen für ein gelungenes Karenzmanagement

Ein aktives Karenzmanagement ist ein Prozess, bei dem Arbeitgeber und Arbeitnehmer an einem Strang ziehen sollten, um für alle Beteiligten passende Lösungen zu finden.

Damit dies gelingt, haben sich aus Arbeitgebersicht u.a. folgende Voraussetzungen als günstig erwiesen:

- aktive Teilnahme der Arbeitnehmer an Planung und Umsetzung – Karenzmanagement ist ein Miteinander, nicht nur Angelegenheit der Arbeitgeber und v.a. kein Gegeneinander
- Übertragung von Verantwortung für Planung und Umsetzung auf die Führungskräfte – Karenzmanagement ist keine reine Angelegenheit der Personalabteilung
- Schaffung strukturierter und klarer Kontaktzeitpunkte zwischen Arbeitgeber und Arbeitnehmer – auch während der Karenz
- Schaffung einer (angstfreien) Kommunikationskultur, in der Wünsche und Bedürfnisse frühzeitig angesprochen werden können
- Würdigung des Werts von Elternschaft im allgemeinen, aber auch speziell des Arbeitnehmers als wesentlichen Erfolgsfaktor, den es auch mit familiären Verpflichtungen zu erhalten bzw. wiederzugewinnen gilt

Good Practice:

Die „Gelbe Mama Mappe" des **ÖAMTC** bietet eine Zusammenfassung der rechtlichen Rahmenbedingungen und Ansprüche von werdenden Eltern. Sie umfasst nicht nur interne Informationen, sondern auch Services und Angebote der öffentlichen Hand. Die „Gelbe Mama Mappe" ist im Intranet für alle Mitarbeiter zugänglich und wird bei Bekanntgabe der Schwangerschaft verschickt.

B. Elemente aktiven Karenzmanagements

Betrachtet man den typischen Zyklus eines Karenzmanagements, gibt es eine Vielzahl an Ansatz- und Kontaktzeitpunkten, um mit der Elternschaft von Arbeitnehmern professionell umzugehen. Nachstehend eine exemplarische Darstellung, anhand derer die einzelnen Schritte und Maßnahmen erklärt werden sollen:

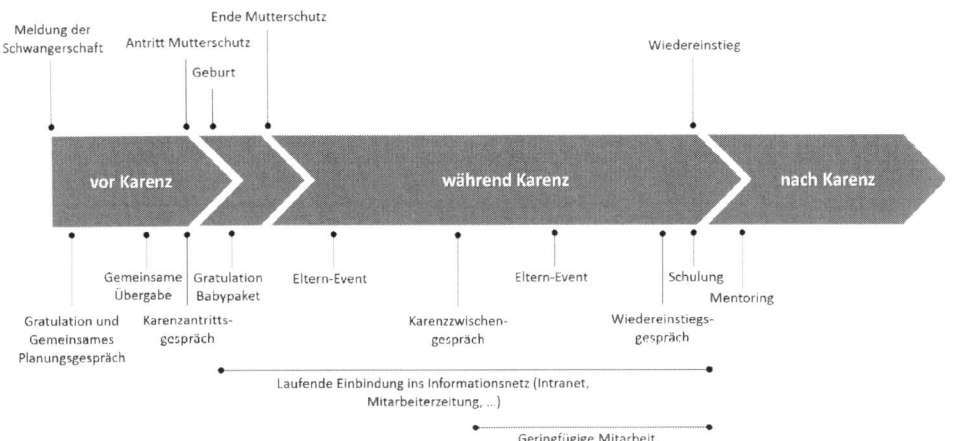

Abb. 34: Beispielhafter Karenzmanagementprozess (eigene Darstellung)

1. Meldung der Schwangerschaft

Ausgangspunkt für das in diesem Buch dargestellte Karenzmanagement ist die Meldung der Schwangerschaft durch die Mutter (verpflichtend) oder den Vater (nicht gesetzlich verpflichtend, sofern der Vater keine Karenz, Elternteilzeit oder sonstige Maßnahmen bzw. Vergünstigungen etwa laut KV im Zusammenhang mit der Geburt des Kindes in Anspruch nehmen möchte).

Eine schwangere Arbeitnehmerin hat unmittelbar nach Bekanntwerden der Schwangerschaft dem Arbeitgeber den voraussichtlichen Geburtstermin mitzuteilen. Auf Verlangen des Arbeitgebers hat sie auch eine ärztliche Bestätigung vorzulegen.

Rechtlich gesehen löst die Meldung einer Schwangerschaft beim Arbeitgeber die Pflicht zur Mitteilung an das Arbeitsinspektorat und zur Einhaltung verschiedener Beschäftigungsverbote bzw. -beschränkungen aus. Weiters beginnt spätestens mit Bekanntgabe der Schwangerschaft der besondere Kündigungs- und Entlassungsschutz (S. 198).

2. Information und gemeinsames Planungsgespräch

Meldet eine Arbeitnehmerin ihre Schwangerschaft bzw. gibt ein Arbeitnehmer den bevorstehenden Familienzuwachs bekannt, ist dies abseits von rechtlichen Konsequenzen ein grundsätzlich erfreuliches Ereignis. Auf die Meldung sollte daher entsprechend wertschätzend reagiert werden. Arbeitnehmer sind auch oft unsicher, welche Rechte und Pflichten sie haben. Dabei kann durch spezielle Broschüren, in denen die Arbeitnehmer alle Informationen rund um Schwangerschaft, Karenz und Wiedereinstieg finden, Unterstützung geboten werden.

Broschüren und Informationsmaterial müssen rechtlich korrekt und auf dem aktuellen Stand sein. Es sollte klargestellt werden, dass eine Haftung des Arbeitgebers für die Informationen ausgeschlossen ist und den Arbeitnehmern aus dem Informationsmaterial kein Rechtsanspruch erwächst.

Die Schwangerschaftsmeldung kann und soll auch dazu verwendet werden, ein erstes gemeinsames Planungsgespräch anzuregen und zu führen. In einem solchen Gespräch könnte folgendes besprochen werden:

- Welche Vorstellungen/Erwartungen hat die Arbeitnehmerin bezüglich der Dauer der Karenz und Zeitpunkt des Wiedereinstiegs (Art der Tätigkeit, Arbeitszeit, Beschäftigung während der Karenz – sofern zu diesem Zeitpunkt schon bekannt)?

- Treten derzeit Komplikationen/Beschwerden auf, die vermuten lassen, dass die Arbeitnehmerin die Karenz früher als geplant antreten muss (ggf. Notfallsplan und frühzeitige Übergaben erarbeiten)?

- Mit welchen Aufgaben ist die Arbeitnehmerin derzeit betraut, und von wem können diese Aufgaben während der Abwesenheit durchgeführt werden (Verteilung der Aufgaben im Team, Karenzvertretung – intern, extern, Praktikant, befristete oder unbefristete Nachbesetzung)?

- Wie kann die rechtzeitige und reibungslose Übergabe aussehen?

Arbeitnehmer sollten (ohne dass auf sie Druck ausgeübt wird) aktiv an der Planung beteiligt sein und dabei auch Verantwortung übernehmen, um einen möglichst reibungslosen Ablauf zu ermöglichen. Wesentliche Punkte aus einem solchen Gespräch sollten schriftlich festgehalten werden. Dies dient beiden Seiten und beugt späteren Diskussionen vor.

3. Karenzantrittsgespräch

Parallel zur Aufteilung, Übergabe bzw. Nachbesetzung sollten rechtzeitig vor dem Beginn des Mutterschutzes im Rahmen eines Karenzantrittsgesprächs u.a. folgende Punkte für die Karenz besprochen werden:

- Wie soll Kontakt während der Karenz gehalten werden (Rhythmus, Häufigkeit, Art, Erreichbarkeit bei Notfällen, Ansprechpartner im Unternehmen)?

- Welche Zugänge zu internen Systemen und Informationen bleiben bestehen?

- An welchen Veranstaltungen, Events und Weiterbildungen kann teilgenommen werden?

- Ist eine Beschäftigung während der Karenz erwünscht/sinnvoll und in welchem Ausmaß?

- Gibt es bereits Überlegungen zum Wiedereinstieg und zur Tätigkeit danach (möglicher Teilzeitwunsch, Abteilung, Aufgaben)?

- Planung eines eventuellen Karenzzwischengesprächs

- Rahmenbedingungen für den Fall, dass die Dauer der Karenz geändert werden soll

siehe Musterteil

Auch im Karenzantrittsgespräch getroffene Überlegungen sollten schriftlich festgehalten werden. Ein (schriftlich festgehaltenes) Karenzantrittsgespräch schützt allerdings nicht vor nachträglichen Änderungen. Die Pläne der Arbeitnehmerin zu Karenz und Teilzeit ändern sich oft gerade in den ersten Monaten nach der Geburt und der Arbeitnehmer das Recht, Änderungen oder Verlängerungen der Karenz bekanntzugeben.

4. Gratulationen zur Geburt und Babypaket

Anlässlich der Geburt, die eine Arbeitnehmerin dem Arbeitgeber auch melden muss, ist eine (neuerliche) Gratulation angebracht, z.B. durch eine Glückwunschkarte oder ein kleines Geschenk, etwa ein Babypaket. Kleine Gesten zeigen, dass das Unternehmen den Wert von Familie würdigt. Zudem hat es sich als günstig erwiesen, zu diesem Zeitpunkt nochmals auf die weitere Vorgehensweise hinsichtlich der Meldung der Karenz hinzuweisen.

Praxistipp:

Das Geschenk anlässlich der Geburt sollte keinen hohen monetären Wert haben, da sonst möglicherweise ein entgeltwerter Vorteil aus dem Dienstverhältnis vorliegt. Vielmehr soll es Wertschätzung und Freude über den Zuwachs ausdrücken.

Good Practice:

Beim **ÖAMTC** wird ein „Baby Paket" an alle frisch gebackenen Mütter und Väter ausgegeben. Das Paket beinhaltet einiges, das das neue Familienmitglied auf dieser Welt begrüßt, etwa einen ÖAMTC-Strampler.

5. Elternkarenz – Rechtlicher Rahmen

Arbeitsrechtlich bedeutet Elternkarenz die Freistellung von der Arbeitsleistung gegen Entfall des Arbeitsentgelts aus Anlass der Geburt eines Kindes. Mütter haben gemäß Mutterschutzgesetz (§§ 15ff MSchG) und Väter gemäß Väterkarenzgesetz (§§ 2 ff VKG) einen gesetzlichen Anspruch auf die Inanspruchnahme von Elternkarenz. Mit gewissen Modifikationen haben auch Adoptiv- oder Pflegeltern Anspruch auf Karenz.

Die Beachtung der arbeitsrechtlichen Rahmenbedingungen ist eine Grundvoraussetzung für ein gelungenes Karenzmanagement. Im Folgenden werden die wichtigsten rechtlichen Aspekte und Fristen zur Elternkarenz zusammengefasst:

- Eltern haben im Anschluss an den Mutterschutz **Anspruch auf Karenz längstens bis zum Ablauf des zweiten Lebensjahrs** des Kindes. Die **Mindestdauer** der gesetzlichen Elternkarenz beträgt zwei Monate. Innerhalb dieses Rahmens kann der Arbeitnehmer die Dauer der Karenz einseitig bestimmen und muss sie nur rechtzeitig bekanntgeben. Außerhalb dieser Zeitgrenzen ist eine Karenzierung Vereinbarungssache – einzelvertraglich und auf freiwilliger Basis können auch andere Karenzzeiten vereinbart werden (etwa wenn ein langes Karenzgeldmodell gewählt wird).

- Der Arbeitnehmer muss den Arbeitgeber spätestens am letzten Tag der Schutzfrist darüber informieren, ob bzw. wie lange er Karenz in Anspruch nehmen möchte (**Meldung der Karenz**). Wird nicht von Beginn an die gesamte Dauer in Anspruch genommen, kann der Arbeitnehmer die Karenz innerhalb des Maximalrahmens (zweiter Geburtstag des Kindes) verlängern. Dies hat der Arbeitgeber spätestens zwei Monate vor Ende der ursprünglich gemeldeten Karenz bekanntzugeben.

- Bis zum Ablauf von vier Wochen nach Ende der ordnungsgemäß bekannt gegebenen Karenz besteht **Kündigungs- und Entlassungsschutz** (S. 23 f). Wird aus Anlass der Geburt eines Kindes die Dauer der Elternkarenz über die Dauer des gesetzlich vorgesehenen Fristen hinaus vereinbart (etwa bis zum Ende des Kinderbetreuungsgeldbezugs), ist fraglich, ob damit auch der besondere Kündigungsschutz verlängert wird. Nach herrschender Ansicht wird dies verneint. Die Einräumung eines vertraglichen Kündigungsschutzes für diese Zeit auf freiwilliger Basis ist möglich.

- Während einer Karenz muss der Arbeitgeber den Arbeitnehmer über wichtige Betriebsgeschehnisse und Weiterbildungsmaßnahmen **informieren**. Einige der in diesem Kapitel geschilderten Maßnahmen dienen (auch) dazu, dieser Informations- und Einbeziehungspflicht nachzukommen.

- Mutter und Vater können Karenz **nicht gleichzeitig** in Anspruch nehmen. Ausnahme: Beim erstmaligen Wechsel der Betreuungsperson können beide ein Monat gleichzeitig Karenz in Anspruch nehmen.

- Die Karenz kann zweimal zwischen den Eltern **geteilt** werden, wobei jeder Teil mindestens zwei Monate betragen muss. In diesem Fall endet der besondere Kündigungs- und Entlassungsschutz vier Wochen nach Ende des jeweiligen Karenzteils.

- Im Fall einer Inanspruchnahme einer Karenz nach MSchG oder VKG verlängert sich die Frist für die **Verjährung des Urlaubsanspruchs** (zwei Jahre ab Ende des Urlaubsjahrs, in dem Urlaub entstanden ist) um jenen Zeitraum, um den die Karenz zehn Monate übersteigt.

Hingewiesen werden soll auf die „**aufgeschobene Karenz**": Arbeitnehmer und Arbeitgeber können vereinbaren, dass drei Monate der Karenz aufgeschoben und zu einem späteren Zeitpunkt, jedenfalls aber vor Ablauf des siebten Lebensjahres des Kindes, verbraucht werden. Voraussetzung ist, dass die erste Karenz spätestens mit Ablauf des 21. Lebensmonats des Kindes (wenn auch der Vater Karenz aufschiebt: 18. Lebensmonat) endet. Das MSchG bzw. das VKG sehen für diese aufgeschobene Karenz ein Verfahren vor, das für den Arbeitgeber zeitkritische Fristen vorsieht:

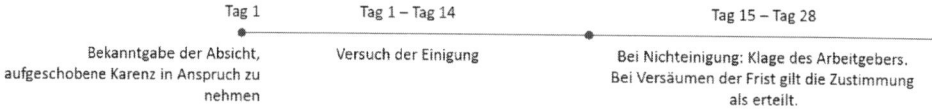

Abb. 35: Verfahren aufgeschobene Karenz (eigene Darstellung)

Ein ähnliches Verfahren sieht das Gesetz für die Vereinbarung des Zeitpunktes der konkreten Inanspruchnahme der aufgeschobenen Karenz vor.

6. Eltern-Events, Baby-Treff und andere Kontaktangebote

Unternehmen, die aktives Karenzmanagement betreiben, beziehen Arbeitnehmer in Karenz auch über die gesetzlichen Vorgaben hinaus laufend mit ein und veranstalten z.B. Events, Frühstücke oder Infoveranstaltungen. Dabei können manchmal auch Kinder mitgenommen werden, wobei der Arbeitgeber eine professionelle Betreuung organisiert. Eltern erhalten so wertvolle Informationen aus dem Unternehmen (Was hat sich in der Zwischenzeit getan? Welche Veränderungen gibt es? Was ist neu?).

Die Teilnahme an solchen Events muss für die Arbeitnehmer freiwillig sein. Besonders wenn auch Kinder mitgenommen werden können, muss für eine professionelle Betreuung gesorgt, der Versicherungsschutz abgeklärt und eventuell auch ein Haftungsausschluss unterzeichnet werden (S. 104). Detailliertere Rechtstipps sind bei der Mitnahme von Kindern in den Betrieb beschrieben (S. 189 ff).

Praxistipp:

Bei solchen „Stay-in-touch"-Formaten können auch die Führungskräfte eingeladen werden. Das gibt allen die Chance, Kontakt zu halten und informell über die weiteren Schritte zu sprechen. Die Teilnahme der Unternehmensleitung an solchen Treffen unterstreicht die Wertschätzung.

Good Practice:
Auch kleinere Unternehmen, wie die **Ute Habenicht GmbH**, bleiben mit Mitarbeitern in Zeiten der Karenz in Kontakt. So werden diese zu Firmenfeiern eingeladen und über Veränderungen in der Firma informiert.

7. Einbindung in die interne Kommunikation

Relevante Informationen auch während der Karenz zu erhalten, erleichtert einen Wiedereinstieg nach der Karenz. Die Informationsweitergabe kann auf unterschiedliche Art und Weise stattfinden, etwa durch:

- Zusenden der Mitarbeiterzeitung bzw. eines speziell erstellten Newsletters nach Hause
- Zugang zum Intranet (von außen)
- Behalten des E-Mail-Accounts und Remote-Einstieg von zu Hause
- Behalten der Zugangsmöglichkeit zum Unternehmen (Schlüssel, Zutrittskarte)

Auch hier gilt der Grundsatz der Freiwilligkeit. Ein karenzierter Arbeitnehmer kann nicht gezwungen werden, Neuigkeiten, E-Mails etc. zu lesen.

8. Einladungen zu Veranstaltungen und Firmenfeiern

Karenzierte Arbeitnehmer stehen in einem aufrechten Arbeitsverhältnis, nur die Hauptpflichten (Arbeitsleistung, Entgeltzahlung) ruhen. Bereits gesetzliche Vorgaben gebieten es, auch karenzierte Arbeitnehmer zu Firmenfeiern, Events oder Veranstaltungen – etwa Weihnachtsfeier, Jahrestagung oder Mitarbeitertag – einzuladen. Auch das ist eine Form des Kontakthaltens und stärkt die Bindung an das Unternehmen. Die Teilnahme an solchen Veranstaltungen und Feiern sollte für Eltern in Karenz freiwillig sein. Auch hier kann der karenzierte Arbeitnehmer nicht zum Kontakthalten verpflichtet werden.

9. Karenzzwischengespräch

In der Mitte der geplanten Karenz empfiehlt sich ein Karenzzwischengespräch. Zu diesem Gespräch kann der Arbeitgeber auf freiwilliger Basis einladen, um zu besprechen, wie die weitere Planung aussieht und welche Veränderungen es möglicherweise in der persönlichen Lebensplanung gibt. Dabei könnte folgendes besprochen und schriftlich festgehalten werden:

- Hat sich in der persönlichen Planung seit dem letzten Gespräch etwas verändert?
- Wie gut funktioniert das Kontakthalten?
- Was hat sich im Unternehmen geändert?
- Welche Überlegungen gibt es bezüglich des Wiedereinstiegs?
- Ist eine Beschäftigung während der Karenz denkbar und in welchem Rahmen?
- Welche Weiterbildungen können besucht werden?
- Wann soll ein weiteres Gespräch zu Umfang und Art des Wiedereinstiegs stattfinden?

siehe Musterteil

Bei solchen Gesprächen ist stets die Privatsphäre des Arbeitnehmers zu wahren: Arbeitnehmer sind mit Ausnahme der gesetzlichen Meldepflichten (etwa betreffend Schwangerschaft und Geburt) nicht gezwungen, Auskunft über ihr Privatleben zu geben. Fokus eines solchen Gesprächs sollten daher weniger private Fragen sein, als vielmehr, ob sich die gemeinsam besprochenen Planungen verändert haben und wie sich Arbeitnehmer und Arbeitgeber einen Wiedereinstieg vorstellen können.

10. Beschäftigung während der Karenz

Sowohl das Arbeitsrecht als auch das Kinderbetreuungsgeldsystem erlauben im Rahmen gewisser Zuverdienstgrenzen eine Beschäftigung während der Karenz bzw. des Bezugs von Kinderbetreuungsgeld. Die Höhe des unschädlichen Zuverdiensts ist abhängig von der gewählten Kinderbetreuungsgeldvariante. Die Berechnung ist individuell vorzunehmen und liegt in der Verantwortung des Arbeitnehmers.

Während der Karenz in einem geringen Umfang, etwa in Projekten oder tageweise, im Unternehmen beschäftigt zu sein, kann maßgeblich dazu beitragen, den Wiedereinstieg zu erleichtern. Vielfach wird der Wunsch nach einer Beschäftigung während der Karenz von Arbeitnehmern selbst geäußert, aber auch das Unternehmen kann ein Interesse daran haben. Wertvolles Know-how bleibt dem Unternehmen erhalten bzw. steht wieder zur Verfügung und Vertretungen können dadurch entlastet werden.

Rechtlicher Rahmen

Das MSchG (§ 15e) und das VKG (§ 7b) sehen Regelungen zur Beschäftigung während der Karenz vor. Als Grundsatz gilt dabei: Es besteht (anders als bei der Elternteilzeit) kein Rechtsanspruch des Arbeitnehmers auf eine Beschäftigung neben der Karenz. Wird eine Beschäftigung während der Karenz vereinbart, sind die im MSchG bzw. VKG vorgesehenen Regelungen zu beachten.

Die Beschäftigung neben der Karenz begründet ein rechtlich selbstständiges, zweites Beschäftigungsverhältnis neben dem karenzierten Beschäftigungsverhältnis. Es unterliegt dem System Abfertigung Neu, auch wenn für das karenzierte „Hauptarbeitsverhältnis" weiterhin das System Abfertigung Alt gilt. Alle zwingenden Bestandteile eines Dienstzettels müssen vereinbart und die Beschäftigung muss bei der zuständigen Gebietskrankenkasse gemeldet werden. Das zweite Beschäftigungsverhältnis unterliegt nach derzeit herrschender Ansicht, anders als das karenzierte Beschäftigungsverhältnis, grundsätzlich keinem besonderen Kündigungs- und Entlassungsschutz.

Vereinbaren Arbeitnehmer und Arbeitgeber eine (geringfügige) Beschäftigung während der Karenz, so kommt dabei häufig das Thema Kinderbetreuungsgeld zur Sprache. Karenz und Kinderbetreuungsgeld (in der Praxis noch immer oft „Karenzgeld" genannt) sind getrennte Themenbereiche, unterliegen unterschiedlichen Voraussetzungen und Rahmenbedingungen und haben verschiedene Konsequenzen. Karenz ist ein arbeitsrechtlicher Anspruch auf Freistellung gegenüber dem Arbeitgeber; Kinderbetreuungsgeld ist ein davon getrennt zu betrachtender Anspruch eines Elternteils gegenüber dem Krankenversicherungsträger.

Praxistipp:

Die Ermittlung und Prüfung der Zuverdienstgrenzen zum Kinderbetreuungsgeld liegt in der Verantwortung des Arbeitnehmers. Den Arbeitnehmer treffen auch etwaige Rückzahlungsverpflichtungen bei Überschreiten der Zuverdienstgrenzen. Der Arbeitgeber hat dem Arbeitnehmer die erforderlichen Daten und Zahlen zur Verfügung zu stellen. Er sollte die Berechnung aber nicht für den Arbeitnehmer vornehmen, da ihn sonst eine Haftung treffen könnte. Er sollte dem Arbeitnehmer auch nicht zusichern, dass die Zuverdienstgrenzen nicht überschritten werden.

Eine Beschäftigung während der Karenz ist arbeitsrechtlich in zwei Varianten vorgesehen:

siehe Musterteil

- **Geringfügige Beschäftigung** (S. 21 f)
- **Beschäftigung über die Geringfügigkeitsgrenze:** Hier sieht das Gesetz vor, dass eine Beschäftigung über der Geringfügigkeitsgrenze während der Karenz für höchstens 13 Wochen im Kalenderjahr vereinbart werden kann. Wird die Karenz für weniger als ein Kalenderjahr in Anspruch genommen, muss der Zeitraum der erlaubten Beschäftigung über die Geringfügigkeitsgrenze aliquotiert werden. Für den Fall, dass die 13 Wochen (bzw. der aliquot kürzere Zeitraum) überschritten werden, gibt es keine ausdrückliche gesetzliche Konsequenz. Eine mögliche Konsequenz ist die automatische Beendigung der Karenz und damit des besonderen Kündigungs- und Entlassungsschutzes. Die Gerichte haben sich mit dieser Frage noch nicht auseinandergesetzt. Es ist daher ratsam, hierzu eine ausdrückliche vertragliche Regelung zu treffen.

11. Weiterbildung während der Karenz

Um den Arbeitnehmern die Gelegenheit zu geben, auch während der Karenz ihr Wissen auf dem aktuellen Stand zu halten oder neues zu erwerben, ist eine Einladung zu bestimmten Weiterbildungen auch während der Karenz denkbar. Diese basiert wieder auf der Freiwilligkeit des Arbeitnehmers, da die Arbeitspflicht während der Karenzierung grundsätzlich ruht und eine verpflichtende Teilnahme an Weiterbildungen dem widersprechen kann. Darüber hinaus müssen Arbeitgeber überlegen, ob auf diese Weiterbildungen für alle Eltern in Karenz ein Anspruch bestehen soll oder nur vereinzelte Veranstaltungen ohne Wiederholungsabsicht durchgeführt werden.

Neben fachlichen Schulungen zu Produkten, Systemen oder Abläufen mit dem Zweck der Weiterbildung und raschen Wiedereingliederung veranstalten manche Unternehmen spezielle freiwillige Seminare zum Thema Vereinbarkeit, um der Familienfreundlichkeit Nachdruck zu verleihen.

Good Practice:

Das interne Bildungsprogramm der **Energie AG** kann von Mitarbeitern auch während der Karenz genutzt werden. Weiterbildungen während der Karenz werden auf freiwilliger Basis zwischen Mitarbeiter und Führungskraft vereinbart. Der Besuch der Weiterbildungsveranstaltung erfolgt grundsätzlich in der Freizeit.

Good Practice:

Beim **ÖAMTC** wird allen Mitarbeitern in Karenz der Zugriff auf den internen Bildungskatalog ermöglicht. So können auch sie an diesen Bildungsangeboten teilnehmen. Auf Wunsch einiger karenzierter Mitarbeiter wurde ein konkretes Seminar entwickelt und durchgeführt. Bei Bedarf werden weitere Trainings stattfinden.

12. Wiedereinstiegsgespräch

Spätestens drei Monate vor Ablauf der Karenz sollte ein Wiedereinstiegsgespräch stattfinden, in dem geklärt wird, wie der Wiedereinstieg stattfinden soll und kann.

Im Fokus stehen dabei Gestaltung und Definition von Art und Umfang der künftigen Arbeitsleistung und deren Rahmenbedingungen. Elternteilzeit ist keineswegs so zu verstehen, dass Arbeitnehmer alle Rahmenbedingungen im Alleingang festlegen können. Vielmehr gilt es eine für beide Seiten sinnvolle Einsatzmöglichkeit zu definieren. Arbeitgeber sind gefordert, auch aktiv Vorschläge und Lösungsansätze einzubringen. Betriebliche Interessen können und sollen bei der Vereinbarung von Elternteilzeit legitimerweise berücksichtigt werden.

Eine beidseitig wertschätzende Gesprächskultur kann im Rahmen der Vereinbarung von Elternteilzeit zu guten Lösungen beitragen.

Folgende Themen können Inhalte eines Wiedereinstiegsgesprächs sein:

- Welche Aufgaben soll der Arbeitnehmer nach seiner Rückkehr erfüllen?
- Wie viele Stunden pro Woche/Monat soll gearbeitet werden?
- Welche Maßnahmen werden anlässlich des Wiedereinstiegs getroffen (Schulung, Übergabe, Weiterbildung etc.)?
- Welche Überlegungen gibt es für die Gestaltung der Arbeit in ein bis zwei Jahren (Aufstockung der Stunden bei Kindergarteneintritt)?

Ganz besonders beim Wiedereinstieg ist das Einbinden der Führungskräfte essenziell. Die Personalabteilung allein kann in der Regel keine passenden Lösungen für den Einsatz wiederkehrender Arbeitnehmer finden, da ihnen die Aufteilung und Zusammenarbeit im Team bzw. die Aufgabenstellungen nicht immer im Detail bekannt sein können.

II. Wiedereinstieg und Elternteilzeit

A. Stufenweiser Wiedereinstieg

Bei dieser Form des beruflichen Wiedereinstiegs wird mit dem Arbeitnehmer eine stufenweise Erhöhung (oder auch Reduktion) der zu leistenden Stunden innerhalb der ersten Jahre nach der Rückkehr aus der Karenz vereinbart. Beispiel: Im Anschluss an die Karenz werden 15 Stunden pro Woche gearbeitet, im zweiten und dritten Jahr wird auf 25 Stunden und danach – z.B. bei Schuleintritt des Kindes – auf 32 Stunden pro Woche aufgestockt. Ein solches Vorgehen berücksichtigt den häufig beklagten Mangel an umfassenden Kinderbetreuungsmöglichkeiten für Kinder unter drei Jahren und ermöglicht Eltern trotzdem eine raschere Rückkehr in den Beruf.

Aus rechtlicher Sicht ist wichtig, dass ein solcher stufenweiser Wiedereinstieg sorgfältig und schriftlich vereinbart wird. Es handelt sich dabei um eine Teilzeitbeschäftigung mit ansteigendem Ausmaß, wobei die Berechnung der Sonderzahlungen, des Urlaubsanspruchs und sonstiger an das Ausmaß der Arbeitszeit gekoppelter Ansprüche für die Lohnverrechnung herausfordernd sein kann. Im Übrigen sind die für Elternteilzeit bzw. – sofern kein Anspruch (mehr) auf Elternteilzeit besteht – die allgemeinen Grundsätze von Teilzeitbeschäftigungen (S. 53 ff) zu beachten.

Stufenweiser Wiedereinstieg bzw. schwankende Teilzeitausmaße bedeuten einen erhöhten rechtlichen und administrativen Aufwand, können aber die beiderseitigen Interessen in der Regel besser berücksichtigen als eine „starre" Elternteilzeitvereinbarung.

B. Mentoring und Traineeprogramm für Wiedereinsteiger

Einige Unternehmen setzen zur Unterstützung von aus der Karenz wiederkehrenden Arbeitnehmern gezielt auf Mentoring. Dabei erhalten die Arbeitnehmer einen Mentor an die Seite gestellt, der sie in der ersten Zeit begleitet und sie wieder in die Arbeitswelt einführt – ähnlich, wie das bei der Einschulung von neuen Kollegen der Fall ist. Mentoren sind in der Regel langjährige Mitarbeiter oder Führungskräfte, die für diese Aufgabe auch speziell geschult werden und Erfahrung mit den bzw. Sensibilität für die Themenstellungen der Vereinbarkeit von Beruf und Familie haben.

Wechselt ein Arbeitnehmer nach der Karenz unternehmensintern in einen anderen Bereich, etwa vom Innendienst in den Außendienst, können Traineeprogramme eine große Unterstützung sein.

Good Practice:
Bei **Weight Watchers Österreich** können karenzierte Mitarbeiter an einem Mentoring-Programm teilnehmen und den Kontakt zum Unternehmen darüber hinaus über das Intranet und monatlich stattfindende Workshops leicht halten. Um eine Überbelastung nach der Karenzrückkehr zu vermeiden, gibt es sowohl in Sachen Umfang als auch Beschaffenheit der Aufgaben sehr flexible und auf die persönlichen Bedürfnisse und Lebensumstände der Mitarbeiter angepasste Möglichkeiten, wieder in das Unternehmen einzusteigen.

C. Telearbeit für Wiedereinsteiger

Telearbeit kombiniert mit Teilzeit kann insbesondere für Wiedereinsteiger eine attraktive Möglichkeit sein, um höhere Stundenkontingente zu erlangen. Beispiel: Pro Woche 20 Stunden am Betriebsstandort und zehn weitere Stunden von zu Hause aus – vorausgesetzt, dass die Art der Tätigkeit das zulässt und auch zuhause eine Betreuung sichergestellt ist. Die organisatorischen und rechtlichen Rahmenbedingungen für Telearbeit und mobiles Arbeiten sind im Kapitel „Mobiles Arbeiten und Arbeitsort" zusammengefasst (S. 85 ff).

D. Elternteilzeit – Rechtlicher Rahmen

Elternteilzeit ist ein im MSchG (§§ 15h ff) bzw. VKG (§§ 8 ff) gesetzlich geregelter Anspruch auf Herabsetzung der Arbeitszeit bzw. auf Änderung der Lage der Arbeitszeit zur Betreuung eines Kindes. Ein Rechtsanspruch des Arbeitnehmers (Mutter wie Vater gleichermaßen) besteht, wenn alle nachfolgenden Voraussetzungen erfüllt sind:

- Das Beschäftigungsverhältnis besteht zum Zeitpunkt des Antritts der Teilzeitbeschäftigung ununterbrochen seit mindestens drei Jahren (Achtung: Zeiten einer Unterbrechung mit Wiedereinstellungszusagen und der Karenz zählen mit!).

- Im Betrieb sind mehr als 20 Arbeitnehmer beschäftigt.

- Das Kind lebt im gemeinsamen Haushalt oder der Elternteil hat die Obsorge für das Kind.

Sind eine oder mehrere dieser Voraussetzungen nicht erfüllt, besteht kein automatischer Rechtsanspruch auf Elternteilzeit. Doch auch hier regelt das Gesetz ein Verfahren, das auf den Abschluss einer Elternteilzeitvereinbarung abzielt (vereinbarte Elternteilzeit, siehe unten).

In Betrieben mit bis zu 20 Arbeitnehmern kann in einer (freiwilligen) BV festgelegt werden, ob und unter welchen Bedingungen Anspruch auf Elternteilzeit besteht. Auf eine solche Teilzeitbeschäftigung sind dann sämtliche Bestimmungen anwendbar, die für die gesetzliche Elternteilzeit gelten. Die Kündigung einer solchen BV ist nur hinsichtlich Arbeitnehmern möglich, die zum Kündigungszeitpunkt noch keine Elternteilzeit bekannt gegeben oder angetreten haben.

Nachstehende Grafik zeigt die wesentlichen Eckdaten der Elternteilzeit:

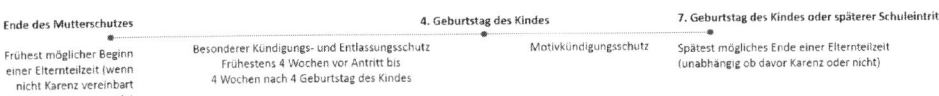

Ende des Mutterschutzes	4. Geburtstag des Kindes	7. Geburtstag des Kindes oder späterer Schuleintritt
Frühest möglicher Beginn einer Elternteilzeit (wenn nicht Karenz vereinbart wurde)	Besonderer Kündigungs- und Entlassungsschutz Frühestens 4 Wochen vor Antritt bis 4 Wochen nach 4 Geburtstag des Kindes	Motivkündigungsschutz	Spätest mögliches Ende einer Elternteilzeit (unabhängig ob davor Karenz oder nicht)

Abb. 36: Ablauf Elternteilzeit (eigene Darstellung)

Nach Ende der gesetzlichen Elternteilzeit besteht ein Anspruch des Arbeitnehmers auf Beschäftigung in Ausmaß und Lage der vormals vereinbarten Arbeitszeiten.

Die vereinbarten Rahmenbedingungen der Elternteilzeit sind vom Arbeitgeber schriftlich aufzuzeichnen (Elternteilzeitvereinbarung). Die Vereinbarung muss von beiden Parteien unterschrieben werden. Dem Arbeitnehmer ist eine Kopie zu übergeben.

Anders als für viele andere in diesem Buch beschriebenen Maßnahmen gibt das Gesetz für die Vereinbarung der Elternteilzeit ein detailliertes Verfahren vor. Die gesetzlichen Vorgaben mögen wie ein Korsett wirken, in das der Arbeitgeber geschnürt ist. Sie beruhen aber auf dem Grundgedanken, dass Ausmaß und Lage der Elternteilzeit im Einvernehmen zwischen Arbeitgeber und Arbeitnehmer unter Wahrung der Interessen beider Parteien vereinbart werden.

Kommt keine Einigung zustande, hat der Arbeitgeber enge Fristen zu beachten, wenn er verhindern will, dass der Arbeitnehmer die Elternteilzeit zu den von ihm vorgeschlagenen Bedingungen antritt. Nachstehend ein Überblick über das Verfahren ab Bekanntgabe der gewünschten Dauer, Lage und Ausmaß der Elternteilzeit durch den anspruchsberechtigten Arbeitnehmer:

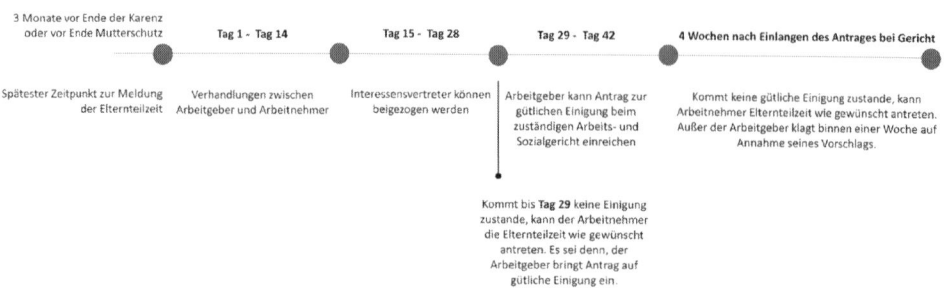

Abb. 37: Ablauf bei der Vereinbarung der Elternteilzeit (eigene Darstellung)

Praxistipp:

In der Verhandlungsphase (Tag 1–14) muss der Arbeitgeber aktiv auf die angemeldeten Wünsche des Arbeitnehmers reagieren. Er muss dem Arbeitnehmer nachweislich bekanntgeben, ob er mit dem Vorschlag einverstanden ist. Ist er nicht einverstanden, muss der Arbeitgeber einen Gegenvorschlag machen. Auf Verlangen des Arbeitnehmers ist der Betriebsrat beizuziehen.

Praxistipp:

Die Chancen des Arbeitgebers, dass das Gericht der Klage auf Einwilligung des Arbeitnehmers in den Vorschlag des Arbeitgebers stattgibt, sind eher gering. Der Arbeitgeber muss nachweisen, dass die betrieblichen Erfordernisse die Interessen des Arbeitnehmers überwiegen, was in objektivierbarer Weise oft schwierig ist.

Fehlen eine oder mehrere Voraussetzungen für den vollen Anspruch auf Elternteilzeit, sieht das Gesetz ein separates Verfahren für die sogenannte **„vereinbarte Elternteilzeit"** vor. Der wesentliche Unterschied zur „vollen Elternteilzeit" liegt in den Konsequenzen im Fall der Nichteinigung: Kommt zwischen Arbeitnehmer und Arbeitgeber keine Einigung zustande, muss nicht der Arbeitgeber den Arbeitnehmer auf Einwilligung in seinen Vorschlag klagen, sondern umgekehrt der Arbeitnehmer den Arbeitgeber. Nachstehend ein Überblick über das Verfahren ab Bekanntgabe der gewünschten Dauer, Lage und Ausmaß der Elternteilzeit durch den Arbeitnehmer:

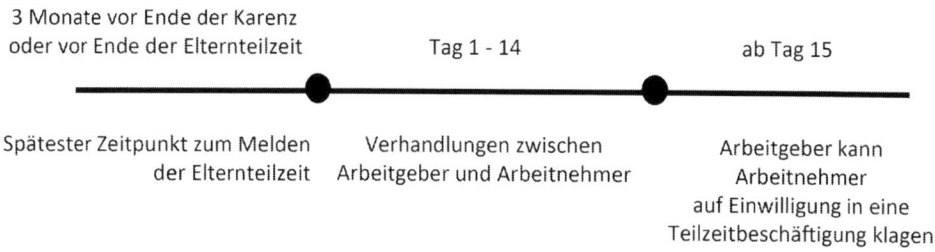

Abb. 38: Ablauf bei der vereinbarten Elternteilzeit (eigene Darstellung)

Sowohl Arbeitgeber als auch Arbeitnehmer haben jeweils (nur) einmal Anspruch, einseitig eine Änderung oder vorzeitige Beendigung der Teilzeitbeschäftigung zu verlangen. Dabei ist das gleiche Verfahren wie bei Begründung der Elternteilzeit anzuwenden – je nachdem, ob ein Anspruch auf Elternteilzeit besteht oder ob es sich um vereinbarte Elternteilzeit handelt.

Im Einvernehmen kann das Stundenausmaß während der Elternteilzeit auch mehrmals verändert werden. Solche einvernehmlichen Änderungen sollten schriftlich festgehalten werden.

Praxistipp:
Im Sinne eines aktiven Karenzmanagements sollte stets versucht werden, eine für beide Seiten gute Elternteilzeitvereinbarung zu finden. Dies auch vor dem Hintergrund, dass es Arbeitgeber vor Gericht in Streitigkeiten betreffend Elternteilzeit in der Regel nicht leicht haben: Urteile, die dem Arbeitgeber Recht geben, sind in diesem Bereich selten. Abgesehen davon gibt es keinen Kostenersatz, das heißt, dass sowohl Arbeitgeber als auch Arbeitnehmer die Gerichtsgebühren und ihre Vertretungskosten selbst zu tragen haben. Eine Berufung gegen ein Urteil ist nicht möglich. Es ist daher ratsam, eine Lösung außerhalb des Gerichtssaals zu finden. Auch wenn es zu einer Klage kommt, wird oft vor Gericht eine einvernehmliche Lösung in Form eines Vergleichs geschlossen.

E. Gespräch und Information vor Ende der Elternteilzeit

Die Elternteilzeit führt in Unternehmen zu steigenden Teilzeitquoten. Nicht selten zeigt sich dabei der Effekt, dass Arbeitnehmer auch nach Ende der gesetzlichen Elternteilzeit weiterhin in Teilzeit beschäftigt bleiben, weil einfach nicht über die Zukunft gesprochen wurde. Das kann natürlich so gewünscht sein, aber auch durch verabsäumte Vereinbarung des ursprünglichen Arbeitszeitausmaßes oder einer „normalen" Teilzeitbeschäftigung bedingt sein. Mittels eines strukturierten Gesprächs und einer anschließenden schriftlichen Vereinbarung kann sichergestellt werden, dass vor Ablauf der Elternteilzeit eine Regelung für die Zukunft getroffen wird. Dies muss nicht zwangsläufig eine Vollzeitbeschäftigung sein, aber es ist wichtig, generell eine für beide Seiten passende und rechtlich korrekte Vereinbarung zu treffen.

Praxistipp:
Bei Stellenausschreibungen werden zuerst interne Teilzeit- bzw. Elternteilzeitkräfte gefragt, ob sie das Stundenausmaß aufstocken möchten. Das kann Kosten für externe Personalsuche reduzieren und Überbesetzungen vermeiden.

III. Väterkarenz und Papawochen

Besondere Aufmerksamkeit hat in den letzten Jahren das Thema der Väterbeteiligung erhalten. Laut der Studie „Karenzväter in Zahlen" von Joanneum Research aus 2013 sind 8,4% aller Kinderbetreuungsgeldbezieher Männer. Diese Quote ist in den letzten Jahren stark angestiegen. Allerdings differiert die Beteiligung je nach ausgewähltem Kinderbetreuungsgeldmodell stark. Besonders bei den Kinderbetreuungsgeldvarianten mit kürzerer Bezugsdauer und höherer Geldleistung ist eine hohe Väterbeteiligung gegeben.

Auch aus Arbeitgebersicht ist der Anstieg an Väterkarenzen inzwischen spürbar und macht es notwendig, auch für die Väter unter den Arbeitnehmern entsprechende Modelle bereitzuhalten bzw. ein gutes Karenzmanagement aufzusetzen. Es ist damit zu rechnen, dass der Anstieg der Väterkarenzen weiter anhalten wird. Zum einen ist das Thema Väterkarenz dauerhafter Gegenstand der gesellschaftspolitischen Debatte, zum anderen zeigen Befragungen unter Männern, dass der Wunsch nach Väterkarenz groß ist. Eine Befragung im Auftrag des Landes Niederösterreich unter 1.920 Männern im Jahr 2010 kam zu dem Ergebnis, dass sich 62% der Befragten wünschen, in Väterkarenz gehen zu können. Drei Viertel der Befragten können sich darüber hinaus vorstellen, Teilzeit zu arbeiten, während die Kinder noch klein sind.

A. Rechtlicher Rahmen

Väter haben nach dem VKG (§ 2 ff) Anspruch auf Karenz, ähnlich wie Mütter. Der Anspruch auf Väterkarenz ist ein eigenständiger Anspruch, der vom Anspruch der Mutter auf Karenz unabhängig ist. Grundsätzlich gilt daher das zur Karenz (S. 197 ff) Ausgeführte auch für die Väterkarenz. Väter können die Karenz frühestens nach Ende der Schutzfrist in Anspruch nehmen. Voraussetzung für die Inanspruchnahme von Väterkarenz ist, dass der Vater mit dem Kind im gemeinsamen Haushalt lebt. Vater und Mutter dürfen nur einen Monat gemeinsam Karenz nehmen.

Praxistipp:

Von Gesetzes wegen gibt es keinen Anspruch auf Karenzierung des Vaters während der Schutzfrist der Mutter. Väter können daher die Väterkarenz etwa nicht direkt nach der Geburt des Kindes antreten.

Auch Väter können wie Mütter eine geringfügige Beschäftigung neben der Karenz vereinbaren (S. 200 ff). Väter genießen ebenfalls Kündigungs- und Entlassungsschutz während einer ordnungsgemäß gemeldeten und in Anspruch genommenen Karenz (S. 198). Die Benachteiligung eines Mannes wegen der (beabsichtigten) Inanspruchnahme einer Väterkarenz kann eine Diskriminierung darstellen und ist ohne sachliche Rechtfertigung unzulässig.

Väter müssen ihren Karenzwunsch spätestens acht Wochen nach der Geburt beim Arbeitgeber melden, sofern sie direkt im Anschluss an die Schutzfrist der Mutter in Karenz gehen möchten, ansonsten mindestens drei Monate vor Antritt. Der besondere Kündigungs- und Entlassungsschutz beginnt mit der Bekanntgabe, frühestens jedoch vier Monate vor Antritt der Karenz.

B. Väterkarenzmanagement

Ähnlich wie bei Müttern ist ein gutes Karenzmanagement auch bei Vätern sehr wichtig. Dabei ist jedoch auf kulturell relevante Unterschiede zu achten:

Die oben geschilderten gesetzlichen Meldefristen der Väterkarenz haben häufig zur Folge, dass Väter ihren Wunsch nach einer Karenzierung dem Arbeitgeber erst knapp vor Ende der Meldefrist bekanntgeben. Ein früherer Zeitpunkt wäre jedoch aus Planungssicht vorteilhafter. Ziel sollte daher sein, dass auch Männer ihre Karenzwünsche schon mit oder sogar vor der Geburt des Kindes kommunizieren und damit allen Beteiligten mehr Spielraum für eine gute Umsetzung ermöglichen. Wesentliche Voraussetzung dafür ist eine angstfreie Thematisierung des Wunsches nach Väterkarenz innerhalb des Unternehmens. Im Idealfall sprechen Führungskräfte das Thema aktiv an – und zwar ggf. bereits mit der Bekanntgabe der bevorstehenden Vaterschaft. In der Folge sollte eine Art „Gestaltungsgespräch" mit dem werdenden Vater geführt werden. Dabei können folgende Aspekte angesprochen werden:

- Welche Vorstellungen/Erwartungen hat der Arbeitnehmer bezüglich der Dauer der Karenz und des Wiedereinstiegs (Art der Tätigkeit, Arbeitszeit, Beschäftigung während der Karenz)?

- Mit welchen Aufgaben ist der Arbeitnehmer derzeit betraut? Welche davon müssen wie weitergeführt werden? Verteilung der Aufgaben im Team, Karenzvertretung (innerhalb des Unternehmens oder außerhalb)?

- Wie kann die Übergabe aussehen? Was muss jedenfalls übergeben werden?

Muster
siehe Musterteil

Getroffene Vereinbarungen oder auch Absichtserklärungen sollten schriftlich festgehalten werden, um Missverständnisse in der Zukunft zu vermeiden und Beweissicherheit zu erlangen.

Wie bei Mütterkarenz ist auch bei der Väterkarenz eine durchgehende Anbindung an das Unternehmen während der Karenz sinnvoll und wichtig. Es empfehlen sich etwa auch Karenzzwischengespräche bzw. ein strukturiertes Wiedereintrittsgespräch analog zu den im Rahmen der Mutterkarenz geschilderten Grundsätzen.

C. Väter in Teilzeit

Auch für Väter kann eine Beschäftigung in Teilzeit eine bessere Beteiligung am Familienleben und damit eine bessere Vereinbarkeit von Beruf und Familie ermöglichen.

Väter haben nach dem Väterkarenzgesetz unter den gleichen Voraussetzungen und innerhalb der gleichen Grenzen wie Mütter Anspruch auf Elternteilzeit. Es wird daher für die Teilzeitbeschäftigung von Vätern auf das zur Elternteilzeit Ausgeführte verwiesen (S. 204 ff).

In den letzten Jahren ist zu bemerken, dass auch die Teilzeitquote unter den Männern steigend ist und sich derzeit (Stand 2014) bei etwas weniger als 8% bewegt. Wie im

Kapitel „Teilzeitmodelle" dargestellt, sind jedoch bei Männern eher andere Gründe (eine Ausbildung absolvieren etc.) ausschlaggebend für einen Teilzeitwunsch als die Betreuung von Kindern.

D. Papamonat und Papawochen

Eine neue Maßnahme zur Familienförderung hat sich in den letzten Jahren in Form des „Papamonats" bzw. der „Papawochen" entwickelt.

Für Väter im öffentlichen Dienst besteht die gesetzlich geregelte Möglichkeit, einen unbezahlten Karenzurlaub bereits während des Beschäftigungsverbots der Mutter in Anspruch zu nehmen (Frühkarenzurlaub). Frühkarenzurlaub gebührt diesen dann, wenn der Vater mit dem Kind und der Mutter im gemeinsamen Haushalt lebt. Der Vater muss dem Arbeitgeber Beginn und Dauer des Karenzurlaubs spätestens eine Woche vor dem geplanten Antritt bekanntgeben und unverzüglich die anspruchsbegründenden sowie die anspruchsbeendenden Umstände darlegen. In dieser Zeit bleibt der bisherige Sozialversicherungsschutz aufrecht, und zwar unter gänzlicher Übernahme der Beitragslast durch den Dienstgeber.

Bis zum November 2013 haben in Summe 718 Bedienstete des Bundes ein solches Papamonat in Anspruch genommen. Das entspricht 13% aller Mitarbeiter, die Vater geworden sind.

Zudem gibt es einige Initiativen mit dem Ziel, ein Papamonat auch in der Privatwirtschaft einzuführen. Einige Unternehmen zeigen jedoch, dass auch eine freiwillige Einführung von einem Papamonat oder Papawochen erfolgreich möglich ist.

1. Organisatorischer Rahmen

Unternehmen, die Arbeitnehmern ein Papamonat oder Papawochen ermöglichen wollen, sollten v.a. darauf achten, dass parallel zu einer entsprechenden Regelung auch ausreichend Akzeptanz im Unternehmen vorhanden ist und die Entscheidung daher insbesondere auch stark von den Führungskräften mitgetragen wird.

Zudem sollten folgende Fragen im Unternehmen geklärt sein:

- Wie und bis wann können Arbeitnehmer den Wunsch nach einem Papamonat/Papawochen anmelden?
- Wie ist die grundsätzliche Haltung des Unternehmens? Besteht ein Anspruch oder kann der Wunsch abgelehnt werden?
- Was ist die maximal zulässige Dauer und in welchem Zeitraum muss der Papamonat in Anspruch genommen werden?
- Besteht eine monetäre Unterstützung des Arbeitnehmers durch den Arbeitgeber während dieser Zeit?

- Wie ist mit bestehendem Resturlaub des beantragenden Arbeitnehmers umzugehen?
- Wie kann die Übergabe bzw. Überbrückung gestaltet werden?
- Wie wird die Abwesenheit im Haus und auch gegenüber Kunden und Partnern kommuniziert?

In der Praxis haben sich bei jenen Unternehmen, die ein Papamonat oder Papawochen anbieten, Modelle etabliert, die der Umsetzung für Bundesbediensteten nahe kommen. Dabei werden meist zwei Wochen oder ein Monat innerhalb der gesetzlichen, regulären Schutzfrist (acht Wochen nach der Entbindung) in Anspruch genommen.

In einer Vielzahl an Unternehmen ist diese Auszeit ebenfalls unbezahlt. Es gibt jedoch auch Beispiele von Unternehmen, die ihren Vätern nach der Geburt eines Kindes zusätzlichen bezahlten Urlaub ermöglichen.

Good Practice:

Bei **Microsoft Österreich** wurden im Jänner 2011 die sogenannten Papawochen eingeführt. Dabei handelt es sich um einen zweiwöchigen, vom Unternehmen bezahlten Sonderurlaub für Väter während des Mutterschutzes. Mit den Papawochen unterstützt das Unternehmen Väter, die dadurch in diesen aufregenden ersten Wochen mehr Zeit mit dem Kind und der Partnerin verbringen können. Mit der Einführung der Papawochen übernimmt Microsoft Österreich eine Vorreiterrolle in Österreich und erleichtert es Vätern, Verantwortung für die Familie zu übernehmen und ihren Partner zu unterstützen. Bis heute wurde dieses Angebot bereits von über 50 Vätern bei Microsoft Österreich genützt. Unter www.papawochen.at finden sich Erfahrungsberichte und weiterführende Informationen.

2. Rechtlicher Rahmen

Abgesehen von Sonderregelungen für Beamte und Vertragsbedienstete gibt es derzeit keinen österreichweiten gesetzlich geregelten Anspruch auf ein Papamonat oder Papawochen. Viele KV sehen einen Anspruch auf zwischen ein und vier Tagen bezahlte Dienstfreistellung aus Anlass der Geburt eines Kindes vor. Manche KV sehen zusätzlich oder alternativ Papawochen oder ein Papamonat vor. Teilweise wird auch der Begriff „Väterfrühkarenz" in KV verwendet.

Praxistipp:

Es muss geprüft werden, ob nach dem anwendbaren KV ein Anspruch auf Freistellung bei Geburt eines Kindes gebührt und in welchem Ausmaß. Sozialversicherungsrechtlich endet bei kollektivvertraglichen Väterfrühkarenzen die Pflichtversicherung unabhängig von der Dauer der Väterfrühkarenz mit dem Ende des Entgeltanspruchs. Es ist daher eine Abmeldung und bei Arbeitsbeginn eine Anmeldung vor Wiederaufnahme der Beschäftigung durchzuführen.

Praxistipp:

Wollen Väter etwa bei Arztbesuchen und Geburtsvorbereitungskursen dabei sein und/oder über kollektivvertragliche Freistellungsansprüche hinaus aus Anlass der Geburt eines Kindes zu Hause bleiben, müssen sie hierfür Urlaub konsumieren oder mit dem Arbeitgeber bezahlte/unbezahlte Freistellung vereinbaren (S. 145 ff).

Papawochen oder ein Papamonat können zwischen Arbeitgeber und dem Vater vereinbart werden. Arbeitgebern steht es frei, Vätern zusätzlich unbezahlten oder aber auch bezahlten Urlaub zu ermöglichen. Dazu sollte es im Unternehmen eine einheitliche und generelle Regelung geben. Diese gibt abseits der rechtlichen Effekte allen Beteiligten – Arbeitnehmern wie Führungskräften – entsprechende Planungsmöglichkeit und Klarheit.

siehe Musterteil

Arbeitsrechtlich und v.a. auch sozialversicherungsrechtlich muss bei freiwillig vereinbartem/n Papamonat/Papawochen unterschieden werden, ob es sich um eine bezahlte oder um eine unbezahlte Karenzierung handelt, sowie, ob die Dauer der Karenzierung ein Monat übersteigt oder nicht: Wird Karenzurlaub für kürzer als ein Monat vereinbart, besteht die Pflichtversicherung grundsätzlich weiter. Der Arbeitnehmer trägt für diesen Zeitraum typischerweise den gesamten Kranken-, Unfall-, Pensions- und Arbeitslosenversicherungsbeitrag. Wird Karenzierung für einen Zeitraum von über einem Monat vereinbart, endet die Pflichtversicherung grundsätzlich mit dem Tag vor Beginn des vereinbarten Karenzurlaubs. Es ist daher eine Abmeldung vorzunehmen. Detailinformationen finden sich auf der Homepage der Gebietskrankenkasse.

In jedem Fall sollte die Vereinbarung über Papawochen/Papamonat schriftlich erfolgen.

Pflege nahestehender Menschen

Vereinbarkeit von Beruf und Familie ist im ersten Moment regelmäßig mit dem Gedanken an die Vereinbarkeit von Beruf und Kinderbetreuung verbunden. Vereinbarkeit muss aber weiter gedacht werden. Vor allem in Anbetracht der demografischen Entwicklung ist auch die Pflege naher Angehöriger umfasst. Somit stellt nicht nur die Vereinbarkeit von Beruf und Betreuung von Kindern, sondern auch (zusätzlich) von Beruf und Betreuung pflegebedürftiger Angehöriger eine Herausforderung dar (Stichwort „Sandwich-Generation").

Bei allen unterstützenden Maßnahmen seitens des Arbeitgebers für Arbeitnehmer mit Betreuungspflichten für Kinder ist es für eine möglichst durchgehende Akzeptanz der familienfreundlichen Personalpolitik wichtig, auch Arbeitnehmer zu adressieren, die zwar keine Betreuungspflichten für Kinder haben, aber etwa einen nahen Angehörigen betreuen müssen. Arbeitnehmer müssen sich oft zusätzlich zu beruflichen und sonstigen privaten Belastungen darum kümmern, dass pflegebedürftige Eltern oder andere erwachsene Angehörige gut versorgt sind – ein Umstand, der durch die zu erwartende Zunahme von Pflegenotwendigkeiten für Arbeitgeber eine spürbare und sensible Herausforderung für das Personalmanagement werden kann.

Eine besondere Schwierigkeit ist dabei oft die Kurzfristigkeit, mit der Arbeitnehmer mit pflegebedingten Notwendigkeiten an ihre Arbeitgeber herantreten. Zudem haben viele Arbeitnehmer Hemmungen, den Arbeitgeber mit einer plötzlichen Pflegeaufgabe aus dem Privatleben frühzeitig zu konfrontieren.

Ein offener Umgang mit der Pflegethematik sowie proaktives Aufzeigen von Möglichkeiten und Angeboten seitens des Arbeitgebers tragen dazu bei, dass betroffene Arbeitnehmer ihre Anliegen aktiv kommunizieren. Die Sorge der beruflichen Beeinträchtigung bis hin zur Angst vor einem Jobverlust mangels Vereinbarkeitsmöglichkeit können dadurch abgefedert werden.

Arbeitgeber können dem Thema Pflege auf unterschiedliche Arten begegnen: Pflegekarenz, Pflegeteilzeit und Familienhospizkarenz sind gesetzlich explizit verankert, während andere Maßnahmen durch individuelles Engagement des Arbeitgebers angeboten werden können.

I. Die Pflegesituation in Österreich

Die Daten zur Pflegesituation sind schwer zu erheben, da sie mit dem Bezug von Pflegegeld und geförderten Dienstleistungen verknüpft sind. Werden solche öffentlichen Leistungen nicht in Anspruch genommen, können keine genauen Zahlen über die Pflegesituation abgefragt werden. Nach der OECD Publikation „Help wanted?"

(2011) wurden im Jahr 2008 24% der Bevölkerung über 65 Jahren zuhause, aber nicht unbedingt (allein) durch Angehörige gepflegt.

Zwischen 1996 und 2009 ist die Anzahl der Pflegegeldbezieher um 40% gestiegen. Ende 2013 haben laut Statistik Austria etwa 450.000 Menschen in Österreich Pflegegeld in sieben möglichen Stufen bezogen. Die Höhe des Pflegegelds hängt vom Betreuungsbedarf ab und ist einkommensunabhängig.

Die Pflege in Einrichtungen und Heimen ist immer noch mehr die Ausnahme als die Regel. Eine hochgerechnete Befragung unter 1.150 Pflegegeldbeziehern im Rahmen der Studie von Pochobradsky et al. (2005) ergab, dass 80% der pflegebedürftigen Menschen zu Hause durch Angehörige gepflegt werden. Dies korreliert auch mit der Zahl der Pflegegeldbezieher, denn die überwiegende Mehrzahl der Bezieher bekommt Pflegegeld der Stufe 1 oder 2, also bis zu 85 Stunden monatlichen Pflegeaufwand. Diese Gruppe wird besonders häufig noch zu Hause gepflegt.

Nach den Social Survey Daten aus dem Jahr 2014 sind v.a. Arbeitnehmer ab 46 Jahren von der Notwendigkeit, Pflegeaufgaben zu übernehmen, betroffen. Auffallend ist, dass besonders bei Frauen schon ab dem Alter von 35 Jahren die Notwendigkeit zur Pflege sprunghaft ansteigt. Geht man davon aus, dass vielfach auch wegen einer Pflegeaufgabe eine Beteiligung am Erwerbsleben verringert oder sogar unterlassen wird, ist das versteckte Potenzial an Arbeitskräften erkennbar, das durch das Angebot verbesserter Vereinbarkeitsmaßnahmen für Pflege und Beruf genutzt werden könnte.

Die prognostizierte Bevölkerungsentwicklung verdeutlicht die zukünftig steigende Relevanz des Themas Pflege:

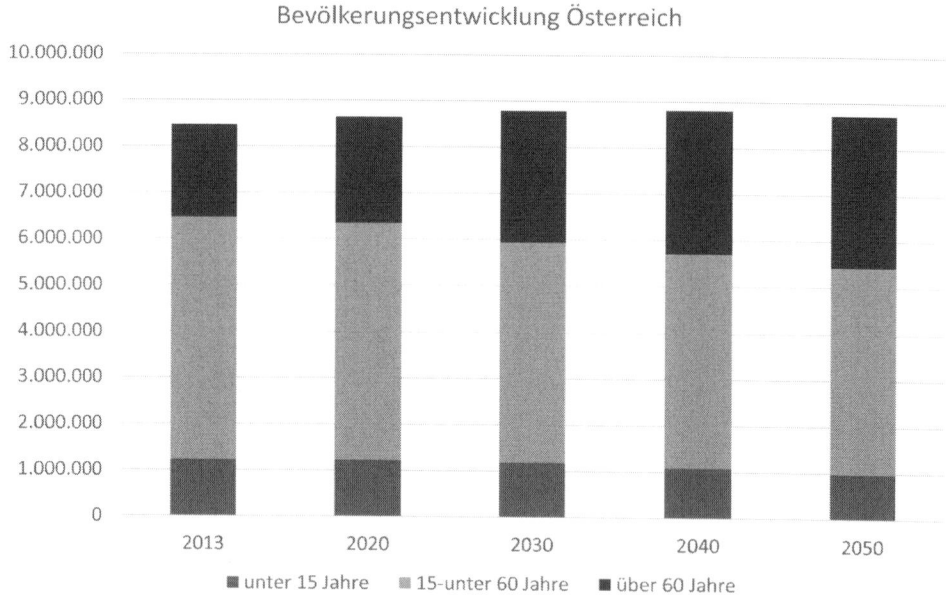

Abb. 39: Bevölkerungsentwicklung Österreichs (Statistik Austria, Werte 2013)

Die Zahl der über 60-jährigen steigt bis zum Jahr 2050 von derzeit rund 2 Mio. auf über 3,2 Mio. an. Gleichzeitig nimmt die Zahl der unter 15-jährigen um über ein Viertel ab und wird 2050 erstmals unter einer Mio. betragen.

Zudem wird sich die Zahl der Erwerbstätigen (aus heutiger Sicht, ohne relevante Anhebungen der Pensionsantrittsalter) laut Statistik Austria bis 2050 nur marginal nach oben verändern und bei in etwa 4,14 Millionen einpendeln, während bei der Zahl der Pflegegeldbezieher eine laufende Steigerung erwartet wird.

Neben der rein zahlenmäßig darstellbaren Herausforderung kommen aber auch neue organisatorische Aspekte auf die Arbeitgeber zu. Einer Elternkarenz oder Elternteilzeit gehen in der Regel einige Monate zwischen Meldung der Schwangerschaft bis Beginn des Mutterschutzes voraus, während derer besser geplant werden kann. Pflegebedarfe jedoch ergeben sich oft von heute auf morgen. Weder der genaue Zeitpunkt des Eintritts noch der Dauer und die Intensität der Betreuungsnotwendigkeit sind planbar.

Bei spontan eintretendem und schwer planbarem Bedarf sind v.a. Maßnahmen wie die Bereitstellung von Informationsmaterial, ein Ansprechpartner für das Thema „Pflege und Beruf" und die aktive Kommunikation zum Thema Pflege sowie der eventuellen Angebote seitens des Arbeitgebers wesentliche erste Schritte, um die Situation zu bewältigen.

Good Practice:

Die **Generali Versicherung AG** hat eine Datenbank „berufundfamilie" für alle Mitarbeiter der Generali Gruppe Österreich implementiert. Mitarbeiter finden dort Unterlagen bzw. Informationen für werdende Eltern, über Elternschaft, Karenz und Berufsrückkehr, ebenso wie gesundheitsfördernde Maßnahmen oder Informationen für pflegende Angehörige. Diese Datenbank wird laufend erweitert.

Auch der Gesetzgeber hat auf die Notwendigkeit der Vereinbarkeit von Pflege und Beruf reagiert und seit 1.1.2014 Pflegekarenz und Pflegeteilzeit gesetzlich verankert.

II. Pflegekarenz und Pflegeteilzeit

Arbeitnehmer, die einen Angehörigen pflegen, haben unter bestimmten Voraussetzungen die Möglichkeit, über einen begrenzten Zeitraum karenziert zu werden oder Teilzeit zu arbeiten. Der karenzierte Arbeitnehmer erhält bei Vorliegen der Voraussetzungen eine Ausgleichszahlung (Pflegekarenzgeld bzw. aliquotes Pflegekarenzgeld) aus öffentlichen Mitteln.

A. Organisatorischer Rahmen

Organisatorisch erfordert die Einführung von Pflegekarenz/Pflegeteilzeit auf Arbeitgeberseite v.a. Überlegungen zu Voraussetzungen der Gewährung und Vorgehensweise bei Meldungen des Bedarfs. Insbesondere folgende Punkte sind zu bedenken:

- **Ansprechperson:** z.B. definierte Pflegebeauftragte, Betriebsrat, Personalabteilung
- **Führungskräfte-Sensibilisierung:** z.B. Schulungen, Informationsmaterial
- **Information:** z.B. Broschüren, Intranet etc. mit rechtlichen und organisatorischen Informationen
- **Überbrückungsszenarien:** insbesondere durch Schaffung von Vertretungsregelungen
- **Aus- und Einstiegsszenarien:** z.B. Unterstützung bei Übergabe und Wiedereinstieg
- **Kontakthalten:** z.B. Kontaktmöglichkeit im Bedarfsfall, Informationszusendung an Arbeitnehmer in Pflegekarenz/Pflegeteilzeit

B. Rechtlicher Rahmen

Pflegekarenz und Pflegeteilzeit sind seit 1.1.2014 gesetzlich geregelt (§§ 14c, 14d, 15 AVRAG, §§ 6 und Betriebliches Mitarbeiter- und Selbständigenvorsorgegesetz [BMSVG], Bundespflegegeldgesetz [BPGG]). Einen Rechtsanspruch auf Pflegekarenz oder Pflegeteilzeit hat der Arbeitnehmer (anders als auf Pflegefreistellung, S. 79 f) nicht.

Pflegekarenz und Pflegeteilzeit sind als kurzfristige Überbrückungsmaßnahmen gedacht und sollen eine arbeitsrechtliche und finanzielle Absicherung bei unvorhergesehenem Pflegebedarf eines nahen Angehörigen (S. 25) bieten.

Eckdaten der gesetzlich geregelten Pflegekarenz und Pflegeteilzeit:

	Pflegekarenz	Pflegeteilzeit
Voraussetzung	Zu pflegender naher Angehöriger erhält Pflegegeldstufe 3 oder höher (= mehr als 120 Stunden benötigte Pflege pro Monat). Bei Minderjährigen oder Menschen mit Demenz schon ab Pflegegeldstufe 1. Das Dienstverhältnis besteht seit mehr als drei Monaten.	
Dauer	mind. ein bis max. drei Monate	
Stundenausmaß	0	Die Arbeitszeit kann auf mind. zehn Wochenstunden reduziert werden und das Ausmaß der vereinbarten Arbeitszeit muss während der Dauer der Pflegeteilzeit gleich bleiben.
Finanzielle Unterstützung für Arbeitnehmer	Pflegekarenzgeld in Höhe des Arbeitslosengelts, max. rund € 1.400,–/Monat (Stand 2014)	Aliquotes Pflegekarenzgeld in Höhe des Arbeitslosengelts, max. rund € 1.400,–/Monat (Stand 2014).

Versicherung	Bezieher von Pflegekarenzgeld sind weiterhin pensions- und krankenversichert. Kein Einfluss auf Arbeitslosenversicherung, Anwartschaft auf Abfertigung bleibt aufrecht.
Rechtsanspruch	Nein, sondern Vereinbarungssache.
Formvorschriften	Schriftliche Vereinbarung; auf Verlangen des Arbeitnehmers ist Betriebsrat beizuziehen.
Besonderheiten	Einmal je zu betreuendem Angehörigen, Ausnahme: neuerliche Inanspruchnahme oder Verlängerung bei wesentlicher Verschlechterung möglich. Auch Partner können auf einander folgend in Pflegekarenz/-teilzeit gehen.
Ansprechpartner	Bundessozialamt – www.bundessozialamt.gv.at Hilfe und Informationen für Betroffene auch am Österreichischen Pflegetelefon des BMASK unter der kostenfreien Nummer 0800 20 16 22.

Sind die rechtlichen Voraussetzungen erfüllt, steht für die Dauer der Pflegekarenz Pflegekarenzgeld bzw. für die Dauer der Pflegeteilzeit aliquotes Pflegekarenzgeld zu (sogenannte „**geförderte Pflegekarenz/Pflegeteilzeit**"). Die Prüfung der Voraussetzungen und die Beantragung liegen in der Verantwortung des Arbeitnehmers. Bei wesentlicher Erhöhung des Pflegebedarfs (mindestens eine Pflegegeldstufe) ist eine neuerliche Gewährung möglich.

Ein Wechsel zwischen Pflegekarenz und Pflegeteilzeit ist für ein- und denselben Betroffenen nicht vorgesehen. Pro Angehörigem kann (gefördert) grundsätzlich nur entweder Pflegekarenz oder Pflegeteilzeit vereinbart werden.

Eine vorzeitige Rückkehr auf Wunsch des Arbeitnehmers aus der Pflegekarenz ist nur bei Vorliegen eines Rückkehrgrundes und mit einer Vorankündigungsfrist von zwei Wochen möglich. Rückkehrgründe sind: Der nahe Angehörige wird

- in stationäre Pflege oder in ein Pflegeheim aufgenommen oder
- nicht nur vorübergehend von einer anderen Betreuungsperson gepflegt oder
- ist verstorben.

Für die Anrechnung von Zeiten der Pflegekarenz bzw. Pflegeteilzeit für dienstzeitabhängige Ansprüche, das Urlaubsausmaß und die Berechnung des Entgelts bestehen Sonderregeln.

Zeiten der Pflegekarenz bleiben für Rechtsansprüche, die sich nach der Dauer der Dienstzeit richten, außer Betracht. Sonstige Bezüge, wie insbesondere Sonderzahlungen und nicht verbrauchter Urlaub, werden entsprechend aliquotiert. Etwaige Pensionskassenbeiträge müssen vom Arbeitgeber während Zeiten einer Pflegeteilzeit grundsätzlich nicht bezahlt werden. Sie können vom Arbeitnehmer durch Eigenleistung kompensiert werden.

Achtung: Wird ein Arbeitnehmer wegen einer beabsichtigten oder tatsächlich in Anspruch genommener Pflegekarenz oder Pflegeteilzeit vom Arbeitgeber gekündigt, gilt der besondere Motivkündigungsschutz des § 15 AVRAG (S. 24).

Endet das Arbeitsverhältnis während der Pflegekarenz oder Pflegeteilzeit, ist für die Berechnung der Abfertigung Alt und der Urlaubsersatzleistung das für den letzten Monat vor Antritt der Maßnahme gebührende Entgelt maßgeblich. Die Beiträge für Abfertigung Neu werden für die Dauer der ordnungsgemäß vereinbarten Pflegekarenz vom Bund übernommen. Bei Pflegeteilzeit muss der Arbeitgeber die Beiträge zur Mitarbeitervorsorgekasse nach Abfertigung Neu weiterhin in voller Höhe einzahlen. Sonderzahlungen sind in dem der Vollzeit- und Teilzeitbeschäftigung entsprechenden Ausmaß für die Dauer der Pflegeteilzeit zu aliquotieren.

Praxistipp:

Änderungen des Stundenausmaßes der Teilzeitbeschäftigung während der Pflegeteilzeit führen zum Verlust des aliquoten Pflegeteilzeitgeldes.

Praxistipp:

Für Zeiten der Wochenhilfe, Elternkarenz sowie des Präsenz-, Ausbildungs- oder Zivildienstes kann nicht zugleich eine Pflegeteilzeit vereinbart werden.

Die Bedingungen für die geförderte Pflegekarenz und Pflegeteilzeit bieten wie oben geschildert ob der strikten Vorgaben nur eingeschränkte Flexibilität (z.B. kein Wechsel zwischen den beiden Maßnahmen, keine Änderung der Arbeitszeit nach jeweils erforderlichem Betreuungsaufwand). Es kann aber aus arbeitsrechtlicher Sicht auch über die in obiger Tabelle dargestellten Grenzen hinaus Pflegekarenz oder Pflegeteilzeit vereinbart werden (sogenannte **„nicht geförderte Pflegekarenz/Pflegeteilzeit"**). Dann kann der Arbeitnehmer allerdings in der Regel kein Pflegekarenzgeld beziehen und genießt möglicherweise keinen speziellen Kündigungs- und Entlassungsschutz. Es sind die Rahmenbedingungen wie bei unbezahltem Urlaub (S. 145 ff) bzw. Teilzeit (S. 53 ff) zu beachten.

III. Familienhospizkarenz

Um Arbeitnehmer bei der Herausforderung, schwer kranke Familienangehörige zu betreuen bzw. auf ihrem letzten Weg zu begleiten, unterstützen zu können, wurde 2002 in Österreich die Familienhospizkarenz eingeführt. Familienhospizkarenz kann einerseits für die Sterbebegleitung von nahen Angehörigen (S. 25), andererseits für die Betreuung schwerstkranker Kinder, die im gemeinsamen Haushalt leben, in Anspruch genommen werden. Im Gegensatz zur Pflegefreistellung (S. 79 f) ist bei der Familienhospizkarenz weder Pflegebedürftigkeit noch eine notwendige Betreuung Voraussetzung. Es geht vielmehr darum, dem Arbeitnehmer trotz Berufstätigkeit die Möglichkeit zu geben, Zeit mit dem sterbenden bzw. schwerstkranken Angehörigen zu verbringen, um diesen v.a. moralisch und auch sonst unterstützen zu können.

2011 gab es 664 Inanspruchnahmen in ganz Österreich. Durch die Einführung des Pflegekarenzgelds auch bei Familienhospizkarenz könnte es in Zukunft zu einer erhöhten Inanspruchnahme kommen.

A. Organisatorischer Rahmen

Ähnlich wie bei der Pflegekarenz/Pflegeteilzeit werden Wünsche nach einer Familienhospizkarenz oft ungeplant und kurzfristig an den Arbeitgeber herangetragen. Auch hier ist die Dauer und Intensität im Vorhinein nur schwer abschätzbar.

Arbeitgeber sollten daher auf solche Situationen vorbereitet sein. Ausreichende organisatorische Rahmenbedingungen, wie insbesondere Schaffung von Überbrückungsmodellen (über Aufgabenverteilung, Praktikanten, temporäre Arbeitskräfte u.ä.) helfen allen Beteiligten, besser mit solchen Ausfallssituationen umzugehen.

Besondere Flexibilität ist auch deshalb erforderlich, da es bei Wegfall des Betreuungsbedarfs zu einem wenig planbaren und schnellen Wiedereinstieg des Arbeitnehmers kommt. Eine gute Kommunikation zwischen Arbeitnehmer und Arbeitgeber auch während der Karenzierung bzw. Teilzeit kann bei der Planung helfen.

B. Rechtlicher Rahmen

Auf Familienhospizkarenz besteht unter den nachstehend geschilderten Voraussetzungen ein Rechtsanspruch. Der Begriff der Familienhospizkarenz umfasst arbeitsrechtlich einerseits die Sterbebegleitung von nahen Angehörigen (§ 14a AVRAG) und andererseits die Begleitung von schwersterkrankten Kindern (§ 14b AVRAG). Den Begriff der „Familienhospizteilzeit" kennt das Gesetz nicht explizit.

Betroffenen Arbeitnehmern stehen grundsätzlich folgende Möglichkeiten offen:

- Freistellung von der Arbeit gegen Entfall des Entgelts (Karenzierung) oder
- Herabsetzung der Arbeitszeit (z.B. von 38,5 Stunden auf 15 Stunden pro Woche) oder
- Änderung der Lage der Arbeitszeit (z.B. ein Schichtwechsel).

Eckdaten gesetzliche Familienhospizkarenz:

- maximale Dauer: drei Monate, im Fall der Begleitung von im gemeinsamen Haushalt lebenden, schwersterkrankten Kindern: maximal fünf Monate.
- Arbeitnehmer können schriftlich eine Verlängerung verlangen, wobei die Gesamtdauer sechs Monate nicht überschreiten darf. Im Fall der Begleitung von schwersterkrankten Kindern beträgt die Gesamtdauer neun Monate.
- Die Notwendigkeit der Inanspruchnahme ist dem Arbeitgeber glaubhaft zu machen.
- Der Arbeitnehmer muss die beabsichtigte Inanspruchnahme schriftlich melden.

Seit 1.1.2014 gebührt dem Arbeitnehmer für die Dauer einer im gesetzlichen Rahmen vereinbarten Familienhospizkarenz Pflegekarenzgeld und unter Umständen ein Zuschuss aus dem Familienhospizkarenz-Härteausgleichsfonds des Bundesministeriums für Familien und Jugend. Für die Beantragung ist der Arbeitnehmer verantwortlich.

Der Arbeitnehmer hat die beabsichtigte Inanspruchnahme von Familienhospizkarenz zu beantragen. Dabei gilt folgendes Verfahren:

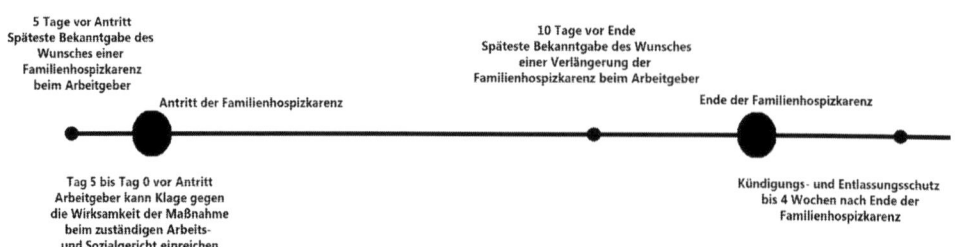

Abb. 40: Ablauf Familienhospizkarenz (eigene Darstellung)

> **Praxistipp:**
>
> Im Zweifel sollte eine schriftliche Glaubhaftmachung des Grundes für die Maßnahme (z.B. Bestätigung des Arztes) sowie eine schriftliche Bescheinigung über das Verwandtschaftsverhältnis gefordert werden.

Der Arbeitnehmer hat dem Arbeitgeber den vorzeitigen Wegfall der Sterbebegleitung unverzüglich bekanntzugeben. Ein vorzeitiges Rückkehrrecht zur ursprünglichen NAZ besteht nach einer Vorankündigungsfrist von zwei Wochen. Ebenso kann der Arbeitgeber bei vorzeitigem Wegfall die vorzeitige Rückkehr – soweit dem Arbeitnehmer zumutbar – verlangen.

Für die Anrechnung von Zeiten der Familienhospizkarenz für dienstzeitabhängige Ansprüche, das Urlaubsausmaß und die Berechnung des Entgelts bestehen Sonderregeln.

Es besteht ab ordnungsgemäßer Bekanntgabe der verlangten Inanspruchnahme von Familienhospizkarenz bis zum Ablauf von vier Wochen nach dem (vorzeitigen) Ende der Maßnahme Kündigungs- und Entlassungsschutz. In diesem Zeitraum ist eine Kündigung bzw. Entlassung nur mit vorheriger gerichtlicher Zustimmung wirksam. Das Gericht wägt bei seiner Entscheidung die betrieblichen Erfordernisse und die Interessen des Arbeitnehmers gegeneinander ab. In der Praxis ist es schwer, ein Überwiegen der betrieblichen Interessen erfolgreich nachzuweisen. Kein besonderer Kündigungsschutz gilt für Freistellungszeiten, die über den gesetzlichen Anspruch auf Familienhospizkarenz hinaus vereinbart werden.

> **Praxistipp:**
>
> Eine Kündigung darf nicht unmittelbar nach Ablauf des besonderen Kündigungs- und Entlassungsschutzes oder in sonstigem Zusammenhang mit einer Familienhospizkarenz ausgesprochen werden. Wenn nicht andere, objektivierbare Gründe die Kündigung rechtfertigen, stellt eine Kündigung im zeitlichen oder faktischen Zusammenhang mit einer Familienhospizkarenz möglicherweise eine Motivkündigung dar. Der gekündigte Arbeitnehmer kann gegen die Kündigung gerichtliche Schritte ergreifen.

IV. Pflegebeauftragte

Eine weitere Möglichkeit, Arbeitnehmern mit Betreuungspflichten Unterstützung zu bieten und gleichzeitig Anfragen zu bündeln, ist der Einsatz von Pflegebeauftragten. Diese Person kann Auskunft über die Möglichkeiten im Bereich Pflege und Unterstützung geben und so betroffenen Arbeitnehmern rasch, neutral und als zentrale Anlaufstelle Hilfe anbieten.

A. Organisatorischer Rahmen

Die für Pflegeanliegen verantwortliche Person muss über die erforderliche Sozialkompetenz verfügen und inhaltlich geschult sein. Die Existenz eines Pflegebeauftragten und dessen Erreichbarkeit muss im Unternehmen kommuniziert werden (z.B. eigene Seite im Intranet, Informationsschreiben oder Rubrik im Mitarbeitermagazin). Bereits das Sichtbarmachen eines spezialisierten, neutralen Verantwortlichen zeigt, dass sich das Unternehmen der Problematik bewusst ist.

Wer als Pflegebeauftragter in Frage kommt, hängt stark von der Unternehmensstruktur ab. Dies kann insbesondere ein entsprechend geschulter, engagierter Arbeitnehmer sein. Keinesfalls sollte aber von einer nicht entsprechend ausgebildeten Person versucht werden, auf einer psychologischen, rechtlichen oder therapeutischen Ebene Hilfe zu leisten.

B. Rechtlicher Rahmen

Die Idee eines Pflegebeauftragten ist gesetzlich nicht vorgesehen. Sofern es sich dabei um einen Arbeitnehmer handelt, stellt sich die Frage, ob diesem besondere Rechte zukommen und er besonderen Kündigungsschutz genießt.

Sofern der Pflegebeauftragte ein Betriebsratsmitglied ist, genießt er ohnedies besonderen Kündigungsschutz und darf aufgrund seiner Tätigkeit weder Vor- noch Nachteile erhalten.

Ist der Pflegebeauftragte ein „normaler" Arbeitnehmer, genießt dieser zwar keinen expliziten gesetzlichen Kündigungsschutz, jedoch kann möglicherweise aus den Grundsätzen des Motivkündigungsschutzes abgeleitet werden, dass ein Arbeitnehmer nicht deswegen gekündigt werden darf, weil er als Pflegebeauftragter tätig sein möchte, tätig ist oder tätig war.

V. Elder Care / Vermittlung von Informationen und Dienstleistungen

Oft geht mit einem plötzlichen Pflegefall in der Familie eine große Verunsicherung und Überforderung einher, in der die aktive Unterstützung des Arbeitgebers besonders wichtig ist. Zusätzlich oder alternativ zu einem Pflegebeauftragten können familienbewusste Arbeitgeber ein sogenanntes „Elder Care Program" einrichten. Unter „Elder Care" werden in der Praxis Dienstleistungen verstanden, die im Zusammenhang mit dem Älterwerden und der Betreuung von Angehörigen stehen. In Frage kommen etwa folgende Angebote und Leistungen, die auch beitragen können, das Thema Pflege zu enttabuisieren:

- Organisation von Mitarbeiterveranstaltungen zum Thema Pflege (Vorträge, Schulungen)
- Vermittlung von Pflegeplätzen und Pflegekräften
- Kooperation mit professionellen Hilfseinrichtungen und Pflegeeinrichtungen (z.B. Interessensgemeinschaft pflegender Angehöriger)
- zentrale Informationen rund um Pflege (Intranet, Zeitung etc.)
- Pflegenetzwerk für Betroffene zum Austausch

Rechtlich ist zu beachten, dass die Teilnahme an solchen Veranstaltungen freiwillig erfolgen sollte und darüber hinaus mit sensiblen Daten der Arbeitnehmer (insbesondere bei Netzwerken oder Austausch) vorsichtig umgegangen wird. Daten zu Pflege- und Betreuungsaufgaben stellen in der Regel sensible Daten dar.

VI. Zusätzliche Freistellungen

Grundsätzlich steht es jedem Unternehmen frei, auf individueller Ebene über die gesetzlichen, kollektivvertraglichen und in Betriebsvereinbarungen festgelegten Freistellungen weitere (bezahlte oder unbezahlte) Freistellungen für gewisse Gründe zu ermöglichen. Neben Pflegekarenz, Pflegeteilzeit und Familienhospizkarenz kann es einen Bedarf nach zeitlicher Flexibilität für kurzfristige Unterstützungsaufgaben geben, etwa Arztbesuche oder Behördenwege mit einem nahen Angehörigen.

A. Organisatorischer Rahmen

Da der Bedarf dafür meist kurzfristig entsteht, die Anzahl der Inanspruchnahmen im Vorfeld nicht absehbar ist und es sich um eine freiwillige Maßnahme handelt, ist es wichtig, mit allen Arbeitnehmern umfassende Rahmenbedingungen zu überlegen und zu regeln:

- Voraussetzungen für eine Freistellung: z.B. Schwere der Erkrankung, Kreis der zu Pflegenden, Art der Betreuungsaufgabe etc.
- Meldeprozess und Genehmigung (Vorlaufzeit, Formular, Kontrolle)
- Klarstellung, ob und in welchem Ausmaß ein Anspruch besteht
- Möglichkeit einer weiteren unbezahlten Freistellung

B. Rechtlicher Rahmen

Siehe S. 145 ff Unbezahlter Urlaub.

Good Practice

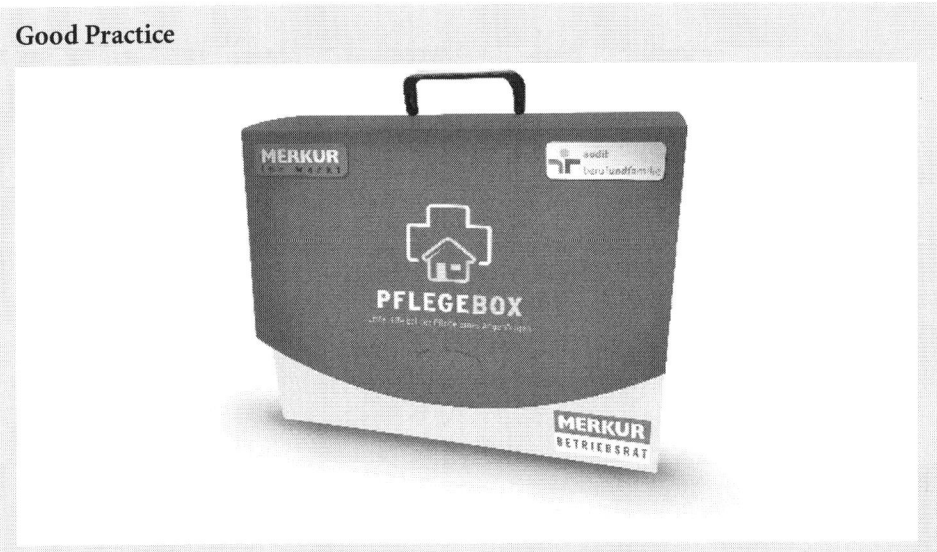

Abb. 41: MERKUR Pflegebox

Ergänzend zum Angebot der Pflegekarenz wurde für die Mitarbeiter der **MERKUR Warenhandels AG** der „MERKUR Pflegebonus" geschaffen, der zwei zusätzliche Organisationstage im Vorfeld einer möglichen Pflegekarenz für Mitarbeiter einräumt. Informationsmaterial dazu findet man in der MERKUR Pflegebox im Büro der MERKUR Märkte. Die Inanspruchnahme des Pflegebonus ist dann möglich, wenn bedauerlicherweise ein Pflegefall vorliegt und ein Mitarbeiter davon betroffen wird.

Der Bonus umfasst zwei zusätzliche Urlaubstage (die es ja in diesem Fall gesetzlich nicht gibt) und kann vor Antritt einer Pflegekarenz oder -teilzeit, z.B. zur Erledigung erforderlicher Wege, vom betroffenen Mitarbeiter konsumiert werden.

VII. Finanzielle Unterstützung

Ein Pflegefall im persönlichen Umfeld kann auch mit finanzieller Zusatzbelastung verbunden sein (z.B. für mobile Pflegedienste, 24-Stunden-Kräfte, Heimplätze etc.). Mit einer Übernahme der Pflegeaufgaben durch Angehörige wird häufig versucht, die Kosten für externe Dienstleistungen zu senken. Das kann bis zu einer Arbeitnehmerkündigung führen, um den Betreuungsaufwand leisten zu können. Zudem erfährt der Arbeitgeber häufig nicht das eigentliche Motiv der Beendigung des Arbeitsverhältnisses.

Daher können familienbewusste Arbeitgeber betroffenen Arbeitnehmern finanzielle Unterstützung anbieten, etwa durch:

- (Vorübergehende) Reduktion der Arbeitszeit bei gleichbleibender Bezahlung
- Übernahme von externen Kosten, etwa für Gesundheitsbehelfe, Arztkosten etc.
- Einmalzahlung (ähnlich einer Prämie)
- „Pflegezulage", die laufend zusätzlich zum Bezug ausbezahlt wird

A. Organisatorischer Rahmen

Die organisatorischen Überlegungen orientieren sich an jenen, die auch im Rahmen anderer finanziellen Unterstützungen (S. 153 ff) anzustellen sind.

B. Rechtlicher Rahmen

Siehe S. 153 ff, Entgeltbestandteile und finanzielle Unterstützungen.

audit
berufundfamilie

Das Audit *berufundfamilie* ist ein Personalmanagement-Instrument für die nachhaltige Umsetzung einer familienbewussten Personalpolitik, das individuell auf die Bedürfnisse der beteiligten Personen und Institutionen eingeht. Durch eine erfolgreiche Gesamtstrategie gewinnt das Unternehmen langfristig betriebswirtschaftlich und steigert so seine Wettbewerbsfähigkeit.

Einsetzbar in allen Branchen und Betriebsgrößen ab fünf Mitarbeitern, erfasst das Audit *berufundfamilie* den Ist-Zustand der bereits angebotenen Maßnahmen zur besseren Vereinbarkeit von Familie und Beruf. In definierten Handlungsfeldern wird das betriebsindividuelle Entwicklungspotenzial systematisch ermittelt und werden aufeinander abgestimmte Maßnahmen zu einer umfassenden und erfolgreichen Gesamtstrategie für das jeweilige Unternehmen entwickelt – der Soll-Zustand.

Dabei geht es nicht darum, möglichst viele, sondern möglichst passgenaue Lösungen zu finden und umzusetzen. Diese berücksichtigen die Bedürfnisse der Beschäftigten in Übereinstimmung mit den Unternehmenszielen. Die Umsetzung und Abwicklung des Prozesses wird von erfahrenen Unternehmensberatern (Auditoren) begleitet und von externen Zertifizierungsstellen geprüft. Nach erfolgreicher Begutachtung wird vom zuständigen Ministerium ein staatliches Gütezeichen verliehen.

Die individuelle Entwicklung der Maßnahmen, je nach den Bedürfnissen der Beteiligten und nach den Möglichkeiten des Betriebs, sowie die nachhaltige Umsetzung sind die Grundpfeiler des Audits *berufundfamilie*.

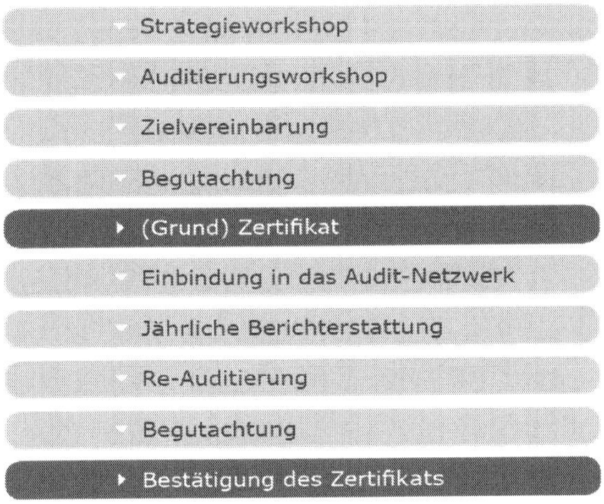

- Strategieworkshop
- Auditierungsworkshop
- Zielvereinbarung
- Begutachtung
- ▸ (Grund) Zertifikat
- Einbindung in das Audit-Netzwerk
- Jährliche Berichterstattung
- Re-Auditierung
- Begutachtung
- ▸ Bestätigung des Zertifikats

Abb. 42: Ablauf des Auditprozesses (Nähere Informationen unter www.familieundberuf.at)

Mustersammlung

Nachstehend finden Sie zu einzelnen in diesem Buch dargestellten Maßnahmen exemplarische Musterklauseln für Einzelvereinbarungen und Richtlinien sowie Gesprächsleitfäden. Diese sind in den einzelnen Kapiteln jeweils mit folgendem Symbol gekennzeichnet:

siehe Musterteil

Wir haben in die Mustersammlung keine Muster für Betriebsvereinbarungen aufgenommen. Einzelne Klauseln können auch, entsprechend angepasst, für Betriebsvereinbarungen verwendet werden. In eckigen Klammern und kursiver Schrift finden Sie jeweils Hinweise auf Ergänzungen.

Die Musterklauseln sind beispielhaft und erheben keinen Anspruch auf Vollständigkeit. Sie müssen stets an die rechtlichen, organisatorischen und kulturellen Rahmenbedingungen des Einzelfalls angepasst werden und können eine individuelle Beratung nicht ersetzen. Trotz sorgfältiger Bearbeitung kann weder von den Autoren noch vom Verlag eine Haftung oder Gewährleistung für die für die Richtigkeit, Aktualität oder Vollständigkeit der Musterklauseln übernommen werden kann. Aus der Verwendung der Musterklauseln können keine Rechtsansprüche gegen die zur Verfügung stellende Person begründet werden.

In den Musterklauseln wird aus Platzgründen durchgehend die männliche Form verwendet. Bei der Verwendung und Anpassung der Musterklauseln ist gegebenenfalls die weibliche Form zu wählen.

Musterverzeichnis

I. Allgemeines

A. Grobstruktur Einzelvereinbarung

VEREINBARUNG

über *[Maßnahme einfügen]*

abgeschlossen zwischen

[Name, Geburtsdatum, Adresse des Arbeitnehmers]

(nachfolgend: „**Arbeitnehmer**")

<u>und</u>

[genauer Name/Firmenwortlaut, Adresse des Arbeitgebers]

(nachfolgend: „**Arbeitgeber**")

[Punkte der Vereinbarung klar strukturiert und unter Beachtung der rechtlichen Rahmenbedingungen einfügen]

	Mit obigen Vereinbarungen vollinhaltlich einverstanden:
[Ort], am *[Datum]*	*[Ort]*, am *[Datum]*

....

[Arbeitgeber]   *[Arbeitnehmer]*

B. Grundmuster Verweis

Für das Dienstverhältnis gilt die *[Betriebsvereinbarung/Richtlinie/Policy]* betreffend *[einfügen]* in der jeweils geltenden Fassung. Diese *[Betriebsvereinbarung/Richtlinie/Policy]* liegt in *[Ort]* zur Einsicht auf.

II. Arbeitszeit

A. Wochendurchrechnung (Musterklausel)

Für den *[Tag, z.B. Freitag]* wird eine Normalarbeitszeit von *[einfügen]* bis *[kürzer als die anderen Tage, z.B. 8.00 bis 12.00]* Uhr vereinbart. Die im Vergleich zur Regel-Normalarbeitszeit von *[Anzahl, z.B. acht]* Stunden pro Tag ausfallenden Normalarbeitsstunden von diesem Tag sind auf die Tage *[Tage, z.B. Montag bis Donnerstag]* zu verteilen. An diesen Tagen gilt daher eine Normalarbeitszeit von jeweils *[Anzahl, z.B. neun]* Stunden.

B. Einarbeitung in Verbindung mit Fenstertagen (Musterklausel)

Gemäß § 4 Abs. 3 AZG wird vereinbart, dass für den Fall, dass ein bundesgesetzlicher Feiertag auf einen Donnerstag fällt, der an den Feiertag angrenzende Freitag (= Fenstertag) freigegeben wird und in den Kalenderwochen *[Wochen]* eingearbeitet wird. In diesen Kalenderwochen wird die Normalarbeitszeit an *[Tage]* (= Einarbeitungstage) von sonst *[Zahl]* Stunden auf jeweils *[Zahl]* Stunden angehoben. Der Arbeitnehmer hat keinen Anspruch auf einen ersatzfreien Tag, wenn er am freigegebenen Tag krank ist oder sonst verhindert ist, den Freizeitanspruch zu verbrauchen.

C. Vier-Tage-Woche (Musterklausel)

Es wird vereinbart, dass gemäß § 4 Abs. 8 AZG sich die Wochen-Normalarbeitszeit von derzeit *[Anzahl, z.B. 40]* Stunden auf die Wochentage *[vier Tage, z.B. Montag, Dienstag, Donnerstag und Freitag]*, jeweils von *[z.B. 8.00]* Uhr bis *[z.B. 18.30]* Uhr, einschließlich einer gesetzlichen Ruhepause von jeweils 30 Minuten pro Tag, verteilt.

D. Gleitzeit mit Kernzeit (Einzelvereinbarung)

1. Die Vertragsparteien vereinbaren das Modell der Gleitzeit. Die **Gleitzeitperiode** ist das Kalenderjahr. Am Ende des Kalenderjahrs wird jeweils der Zeitsaldo festgestellt. Gleitzeitperiode ist jener Zeitraum, innerhalb dessen die wöchentliche Normalarbeitszeit so verteilt ist, dass sie im wöchentlichen Durchschnitt die vereinbarte Dauer von *[Zahl]* Stunden zuzüglich der Übertragungsmöglichkeiten nicht überschreitet.

2. In den einzelnen Wochen der Gleitzeitperiode wird eine Normalarbeitszeit von *[je nach kollektivvertraglicher Zulässigkeit: z.B. zehn]* Stunden pro Tag und *[je nach kollektivvertraglicher Zulässigkeit: z.B. 50]* Stunden pro Woche zugelassen.

3. Der **Gleitzeitrahmen** ist jeweils von Montag bis Freitag, jeweils von *[Uhrzeit]* bis *[Uhrzeit]*. Innerhalb dieses Gleitzeitrahmens kann der Arbeitnehmer unter Beachtung der betrieblichen Erfordernisse seinen Arbeitsbeginn und sein Arbeitsende frei wählen.

4. Die **fiktive Normalarbeitszeit** beträgt *[Zahl]* Stunden pro Woche und verteilt sich wie folgt: *[z.B. von Montag bis Freitag, jeweils von 8.00 bis 16.30, jeweils einschließlich einer Ruhepause von 30 Minuten, die nicht zur Arbeitszeit zählt]*.

5. Während der **Kernzeit** muss der Arbeitnehmer jedenfalls an seinem Arbeitsplatz anwesend sein und seine Arbeitsleistung erbringen. Die Kernzeit wird wie folgt festgelegt: *[z.B. von Montag bis Freitag, jeweils von 10.00 bis 12.00 Uhr und 13.00 bis 15.00 Uhr]*. Bei betrieblicher Notwendigkeit behält sich der Arbeitgeber vor, Arbeitsleistungen auch außerhalb der definierten Kernzeit zu verlangen.

6. Am Ende der Gleitzeitperiode nicht ausgeglichene Zeitguthaben werden im Ausmaß von bis zu *[Zahl]* Stunden und nicht ausgeglichene Zeitschulden im Ausmaß von bis zu *[Zahl]* Stunden in die nächste Gleitzeitperiode übertragen. Darüber

hinaus gehendes Zeitguthaben wird nach den gesetzlichen Bestimmungen ausbezahlt. Zeitschulden, die über das genannte Ausmaß hinausgehen, führen mangels anderer Vereinbarung zum Gehaltsabzug.

7. Festgehalten wird, dass die gleitende Arbeitszeit ein besonderes Maß an Selbstorganisation des Arbeitnehmers voraussetzt. Die vorliegende Gleitzeitvereinbarung baut auf den Prinzipien der fairen Mitgestaltung und partnerschaftlichen Mitverantwortung auf. Im Falle der Verletzung dieser Prinzipien oder eines Verstoßes gegen diese Vereinbarung behält sich der Arbeitgeber vor, die Gleitzeit auszusetzen oder aufzuheben. In diesem Fall gilt die fiktive Normalarbeitszeit als vereinbarte Normalarbeitszeit.

8. Der Arbeitnehmer ist verpflichtet, Arbeitsbeginn und Arbeitsende so zu wählen, dass die tägliche Arbeitszeit von *[je nach kollektivvertraglicher Zulässigkeit: z.B. zehn]* Stunden und die wöchentliche Arbeitszeit von *[je nach kollektivvertraglicher Zulässigkeit: z.B. 50]* Stunden nicht überschritten werden. Arbeitsstunden über die genannten Grenzen hinaus sind nur bei ausdrücklicher Anordnung des Vorgesetzten zulässig.

9. Der Arbeitnehmer ist verpflichtet, Beginn und Ende seiner täglichen Arbeitszeit durch *[Führen elektronischer Zeitaufzeichnungen / Betätigen der Stempeluhr / …]* zu erfassen. Bei gerechtfertigtem Fernbleiben vom Dienst (z.B. Urlaub, Krankenstand, wichtige Dienstverhinderung gemäß § 8 Abs. 3 AngG) wird die fiktive Normalarbeitszeit eingegeben.

10. Bei Auflösung des Dienstverhältnisses sind Zeitschulden bzw. Zeitguthaben bis zum Ende des Dienstverhältnisses auszugleichen. Sind bis Ende des Dienstverhältnisses dennoch Zeitschulden oder Zeitguthaben offen, werden Zeitguthaben im Rahmen der Endabrechnung ausbezahlt, Zeitschulden abgezogen.

11. Diese Gleitzeitvereinbarung tritt am *[Datum]* in Kraft. Sie wird auf unbestimmte Zeit abgeschlossen, kann jedoch von jedem der Vertragsteile unter Einhaltung einer Frist von *[einfügen]* jeweils zum *[einfügen]* gekündigt werden. Im Falle einer Kündigung tritt die fiktive Normalarbeitszeit als Normalarbeitszeit in Kraft. Der Arbeitgeber behält sich jedoch vor, bei objektiver Notwendigkeit und unter Einhaltung einer Vorankündigungsfrist von zwei Wochen die Lage der Normalarbeitszeit anders zu bestimmen.

E. Job Sharing (Musterklausel)

Als Zusatz zum Arbeitsvertrag wird mit *[Name des Arbeitnehmers]* folgendes vereinbart: Der Arbeitnehmer übt seine Tätigkeit zusammen mit *[Name des Job-Sharing-Partners]* in einer Arbeitszeitpartnerschaft (Job Sharing) aus. Der Arbeitnehmer und der genannte Job-Sharing-Partner können Arbeit und Arbeitszeit im Rahmen eines Arbeitsplans im gegenseitigen Einvernehmen nach Stunden, Tagen und Wochen beliebig aufteilen. Dabei ist sicherzustellen, dass der zugewiesene Arbeitsplatz nach Maßgabe der Bestimmung dieses Vertrags durchgehend besetzt ist.

III. Arbeitsorganisation

A. Meeting Policy (Auszug einiger möglicher Punkte)

1. Nachstehende Regeln sind von allen Arbeitnehmern einzuhalten und sollen einen guten, effektiven und positiven Ablauf von Meetings und Besprechungen im und außerhalb des Unternehmens gewährleisten.

2. Jedes Meeting muss eine konkrete Zielsetzung und Agenda haben, die den Teilnehmern rechtzeitig vor Beginn des Meetings kommuniziert wird. Die Agenda ist in strukturierter und klarer Form zu verfassen. Die Tagesordnung samt Verantwortlichkeiten, ein Besprechungsziel und ein zeitlicher, realistischer Ablauf sind festzuhalten. Die Agenda ist tunlichst spätestens drei Tage vor dem Meeting an alle Teilnehmer zu verteilen. Verantwortlich ist der Meeting-Planer. Die Teilnehmer bereiten sich anhand der Agenda rechtzeitig auf das Meeting vor und erscheinen vorbereitet.

3. Vor jedem Meeting hat der Meeting-Planer zu überlegen, wer teilnehmen muss, wer teilnehmen soll und wer teilnehmen kann. Dies ist den Teilnehmern in der Einladung entsprechend zu kommunizieren. Es muss sichergestellt sein, dass interne Auftraggeber und Entscheidungsträger zum Meeting kommen. Teilnehmer haben auf Einladungen zeitnah zu reagieren und diese anzunehmen oder abzulehnen.

4. Meeting-Planer sowie alle Teilnehmer haben pünktlich zum Meeting zu erscheinen. Falls eine kurzfristige Absage erforderlich ist, muss der Meeting-Planer schnellstmöglich informiert und wenn möglich eine Vertretung ins Meeting geschickt werden.

5. Störfaktoren wie Handys sind während Meetings zu vermeiden. Es ist ein kollegialer, fairer und produktiver Umgangston zu wahren.

6. Meetings sollten ohne Pause nicht länger als 90 Minuten dauern.

7. Meetings sind außer in notwendigen Sonderfällen nicht vor 9.00 Uhr, nicht nach 16.00 Uhr und nicht zwischen 12.00 Uhr und 13.00 Uhr anzusetzen.

B. Pflegefreistellung (Einzelvereinbarung)

1. *[Name, Geburtsdatum, Adresse des Arbeitnehmers]* hat am *[Datum]* für den Zeitraum von *[Datum]* bis *[Datum]* Pflegefreistellung im Ausmaß von *[Zahl]* Arbeitsstunden *zum Zweck der Pflege eines im gemeinsamen Haushalt lebenden, erkrankten Angehörigen / zur Betreuung seines Kindes unter zwölf Jahren wegen Ausfalls der ständigen Betreuungsperson* beantragt.

2. Der Arbeitgeber genehmigt hiermit den Antrag des Arbeitnehmers auf Pflegefreistellung.

3. Der für eine weitere Pflegefreistellung im laufenden Dienstjahr zur Verfügung stehende Restanspruch beträgt daher noch *[Zahl]* Arbeitsstunden.

4. *Bei Pflegefreistellung zum Zweck der notwendigen Pflege eines im gemeinsamen Haushalt lebenden, erkrankten Kindes unter zwölf:* *[Name]* erklärt durch seine Unter-

schrift, dass außer ihm keine andere geeignete Person zur Pflege bzw. Betreuung zur Verfügung steht.

5. *Bei Pflegefreistellung zum Zweck der Pflege eines im gemeinsamen Haushalt lebenden, erkrankten Angehörigen: [Name]* erklärt, einen geeigneten Nachweis über die Notwendigkeit der Pflege bzw. Betreuung des Angehörigen beizubringen.

IV. Arbeitsort

Telearbeit und mobiles Arbeiten (Einzelvereinbarung)

1. Diese Vereinbarung bestimmt die Nutzungskriterien, Rahmenbedingungen sowie Rechte und Pflichten im Zusammenhang mit der Erbringung der Arbeitsleistung im Home Office. Sie ist integraler Bestandteil des Dienstvertrags.

2. *[Home Office/Telearbeit]* liegt vor, wenn der Arbeitnehmer seine Arbeitszeit *[teilweise / zur Gänze / im Ausmaß von …]* außerbetrieblich, nämlich *[von seiner Wohnung aus / von einem Satellitenbüro in …/ von …]* aus unter Verwendung von Informations- und Kommunikationstechnologie leistet. Es wird folgende Arbeitszeit vereinbart: *[einfügen]*. <u>Oder</u> Ausmaß und Lage der Arbeitszeit richten sich nach der betrieblichen Normalarbeitszeit.

3. Folgende Tätigkeiten erbringt der Arbeitnehmer im *[Home Office/Telearbeit]*: *[einfügen]*.

4. Ort des *[Home-Office/Tele-]*Arbeitsplatzes ist: *[genaue Adresse]*. Änderungen des *[Home-Office/Tele-]*Arbeitsplatzes sind unverzüglich schriftlich mitzuteilen. Der Arbeitgeber behält sich im Fall des Wechsels des *[Home-Office/Tele-]*Arbeitsplatzes vor, die Möglichkeit zur Nutzung von *[Home Office/Telearbeit]* zu widerrufen.

5. Der Arbeitnehmer erklärt, dass sich der *[Home-Office/Tele-]* Arbeitsplatz in Räumlichkeiten befindet, die für den dauernden Aufenthalt von Personen nach der jeweils geltenden Bauordnung und den sonstigen rechtlichen Vorschriften zugelassen sind und dass er berechtigt ist, diesen Raum für dienstliche Zwecke zu nutzen.

6. Soweit aus betrieblichen Gründen erforderlich, gestattet der Arbeitnehmer nach vorheriger terminlicher Abstimmung dem Arbeitgeber oder Beauftragten den Zutritt zum *[Home-Office/Tele-]*Arbeitsplatz.

7. Zur Verrichtung der Arbeitsleistung stellt der Arbeitgeber folgende Arbeitsmittel zur Verfügung: *[Arbeitsmittel]*. Die Arbeitsmittel bleiben im Eigentum des Arbeitgebers, sind sorgsam zu behandeln, ausschließlich vom Arbeitnehmer zu benutzen und bei Beendigung dieser Vereinbarung unverzüglich zurückzustellen. Privatnutzung ist *[erlaubt/ausgeschlossen/in folgendem Umfang erlaubt:…]*.

8. Der *[Arbeitnehmer/Arbeitgeber]* stellt *[Schreibtisch, Anschlüsse, Strom, Gas, Versicherung etc.]* zur Verfügung *[und sorgt für dessen Anschluss, Betrieb, Wartung und Reinigung]*.

9. Dem Arbeitnehmer wird für seine Aufwendungen ein pauschaler Zuschuss in Höhe von derzeit € *[Betrag]* brutto pro Monat gezahlt. <u>Oder:</u> Der Arbeitnehmer kann die Rechnungen für seinen Aufwand beim Arbeitgeber einreichen.

10. Der Arbeitnehmer hat eigenverantwortlich auf die Einhaltung der gesetzlichen, kollektivvertraglichen bzw. dienstvertraglichen arbeitszeitlichen Regelungen zu achten. Er hat genaue schriftliche Aufzeichnungen über die geleisteten Arbeitsstunden (Beginn und Ende, tagesaktuell) zu führen, diese Aufzeichnungen seinem Vorgesetzten spätestens bis zum Ende des Monats zu übergeben und von diesem unterzeichnen zu lassen hat. Privat bedingte Unterbrechungen der Arbeitszeit sind festzuhalten. Fahrzeiten zwischen betrieblicher Arbeitsstätte und *[Home-Office/Tele-]*Arbeitsplatz gelten grundsätzlich nicht als Arbeitszeit. Mehr- oder Überstunden sind nur über ausdrückliche Anordnung des Vorgesetzten zu leisten, widrigenfalls sie als nicht geleistet gelten.

11. Vertrauliche Informationen, Passwörter und Daten sind so zu schützen, dass Dritte keine Einsicht nehmen, diese kopieren oder irgendeiner Nutzung zuführen können. Bei Verlassen des PCs ist dieser sicher zu sperren.

12. Der *[Home-Office/Tele-]*Arbeitsplatz hat den Anforderungen des Arbeitnehmerschutzes zu entsprechen. Die Eignung ist auf Aufforderung vom Arbeitnehmer glaubhaft zu machen. Mit Zustimmung des Arbeitnehmers können Vertreter der betrieblichen Präventivdienste und/oder das Arbeitsinspektorat die Arbeitsbedingungen evaluieren.

13. Der Arbeitgeber wird dem Arbeitnehmer hinsichtlich Aus- und Weiterbildungsangebot die betrieblichen Informationen zukommen lassen. Mitarbeiter können sich über das Intranet über betriebliche Ereignisse informieren.

14. Sowohl der Arbeitnehmer als auch der Arbeitgeber können diese Vereinbarung unter Einhaltung einer Frist von *[einfügen]* jeweils zum *[einfügen]* kündigen. Die Vereinbarung endet spätestens mit Ende des Dienstverhältnisses.

15. Sonstiges und Anlagen: *[Sonderregelungen, Liste Arbeitsmittel, Verweis auf andere Dokumente etc.]*

V. Kommunikation

A. Zustimmungserklärung (Basismuster)

[Name] erklärt sich mit der Veröffentlichung und Verwendung folgender personenbezogener Informationen, Daten und Dokumente im *[Intranet/Internet/Mitarbeitermagazin etc.]* einverstanden: *[Daten und Informationen genau auflisten]*. Die von *[Name]* zur Verfügung gestellten Daten werden vom Arbeitgeber gespeichert. Der Arbeitgeber ergreift alle technisch und wirtschaftlich zumutbaren Maßnahmen, um die gespeicherten Daten gegen unberechtigten Zugriff Dritter zu schützen, ist jedoch nicht dafür verantwortlich, wenn es Dritten dennoch gelingt, sich auf rechtswidrige Weise Zugang zu diesen Daten zu verschaffen. Diese Zustimmung kann durch den Arbeitnehmer jederzeit ohne Angabe von Gründen für die Zukunft widerrufen werden.

B. Haftungsausschluss (Basismuster)

[Name des Arbeitnehmers] gibt gegenüber *[Arbeitgeber]* nachstehende Erklärung über den Haftungsausschluss ab: Die Teilnahme an *[Umschreibung der Veranstaltung]* erfolgt auf eigene Gefahr und Verantwortung. Der Teilnehmer bzw. bei Minderjährigen deren Erziehungsberechtigte tragen die alleinige zivil- und strafrechtliche Verantwortung für alle im Rahmen bzw. im Zusammenhang mit der Veranstaltung verursachten sowie auch die entstandenen Schäden. Dies betrifft insbesondere Personen-, Sach-, und Vermögensschäden. Der Teilnehmer bzw. bei Minderjährigen deren Erziehungsberechtigte erklären hiermit den Verzicht auf Ansprüche jeglicher Art für Schäden, die im Zusammenhang mit der Veranstaltung entstehen. Ausgenommen sind Schäden aus der Verletzung des Lebens, des Körpers oder der Gesundheit, die nachweislich auf einer vorsätzlichen oder grob fahrlässigen Pflichtverletzung beruhen. Der Haftungsausschluss gilt für Ansprüche aus jeglichem Rechtsgrund, insbesondere sowohl für Schadenersatzansprüche aus vertraglicher als auch außervertraglicher Haftung und auch für Ansprüche aus unerlaubter Handlung. Der Teilnehmer erklärt ausdrücklich, den Veranstalter hinsichtlich aller Ansprüche Dritter, welcher Art auch immer, die aus der Teilnahme an der Veranstaltung durch ihn entstehen, schad- und klaglos zu halten.

VI. Personalmanagementinstrumente

Gesprächsleitfaden Austrittsgespräch

Wie beurteilen Sie die Zusammenarbeit mit Ihren Kollegen?
(gegenseitige Unterstützung, Umgang miteinander etc.)

      ❏ sehr gut   ❏ gut   ❏ könnte besser sein   ❏ schlecht

Bitte begründen Sie Ihre Antwort kurz:

Wie beurteilen Sie die Zusammenarbeit mit Ihrem Vorgesetzten?
(Vereinbarung von Zielen, Unterstützung, Einhalten von Vereinbarungen etc.)

      ❏ sehr gut   ❏ gut   ❏ könnte besser sein   ❏ schlecht

Bitte begründen Sie Ihre Antwort kurz:

Wie beurteilen Sie das Betriebsklima in Ihrer Abteilung und generell?

Abteilung: ❏ sehr gut   ❏ gut   ❏ könnte besser sein   ❏ schlecht

Unternehmen gesamt: ❏ sehr gut   ❏ gut   ❏ könnte besser sein   ❏ schlecht

Was waren Ihre positivsten bzw. negativsten Erlebnisse/Erfahrungen im Unternehmen?

Wie beurteilen Sie die Entwicklungsmöglichkeiten im Unternehmen?

Was waren die Highlights/Kritikpunkte Ihrer internen bzw. externen Aus- und Weiterbildung?

Wie zufrieden waren Sie mit Ihrem Aufgabengebiet?

❏ sehr gut   ❏ gut   ❏ könnte besser sein   ❏ schlecht

Wie gut haben Sie sich dabei unterstützt gefühlt, Ihre Arbeit mit ihren familiären/privaten Interessen und Bedürfnissen vereinbaren zu können?

❏ sehr gut   ❏ gut   ❏ könnte besser sein   ❏ schlecht

In wie weit waren Sie mit Ihrer Tätigkeit ausgelastet?

❏ überlastet, zu stressig   ❏ ausgewogenes Verhältnis   ❏ zu wenig ausgelastet/unterfordert

Was ist die Hauptursache für Ihren Austritt?

❏ Nähe zum Wohnort   ❏ Inhaltlich interessantere Tätigkeit   ❏ Aufstiegsmöglichkeiten

❏ Gehalt   ❏ bessere Vereinbarkeit von Beruf und Familie   ❏ andere:

Wie lange spielen Sie schon mit dem Gedanken, das Unternehmen zu verlassen?

Wohin werden Sie sich verändern?

❏ Unternehmen der gleichen Branche: (falls gewollt, bitte angeben)

❏ Andere Branche:

❏ Ich habe noch keine Anstellung in Aussicht

Was würden Sie gerne an unserem Unternehmen verändern/verbessern?

Was möchten Sie uns noch sagen?

Ihre Erwartungen gegenüber unserem Unternehmen wurden:

❏ übertroffen   ❏ erfüllt   ❏ wenig erfüllt   ❏ gar nicht erfüllt

VII. Auszeiten

A. Sabbatical Entgeltreduktionsmodell (Einzelvereinbarung)

1. Auf Wunsch des Arbeitnehmers wird *[im Sinne des § … des Kollektivvertrags …]* eine berufliche Auszeit in Form eines Sabbaticals vereinbart. Der Freizeitphase geht nach Maßgabe der folgenden Vereinbarungen eine Ansparphase voraus, in der der Arbeitnehmer weiterhin Vollzeit arbeitet.

2. Die **Rahmenfrist** (Ansparphase und Freizeitphase) beträgt *[Zahl] [Jahre/Monate]*. Sie beginnt am *[Datum]* und endet am *[Datum]*. Das Ausmaß der wöchentlichen Normalarbeitszeit wird innerhalb des Rahmenzeitraumes auf *[Zahl]* Wochenstunden herabgesetzt. Innerhalb der Rahmenfrist ergibt sich daher eine durchschnittliche Arbeitszeit von *[Zahl]* Wochenstunden. Das Entgelt für die reduzierte Normalarbeitszeit beträgt € *[Betrag]*.

3. Die **Ansparphase** beginnt am *[Datum]* und endet am *[Datum]*. Während der Ansparphase wird weiterhin im Vollzeitausmaß gearbeitet, das Entgelt jedoch auf Basis der reduzierten Arbeitszeit ausbezahlt.

4. Die **Freizeitphase** wird im Zeitraum von *[Datum]* bis *[Datum]* konsumiert. Während der Freizeitphase ist der Arbeitnehmer nicht zur Arbeitsleistung verpflichtet, erhält jedoch das Entgelt, welches er während der Ansparphase nicht erhalten hat. Das Entgelt während der Freizeitphase beträgt € *[Betrag]* brutto.

5. Fällt in die Zeit der Rahmenfrist eine Zeit der Elternkarenz, verlängert sich die Rahmenfrist im selben Ausmaß wie diese Elternkarenz.

6. Eine Dienstverhinderung (z.B. Krankheit) während der Freizeitphase verlängert diese Freizeitphase um die Dauer dieser Dienstverhinderung nicht.

7. Während der Freizeitphase erworbene Urlaubsansprüche gelten im Verhältnis von 1/12 je Freistellungsmonat als konsumiert. Stichtage für dienstzeitabhängige Ansprüche, wie z.B. Vorrückung, Urlaub, Dienstjubiläen werden durch die Freizeitphase nicht berührt.

8. Nach Ende der Freizeitphase wird der Arbeitnehmer wieder im Ausmaß der ursprünglich vereinbarten Normalarbeitszeit, nämlich *[Zahl]* Stunden pro Woche, arbeiten. Ein Anspruch auf Rückkehr in den bisherigen Arbeitsbereich / auf einen konkreten Arbeitsplatz besteht *[nicht]*. Der Arbeitgeber behält sich vor, aus betriebswirtschaftlichen oder personalwirtschaftlichen Gründen den Arbeitnehmer nach Ende der Freizeitphase innerhalb der gesetzlichen Zulässigkeitsgrenzen auf einem anderen Arbeitsplatz einzusetzen. Eine Änderung der Verwendung nach Beendigung der Freizeitphase wird mit dem Arbeitnehmer spätestens drei Monate vor Ablauf der Freizeitphase besprochen.

9. Arbeitnehmer und Arbeitgeber können aus berücksichtigungswürdigen Gründen die vorzeitige Beendigung der Sabbatical-Vereinbarung beantragen. Die Parteien werden sich um eine einvernehmliche Lösung der Situation bemühen.

10. *[Der Betriebsrat wurde beigezogen].*

11. *Optional*: Ab Unterzeichnung dieser Vereinbarung bis *[Zahl]* Monate nach Beendigung des Sabbaticals verzichtet der Arbeitgeber auf die Möglichkeit zur ordentlichen Kündigung des Arbeitnehmers. Frühestmöglicher Kündigungstermin ist daher der *[Datum]*.

12. Sollte das Dienstverhältnis vor Ende der Freizeitphase enden, sind die in der Ansparphase aufgebauten Zeitguthaben zuschlagsfrei auszuzahlen. *[Beendigungsansprüche werden auf Basis der Arbeitszeiten vor Beginn des Sabbaticals berechnet, wobei bei schwankendem Entgelt der Durchschnitt der letzten zwölf Monate vor Beginn der Rahmenfrist herangezogen wird.]*

13. Alle anderen Bedingungen des Dienstverhältnisses bleiben aufrecht. Insbesondere gelten auch während der Freizeitphase das Nebenbeschäftigungsverbot und die Geheimhaltungspflicht des Arbeitnehmers. Änderungen oder Ergänzungen dieser Vereinbarung bedürfen der Schriftform.

B. Sabbatical Ansparmodell (Einzelvereinbarung)

1. Auf Wunsch des Arbeitnehmers wird *[im Sinne des § … des Kollektivvertrags …]* eine berufliche Auszeit in Form eines Sabbaticals vereinbart. Die **Rahmenfrist** (Ansparphase und Freizeitphase) beträgt *[Zahl]* Jahre/Monate. Sie beginnt am *[Datum]* und endet am *[Datum]*.

2. Die **Ansparphase** beginnt am *[Datum]* und endet am *[Datum]*. Die Normalarbeitszeit wird in der Ansparphase auf durchschnittlich *[Zahl, Achtung: Arbeitszeitgrenzen nach Kollektivvertrag und Gesetz beachten]* Stunden pro Woche ausgedehnt. <u>Oder:</u> In der Ansparphase wird der Arbeitnehmer innerhalb der gesetzlich zulässigen Arbeitszeitgrenzen über die vereinbarte Normalarbeitszeit hinaus Mehrleistungen erbringen. Für diese Mehrleistungen gebührt keine gesonderte Vergütung. Erbrachte Mehrarbeit und Überstunden werden durch Zeitausgleich im Verhältnis 1:1,25 für Mehrarbeit und 1:1,5 für Überstunden *[je nach Kollektivvertrag]* während der Freizeitphase abgegolten.

3. Trotz *[Ausdehnung der Normalarbeitszeit / Erbringung von Mehrleistungen]* während der Ansparphase gebührt dem Arbeitnehmer weiterhin nur das nach dem Arbeitsvertrag zustehende Entgelt in Höhe von € *[Betrag]* brutto.

4. Die **Freizeitphase** wird im Zeitraum von *[Datum]* bis *[Datum]* konsumiert. In dieser Phase ist der Arbeitnehmer freigestellt und erhält jenes Entgelt, das aus von ihm in der Ansparphase erbrachten Mehrleistungen resultiert. Sollte ein Verbrauch des Zeitausgleichs während der Rahmenfrist nicht möglich sein, ist der Verfall bis sechs Monate nach Ende der Rahmenfrist gehemmt. Stellt sich bei Antritt der Freizeitphase heraus, dass das für die Freizeitphase erforderliche Ausmaß an Gutstunden überschritten wurde, werden diese für die Freizeitgewährung über das erforderliche Ausmaß hinausgehenden Stunden mit dem laut Kollektivvertrag zustehenden Zuschlag ausbezahlt. Auch während der Freizeitphase gelten das gesetzliche und vertragliche Nebenbeschäftigungsverbot sowie die Geheimhaltungsverpflichtung des Arbeitnehmers.

5. Fällt in die Zeit der Rahmenfrist eine Zeit der Elternkarenz, verlängert sich die Rahmenfrist im selben Ausmaß wie diese Elternkarenz.

6. Eine Dienstverhinderung (z.B. Krankheit) während der Freizeitphase verlängert diese Freizeitphase um die Dauer dieser Dienstverhinderung nicht.

7. Während der Freizeitphase erworbene Urlaubsansprüche gelten im Verhältnis von 1/12 je Freistellungsmonat als konsumiert. Stichtage für dienstzeitabhängige Ansprüche, wie z.B. Vorrückung, Urlaub, Dienstjubiläen, werden durch die Freizeitphase nicht berührt.

8. Nach Ende der Freizeitphase wird der Arbeitnehmer wieder im Ausmaß der ursprünglich vereinbarten Normalarbeitszeit, nämlich *[Zahl]* Stunden pro Woche, arbeiten. Ein Anspruch auf Rückkehr in den bisherigen Arbeitsbereich / auf einen konkreten Arbeitsplatz besteht *[nicht]*. Der Arbeitgeber behält sich vor, aus be-

triebswirtschaftlichen oder personalwirtschaftlichen Gründen den Arbeitnehmer nach Ende der Freizeitphase innerhalb der gesetzlichen Zulässigkeitsgrenzen auf einem anderen Arbeitsplatz einzusetzen. Eine Änderung der Verwendung nach Beendigung der Freizeitphase wird mit dem Arbeitnehmer spätestens drei Monate vor Ablauf der Freizeitphase besprochen.

9. Endet das Dienstverhältnis vor Inanspruchnahme bzw. Rückkehr aus der Freizeitphase, sind Zeitguthaben mit dem laut Kollektivvertrag zustehenden Zuschlag auszubezahlen. Beendigungsansprüche werden auf Basis der Arbeitszeiten vor Beginn des Sabbaticals berechnet, wobei bei schwankendem Entgelt der Durchschnitt der letzten zwölf Monate vor Beginn der Rahmenfrist herangezogen wird.

10. Arbeitnehmer und Arbeitgeber können aus berücksichtigungswürdigen Gründen die vorzeitige Beendigung der Sabbatical-Vereinbarung beantragen. Die Parteien werden sich um eine einvernehmliche Lösung der Situation bemühen. Sollte sich aus einer Abänderung dieser Vereinbarung ein Rückforderungsanspruch für den Arbeitgeber ergeben, ist dieser zum Abzug bzw. zur Aufrechnung eines eventuell bestehenden mit aus dem Dienstverhältnis zu Gunsten des Arbeitnehmers offenen Ansprüchen berechtigt

11. *Optional*: Ab Unterzeichnung dieser Vereinbarung bis *[Zahl]* Monate nach Beendigung des Sabbaticals verzichtet der Arbeitgeber auf sein Recht zur ordentlichen Kündigung des Arbeitnehmers. Frühestmöglicher Zeitpunkt einer ordentlichen Kündigung nach Ende des Sabbaticals ist daher *[Datum]*.

12. Alle anderen Bedingungen des Dienstverhältnisses bleiben aufrecht. Änderungen oder Ergänzungen dieser Vereinbarung bedürfen der Schriftform. *[Der Betriebsrat wurde beigezogen.]*

C. Bildungskarenz (Basismuster)

1. Der Arbeitnehmer ist seit *[Datum, mindestens sechs Monate]* beim Arbeitgeber beschäftigt. Arbeitgeber und Arbeitnehmer vereinbaren für die Dauer von *[zwischen zwei Monaten und einem Jahr]* auf Wunsch des Arbeitnehmers eine Bildungskarenz gemäß § 11 AVRAG. Die Bildungskarenz beginnt am *[Datum]* und endet am *[Datum]*. Der Arbeitnehmer beabsichtigt, folgender Ausbildung nachzugehen: *[Ausbildung]*.

2. Die Karenzierung des Dienstverhältnisses bedeutet, dass die gegenseitigen Hauptpflichten (Arbeitspflicht, Entgeltleistungspflicht) ruhen, die Nebenpflichten, wie Verschwiegenheitspflicht, Nebenbeschäftigungsverbot und Meldepflichten, aber aufrecht bleiben.

3. Der Anspruch auf Entgeltzahlung, Sonderzahlungen und Urlaub entfällt für die Zeit der Bildungskarenz. Sonderzahlungen gebühren in Kalenderjahren, in die Zeiten einer Bildungskarenz fallen, in dem Ausmaß, das dem Teil des Kalenderjahres entspricht, in den keine Zeiten der Bildungskarenz fallen. Urlaub gebührt in Arbeitsjahren, in die Zeiten einer Bildungskarenz fallen, in dem Ausmaß, das dem um die Dauer der Bildungskarenz verkürzten Arbeitsjahr entspricht.

4. Für Ansprüche, die sich nach der Dauer des Dienstverhältnisses richten, wie *[Dauer der Entgeltfortzahlung, Bemessung der Kündigungsfrist, Urlaubsausmaß, Abfertigungsanspruch, Jubiläumsgeld, Vorrückung im Gehaltsschema und die Bemessung der Abfertigung]* wird die Zeit der Bildungskarenz *nicht* angerechnet.

5. Voraussetzung der Wirksamkeit dieser Vereinbarung ist, dass dem Arbeitnehmer Weiterbildungsgeld aus den Mitteln der Arbeitslosenversicherung bezahlt wird. Die Beantragung und Abklärung des Bezugs von Weiterbildungsgeld liegt in der alleinigen Verantwortung des Arbeitnehmers. Für den Fall, dass dem Arbeitnehmer kein Weiterbildungsgeld bezahlt wird bzw. die Zahlung des Weiterbildungsgelds vor dem oben genannten Endtermin der Bildungskarenz eingestellt wird, wird der Arbeitnehmer den Arbeitgeber unverzüglich informieren und mangels anderer Vereinbarung seine Tätigkeit wieder vollumfänglich aufnehmen.

6. Der Arbeitnehmer verpflichtet sich, nach Ende der Bildungskarenz dem Arbeitgeber Nachweise bzw. Zeugnisse über die absolvierte Weiterbildungsmaßnahme vorzulegen und sichert ausdrücklich zu, die vereinbarte Karenz zur Absolvierung der oben genannten Ausbildung zu verwenden. Änderungen betreffend die Weiterbildungsmaßnahme sind dem Arbeitgeber unverzüglich zu melden.

7. Bei widmungswidriger Verwendung der Bildungskarenz oder falscher Information hat der Arbeitnehmer mit arbeitsrechtlichen Konsequenzen zu rechnen.

8. Ein Rechtsanspruch auf Verkürzung oder Änderung der Dauer der vereinbarten Bildungskarenz oder vorzeitige Rückkehr besteht nicht.

9. Nach Ende der Bildungskarenz wird der Arbeitnehmer seine Tätigkeiten wieder in ihrem ursprünglichen Umfang aufnehmen. Eine Rückkehr des Arbeitnehmers auf den derzeitigen Arbeitsplatz wird *[nicht]* zugesichert. Der Arbeitnehmer stimmt zu, dass er nach Rückkehr aus der Bildungskarenz auch in folgenden Bereichen eingesetzt werden kann: *[einfügen]*.

D. Bildungsteilzeit (Basismuster)

1. Der Arbeitnehmer ist seit *[Datum, mindestens sechs Monate]* beim Arbeitgeber beschäftigt. Arbeitgeber und Arbeitnehmer vereinbaren für die Dauer von *[zwischen vier Monaten und zwei Jahren]* auf Wunsch des Arbeitnehmers eine Bildungsteilzeit. Die Bildungsteilzeit beginnt am *[Datum]* und endet am *[Datum]*. Der Arbeitnehmer beabsichtigt, folgender Ausbildung nachzugehen: *[Ausbildung]*.

2. Das Ausmaß der vereinbarten wöchentlichen Normalarbeitszeit wird für die Dauer der Bildungsteilzeit von *[Zahl]* Wochenstunden auf *[Zahl, Reduktion um mindestens ein Viertel und höchstens um die Hälfte, jedoch mindestens zehn Stunden]* der bisherigen Normalarbeitszeit auf *[Zahl]* Wochenstunden reduziert. Es wird folgende Lage der Arbeitszeit vereinbart: *[Tage und Uhrzeiten einfügen]*. Der Arbeitnehmer erklärt sich mit einer einseitigen Änderung der vereinbarten Lage der Arbeitszeit durch den

Arbeitgeber in den Grenzen des § 19c AZG einverstanden. Der Arbeitnehmer wird während der Bildungsteilzeit vorwiegend folgende Tätigkeiten verrichten: *[einfügen]*.

3. Das monatliche Bruttoentgelt beträgt entsprechend der herabgesetzten Normalarbeitszeit für die Dauer der Bildungsteilzeit brutto € *[Betrag über der Geringfügigkeitsgrenze]*.

4. Der Arbeitnehmer verpflichtet sich, nach Ende der Bildungsteilzeit dem Arbeitgeber Nachweise bzw. Zeugnisse über die absolvierte Weiterbildungsmaßnahme vorzulegen und sichert zu, dass die vereinbarte Teilzeitbeschäftigung zur Absolvierung der oben genannten Ausbildung verwendet wird. Bei widmungswidriger Verwendung der Bildungsteilzeit oder falschen Informationen des Arbeitnehmers über die Verwendung hat der Arbeitnehmer mit arbeitsrechtlichen Konsequenzen zu rechnen.

5. Ein Rechtsanspruch auf Verkürzung oder Änderung der Dauer der vereinbarten Bildungsteilzeit oder vorzeitige Rückkehr besteht nicht.

6. Nach Beendigung der Bildungsteilzeit beträgt die wöchentliche Normalarbeitszeit wieder *[Zahl]* Wochenstunden. Eine Rückkehr des Arbeitnehmers auf den derzeitigen Arbeitsplatz wird *[nicht]* zugesichert. Der Arbeitnehmer stimmt zu, dass er nach Rückkehr aus der Bildungskarenz auch in folgenden Bereichen eingesetzt werden kann: *[einfügen]*.

VIII. Entgeltbestandteile

A. Änderungsvorbehalt (Musterklausel)

Der Arbeitnehmer erhält vom Arbeitgeber folgende freiwillige Leistung: *[einfügen]*. Der Arbeitgeber behält sich vor, diese Zahlung *[aus folgenden Gründen / aus berechtigten Gründen / aus wirtschaftlichen oder in der Person des Arbeitnehmers gelegenen Gründen / …]* jederzeit anzupassen, insbesondere auch zu kürzen.

B. Widerrufsvorbehalt (Musterklausel)

Der Arbeitnehmer erhält vom Arbeitgeber folgende freiwillige Leistung: *[einfügen]*. Diese Leistung steht unter dem Vorbehalt des Widerrufs. Der Arbeitgeber ist daher berechtigt, diese Leistung *[aus folgenden Gründen / aus berechtigten Gründen / aus wirtschaftlichen oder in der Person des Arbeitnehmers gelegenen Gründen /…]* jederzeit zu kürzen, auszusetzen oder gänzlich zu widerrufen.

C. Unverbindlichkeitsvorbehalt (Musterklausel)

Der Arbeitnehmer erhält vom Arbeitgeber folgende freiwillige Leistung: *[einfügen]*. Die Leistung erfolgt unverbindlich und begründet keinen Rechtsanspruch auf die neuerliche oder wiederholte Gewährung gleicher oder ähnlicher Zuwendungen.

D. Mitarbeiterdarlehen (Basismuster)

1. Der Arbeitgeber gewährt dem Arbeitnehmer auf dessen Wunsch, einmalig und ohne Anspruch auf erneute Gewährung, ein *[zinsloses / mit x Prozent verzinstes]* Darlehen in der Höhe von € *[Betrag]*.

2. Der unter Punkt 1. genannte Darlehensbetrag wird *[gemeinsam mit dem nächsten Monatsgehalt]* / am *[Datum]* auf das Gehaltskonto des Arbeitnehmers überwiesen.

3. Der Arbeitnehmer ist verpflichtet, das Darlehen wie folgt zu tilgen: *[Tilgungsmodalitäten und Verzugszinsen einfügen]*. Der Arbeitnehmer ist berechtigt, das Darlehen jederzeit zur Gänze oder teilweise vorzeitig zurückzuzahlen.

4. Im Falle der Beendigung des Dienstverhältnisses wird das zu diesem Zeitpunkt gesamte noch aushaftende Darlehen *[samt bis dahin noch anfallender Zinsen]* sofort zur Rückzahlung fällig bzw. kann seitens des Arbeitgebers von der Endabrechnung in Abzug gebracht werden. Der Arbeitnehmer stimmt einer Gegenverrechnung mit allenfalls offenen Ansprüchen gegenüber dem Arbeitgeber ausdrücklich zu. <u>Oder:</u> Ein sich bei entsprechender Abrechnung ergebender Negativbetrag ist vom Arbeitnehmer binnen *[Zahl]* Tagen auszugleichen.

E. Gehaltsvorschuss (Basismuster)

1. Der Arbeitgeber gewährt dem Arbeitnehmer auf dessen Wunsch einmalig und ohne Anspruch auf erneute Gewährung einen Vorschuss auf das künftig fällig werdende Entgelt in der Höhe von insgesamt € *[Betrag]*.

2. Der Vorschuss wird wie folgt an den Arbeitnehmer ausbezahlt: *[Auszahlungsmodalitäten einfügen, z.B. durch Überweisung auf das Gehaltskonto des Arbeitnehmers mit dem nächsten Monatsgehalt / in bar mit Zusatz: Durch Unterfertigung dieser Vereinbarung bestätigt der Arbeitnehmer, den Vorschuss erhalten zu haben / in Raten, wie folgt …]*

3. Der Vorschuss wird wie folgt verrechnet: *[Verrechnungsmodalitäten einfügen, z.B. vom laufenden Bruttogehalt wird für die Monate … ein Betrag von jeweils € … abgezogen. Für den genannten Zeitraum gelangt daher nur das sich aus dem entsprechend verminderten Bruttogehalt ergebende Nettogehalt zur Auszahlung]*

4. Im Fall der Beendigung des Dienstverhältnisses vor vollständiger Verrechnung wird der allenfalls noch aushaftende Vorschussrest zur Gänze zur Rückzahlung binnen *[Zahl]* Tagen fällig bzw. von der Endabrechnung in Abzug gebracht (Gegenverrechnung).

5. Der Arbeitnehmer versichert mit seiner Unterschrift, dass es keine laufenden Exekutionen gegen den Arbeitnehmer gibt und in nächster Zeit nicht mit Exekutionen zu rechnen ist.

IX. Elternschaft, Karenz, Rückkehr

A. Gesprächsleitfäden Elternschaft

Gestaltungsgespräch (Leitfaden)

Name des/r Mitarbeiters/in		Abteilung	
Eintrittsdatum			
Führungskraft		Gespräch geführt am	

Bitte besprechen Sie folgende Punkte, auch wenn einige davon derzeit unter Umständen noch nicht absehbar sind. Gegebenenfalls können fehlende Informationen auch zu einem späteren Zeitpunkt ergänzt werden. Wichtig ist das offene Ansprechen der möglichen Gestaltung, damit wir rechtzeitig planen können und Klarheit herrscht über die notwendigen Maßnahmen. Weitere (rechtliche) Informationen zur Planung finden Sie auch im Intranet.

Derzeitige Funktion

Hauptaufgaben
(vor allem jene, die jedenfalls auch während der Karenz bestehen bleiben müssen)

Basisdaten zur Karenzierung

Voraussichtlich letzter Arbeitstag (=Beginn Mutterschutz)

Bestehender Resturlaub und Verbrauch bis zur Karenz

Wie lange möchte der/die Mitarbeiter/in Karenz in Anspruch nehmen? (sofern aus heutiger Sicht bereits klar)

____ Monate

Ist eine Beschäftigung während der Karenz denkbar/angestrebt?

❏ Ja / Details:

❏ Nein

Überlegungen zur Zeit *nach* Karenzierung

Welche Überlegungen gibt es seitens der/der Mitarbeiters/in zum Einstieg nach der Karenz? (Teilzeitwunsch, Funktion, Abteilung – sofern bereits klar)

Überlegungen zur Zeit *während* der Karenzierung

Wie kann/soll die Zeit während der Karenzierung aussehen?
(Überbrückung durch Vertreter aus dem Team; Einstellung einer Karenzvertretung (befristetes Dienstverhältnis); Praktikanten; Verteilung unter den Kollegen und teilweise Beschäftigung während der Karenz; Stelle wird voll nachbesetzt)

Wie soll (aus heutiger Sicht) Kontakt gehalten werden (Rhythmus, Häufigkeit, telefonische Erreichbarkeit für Notfälle)?

Bitte informieren Sie rechtzeitig die Personalabteilung über die Maßnahmen zur Überbrückung der Karenzzeit.

Für den Fall einer vollen Nachbesetzung der Stelle

Welche Vereinbarungen gibt es bezüglich der Rückkehr (Tätigkeit, Zeit, Abteilung …)?

Datum	Führungskraft	Mitarbeiter/in

243

B. Muster Karenzantrittsgesprächsbogen

Karenzantrittsgespräch (Leitfaden)

Name des/r Mitarbeiters/in		Abteilung	
Eintrittsdatum			
Führungskraft		Gespräch geführt am	

Es ist uns wichtig mit unseren Mitarbeiter/innen, die in Karenz sind, in Kontakt zu bleiben und laufend Informationen auszutauschen. Damit gelingt der Wiedereinstieg nach der Karenz leichter und wir können als Unternehmen leichter planen. In diesem Dokument finden Sie einige Punkte, die wir gerne vor der Karenzierung klären möchten.

Basisdaten zur Karenzierung

Beginn und voraussichtliches Ende der Karenzierung?

Für wesentliche Kernaufgaben sind während der Karenz folgende Ansprechpartner definiert worden:

Kontakt halten

In welcher Form und Häufigkeit wollen wir während der Karenz in Kontakt bleiben?

Kontaktadresse / Telefon / E-Mail während der Karenz

Ein Karenzzwischengespräch soll zu etwa diesem Zeitpunkt stattfinden:

Über folgende Themen / Veranstaltungen soll jedenfalls informiert werden:

Überlegungen zur Zeit *während* der Karenzierung

Eine Beschäftigung im Rahmen der Zuverdienstgrenzen auch während der Karenzierung wird angestrebt.

❏ nein
❏ ja, in folgendem Bereich:

Mit einer maximalen Stundenanzahl von:
(Diese ist abhängig von der Zuverdienstgrenze und muss individuell berechnet werden! Der Arbeitgeber haftet nicht für eine falsche Berechnung. Im Zweifelsfall extern vorzunehmen!)

Folgende Weiterbildungen sollen im gegenseitigen Einvernehmen auch während der Karenz besucht werden:

Auch während der Karenz bestehen Zugriffe auf folgende Systeme / sind folgende Ressourcen verfügbar:

❏ Intranet ❏ Webmail ❏ Firmenhandy kann behalten werden ❏ Schlüssel wird behalten ❏ Sonstiges:

Überlegungen für die Zeit *nach* der Karenz

Folgende Überlegungen wurden für die Zeit nach der Karenz bereits gemeinsam angestellt (Arbeitszeit, Einsatzgebiet, Einstiegs-/ Einschulungsszenario ...):

Stellungnahmen

Folgendes ist aus Sicht der Führungskraft wichtig festzuhalten:

Folgendes ist aus Sicht des/der Mitarbeiters/in wichtig:

Datum	Führungskraft	Mitarbeiter/in

244

C. Musterbogen Karenzzwischengespräch

Karenzzwischengespräch

Name des/der Mitarbeiters/in		Abteilung	
Eintrittsdatum			
Führungskraft		Gespräch geführt am	

Das Karenzzwischengespräch dient dem strukturierten Austausch während der Karenz und soll dazu dienen, den weiteren gemeinsamen Weg bis zum Wiedereinstieg zu besprechen bzw. Änderungen in den Vorstellungen zu diskutieren.

Gegenseitiges Update

Was hat sich bei der/dem Mitarbeiter/in in der Zwischenzeit alles getan? Wie geht es in der (neuen) Rolle?

Was hat sich im Unternehmen / in der Abteilung in der Zwischenzeit wichtiges getan? Was ist wissenswert?

Wie hat das Kontakthalten geklappt? Wie geht es mit dem Informationsaustausch?

Wie sieht die weitere Planung der Karenz aus? Welche Planänderungen sind gewünscht/wahrscheinlich?

Rahmenbedingungen des Wiedereinstiegs

Welche Überlegungen/Wünsche gibt es seitens der Führungskraft für die Zeit nach der Karenz? (Arbeitszeit, Aufgaben …)

Welche Überlegungen/Wünsche bestehen seitens des/r Mitarbeiters/in für die Zeit nach der Karenz?

Welche Weiterbildungen können/sollten besucht werden, um up-to-date zu bleiben?

Ist eine Beschäftigung während der Karenz im Rahmen der Zuverdienstgrenze erwünscht/sinnvoll?

❏ nein
❏ ja, in folgendem Bereich:

Mit einer maximalen Stundenanzahl von:
(Diese ist abhängig von der Zuverdienstgrenze und muss individuell berechnet werden! Der Arbeitgeber haftet nicht für eine falsche Berechnung. Im Zweifelsfall extern vorzunehmen!)

Weiteres Vorgehen

Folgendes wurde für die Zusammenarbeit / das Kontakthalten während der restlichen Karenzzeit vereinbart:

Ein Wiedereintrittsgespräch soll stattfinden in etwa in diesem Zeitraum (mind. drei Monate vor Ablauf der Karenz!):

_____	_____	_____
Datum	Führungskraft	Mitarbeiter

D. Musterbogen Wiedereintrittsgespräch

Wiedereintrittsgespräch

Name des/r Mitarbeiters/in	Abteilung
Eintrittsdatum	Wiedereintrittsdatum
Führungskraft	Gespräch geführt am

Ein geordnetes Gespräch zu den Überlegungen rund um den Wiedereinstieg ist eine wichtige Basis für eine erfolgreiche, weitere Zusammenarbeit. Bitte besprechen Sie die nachfolgenden Punkte und halten Sie die wesentlichen Ergebnisse fest.

Rahmenbedingungen des Wiedereinstiegs

Welche Überlegungen/Wünsche gibt es seitens der Führungskraft für die Zeit nach der Karenz (Arbeitszeit, Aufgaben ...)?

Welche Überlegungen/Wünsche bestehen seitens des/r Mitarbeiters/in für die Zeit nach der Karenz?

Besteht der Wunsch/Anspruch auf Elternteilzeit?

☐ nein, Wiedereintritt ist in Vollzeit geplant
☐ ja (Anspruch ist erfüllt) und zwar in folgender Form:
_____ Stunden/Woche verteilt auf:
Mo _____ Di _____ Mi _____ Do _____ Fr _____

Welche Überlegungen gibt es für den Zeitraum nach ein bis zwei Jahren (z.B. nach dem Kindergarteneintritt)?

Aufgaben/Einsatzgebiete

Folgende künftige Aufgaben und Einsatzgebiete wurden festgelegt:

Folgende Ziele sind vereinbart:

Überlegungen zu Übergabe, Einschulung, Weiterbildung

Folgende Aufgaben/Themen werden von Kollegen übernommen:

Die Einschulung erfolgt folgendermaßen:

Die Teilnahme an folgenden Weiterbildungen wurde vereinbart:

Rahmenbedingungen

Folgende Rahmenbedingungen und Regelungen für eine gute Zusammenarbeit wurden vereinbart:

Datum	Führungskraft	Mitarbeiter/in

246

E. Musterbogen Väterkarenzgespräch

Gestaltungsgespräch Väterkarenz

Name des Mitarbeiters	Abteilung
Eintrittsdatum	
Führungskraft	Gespräch geführt am

Bitte besprechen Sie folgende Punkte, auch wenn einige davon derzeit unter Umständen noch nicht absehbar sind. Gegebenenfalls können fehlende Informationen auch zu einem späteren Zeitpunkt ergänzt werden. Wichtig ist das offene Ansprechen der möglichen Gestaltung, damit wir rechtzeitig planen können und Klarheit herrscht über die notwendigen Maßnahmen. Weitere (rechtliche) Informationen zur Planung finden Sie auch im Intranet.

Derzeitige Funktion

Hauptaufgaben
(v.a. jene, die jedenfalls auch während der Karenz bestehen bleiben müssen)

Basisdaten zur Karenzierung

Ab welchem Datum wird Väterkarenz in Anspruch genommen?

Wie lange möchte der Mitarbeiter Karenz in Anspruch nehmen?

____ Monate

Ist eine Beschäftigung während der Karenz denkbar/angestrebt?
❏ Ja / Details:

❏ Nein

Überlegungen zur Zeit *nach* Karenzierung

Welche Überlegungen gibt es seitens der Mitarbeiterin zum Einstieg nach der Karenz? (Teilzeitwunsch, Funktion, Abteilung – sofern bereits klar)

Überlegungen zur Zeit *während* der Karenzierung

Wie kann/soll die Zeit während der Karenzierung aussehen?
(Überbrückung durch Vertreter aus dem Team; Einstellung einer Karenzvertretung [befristetes Dienstverhältnis]; Werkstudenten/Praktikanten; Verteilung unter den Kollegen und teilweise Beschäftigung während der Karenz; Stelle wird voll nachbesetzt)

Wie soll (aus heutiger Sicht) Kontakt gehalten werden? (Rhythmus, Häufigkeit, telefonische Erreichbarkeit für Notfälle)

Bitte informieren Sie rechtzeitig die Personalabteilung über die Maßnahmen zur Überbrückung der Karenzzeit.

Für den Fall einer vollen Nachbesetzung der Stelle

Welche Vereinbarungen gibt es bezüglich der Rückkehr? (Tätigkeit, Zeit, Abteilung …)

Datum	Führungskraft	Mitarbeiter

247

F. Geringfügige Beschäftigung während der Karenz (Einzelvereinbarung)

1. Der Arbeitnehmer ist beim Arbeitgeber seit *[Datum]* beschäftigt. Der Arbeitnehmer befindet sich seit *[Datum]* in Karenz gemäß *[Mutterschutzgesetz/Väterkarenzgesetz]*. Der Arbeitnehmer hat den Wunsch geäußert, von *[Datum]* bis *[Datum]* neben der Karenz beim Arbeitgeber geringfügig zu arbeiten. Mit dem Arbeitnehmer wird hiermit neben der Karenz ein vom karenzierten Dienstverhältnis getrenntes Dienstverhältnis betreffend eine geringfügige Beschäftigung abgeschlossen, das am *[Datum]* beginnt und bis zum *[Datum]* befristet ist.

2. Der Arbeitnehmer wird im Rahmen der geringfügigen Beschäftigung als *[einfügen]* beschäftigt. Er wird vorwiegend folgende Tätigkeiten ausüben: *[einfügen]*. Dienstort ist *[einfügen]*.

3. Das Ausmaß der Arbeitszeit beträgt *[Anzahl]* Stunden pro *[Woche/Monat]*. Die Arbeitszeit wird wie folgt verteilt: *[Wochentag, Stundenzahl und Uhrzeit einfügen]*. <u>Oder:</u> Der Zeitpunkt der Arbeitsleistung sowie Dauer und Lage der Arbeitszeit werden zwischen Arbeitnehmer und Vorgesetztem vor jedem Arbeitseinsatz vereinbart.

4. Auf das geringfügige Dienstverhältnis sind die einschlägigen österreichischen Gesetze (wie Angestelltengesetz oder Urlaubsgesetz) und der Kollektivvertrag *[einfügen]* anwendbar. Einstufung: *[einfügen]*.

5. Der Arbeitnehmer erhält für die Tätigkeiten im Ausmaß von *[Zahl]* Stunden pro *[Woche/Monat]* eine Entlohnung von € *[Betrag]* brutto pro *[Stunde/Monat]*, fällig jeweils am *[Monatsletzten oder anderes Datum]*, wobei die jeweils geltende Geringfügigkeitsgrenze gemäß ASVG jedenfalls nicht überschritten wird.

6. Der Arbeitnehmer hat genaue schriftliche Aufzeichnungen über die von ihm geleisteten Arbeitsstunden (Beginn und Ende, tagesaktuell) in Form von *[einfügen]* zu führen und diese Aufzeichnungen dem Vorgesetzten spätestens bis zum Ende des Monats zu übergeben und von diesem unterzeichnen zu lassen.

7. Der Arbeitnehmer wird sämtliche internen Richtlinien und Dienstanweisungen befolgen. Dienstverhinderungen sind unverzüglich zu melden. Jede auf Erwerb gerichtete Nebentätigkeit bedarf der vorherigen schriftlichen Zustimmung.

8. Die Mitarbeitervorsorgekasse ist die *[Name und Anschrift der Mitarbeitervorsorgekasse]*.

9. Der Arbeitnehmer verpflichtet sich zur uneingeschränkten Verschwiegenheit bezüglich sämtlicher Betriebs- und Geschäftsgeheimnisse gegenüber jedem Dritten.

10. Trotz der Befristung kann dieses geringfügige Dienstverhältnis seitens des Arbeitgebers mit einer Frist von *[Kündigungsfrist, jedenfalls nicht kürzer als gesetzliche/kollektivvertragliche]* zum *[Kündigungstermine laut Gesetz/KV]* und seitens des Arbeitnehmers mit einer Frist von *[Kündigungsfrist, jedenfalls nicht länger als die des Arbeitgebers]* zum *[Kündigungstermine]* gekündigt werden. *[Klausel ist fakultativ, falls eine Kündigungsmöglichkeit gewünscht ist. Diese Kündigungsklausel betrifft nur das befristete geringfügige Dienstverhältnis, welches grundsätzlich erst mit Ablauf*

der Befristung endet und von keiner Seite ohne Grund vor dem Enddatum aufgelöst werden könnte.]

11. Festgehalten wird, dass dieses Dienstverhältnis keine Elternteilzeitvereinbarung darstellt, sondern ein zusätzliches, befristetes und geringfügiges Dienstverhältnis während der Karenz. Dieses befristete Dienstverhältnis unterliegt keinem besonderen Kündigungs- und Entlassungsschutz.

12. Der Arbeitnehmer nimmt zur Kenntnis, dass die Einhaltung der Zuverdienstgrenzen für das Kinderbetreuungsgeld und allfälliger sonstiger Leistungen sowie die Auswirkungen dieses Dienstverhältnisses auf das Kinderbetreuungsgeld ausschließlich in seinem Verantwortungsbereich liegen. Der Arbeitgeber übernimmt keine Verantwortung oder Haftung für die Vereinbarkeit mit dem Anspruch des Arbeitnehmers auf Kinderbetreuungsgeld oder sonstige Sozialleistungen.

G. Sonstige Beschäftigung während der Karenz (über der Geringfügigkeitsgrenze, für maximal 13 Wochen) (Einzelvereinbarung)

1. Der Arbeitnehmer ist beim Arbeitgeber seit *[Datum]* beschäftigt. Der Arbeitnehmer befindet sich seit *[Datum]* in Karenz gemäß *[Mutterschutzgesetz/Väterkarenzgesetz]*. Der Arbeitnehmer hat den Wunsch geäußert, von *[Datum]* bis *[Datum]* neben der Karenz beim Arbeitgeber zu arbeiten. Mit dem Arbeitnehmer wird hiermit neben der Karenz ein vom karenzierten Dienstverhältnis getrenntes Dienstverhältnis abgeschlossen, welches am *[Datum]* beginnt und bis zum *[Datum, insgesamt maximal 13 Wochen pro Kalenderjahr, wenn die Karenz ein ganzes Kalenderjahr dauert, sonst nur anteilig]* befristet ist.

2. Der Arbeitnehmer wird im Rahmen der Beschäftigung als *[einfügen]* beschäftigt. Er wird vorwiegend folgende Tätigkeiten ausüben: *[einfügen]*. Dienstort ist *[einfügen]*.

3. Das Ausmaß der Arbeitszeit beträgt *[Anzahl]* Stunden pro *[Woche/Monat]*. Die Arbeitszeit wird wie folgt verteilt: *[Wochentag, Stundenzahl und Uhrzeit einfügen]*. <u>Oder:</u> Der Zeitpunkt der Arbeitsleistung sowie Dauer und Lage der Arbeitszeit werden zwischen Arbeitnehmer und Vorgesetztem vor jedem Arbeitseinsatz vereinbart.

4. Der Arbeitnehmer erhält für die Tätigkeiten im Ausmaß von *[Zahl]* Stunden pro Monat eine Entlohnung von € *[Betrag]* brutto pro Monat, fällig jeweils am Monatsletzten.

5. Der Arbeitnehmer hat genaue schriftliche Aufzeichnungen über die von ihm geleisteten Arbeitsstunden (Beginn und Ende, tagesaktuell) zu führen und diese Aufzeichnungen dem Vorgesetzten spätestens bis zum Ende des Monats zu übergeben und von diesem unterzeichnen zu lassen.

6. Der Arbeitnehmer wird sämtliche internen Richtlinien und Dienstanweisungen befolgen. Dienstverhinderungen sind unverzüglich zu melden. Jede auf Erwerb gerichtete Nebentätigkeit bedarf der vorherigen schriftlichen Zustimmung.

7. Die Mitarbeitervorsorgekasse ist die *[Name und Anschrift der Mitarbeitervorsorge-kasse]*.

8. Der Arbeitnehmer verpflichtet sich zur uneingeschränkten Verschwiegenheit bezüglich sämtlicher Betriebs- und Geschäftsgeheimnisse gegenüber jedem Dritten.

9. Trotz der Befristung kann dieses geringfügige Dienstverhältnis seitens des Arbeitgebers mit einer Frist von *[Kündigungsfrist, jedenfalls nicht kürzer als gesetzliche/kollektivvertragliche]* zum *[Kündigungstermine laut Gesetz/KV]* und seitens des Arbeitnehmers mit einer Frist von *[Kündigungsfrist, jedenfalls nicht länger als die des Arbeitgebers]* zum *[Kündigungstermine]* gekündigt werden. *[Klausel ist fakultativ, falls eine Kündigungsmöglichkeit gewünscht ist. Diese Kündigungsklausel betrifft nur das befristete geringfügige Dienstverhältnis, welches grundsätzlich erst mit Ablauf der Befristung endet und von keiner Seite ohne Grund vor dem Enddatum aufgelöst werden könnte.]* Festgehalten wird, dass dieses Dienstverhältnis keine Elternteilzeitvereinbarung darstellt, sondern ein zusätzliches, befristetes und geringfügiges Dienstverhältnis während der Karenz. Dieses befristete Dienstverhältnis unterliegt keinem besonderen Kündigungs- und Entlassungsschutz.

10. Der Arbeitnehmer nimmt zur Kenntnis, dass, dass die Einhaltung der Zuverdienstgrenzen für das Kindesbetreuungsgeld und allfälliger sonstiger Leistungen sowie die Auswirkungen dieses Dienstverhältnisses auf das Kindesbetreuungsgeld ausschließlich in seinem Verantwortungsbereich liegen. Der Arbeitgeber übernimmt keine Verantwortung oder Haftung für die Vereinbarkeit mit dem Anspruch des Arbeitnehmers auf Kinderbetreuungsgeld oder sonstige Sozialleistungen.

H. Papamonat (Baismuster)

1. Der Arbeitnehmer hat beim Arbeitgeber am *[Datum]* beantragt, anlässlich der Geburt seines Kindes *[sofern anwendbar: gemäß Punkt ... des anwendbaren Kollektivvertrags]* von *[Datum]* bis *[Datum]* unbezahlten Urlaub in Anspruch nehmen zu wollen. Arbeitnehmer und Arbeitgeber vereinbaren hiermit eine Karenzierung des Dienstverhältnisses im Ausmaß von *[ein bis vier]* Wochen für die Dauer von *[Datum]* bis *[Datum]* („Papamonat"/„Papawochen").

2. Während der Zeit des/der Papamonats/Papawochen ruhen die Rechte und Pflichten aus dem Dienstverhältnis (keine Arbeitspflicht, keine Entgeltleistungspflicht). Die Nebenpflichten, wie Verschwiegenheitspflicht, Nebenbeschäftigungsverbot und Meldepflichten, bleiben aufrecht.

3. Der Arbeitnehmer wird vor Beginn der Karenzierung, spätestens daher am *[Datum]*, alle in seinem Besitz befindlichen Arbeitsmittel des Arbeitgebers zurückstellen, insbesondere *[Arbeitsmittel]*.

4. Der Anspruch auf Entgeltzahlung, Sonderzahlungen und Urlaub entfällt für die Zeit der Karenzierung. Für Ansprüche, die sich nach der Dauer des Dienstverhältnisses richten, wie Dauer der Entgeltfortzahlung, Bemessung der Kündigungsfrist, Ur-

laubsausmaß, die Bemessung der Abfertigung, kollektivvertragliche Vorrückungen und Dienstjubiläen, wird die Zeit der Karenzierung *[in vollem Umfang / in folgendem Umfang: …/ nicht]* angerechnet.

X. Pflege naher Angehöriger

A. Pflegekarenz (Basismuster)

1. Der Arbeitnehmer ist seit *[Datum, mindestens sechs Monate]* beim Arbeitgeber beschäftigt. Arbeitgeber und Arbeitnehmer vereinbaren für die Dauer von *[zwischen zwei Monaten und einem Jahr]* auf Wunsch des Arbeitnehmers eine Pflegekarenz gemäß § 14c AVRAG. Die Pflegekarenz beginnt am *[Datum]* und endet am *[Datum]*.

2. Die Karenzierung des Dienstverhältnisses bedeutet, dass die gegenseitigen Hauptpflichten (Arbeitspflicht, Entgeltleistungspflicht) ruhen, die Nebenpflichten, wie Verschwiegenheitspflicht, Nebenbeschäftigungsverbot und Meldepflichten, jedoch aufrecht bleiben.

3. Den Anspruch auf Entgeltzahlung, Sonderzahlungen und Urlaub entfällt für die Zeit der Pflegekarenz. Sonderzahlungen gebühren in den Kalenderjahren, in die Zeiten einer Pflegekarenz fallen, in dem Ausmaß, das dem Teil des Kalenderjahres entspricht, in den keine Zeiten der Pflegekarenz fallen. Urlaub gebührt in Arbeitsjahren, in die Zeiten einer Pflegekarenz fallen, in dem Ausmaß, das dem um die Dauer der Pflegekarenz verkürzten Arbeitsjahr entspricht.

4. Für Ansprüche, die sich nach der Dauer des Dienstverhältnisses richten, wie Dauer der Entgeltfortzahlung, Bemessung der Kündigungsfrist, Urlaubsausmaß, Abfertigungsanspruch, Jubiläumsgeld, Vorrückung im Gehaltsschema und die Bemessung der Abfertigung, wird die Zeit der Pflegekarenz nicht angerechnet.

5. Eine Rückkehr des Arbeitnehmers auf den derzeitigen Arbeitsplatz wird *[nicht]* zugesichert. Der Arbeitnehmer stimmt zu, dass er nach Rückkehr aus der Pflegekarenz auch in folgenden Bereichen eingesetzt werden kann: *[einfügen]*.

B. Pflegeteilzeit (Basismuster)

1. Der Arbeitnehmer ist seit *[Datum, mindestens sechs Monate]* beim Arbeitgeber beschäftigt. Arbeitgeber und Arbeitnehmer vereinbaren für die Dauer von *[zwischen zwei Monaten und einem Jahr]* eine Pflegeteilzeit.

2. Die wöchentliche Normalarbeitszeit wird für die Dauer der Pflegeteilzeit zum Zweck der Pflege und/oder Betreuung von *[Name des Angehörigen]* von *[Zahl]* Stunden auf *[Zahl]* Stunden herabgesetzt. Es wird folgende Lage der Arbeitszeit vereinbart: *[Tage und Uhrzeiten]*. Der Arbeitnehmer wird vorwiegend folgende Tätigkeiten verrichten: *[einfügen]*.

3. Für die Dauer der Pflegeteilzeit erhält der Arbeitnehmer ein monatliches Bruttoentgelt von € *[Betrag]*.

C. Karenzierung / unbezahlter Urlaub (Basismuster)

1. Der Arbeitnehmer ist seit *[Datum]* beim Arbeitgeber beschäftigt. Arbeitgeber und Arbeitnehmer vereinbaren einen unbezahlten Urlaub/Karenzierung des Dienstverhältnisses für die Dauer von *[Datum]* bis *[Datum]*. Vor Beginn der Karenzierung wird der Arbeitnehmer den noch offenen Urlaub im Ausmaß von *[Datum]* *[Werktagen/Arbeitstagen]* im Zeitraum *[Datum]* bis *[Datum]* konsumieren.

2. *Option 1: Karenzierung über einem Monat:* Da die Dauer der Karenzierung einen Monat übersteigt, endet die Pflichtversicherung aus dem Dienstverhältnis zum Arbeitgeber mit Beginn der Karenzierung. Der Arbeitnehmer nimmt zur Kenntnis, dass er für die Dauer der Karenzierung seitens des Arbeitgebers von der Sozialversicherung abgemeldet wird.

3. *Option 2: Karenzierung unter einem Monat:* Da die Dauer der Karenzierung einen Monat nicht übersteigt, leistet der Arbeitgeber weiterhin sowohl den Dienstgeber- als auch den Dienstnehmerbeitrag zur Sozialversicherung. *[Die in diesem Zeitraum entrichteten Beiträge werden dem Arbeitnehmer nach Wiederantritt vom Gehalt abgezogen. Sollte das Dienstverhältnis wider Erwarten während der Karenzierung enden, werden die bis dahin entrichteten Sozialversicherungsbeiträge von der Endabrechnung in Abzug gebracht.]*

4. Während der Karenzierung bleiben Nebenpflichten, wie Verschwiegenheitspflicht, Nebenbeschäftigungsverbot, Beistandspflicht in Not- und Zwangslagen und Meldepflichten, aufrecht.

5. Der Arbeitnehmer wird vor Beginn der Karenzierung, spätestens daher am *[Datum]*, alle in seinem Besitz befindlichen Arbeitsmittel des Arbeitgebers zurückstellen, insbesondere *[Arbeitsmittel]*.

6. Der Anspruch auf Entgeltzahlung, Sonderzahlungen und Urlaub entfällt für die Zeit der Karenzierung. Für Ansprüche, die sich nach der Dauer des Dienstverhältnisses richten, wie Dauer der Entgeltfortzahlung, Bemessung der Kündigungsfrist, Urlaubsausmaß und die Bemessung der Abfertigung, kollektivvertragliche Vorrückungen und Dienstjubiläen, wird die Zeit der Karenzierung *[in vollem Umfang / in folgendem Umfang: … / nicht]* angerechnet.

7. Nach Ende der Karenzierung wird der Arbeitnehmer seine Tätigkeit in vollem Umfang wieder aufnehmen. Für den Fall, dass nach Ende der Karenzierung die derzeitige Stelle des Arbeitnehmers nicht mehr vakant ist, behält sich der Arbeitgeber vor, den Arbeitnehmer an einem zumutbaren anderen Arbeitsplatz einzusetzen oder die Tätigkeit des Arbeitnehmers in zumutbarer Weise zu ändern.

Literaturverzeichnis

I. Bücher und Aufsätze

Achitz/Krapf, Muster für den arbeitsrechtlichen Schriftverkehr[4] (2009)

Biffl/Hager/Hartel/Hudler-Seitzberger, Betriebliche Mitbestimmung und Arbeitszufriedenheit, Analyse der Beziehungen zwischen der von den Arbeitnehmerinnen und Arbeitnehmern tatsächlich wahrgenommenen betrieblichen Mitbestimmung und der subjektiv empfundenen Arbeitszufriedenheit (2006)

Bruckmüller, Zugang zu Wohlfahrtseinrichtungen und -maßnahmen für überlassene Arbeitskräfte, ecolex 2013, 549

Bruckmüller/ Zehentmayer, Was sind „sonstige verbindliche Bestimmungen allgemeiner Art"?, ecolex 2013, 679

Collatz/Gudat, Work-Life-Balance (2011)

Dimmel, Vertrauensarbeitszeit – Arbeiten ohne Ende, DRdA 2012, 86

Dittrich, Arbeitsrecht, Stand April 2014, www.rdb.at

Dorrer, Das Jobsharing-Arbeitsverhältnis, arbeitsrechtliche Fragen der Arbeitsplatzteilung (2002)

Ehrke-Rabel, Der Entgeltbegriff im Steuer- und Beitragsrecht, RdA 2012, 451

Ercher, Fragen zur Familienhospizkarenz, ASoK 2003, 74

Gerhartl, Geringfügig entlohnte Beschäftigungen, ASoK 2010, 394

Gerlach/Schneider (Hrsg.), Betriebliche Familienpolitik. Kontexte, Messungen und Effekte (2012)

Haider, Betriebliche Wohlfahrtseinrichtungen, JAP 2013/2014/21

Hämmerle, Flexible Arbeitszeitgestaltung durch Übertragung von Zeitsouveränität an den Arbeitnehmer, Dissertation Wien, 2010

Heider/Schneeberger, ArbeitnehmerInnenschutzgesetz[6] (2013)

Höfle, Sozialversicherungspflicht des begünstigten Personaleinkaufs, ASoK 2007, 151

Jöst, Gleitzeit- und Durchrechnungsvereinbarungen, ZAS 2011/21

Kuark, Das Modell Top Sharing: Gemeinsam an der Spitze (2003)

Lang, Führungskompetenzen unter der Lupe, ASoK 2013, 439

Langemeyer, Das Cafeteria-Verfahren, Diss., München-Mehring (1999)

Neumayr/Reissner (Hrsg), Zeller Kommentar zum Arbeitsrecht, 2. Auflage, www.rdb.at

N. N., Einbeziehung einer zusätzlichen monatlichen Geldleistung in die Sonderzahlungsberechnung, LVaktuell 2005 H 9, 21

N. N., Arbeitnehmerschutz Bestellung eines externen Arbeitsmediziners entbindet Arbeitgeber nicht von der Haftung, LVaktuell 2003 H 7-8, 5

Nöstlinger, Handbuch Arbeitnehmerschutz (2006)

Pacic, Die Gestaltung von Karenzierungs- und Unterbrechungsvereinbarungen, ASoK 2007, 227

Pfalz, Die neue Bildungsteilzeit, ecolex 2013, 815

Pfalz, Pflegekarenz und Pflegeteilzeit ab 1. 1. 2014, ecolex 2013, 1094

Pochobradsky et al., Situation pflegender Angehöriger, Endbericht, ÖBIG, 2005

Pöschl, Verfassungsrechtliche Gleichheit, arbeitsrechtliche Gleichbehandlung, unionsrechtliche Antidiskriminierung, RdA 2013, 467

Preiss, OGH 15. 12. 2004, 9 Ob A 114/04m, RdA 2005/29

Rebhahn, Mitarbeiterkontrolle am Arbeitsplatz, Rechtliche Möglichkeiten und Grenzen (2009)

Reissner/Neumayr (Hrsg), Zeller Handbuch Arbeitsvertrags-Klauseln (2010)

Risak, Vertrauensarbeitszeit – Ein nach dem AZG gangbares Arbeitszeitmodell?, ecolex 2005, 888

Risak, Schriftformgebote im Arbeitsrecht, ZAS 2013/10

Rüger/Micheel/Skora/Ruppenthal, Sind berufsbedingte räumliche Mobilität und freiwilliges Engagement miteinander vereinbar? Befunde der zweiten Erhebungswelle der Studie „Job Mobilities and Family Lives in Europe". In: Bevölkerungsforschung Aktuell 33,6: 2-9, 2012

Schenk, Sabbatical, taxlex 2013, 264

Scholz, Personalmanagement, Informationsorientierte und verhaltenstheoretische Grundlagen[6] (2014)

Shubshizky, Wohlfahrtseinrichtungen und -maßnahmen für überlassene Arbeitskräfte, ASoK 2014, 35

Sladecek/Wolf, Vier Jahre Elternteilzeit: Resümee erster Erfahrungen, ASoK 2008, 282

Steinbauer, Zur einvernehmlichen Unterbrechung des Arbeitsverhältnisses Teil I, ZAS 1984, 3

Strasser/Jabornegg/Resch, Kommentar zum Arbeitsverfassungsgesetz (2013)

Sticha, Abgabenfreie, freiwillige Zuwendungen des Arbeitgebers an Arbeitnehmer in Form von Gutscheinen, VWT 2004 H 3, 19

Trattner, Fragen zur Pflegefreistellung, ASoK 2002, 222

von Rosenstiel, Grundlagen der Organisationspsychologie[4] (2000)

Windisch-Graetz, Diskriminierung wegen beabsichtigter Inanspruchnahme von Väterkarenz, ecolex 2012/69

Wisinger, Praxishandbuch flexible Arbeitszeitmodelle (2011)

Wolf, Der Arbeitnehmerbegriff im Arbeits-, Sozial-, Steuer- und Gemeinschaftsrecht, RdA 2011, 467

II. Links

Steuerliche Aspekte einer familienbewussten Personalpolitik, herausgegeben von der Familie- und Beruf Management GmbH im Auftrag des Bundesministerium für Wirtschaft, Familie und Jugend, Stand 2014, http://www.familieundberuf.at/fileadmin/user_upload/Formular_und_Downloads/Audit_berufundfamilie/05_Steuerliche_Aspekte_einer_familienbewussten_Personalpolitik.pdf, Zugriffsdatum: 13. 8. 2014

Bundesministerium für Arbeit, Soziales und Konsumentenschutz, Österreichischer Pflegevorsorgebericht 2012, https://www.sozialministerium.at/cms/site/attachments/5/0/4/CH2094/CMS1313493260454/pflegevorsorgebericht_2012_neu.pdf, Zugriffsdatum: 13. 8. 2014

Bundesministerium für Arbeit, Soziales und Konsumentenschutz, Qualitätssicherung in der häuslichen Pflege, 2013, https://www.bmask.gv.at/site/Soziales/Pflege_und_Betreuung/Pflegegeld/Qualitaetssicherung_in_der_haeuslichen_Pflege, Zugriffsdatum: 13. 8. 2014

Baierl/Kaindl, Kinderbetreuung in Österreich, Working Paper Nr. 77/2011, http://www.familieundberuf.at/fileadmin/user_upload/Studien_und_Literatur/WP-77-Kinderbetreuung_in_OEsterreich_072011.pdf, Zugriffsdatum: 13. 8. 2014

Baierl/Kapella, Trend zur Teilzeit – Bestandsaufnahme und Auswirkungen für Beruf und Familie, ÖIF Working Paper Nr. 81/ 2014, http://www.oif.ac.at/fileadmin/OEIF/Working_Paper/wp_81_trend_zur_teilzeit.pdf, Zugriffsdatum: 13. 8. 2014

Colombo/Llena-Nozal/Mercier/Tjadens, Help Wanted?: Providing and Paying for Long-Term Care, 2011, http://www.oecd.org/berlin/publikationen/helpwantedproviding andpayingforlong-termcare.htm, Zugriffsdatum: 13. 8. 2014

Culen/Dudak et al, Zukunft von Arbeit und Organisation – Ergebnisse der Umfrage, 2013, http://www.neuwaldegg.at/dateien/451_DNA_Umfrage_Ergebnisse_Gesamt.pdf, Zugriffsdatum: 13. 8. 2014

European Social Survey, http://www.europeansocialsurvey.org/about/country/germany/topics.html, Zugriffsdatum: 13. 8. 2014

Guger/Buchegger et.al, Schätzung der direkten und indirekten Kinderkosten. WIFO-Studie, 2003, http://www.wifo.ac.at/jart/prj3/wifo/resources/person_dokument/person_dokument.jart?publikationsid=24078&mime_type=application/pdf, Zugriffsdatum: 13. 8. 2014

Hajek Public Opinion Strategies, Vereinbarkeit von Familie und Beruf, Umfrage unter Arbeitnehmer/innen in Österreich, 2014, http://www.familieundberuf.at/fileadmin/user_upload/Studien_und_Literatur/Praesentation_Umfrage_Hajek_FBG.pdf, Zugriffsdatum: 13. 8. 2014

Huber-Bücherl, Sozialkapital – Teilzeit, Befragung von ManagerInnen der ersten und zweiten Führungsebene, 2010, https://www.wdf.at/site/article_detail.siteswift?SWS=609007235a04608a8a1fb12cf03108ba&so=all&do=all&c=download&d=article%3A5 27%3A1, Zugriffsdatum: 13. 8. 2014

Kaindl, Betriebliche Kinderbetreuung in Österreich, Working Paper Nr. 75/2011, http://www.familieundberuf.at/fileadmin/user_upload/Studien_und_Literatur/WP-75-Betriebliche_KIBE_in_OEsterreich_032011.pdf, Zugriffsdatum: 13. 8. 2014

Kratzer/Nies/Pangert/Vogl, Leistungspolitik und Work-Life-Balance, Eine Trendanalyse des Projekts Lanceo, 2011, http://www.lanceo.de/files/lanceo_brosch__re_lay_v3_downloadversion.pdf, Zugriffsdatum: 13. 8. 2014

Laumer, Recruiting Trends 2014 Österreich, 2014, http://media.newjobs.com/id/hiring/3252/redesign/studien/Monster_Recruiting_Trends_2014_%C3%96sterreich.pdf, Zugriffsdatum: 13. 8. 2014

Lehner/Matkovits/Heger, Projektergebnisse Elternorientierte Personalpolitik mit Focus auf Väter in Niederösterreich, 2010, http://www.noe.gv.at/bilder/d47/zusammenf_EOP_web.pdf?18884, Zugriffsdatum: 13. 8. 2014

Mazal (Hrsg), Teilzeit. Eine Studie zu betrieblichen Effekten der Teilzeitbeschäftigung, Forschungsbericht Nr. 6/2011, http://www.oif.ac.at/fileadmin/OEIF/Forschungsbericht/FB6-BetrieblL-Effekte-Teilzeitarbeit.pdf, Zugriffsdatum: 13. 8. 2014

Regus Befragung zu mobilem Arbeiten, 2013, http://press.regus.com/austria/sterreichische-firmen-misstrauen-mobilen-mitarbeitern/, Zugriffsdatum: 13. 8. 2014

Reidl/Schiffbänker et al., Karenzväter in Zahlen-Ergebnisse einer Analyse von Daten des Hauptverbandes der Sozialversicherungsträger, Joanneum Research, 2013, http://files.sparklingscience.at/document/file/2546/Karenzv_ter_in_Zahlen.pdf, Zugriffsdatum: 13. 8. 2014

Schneider/Quednau, Betriebliche Effekte einer familienbewussten Personalpolitik, Österreich-Befragung, 2012, http://familieundberuf.at/fileadmin/user_upload/Studien_und_Literatur/Studie_Vereinbarkeit_v.F_B_in_OE_Unternehmen__1_.pdf, Zugriffsdatum: 13. 8. 2014

Pressemeldung vom 6.1.2014 – 718 Väter im öffentlichen Dienst nutzten bisher den Papa-Monat, http://derstandard.at/1388650126480/Ueber-700-Vaeter-im-Oeffentlichen-Dienst-nutzten-bisher-Papa-Monat, Zugriffsdatum: 13. 8. 2014

Spectra, Telearbeit – ein Stiefkind der flexiblen Arbeitszeitgestaltung, 2009, http://www.freizeitforschung.at/data/spectra/Aktuell_02_09_Telearbeit.pdf, Zugriffsdatum: 13. 8. 2014

Statistik Austria, http://www.statistik.at/, Zugriffsdatum: 13. 8. 2014

III. Rechtsprechung

OGH 14. 10. 1993, 10 ObS 187/93

OGH 15. 12. 2004, 9 ObA 114/04m

OGH 20. 8. 2008, 9 ObA 80/07s

OGH 24. 2. 2009, 10 ObS 15/09t

OGH 15. 12. 2009, 9 ObA 28/09x

OGH 25. 10. 2011, 9 ObA 78/11b

OGH 26. 5. 2011, 9 ObA 80/10w

OGH 28. 2. 2012, 8 ObA 15/12g

OGH 29. 5. 2012, 9 ObA 94/11f

OGH 25. 6.2014, 9 ObA 52/14h

Abkürzungen

BV   Betriebsvereinbarung

KV   Kollektivvertrag

NAZ   Normalarbeitszeit

Stichwortverzeichnis